精品课程配套教材
21世纪应用型人才"十四五"规划教材

金融学

主　编　张振凯　张敖春　庄绪玲

副主编　倪江崴　孙　洁　乐　业
　　　　朱　辉　钟伟强　王珮琪

中国商业出版社

图书在版编目（CIP）数据

金融学 / 张振凯，张敖春，庄绪玲主编. -- 北京：中国商业出版社，2021.7
　　ISBN 978-7-5208-1661-8

　Ⅰ. ①金… Ⅱ. ①张… ②张… ③庄… Ⅲ. ①金融学－教材 Ⅳ. ①F830

中国版本图书馆 CIP 数据核字（2021）第 114702 号

责任编辑：朱文昊　黄世嘉

中国商业出版社出版发行
010-63180647　www.c-cbook.com
(10053 北京广安门内报国寺 1 号)
新华书店经销
北京宝莲鸿图科技有限公司印刷
***
787 毫米×1092 毫米 16 开 17 印张 400 千字
2023 年 2 月第 2 版　2023 年 2 月第 1 次印刷
定价 49.80 元
****
（如有印装质量问题可更换）

前　言

金融是现代经济的核心，经济的发展离不开金融的支持，掌握金融理论和金融知识有着重要的现实意义。金融学作为财经类专业的基础理论课程，其重要性不言而喻。学习金融知识绝不仅是管理风险和获取收益，好的金融必须是社会资产的看守者和社会价值的支持者。本书从宏、微观金融学的两个维度出发，以货币、信用、利率、汇率为基本要素，阐明金融主体在金融市场中运行的规律，阐释货币政策影响货币供需的传导机制，辨析金融监管与金融创新的关系，引导学生树立正确的金融思维与金融世界观。

本书的编写力图体现以下特点。

第一，突显利率在金融学中的核心作用。随着我国利率市场化的深化改革，存、贷款利率上下限的放开，贷款市场报价利率（LPR）正式启用，以利率为核心的价格机制在宏观经济与微观经济活动中发挥着更加重要的作用。通过阐释利率与信用、利率与汇率、利率与收益率、利率与货币供求等多方面的相互关系，突出利率在金融机构和金融市场中的纽带作用和杠杆作用。

第二，本书在阐释原理中注重知识的延伸性和历史的延续性。通过采取学习通云盘的方式进行校内校外、线上线下教学资源的聚合，结合当前的金融学领域的热点、焦点和难点问题，搭建金融学题库、案例库、微课件、微视频等共享资源。读者可扫本书的二维码，提取相关资料或完成线上练习，提高学习的便捷性和趣味性。同时更新相关的统计数据和金融进展，如利率部分更新实际利率与名义利率的统计数据并增加我国利率市场化的最新进程。

第三，注重教材内容的时代性，在相关章节加入金融理论的发展与变化，有利于读者把握金融学新的发展方向。为此，本书每章节首尾均增加了教学案例，并插入相关金融时事。如在货币知识中增加央行数字货币的发行并探讨其与微信、支付宝的区别；汇率制度中增添人民币汇率中间价报价模型；金融衍生工具中增加诸多实例解析其运作原理；商业银行风险管理部分增加新的监管指标；证券公司监管中引入了新证券法的管理办法等内容。

本书分为四个部分：金融范畴（第 1～3 章）；金融市场与金融机构（第 4～7 章）；金融宏观调控（第 8～9 章）；金融监管与金融创新（第 10 章）。全书由张振凯（赣东学院）负责总纂并负责定稿，各章的编写具体分工如下：张振凯编写第 3 章、第 4 章；张敖春第 5 章、第 6 章；庄绪玲第 1 章、第 2 章；倪江崴、孙洁、乐业共同编写第 7 章、第 8 章；朱辉、钟伟强、王珮琪共同编写第 9 章、第 10 章。

在编写过程中，作者参考引用了国内外金融学相关教材与论文，刘露颖、王婷参与部分章节校对工作，并得到校领导的大力支持。在此，一并向他们深表感谢！限于我们水平与时间，本书难免有所不足或差错，恳请同仁与读者给予指正，以求本书不断改进与提升。为方便教学，本书还配有教学资料包，可联系 bhhwbook@163.com。

编　者

2020 年 3 月

目 录

第1章 货币与货币制度 ······1
1.1 货币的定义及产生 ······2
1.2 货币的职能 ······7
1.3 货币形态的演变 ······9
1.4 货币制度的演变 ······14
本章小结 ······23
复习思考题 ······25

第2章 汇率与汇率制度 ······26
2.1 外汇概述 ······26
2.2 汇率及其分类 ······31
2.3 汇率的决定与影响 ······35
2.4 国际货币体系与汇率制度 ······40
2.5 国际收支 ······45
本章小结 ······48
复习思考题 ······50

第3章 信用和利率 ······51
3.1 信用的产生与发展 ······52
3.2 信用形式 ······56
3.3 利息和利率 ······62
本章小结 ······73
复习思考题 ······75

第4章 金融市场 ······76
4.1 金融市场概述 ······76
4.2 货币市场 ······79
4.3 资本市场 ······83
4.4 金融衍生工具市场 ······94

本章小结 99
复习思考题 100

第5章 金融机构体系 101

5.1 金融机构的产生与金融机构体系形成 101
5.2 金融机构体系的组成及各种金融机构的职能 103
5.3 中国金融机构体系 107
5.4 国际金融机构 111
本章小结 116
复习思考题 116

第6章 商业银行 117

6.1 商业银行的产生和发展 117
6.2 商业银行的性质、职能和组织制度 121
6.3 商业银行的主要业务 124
6.4 商业银行的经营管理与风险管理 136
本章小结 144
复习思考题 146

第7章 非银行金融机构 147

7.1 政策性金融机构 148
7.2 保险公司 151
7.3 证券公司 154
7.4 证券投资基金管理公司 159
7.5 信托投资公司 162
本章小结 165
复习思考题 166

第8章 中央银行与货币政策 167

8.1 中央银行的产生及类型 167
8.2 中央银行的性质及职能 174
8.3 中央银行的业务 181
8.4 中央银行货币政策 185
8.5 货币政策与财政政策 196
8.6 中国人民银行的货币政策实践 198
本章小结 200
复习思考题 202

第9章 货币供求 ... 203

9.1 货币需求 ... 203
9.2 货币供给 ... 212
9.3 货币供求均衡 ... 219
9.4 通货膨胀与通货紧缩 ... 222
本章小结 ... 230
复习思考题 ... 231

第10章 金融监管与金融创新 ... 232

10.1 金融监管概述 ... 233
10.2 银行业监管 ... 236
10.3 保险业监管 ... 243
10.4 证券业监管 ... 248
10.5 金融创新概述 ... 253
本章小结 ... 259
复习思考题 ... 260

参考文献 ... 261

第1章 货币与货币制度

【学习目标】

通过本章学习，使学生了解货币的产生过程，掌握货币的内涵、职能作用；理解记忆货币制度及构成的要素；在了解货币制度演变过程的基础上，熟悉我国人民币制度的内容。本章从货币的定义开始，由浅入深地来认识货币、货币的本质、职能及其货币制度等基本理论。

【本章引例】

2008年10月31日，一个化名中本聪的人在一个隐秘密码学论坛上公开了一篇题目为《比特币：一种点对点电子现金系统》的报告，悄然掀开了互联网新的一页。次年1月，中本聪发布了比特币系统软件的开源代码，并发行了第一批50枚比特币，一种全新的虚拟货币诞生了。随后，逐渐有新技术爱好者加入比特币这种虚拟货币系统的开发与维护、持有或交易比特币，形成了比特币社区。2010年5月22日，程序员Hanyecz花费10 000比特币向比特币论坛用户购买了两个披萨，比特币首次实现了由名义货币向实物货币的转变。根据比特币观察网，截止2017年3月29日，已发行1 600多万比特币，总值超过170亿美元。从此，以信息产生与流动为特征的互联网络加速迈入以价值产生与转移为特征的价值互联网新时代。

比特币是一种开放的密码货币系统。任何人可以随时加入或离开比特币系统，成为其中一个点对点网络的节点，获得货币发行和交易的权利。比特币交易必须得到全网节点的共识，交易单被收集整理成区块并记录到全网唯一的一条数据链上，该链被称为区块链。形成的全网唯一的区块链也称为比特币账本，所有节点都可以读取和验证该账本上的所有交易，保存并实时更新该账本的拷贝。最先将一些新交易单验证并记录到链上，证明自己完成了要求的工作量，并得到全网其他节点认可的节点将获得一定数量比特币的奖励，产生一个特殊的交易，这个过程为挖矿，这样的节点也被称为矿工。用户加入节点也可以只持有或交易比特币，而不参与挖矿以发行比特币。区块链浓缩了诸多密码技术，决定着数字货币发行、价值产生（物化）、交易流通的特征，并提供数字货币防伪、防双花、交易方身份隐私等安全与隐私保护功能，因此，区块链构成了密码货币和价值互联网的基因。

比特币相较于传统法定货币或其他传统电子货币具有显著优势。首先，结合点对点网络技术与现代密码技术，比特币系统具有很强的系统健壮性和抗攻击能力。虽然兑换法定货币的比特币兑换平台时不时爆出被黑客攻破的报道，然而，迄今对开源并公开运行的比特币系统本身没有发现任何成功的攻击，也没有发现严重的漏洞。第二，比特币使用便捷，发行和交易完全采用电子方式，交易安全由密码算法保证，社会信用成本极低。与此相对，传统货币发行中制版、印刷、押运需要高昂成本。比特币采用去中心化结构，所有交易不需要中介，支持用户到用户的直接交易，可以在全球/全网范围内用假名实时转账；与此相对比，传统货币转账需要中介/银行的参与，涉及复杂的清结算手续和高昂的交易成本，尤其是跨国转账极为复杂且存在隔夜汇差风险。第三，比特币安全性高，保护用户隐私。比特币采用已被理论和实践证明安全的现代密码技术，能有效防止对比特币的伪造和重复花费，并保护用户交易的身份隐私。而在传统货币中，假币难以识别，几乎所有传统货币下都有大量用户蒙受过假币造成的损失，打击假币耗费了大量的人力、物力和财力。第四，比特币使一种可编程的数字代码成为可自动交易的货币，按时序以不可抵赖的方式记录，交易可公开验证和审计，使得实现密码学家设计的智能合约成为可能，高效解决维系社会运行的传统合约系统中合约签署与执行中的高昂成本，并在很大程度上消除信用违约风险以及由此造成的社会经济问题。

以比特币为代表的融合密码学、互联网的新技术正在重塑我们的物理社会。现代密码学使得人们在无信任的环境下能够防范欺诈，并防止信息被非授权获取。移动互联网将人们随时随地联系在一起，打破了传统时空对人们的社会行为的限制。移动互联网与现代密码学的结合有望帮助人们突破时空和信任的藩篱，从而重塑后信息时代的物理社会，比特币的诞生与流行即是一个显著的例子。然而，比特币作为一种私人发行的货币，未有任何法定机构为其信用背书；而且，货币发行被视为国家主权行为之一，因此需要借鉴比特币的先进技术，结合国家对数字货币的需求，研究法定数字货币的设计与实现，调和便利性需求和安全性需求之间的功能性冲突，解决隐私保护、金融情报机密性需求，与安全审计、监管、追踪、打击违法犯罪行为需求之间的技术性冲突，保障货币政策的有效运行和传导，确保法定机构对货币主权的控制。

问题：你认为比特币是货币吗？

（资料来源：秦波，陈李昌豪，伍前红等.比特币与法定数字货币.密码学报[J].2017，4：177~178。）

1.1　货币的定义及产生

思政目标

1.1.1　货币定义

货币是固定充当一般等价物的特殊商品，反映了一定的生产关系。

1. 货币是固定充当一般等价物的特殊商品

货币之所以能够成为一般等价物，是因为货币本身是商品，但它又不是普通商品，而是特殊商品。这种特殊性表现在货币本身是社会财富的代表，它可与一切其他商品相交换，因此，货币成了一切商品的价值表现材料，成为价值的直接体现。

2. 货币反映着一定的社会生产关系

货币是随着商品内在矛盾的发展而产生的。货币作为一般等价物而出现，有力地促进了商品交换的发展，加强了商品生产者之间的社会联系。但是，货币的产生并没有消除商品的内在矛盾，它只是使这种矛盾形式变化了，使整个商品世界分成两极，即商品和货币，商品使用价值和价值的矛盾，也因货币的存在而转化成商品和货币的外部化，那么商品的内在矛盾能否得到解决，就取决于商品能否换成货币。若能实现商品与货币的相互交换，使用价值就实现了价值,生产商品的私人劳动就获得了社会的承认,变为社会劳动。否则,商品的价值无法实现,生产商品的具体劳动无效,生产商品的个别劳动也得不到承认。可见,货币体现着商品生产者之间相互交换劳动的关系。

1.1.2 货币的产生

货币不是人类社会一开始就有的,它是人类社会发展到一定阶段才产生的。它是怎样出现在人类社会的呢?对于这个问题,马克思从分析商品交换的发展及其有关的大量历史材料中得出科学论断:"货币的根源在于商品本身。"即货币起源于商品。

商品是为交换而生产的劳动产品,具有使用价值和价值双重属性,从而也就具有两种表现形式:一是使用价值的表现形式,即商品的自然形式;二是价值的表现形式,它只有和其他商品相互交换时才能表现出来,并在其他商品上相对地表现出来。比如,一只羊与两把石斧子相交换,羊的价值便表现出来;羊的价值具体表现就是两把石斧;两把石斧则成为表现羊的价值材料,成为羊的等价物。在交换不断发展的进程中,逐渐出现了作为其他一切商品价值的表现形式,或者说作为其他一切商品等价物的商品,这种商品就是货币。

随着商品生产的扩大和商品内在矛盾的发展,价值形式经历了一个由低级到高级,从简单到复杂的历史发展过程。而在商品交换发展的过程中,价值形式经历了四个发展阶段,即简单价值形式、扩大价值形式、一般价值形式和货币价值形式。

1. 简单价值形式

在原始社会末期,由于当时的生产力水平低下,人们生产的产品有时甚至连自己的需要都不能满足,很少会有剩余产品用于交换,只是在维持其生活必需以外,偶然有少量剩余产品。于是,在两个部落之间产生了偶然进行的交换。交换价值还没有取得独立的自由形态。与这种物物交换相适应,就产生了简单价值形式。简单价值形式,就是指一种商品的价值偶然地以另一种商品来表现的价值形式。它是价值形式发展过程中的原始阶段。例如,1只羊=2把石斧。

在简单价值形式的公式中,两端的商品处于不同的地位,起着不同的作用。等式左边的羊起着主动的作用,它主动地要求表现自己的价值,它的价值相对地表现在石斧上。所以,羊处于相对价值上。等式右边的石斧,起着被动作用,它被动地作为羊价值的表现材料,成为羊的等价物。所以,石斧处于等价形式上。在这种价值关系中的等价物,还是个别的等价物,商品的价值表现还很不充分。因为从简单价值形式上,只能看到一件商品和另一件商品相等。还看不出它是否在质上和所有商品都相等,也看不出它能否在量上和所有商品相比较。这种情况表明,在简单价值形式下,价值作为无差别的人类劳动的凝结物的这种性质,交换的比例以价值量为基础这一本质,还没有能够充分地显示出来。

2. 扩大的价值形式

随着社会生产力的发展和第一次社会大分工的出现,劳动生产率提高了,剩余产品的增多产生了私有制。于是,原始部落之间的交换逐渐地为个人与个人之间的交换所代替,交换行为和参与交换的商品种类与数量不断增多,一件商品已不再是偶然地与另外一件商品相交换,而是经常地与许多商品相交换。于是就出现了扩大的价值形式。扩大的价值形式,就是指一种商品的价值表现在和它相交换的一系列商品的价值形式。用公式表示为:

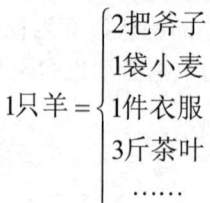

从公式可以看出，一件商品的价值已经不是偶然地表现在另一件商品上，而是经常地表现在一系列的其他商品上。如由于有许多商品成为羊的等价形式，于是羊的价值就能够比较充分地表现为无差别的人类劳动的凝结物。同时，由于交换已成为经常发生的事情，一种商品可以按照不同的交换比例同许多种商品相等价，显示出交换的比例以价值量为基础，而不再是偶然确定的，从而把价值量更准确地表现出来。

在扩大的价值形式中，一种商品要表现自己的价值，会使许多商品成为它的等价物。这样每一种商品的自然形态，就成为一个特殊的等价物，并和其他许多商品相并列，成为一个特殊的等价形式。扩大的价值形式比起简单的价值形式来，当然是一个进步。但是，在扩大的价值形式上，也有其不可解决的矛盾，即交换者对商品的特殊需要和物物交换形式的矛盾。比如，羊的所有者需要粮食，而粮食所有者在此时此地却不需要羊，而需要石斧等。这时，商品交换就遇到了困难，价值难以实现。可见，在物物直接交换的条件下，即使是客观存在可以最终解决的需求锁链，但要把它一步一步地解开是要花费极大精力的，更何况在限定的时间和空间的范围内，显然这种价值形式不能适应商品交换进一步发展的需要。

3．一般价值形式

商品交换的进一步发展，使交换的商品日益增多，交换行为日益频繁，物物交换的矛盾日益突出。当日益增多的物品进入频繁交易的过程中，必然会有某种物品进入交换的次数较多，其使用价值较多地为进入市场的人们所需要。于是各种产品先与这种商品交换，再用它与自己需要的其他物品相交换。这时该种物品成为所有其他产品价值的表现形式，成为所有产品的等价物。马克思称之为一般等价物。这样，物物的直接交换就让位于通过媒介的间接交换。于是扩大的价值形式便过渡到一般的价值形式。一般的价值形式，就是指所有商品的价值同时表现在一种商品上的价值形式。用公式表示为：

$$\left.\begin{array}{l}2把斧子\\1袋小麦\\1件衣服\\3斤茶叶\\\cdots\cdots\end{array}\right\}=1只羊$$

一般价值形式的出现，是价值形式发展史上质的飞跃。每一种商品的价值都表现在唯一的、同一的商品上，或者说，只有一种商品作为等价物去表现其他一切商品的价值。由于一切商品的价值都通过一种商品来表现。所以，价值作为无差别人类劳动凝结物的这种性质，便完全地、充分地表现出来了。既然一切商品在质上表现为共同的东西，那么在量上它们也是可以互相比较的。由于一般价值形式中等价物是所有商品共同的、一般的等价物，所以，商品交换由原来的物物直接交换转化为以一般等价物为媒介的间接交换。即商品要交换时先要换成媒介品,也就是先要求媒介品表现自己的价值,再用媒介品换取自己所需要的其他商品。

一般价值形式虽然克服了扩大价值形式的缺点,但是一般等价物还没有固定在某一种商品上。它在不同地区、不同时期是不一致的,还不能成为整个商品世界的一般等价物。因此,一般等价物的不固定,限制和阻碍了商品交换的扩大和发展。

4. 货币价值形式

随着商品生产的进一步发展,发生了第二次社会大分工,手工业从农业中分离出来,出现了专门为交换而进行的生产,即商品生产。随着交换的商品增多,交换的范围也进一步扩大了。商品世界就要求一般等价物固定地由某一种商品来充当,从而克服一般等价物的不固定给交换造成的困难。当一般等价物最终固定在某种特殊商品上时,这种商品就成了货币,一般价值形式就转变为货币形式。货币形式,就是指一切商品的价值都只表现在货币上的价值形式。用公式表示为:

$$\left.\begin{array}{l} 2把斧子 \\ 1袋小麦 \\ 1件衣服 \\ 3斤茶叶 \\ \cdots\cdots \end{array}\right\} = 1克黄金$$

一般价值形式转变为货币形式,并没有发生本质的变化。所不同的只是在货币形式中,一般等价物被固定在一种商品上。当一般等价物被固定在某一种特殊商品上时,这种商品就成了货币商品,执行货币的职能。所以,货币是固定地充当一般等价物的特殊商品,其特征是:它是衡量和表现一切商品价值的材料,它可用来购买任何商品,具有与一切商品直接交换的能力。历史上虽然有许多商品充当过货币材料,但在货币形式中一般等价物同金银本身的自然形态固定地结合在一起。马克思说:"金银天然不是货币,但货币天然是金银。"这是因为金银是自然界早已存在的,而货币是商品经济发展到一定阶段的产物。所以,金银不可能天然是货币。但由于金银具有质地均匀、体积小、价值大、便于分割、便于携带等自然特性,使它们天然具有充当货币材料的优点。所以说,货币天然是金银。

金和银本来是普通商品,最初充当特殊等价物,后来充当一般等价物,最后人们自然地将一般等价物固定在金银上面,金银便成了货币。

货币出现后,商品内部使用价值和价值的矛盾,就表现为商品和货币的矛盾。商品换成了货币,商品的使用价值和价值的矛盾就解决了。对于货币的起源,古今中外思想家、经济学家都看到了与交换发展的联系。马克思关于货币起源的论述特点是立足于劳动价值论的,通过分析价值形式的发展,科学地揭示了货币产生的客观必然性。

◇ 阅读资料 1-1

我国古代货币的五次重大演变

中国是世界上最早使用货币的国家之一,使用历史长达五千年之久,货币史也是中国古代经济史的重要内容之一。在老教材中,货币史仅有零碎叙述,不成系统,岳麓版新教材以"从贝壳到银元"为题作了较为详细的叙述,从中可以概括出中国古代货币在形成和发展过程中的五次重大演变。

一、由自然货币向人工货币演变

在中国的汉字中,凡与价值有关的字,大都从"贝",可见,贝是我国最早的货币。中国最早使用的货币是新石器时代晚期和夏文化遗址出土的天然贝壳。

随商品交换迅速发展,货币需求量大增,海贝无法满足需要,商周时期出现人造货币——骨贝和铜贝。骨贝和铜贝的出现,是我国古代货币历史上由自然货币向人工货币的一次重大演变。

二、由杂乱形状向规范形状演变

春秋战国时期,商贸繁荣,货币形态有很大发展,诸国货币形制各异,币制混乱。取材一般以青铜为主,也有贵金属黄金和白银。从外形看有铲币、刀币、布币等。

秦统一中国后,秦始皇于公元前210年颁布了中国最早的货币法"以秦币同天下之币",以圆形方孔的"半两钱"通行天下。秦半两之通行,结束了古代货币的杂乱状态,是我国古代货币历史上由杂乱形态向规范形态的一次重大演变,奠定了此后2000多年中国铜钱的基本形制。

三、由地方铸币向中央铸币演变

刘邦建汉后,允许私铸钱币。豪绅富商和地方势力趁机大铸恶钱而牟利,文帝时"邓通大夫也,以铸钱财过王者"。

元鼎四年(前113年),汉武帝收回郡国铸币权,由中央统一铸造五铢钱,通行全国,从此确定了由中央对钱币铸造、发行的统一管理。这是中国古代货币史上由地方铸币向中央铸币的一次重大演变。此后,历代铸币皆由中央直接掌管,铸币权归中央,对稳定各封建王朝的政局和经济发展起到重要作用。

四、由文书重量向通宝、元宝演变

秦汉以来所铸货币,通常在钱文中明确标明钱的重量,如"半两""五铢""四铢"等,秦铜钱曰"半两",汉武帝铸"五铢钱",重如其文。铢、镒、两都是重量单位,24铢为一两,20或24两为一镒。钱文标明重量,表明其为称量货币。

唐高祖武德四年(621年),李渊改革币制,废五铢钱,发行"开元通宝"。钱文不再标明重量,而以"通宝"名之,反映了货币地位的进一步确立和人们货币即财富观念增强。这是中国古代货币由文书重量向通宝、元宝的演变。开元通宝是我国的通宝钱,此后我国铜钱都以通宝、元宝相称,一直到辛亥革命后的"民国通宝"。

五、由金属货币向纸币演变

北宋以前,通行钱币多为铜制。北宋时,铸钱的铜料紧缺,政府为弥补铜钱不足,在一些地区大量铸造铁钱。当时,川蜀地区经济长足发展,商业交易极为繁盛,但在此地区,政府强行推行笨重的铁钱,"小钱每十贯重六十五斤,折大钱一贯重十二斤。街市买卖至三五贯,即难以携持";而且规定"仍以铜钱一当铁钱十","民苦转贸重"。在这些情况下,纸币交子在四川地区应运而生。交子的出现,是我国古代货币史上由金属货币向纸币的一次重要演变。

交子不但是我国最早的纸币,也是世界上最早的纸币。元朝更是将纸币作为主要货币推行,是中国历史上纸币空前流通的时期,也是世界上最早推行纸币流通的政权。

(资料来源:王恒星.我国古代货币的五次重大演变.历史学习[J].2007,4:22.)

1.1.3 商品成为货币的原因

商品成为货币的原因在于货币是私人劳动与社会劳动矛盾的产物。从以上的分析中可以看出，货币是价值形式发展的必然结果。而价值形式的发展又取决于交换的发展，交换的发展又要受私人劳动和社会劳动这一矛盾的发展所制约。在私有制条件下，小商品生产者彼此都是使用各自的生产资料来进行生产的，因而他生产商品的劳动是私人劳动。而每个小商品生产者所进行的某种商品的生产又是整个社会分工体系的一个有机组成部分，是整个社会总劳动的一部分。换而言之，各个商品生产者生产的商品都是用来满足社会需要的。因而，每个小商品生产者的劳动又都具有社会性质，是社会劳动。商品生产者的私人劳动能否得到社会的承认，转变为社会劳动，就要看他的商品能否得到交换。物与物的直接交换，本身存在着很大的局限性，不适应商品交换的进一步发展，妨碍着私人劳动向社会劳动的转化和生产者之间的经济联系的实现。货币就是为了解决这种矛盾而在交换发展的过程中自发地产生的。因此，货币是商品交换发展的必然结果，是私人劳动与社会劳动矛盾发展的产物。

1.2 货币的职能

货币的本质决定着货币的职能。货币的职能即本身所具有的功能，它是货币本质的具体体现。随着商品经济和货币的发展，货币的职能也在不断地发展。一般认为，货币具有价值尺度、流通手段、储藏手段、支付手段、世界货币五种职能。

1.2.1 价值尺度

价值尺度职能是指货币作为衡量商品价值标准的职能，即评价商品包含多少社会劳动，把社会承认的劳动量表现为一定数量的货币。货币之所以能表现和衡量商品价值，是因为货币本身是商品，本身具有价值。所有商品价值量的大小都可以用货币来衡量。货币执行价值尺度的职能，是通过把商品的价值表现为价格来实现的。商品的价值表现在货币上，就是商品的价格，或者说商品价值的货币表现就是价格。比如，一本书标价20元，这样，我们就可以用20元来表示书的价值。货币执行价值尺度职能，表现商品的价值量，并不需要现实的货币，只需要观念上的或想象上的货币。

货币作为价值的尺度，为了准确地把各种商品的价格表现出来，就必须有一个统一的货币计量单位，即货币单位。每一个货币单位包含一定金属重量及其等份，就叫作价格标准。价格标准是由价值尺度职能派生的，价值尺度的职能又借助于价格标准来实现。作为价值尺度，它是人类劳动的化身，用以衡量商品的价值，使之表现为价格；作为价格标准，是规定贵金属重量的技术标准，是用来衡量和计算货币金属本身的数量的。虽然如此，两者之间仍有密切联系。价格标准是货币执行价值尺度职能做出的技术性规定，也就是说货币充当商品价值尺度，必须借助于价格标准，才能准确地表现每一商品的价值量。价格标准是为价值尺度职能服务的。

1.2.2 流通手段

流通手段职能是指货币在商品交换中充当交换的媒介职能。货币作为流通手段，使直接的物物交换（W-W）变成了以货币为媒介的间接交换（W-G-W）。这种间接交换就被称为商品流通。

货币执行流通手段，必须是现实的货币，而不能是观念的货币。货币作为交换的媒介，在商品生产者之间不断转手、流通，完全可以用不足值的金属铸币和本身没有价值的纸币、信用货币来代替。因为商品交换者所关心的只是这些交易工具是否能够起媒介作用，不必考虑它本身是否足值。由于纸币、信用货币是法律强制流通的货币，它能够作为交易工具在流通中交换。可见，价值符号作为货币的象征是从货币的流通手段职能中产生的。

价值尺度和流通手段是货币的两个最基本的职能。商品价值要能表现出来，需要一个共同的、一般的价值尺度；商品要实际转化为与自己价值相等的另一种商品，则需要有一个社会所公认的媒介。当这两个要求由某种商品来满足时，该商品就取得了货币的资格。所以，马克思曾指出，价值尺度和流通手段的统一是货币。

1.2.3 储藏手段

货币的储藏手段是指货币退出流通领域被人们当作社会财富的一般表示保存的职能。货币的储藏手段职能，是在价值尺度和流通手段职能的基础上产生的。退出流通领域被人们储藏起来的货币，即储藏货币。

货币是一种超越时间的购买力储藏，可以将收入和支出的时间分离开来。由于货币是流动性最强的资产，因此，是购买力最佳的栖息地，也是人们重要的价值储藏手段之一。凡是货币都可以执行储藏手段的职能。不同的货币形式执行储藏手段的职能是不一样的。

在金属货币流通的条件下，储藏具有保值的性质，也就是说，只要金属价值稳定，储藏的价值就不会发生损失。货币作为储藏手段，当货币供过于求时，过多的货币就转化为储藏；当货币供不应求时，储藏的货币便相应地进入流通。这是金属货币流通条件下一个极其重要的自发调节机制。在这种条件下，储藏货币可以自发调节货币流通量。

在纸币流通的情况下，纸币也能满足人们保存价值的需要。它起着与金属货币储藏不同的作用。但纸币储藏是有条件的。纸币储藏的条件是：货币流通正常，纸币币值稳定。如果出现物价上涨，人们是不会储藏纸币的，不仅不储藏，还会把原有储藏的纸币大量地重返流通界。

在信用货币条件下，货币作为储藏手段退出流通的主要目的不是单纯地保值，而是为了满足重新进入流通的需要。这部分储藏的货币是流通手段与支付手段的准备金。信用货币能够执行货币储藏职能的原因是法律规定它代表着一定的价值量，具有社会认同的本质。由于一些客观因素的影响，信用货币不能自发地调节货币流通量，这是信用货币储藏手段与金属货币储藏手段的本质区别。信用货币必须通过中央银行调整市场上流通的货币数量，才能保持正常与合理的货币流通秩序。这是由现代信用货币制度所决定的。

1.2.4 支付手段

货币的支付手段职能是指货币在不同时期伴随商品运动而作价值单方面转移时执行的职

能。货币的支付手段最初是由商品赊销引起的。在偿还赊销款项时，货币已经不是作为商品交易的媒介，而是作为价值的独立存在进行单方面转移。

随着商品经济的发展，货币作为支付手段，不仅用于偿还债务，还被用于支付租金、利息、工资和赋税等。比如，财政的收支、银行吸收存款和发放贷款，都是货币作为独立的价值形态而进行的单方面转移；在工资和各种劳动报酬支付中，货币也同样发挥支付手段的职能。

在流通中，作为流通手段的货币和作为支付手段的货币有着密切的联系，它们共同构成流通中的货币。流通中的每一枚货币，往往交替地发挥着这两种职能。因而，流通中货币的需求实际包括对流通手段的需求和对支付手段的需求。

1.2.5 世界货币

世界货币的职能是指货币在国际市场上作为一般等价物作用时执行的职能。商品流通一旦越出国界，扩大到世界范围时，货币的职能也跟着发展，即作为国际间购买手段、支付手段和财富的一般代表。作为世界货币，按照马克思的观点，此时的货币只能以贵金属的条块形态出现。现代经济理论认为，一种货币只要在国际范围内被社会公认并具有普遍接受性，它就能在经常性的国际交往中执行世界货币职能。

随着金银退出货币历史舞台被纸币取而代之，纸币充当世界货币是商品经济发展的必然。所不同的是，并非任何国家的纸币都能直接充当这一角色，它只能由少数币值稳定，经济后盾坚强，其国内价格体系易于为别国公众所接受的纸币直接行使此职能。多数国家的纸币则采取间接或转换的方式履行这一职能。

货币的各个职能之间存在着有机的联系，它们共同体现了货币作为一般等价物的本质。价值尺度和流通手段是货币的两个最早、最基本的职能，最早出现的价值尺度职能被用来表现和衡量商品的价值。正因为货币具有价值尺度职能，才有可能在商品交换中充当媒介，用来实现商品的价值，发挥流通手段的职能。这两个职能是形成货币的先决条件，其他职能都是随商品流通的发展而产生的。因为只有货币表现和衡量一切商品的价值，又具有与其他商品直接交换的能力，货币才能成为一切使用价值和社会财富的一般代表，才会出现货币的储藏职能，执行储藏手段职能。支付手段职能的出现又是以价值尺度和流通手段职能的发展为基础，以储藏手段职能的存在为前提的。世界货币是最晚发展的一个职能，因为世界货币的职能要以货币的其他职能在国内的存在和充分发展为前提，是货币诸多职能在国际间的延伸和继续。

1.3 货币形态的演变

1.3.1 经济发展是决定货币形态的内在要求

随着商品和商品交换的发展，随着人们对货币在经济中的作用上的深化，货币不断地由自发演变的形态向人为管理和控制形态的转变方向发展。迄今为止，货币形态发展过程经历了一个从金属货币到纸币，从名副其实的价值实体到名不符实的价值符号，从真实价值到名义价值的演变过程。这一过程与社会经济发展有着紧密的内在联系。一方面，商品交换的发展要求规定了货币形态历史沿革的轨迹；另一方面，货币形态的发展演进更好地适应了商品交换发展的需要。从金属货币到纸币，从实体形态到"观念上"存在，这是货币发展史的一条基本线索。纵观货币的发展历史，我们可以从中概括出具有不同特征的货币类型，认清货币发展的趋势，在此基础上，我们就能恰当地选取适应现代市场经济要求的货币类型，进而能在控制货币供给、货币购买力，乃至调控整个社会经济，居于更加主动的地位。

货币形态的演变是一个漫长和渐进的过程。历史上货币发展的内在动因来自人们对交换过程效率性的要求。为了提高交换过程的效率，货币取材应当具备以下几个特征：一是具有普遍接受性，即被社会公众所普遍接受和认同；二是具有防伪性，即不被轻易地仿制、伪造；三是便于携带，易于分合。

现代社会的纸质货币，可以通过法制和科学技术来满足以上条件。但在古代社会，人们只能用稀缺和具有较高稳定价值的商品来充当货币，这就是在历史上曾起到稳定币值作用的贵金属货币制度存在的缘故。正因为此，马克思才有"金银天然不是货币，但货币天然是金银"的论断。

随着商品交换的不断扩大，以及国际政治格局和经济格局的变革，经济发展的条件和内容变得更为复杂，贵金属货币在使用中的弊端日益显现。贵金属的稀缺性、生产制造的复杂性，使制造货币的币材（如黄金）不能满足商品交换规模不断增长和扩大的历史发展要求，由促进商品交换的媒介转变为束缚商品交换的桎梏。进入近代社会，货币材料为社会普遍接受的问题已通过国家法律得以解决；而货币的价值尺度只要是"观念上的"就可以；流通手段也只是转瞬即逝，人们只是关心货币所能换回商品的价值和使用价值，并不关心币材本身的价值。这样，纸质货币替代金属货币就成了历史的必然。

具体说，货币的历史发展经历了实物货币、金属货币、代用货币、信用货币四个阶段，并逐渐向电子货币的新阶段迈进。

1.3.2 实物货币

实物货币又称为商品货币。它是货币形态发展的最原始形式。在物物交换制度不能适应交换的发展时，人们就会在商品世界中发现一种特殊商品，并将其作为交换媒介。这种商品必须是交换者普遍愿意接受的，自身也有价值。那么，如何给实物货币一个准确的定义呢？任何货币，假如其作为非货币用途的价值与其作为货币用途的价值相等，都可称为实物货币。举例说明，假定一个商品，既可作为货币进行流通，又可以作为一般商品进行消费，其价值都是相等的，那么这种商品就是一种实物货币。在人类历史上，许多种商品如米、木材、贝壳、家畜等，都曾经在不同时期和不同地域内扮演过货币的角色。随着商品交换的发展，这些实物货币逐步显现出缺陷。比如，一些实物货币体积笨重，不能分割为较小单位，携带运输都非常困难，无法充当理想的交换媒介。另外，实物货币一般都是不均质的，如果分割开就将出现价值与体积不成比例，而且有些商品质量极不稳定，有些易于腐烂，这样，就妨碍了货币发挥价值标准和价值储藏的职能。所以，随着商品经济的发展，普通实物货币逐渐被金属货币所取代。

1.3.3 金属货币

贵金属货币是指以贵金属作为币材的货币，也称实体货币。从广义上说，它是实物货币的一个阶段，即实物货币的高级阶段。但是，严格地讲，贵金属货币同原始的实物货币有着明显的区别。这主要表现在：在实物货币阶段，由多种商品在不同时期、不同区域交替地扮演着货币的角色，这些特殊等价物往往是多变的和不固定的。而在贵金属货币阶段，扮演货币角色的特殊等价物集中在一种商品上，这就是黄金或白银。随着商品交换的发展，人们逐步看到黄金或白银具有单位体积价值高，价值稳定，质地均匀且易于分割、耐磨等优点，是选为货币币材的最佳材料，所以，几乎所有的国家在不同历史时期都经历了贵金属货币阶段。这种货币的优点在于其本身具有十足的价值，当金属货币量大于媒介商品流通需要量时，它会自动退出流通，作为价值储藏手段，因而具有稳定币值的作用。这一货币形式成为古典意义上比较完美的货币形式。我们后面所分析的金本位制度，就是建立在这一货币形态的基础之上。

1.3.4 代用货币

代用货币是简称，它的全称是代表实体货币。代用货币是指作为货币的物品本身的价值低于其代表的货币价值。从理论上讲，代用货币的形态有许多，其中国家铸造的不足值的铸币也应属于代用货币，因为这种铸币本身的价值低于它所代表的货币价值。但是一般来说，代用货币指的是政府或银行发行的代替金属货币流通的纸币或银行券。这种纸币所代表的价值是金属货币价值。这种纸制的代用货币之所以能在市面流通，被人们普遍接受，是因为它们有十足的金银贵金属作保证，可以自由地用纸币向发行机构兑换成金银。

代用货币较之金属货币有明显的优点：一是印刷纸币的成本较铸造金属为低；二是节省了部分黄金作为币材的使用；三是降低了运送成本与风险。代用货币最早出现在英国的中世纪后期。英国的金匠为顾客保管金银货币，所开出的本票形式的收据，即银行券的初始形式，可以在流通领域进行流通，这是原始的代用货币。在顾客需要时，这些收据可以随时兑现或作为支付凭证。美国在1878年实行金本位制以后，为减少公众持有的大量黄金或金币带来的麻烦，发行了黄金凭单，凭单全值代表存于财政部金库中的足值铸币和等价黄金，并可在市场上流通。一直到1933年，美国放弃金本位制度，实施黄金国有化，黄金凭单由财政部收回，代用货币因而消失。

这种货币形态之所以被历史所淘汰，在于它是以黄金作为保证或准备的。这种兑换上的硬联系，使得这种供应货币的方式缺乏适应经济不断发展后的商品生产和商品交换需要的弹性。因为商品交易数量和规模越来越大，而金银产出有限，不能与普通商品生产同步，满足不了商品生产和交换的需要，最后只得与黄金脱钩了。

1.3.5 信用货币

信用货币就是以信用作为保证，通过信用程序发行和流通的货币。信用货币是代用货币进一步发展的产物，其形态同代用货币一样，大多为纸质形态。目前世界上几乎所有的国家都采用这种货币形态。信用货币有以下几个特征。

1. 信用货币是不兑现的信用货币

信用货币完全割断了与贵金属的联系，其发行的依据主要不是以黄金作准备的，国家也不承诺兑现黄金。所以，信用货币也称作不兑现的信用货币。信用货币发行的依据是：以商品物资保证为基本依据，根据社会经济发展的内在要求，结合国家对特定的经济运行周期作宏观调控的需要。

2. 信用货币是一种债务货币

信用货币的另一信用保证是国家的信誉和银行的信誉。信用货币本质上是一种国家债务货币，其原始货币形态纸币（现钞）为国家货币当局发行的法偿货币，理当由国家通过法律保证其正常流通和支付。

3. 信用货币的具体形态是纸质货币

信用货币的具体形态是纸质货币——纸币（现钞/纸币），是国家货币当局发行的，并依靠国家权力（通过立法保障）强制流通的"货币符号"。

根据经验，政府和货币当局发现，只要纸币发行量控制适当，则社会公众对纸币仍然能保持信心，因此，法定纸币并不需要金银准备。但这并不意味着现代信用货币完全没有任何发行准备。实际上，目前大多数采用信用货币制度的国家，均具有相当数量的黄金、外汇、有价证券等资产作为发行货币的准备。然而，政府和货币当局的货币发行显然不再受充足金银准备的束缚，甚至可以在没有任何准备的情况下发行货币。从银行的角度看，无论是中央银行或是商业银行都从金融实践中发现，只要社会大众对银行的信誉保持信心，则在一定时期内，存款人不会要求将存款全部提取。所以，银行体系只要保留部分现金准备即可，其余存款可用于放款或投资，这就是现代银行普遍实行的"部分准备金制"。在这种制度下，银行创造的存款货币没有相应的现金准备，至少是没有全部的现金准备。这些货币之所以在流通领域中被接受，完全是人们信赖银行，相信这些货币的支付能力会得到银行的保证。

在现代银行非现金结算体制条件下，作为货币执行一般媒介手段的主要部分，是以银行活期存款形式存在的。这些活期存款实质上是存款人提出要求即可支付的银行债务，是银行对存款人的负债，所以，这种货币又可称为债务货币。存款人可借助支票或其他支付指示，将本人的存款支付给他人，作为商品交换的媒介。目前，在全社会交易总量中，用银行活期存款作为支付手段的比重已经占了很大部分。所以，银行存款也是信用货币的一个组成部分。

信用货币完全摆脱了黄金束缚，只受到商品发展规模和市场化程度的制约，从这个意义上说，它更符合经济发展的内在要求。但信用货币的发行权在国家货币当局，国家可以根据客观的和主观的需要（如战争和重大自然灾害；为刺激经济奉行赤字财政政策等），进行货币的超额发行和财政发行，从而侵蚀币值稳定和引起通货膨胀。有关这方面的问题我们将在以后的章节中再讨论。

1.3.6 电子货币

电子货币通常是指利用电脑网络或储值卡进行电子资金转移，利用电子计算机记录和转移存款。电子货币是当今货币形态发展的新趋势，由信用货币的符号化向电子货币的观念化发展。银行在各销售场所安装终端机并与银行电脑中心联结。顾客消费时，只需将其专用的货币卡插入终端机，电子计算机便会自动将交易金额分别记入买卖双方的银行账户。究其实质，电子计算机网络内传输的是"数码信号"电子流，并非具体货币形态。电子计算机只是执行人们"观念上"认为这钱应该由买方向卖方转移的指令，所以，电子货币可以认为是一种观念上的货币。

◇ 阅读资料1-2

比特币的"价值"何在

2008年爆发全球金融危机，当时有人用"中本聪"的化名发表了一篇论文，描述了比特币的模式。

与法定货币相比，比特币没有一个集中的发行方，而是由网络节点的计算生成，谁都有可能参与制造比特币，而且可以全世界流通，可以在任意一台接入互联网的电脑上买卖，不管身处何方，任何人都可以挖掘、购买、出售或收取比特币，并且在交易过程中外人无法辨认用户身份信息。2009年，不受央行和任何金融机构控制的比特币诞生。比特币是一种"电子货币"，由计算机生成的一串串复杂代码组成，新比特币通过预设的程序制造，随着比特币总量的增加，新币制造的速度减慢，直到2014年达到2 100万个的总量上限，被挖出的比特币总量已经超过1 200万个。

比特币网络通过"挖矿"来生成新的比特币。所谓"挖矿"实质上是用计算机解决一项复杂的数学问题，来保证比特币网络分布式记账系统的一致性。比特币网络会自动调整数学问题的难度，让整个网络约每10分钟得到一个合格答案。随后比特币网络会新生成一定量的比特币作为赏金，奖励获得答案的人。

2009年比特币诞生的时候，每笔赏金是50个比特币。诞生10分钟后，第一批50个比特币生成了，而此时的货币总量是50。随后比特币就以约每10分钟50个的速度增长。当总量达到1 050万时（2 100万的50%），赏金减半为25个。当总量达到1 575万（新产出525万，即1 050的50%）时，赏金再减半为12.5个。

首先，根据其设计原理，比特币的总量会持续增长，直至100多年后达到2 100万的那一天。但比特币货币总量后期增长的速度会非常缓慢。事实上，87.5%的比特币都将在头12年内被"挖"出来。所以从货币总量上看，比特币并不会达到固定量，其货币总量实质上是会不断膨胀的，尽管速度越来越慢。

比特币是一种网络虚拟货币，数量有限，但是可以用来套现：可以兑换成大多数国家的货币。你可以使用比特币购买一些虚拟的物品，比如网络游戏当中的衣服、帽子、装备等，只要有人接受，你也可以使用比特币购买现实生活当中的物品。

（资料来源：https://www.jinse.com/bitcoin/162872.html，2018年3月13日）

电子货币具有转移迅速、相对安全和节约费用的优点。然而，使用电子货币的人们在产生方便感之余，总还有一些担心：如何防范电子货币被盗，如何对个人资产资信情况保密等。电子货币无论有何优点，在与人们传统使用现金手段相比时，其某些竞争上的缺陷和劣势仍然十分明显。因此，电子货币全面应用的时代恐怕还需要相当一段时间，还有赖于科技进步成果的积累，保障设施的完善以及电子终端的普及。

究竟什么东西能够充当货币，这是人们在长期的交换实践中不断摸索的过程。随着人们对商品生产和商品交易认识的深化，对货币在交换中的作用和适用形态的认识也在不断深化。

纵观货币形态的发展与演变，我们可以从中得到一些启发：一是商品生产和交换的发展是货币形态演化的根本原因。能否取得货币的资格，取决于能否满足商品生产和商品交换在广度上和深度上不断拓展的需要，取决于社会大众的普遍信任和接受。二是随着货币形态的演变，人们对货币的本质和货币在经济中所起的作用的认识在不断深化，借以使人们能够控制货币，从而实现驾驭经济不断增长的需要。

1.4 货币制度的演变

1.4.1 货币制度的形成

货币制度简称为币制，是一个国家以法律形式确定的货币流通结构和组织形式。货币制度是货币运动的准则和规范。

货币制度是随着资本主义经济制度的建立而逐步形成的。封建社会末期，随着资本主义萌芽的出现，客观上要求克服货币流通的分散与混乱的状态，建立统一的、定型的货币制度。这主要是因为以下几点。

1．资本主义商业的发展和市场扩大的要求

当时流通中存在的单位不同、质量不等、成色不一的形形色色的铸币，阻碍了商业的扩展和民族市场的开展。

2．资本主义生产的发展的要求

因为资本主义的发展要求正确计算成本、估计盈利，而铸币的不断变质，造成了名义价值和实际价值的不符，很难准确地计算产品成本、价格和利润。

3．资本主义信用事业发展的要求

资本主义生产的发展和商业扩展，促进了信用事业的发展，而铸币的不统一和不断变质，则阻碍了人们建立广泛的信用联系。

由于资本主义社会铸币流通的分散和紊乱阻碍了资本主义生产和流通的发展，因此，在这种情况下新兴的资产阶级对货币流通提出了新的要求。要求有统一的货币，刺激商品交换的扩大；要求有稳定的货币，正确计算产品成本、价格和利润，促进资本主义生产的发展；要求有既统一又稳定的货币，促进信用事业的发展。所以，各国资产阶级在确立了自己的统治地位后，均先后颁布了许多有关货币发行和流通的法令和条例，并逐渐将它们固定下来形成统一、稳定的货币制度。

1.4.2 货币制度的主要内容

货币制度主要包括以下内容：币材的确定、货币单位的确定、本位货币和辅币的铸造、发行及流通、货币发行制度、金准备制度。

1．币材的确定

币材的确定是指国家规定用什么材料来充当本位货币。币材是货币制度的基础，是建立货币制度的首要步骤。本位货币就是指一个国家的基本货币或主币。确定以什么金属作为货币材料，是由各国的生产水平和经济条件决定的，不是由国家任意选择的。不同的货币金属，构成不同的货币制度。如金、银或金银并用就构成了金本位制、银本位制和金银复本位制。而在普遍使用信用货币制度的今天，币材的选择已经不是一个重要因素了。

2．货币单位的确定

货币材料确立后，就要规定货币单位。货币单位包括货币单位名称及其所含货币金属的质量。如英国的货币单位定名为"英镑"，美国的货币单位是"美元"，货币单位与货币名称相同；也有些国家货币单位与名称不同，如中国货币名称是人民币，货币单位是"元"。各国货币单位确定后，并确定其金属重量。目前世界各国的货币单位都是法定的公制单位，即1单位币等于100个最小等分单位。

◇ 阅读资料1-3

世界货币名称拾趣

世界各国的货币可谓名目繁多，据统计，现今市场上流通货币的单位名称就有不下六七十种之多，如果再算上它们的辅币名称即本位货币单位下日常零星交易和找零用的小面额通货，可称得上是五花八门了。

以我国周边的一些国家为例，蒙古的货币单位称"图格里克"；不丹的货币称"努尔特鲁姆"；阿富汗的货币称"尼"；泰国的货币称"铢"；孟加拉国的货币称"塔尔"；老挝的货币称"解放基普"；马来西亚的货币则称为"林吉特"等。

元：在多个国家采用的统一货币单位名称中，要数"元"为最多了，有几十个国家。中国、美国的货币单位都叫作"元"。

比索：用"比索"作货币单位名称的国家多在美洲。

卢比："卢比"只有亚洲和非洲一些国家采用。

第纳尔：货币称"第纳尔"的国家有亚洲巴林、伊拉克、约旦、科威特等，非洲的国家有阿尔及利亚、利比亚、突尼斯等。

里亚尔：以"里亚尔"为货币单位名称的国家全在亚洲，包括伊朗、阿曼、卡塔尔、沙特阿拉伯等。

此外，还有"科郎""埃斯库多"等货币名称，采用的国家很少，一般只有两三个，且这些货币只在本国流通，因此知道的人也不多。

（资料来源：根据相关资料整理所得。）

3．本位货币和辅币的铸造、发行及流通

本位货币即为主币，是一国流通中的基本货币，是国家法律规定的计量经济价值的标准货币。在金属货币制度下，本位币是按照国家规定的币材和货币单位所铸成的铸币。本位币的主要特点如下。

（1）自由铸造

在金属货币流通的条件下，本位币可以自由铸造。所谓自由铸造有两方面的含义：一是每个公民都有权把货币金属送到国家造币厂请求铸成本位币；二是造币厂代公民铸造本位币，政府不收或只收取少量的费用。

本位币的自由铸造具有十分重要的意义。

①自由铸造可以使铸币的名义价值和实际价值保持一致，使本位币成为足值货币。由于公民

可以随时把货币金属送到国家铸币厂请求铸成铸币,所以,铸币的名义价值不能高于实际价值,否则的话,就必须用法律手段来规定名义价值;又由于持有铸币的人可以随时将其熔化为金属块,名义价值就不能低于铸币所含的金属价值,否则,人们就会将铸币熔毁,退出流通领域。

②本位币的自由铸造还可以自发调节货币流通量,使流通中的货币量与货币需要量保持一致。当流通中的货币量不足时,公民会把金属块请求造币厂铸造,投入流通;当流通量过多时,公民又会自发地将铸币熔化成金属块,退出流通。

(2) 无限法偿能力。即用本位货币来偿还债务时,不论数量大小和债务性质的差异,任何债权人都必须接受。因为本位货币是按国家规定的币材和标准制造的,具有绝对的权威性。

在信用货币条件下,本位货币表现为纸币或账户货币,它是根据政府或中央银行的信誉而投入流通的信用货币。

本位币的最小规格是一个货币单位,而商品价格和劳务付费有时不到一个货币单位,因此就出现了辅币。辅币是日常零星交易或找零之用的主币以下的小额通货,其面值大多为本位币的 1/10 或 1%。例如,美国的辅币为"分",1 美元等于 100 美分。中国的辅币为"角""分"。

相对于主币而言,辅币具有以下特点。

①辅币是法律规定的不足值货币。辅币之所以不根据其实际价值铸造,是因为辅币只是本位币的一部分,与本位币具有固定比例;如果辅币按实际价值与名义价值一致的原则铸造,那么当辅币金属昂贵时,大量辅币就会被私自熔毁,从而造成流通中的辅币不足。

②辅币是有限法偿货币。国家对辅币规定了有限的支付能力,也就是说,在一次支付行为中,在一定的金额内可以用辅币支付,如超过一定的金额,卖方或债权人可以拒绝接受。如美国规定,10 分以上的银辅币每次支付限度为 10 元;铜镍所铸造的分币,每次的支付限度为 25 分。

③辅币的铸造一般采用较贱金属。如铜、镍、铝等,辅币之所以用较贱金属铸造,是因为辅币面额较小,用贵金属在技术上有困难;辅币流通频繁,磨损迅速,用贵金属损耗太大,而这种损耗属于流通费用,对社会来说是一种财富损失。

④辅币可以与本位币自由兑换。辅币的实际价值虽然低于名义价值,但法律规定,辅币可以按固定比例与本位币自由兑换。这样,就保证了辅币可以按名义价值流通。

⑤辅币实行限制铸造。限制铸造是指只能国家用属于国库的金属来制造。由于辅币实际价值低于其名义价值,铸造辅币就会得到一部分铸币收入,所以,辅币不能实行自由铸造,必须采用限制铸造。

4. 货币发行制度

在金属货币制度下,由于金属铸币不能满足流通中对于流通手段和支付手段的要求,所以就产生了信用货币和纸币。信用货币和纸币都是货币符号,其本身没有任何价值。它们的作用是代替真实金属货币流通,同时也体现社会成本的节约和流通手段的进步。在信用货币制度下,各国的货币发行准备大都为商品准备和信用准备。

5. 金准备制度

金准备制度亦称黄金储备制度,是指国家规定的黄金储备保管机构的收支、统计、核算和黄金管理的制度。金准备制度是一个国家货币稳定的基础。金准备的主要用途是作为国际支付的准备金,即作为世界货币的准备金。世界上大多数国家货币金属储备都集中于中央银行或国库。货币金属储备是货币制度的重要构成要素。一个国家金储备的数量,也是该国经济实力的标志之一。

1.4.3 货币制度的演变

货币制度自产生以来,从历史发展过程来看,世界各国先后采用过以下几种类型的货币制度,如图 1-1 所示。

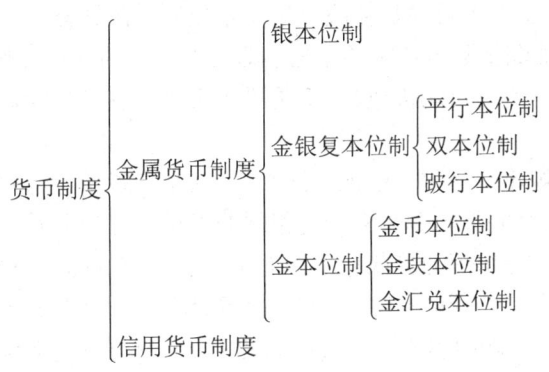

图 1-1 货币制度的演变

1. 金属货币制度

(1) 银本位制

银本位制是指以白银作为本位币币材的一种货币制度。银本位制的主要特征为:一是以白银作为本位币币材,银币为无限法偿货币;二是本位币的价值与其所含白银价值相等,银行券可以自由兑换银币或等量白银;三是银币可以自由铸造和自由熔化;四是白银和银币可以自由输出输入。

银本位制是历史上最早的货币制度。萌芽于 16 世纪,废止于 19 世纪末。实行过银本位制的国家有墨西哥、日本、印度和中国等。旧中国于 1935 年 11 月实行"法币改革",废止了银本位制。其他国家则在 19 世纪末期就放弃了银本位制,有的改为金银复本位制,有的改为金本位制。银本位制作为一种独立的货币制度在一些国家存在的时间并不长,而且实行银本位制的范围也不广。

银本位制在世界各国存在时间较短的主要原因是:一是白银价格不稳定。尤其是 19 世纪中叶以来,金银比价大幅度波动,黄金需求大量增加,实行银本位制的国家货币对外严重贬值。二是白银价值低,体积大。在大宗交易和价值较大的商品交易中使用银币,给计量、运输带来很多不便。由于银本位制已不能适应商品经济的发展,因此,世界各国纷纷放弃了银本位制。

(2) 金银复本位制

金银复本位制是指一个国家以金和银两种金属同时作为本位货币流通的货币制度。这是资本主义发展初期最典型的货币制度。金银复本位制的主要特征:一是金、银同时被法律承认为货币金属;二是金、银两种本位币都具有无限法偿能力;三是两种金属都可以自由输入输出;四是金、银两种本位币都可以自由铸造,自由熔化;五是两种本位币都可以自由兑换。

由于金币和银币同时作为本位货币,它们之间必须有一个比价才便于商品交易的计价和流通。因此按照金银比价的形成方式，金银复本位制又可分为平行本位制、双本位制和跛行本位制。

①平行本位制是指金、银两种货币均按其所含金属的市场实际价值流通，是复本位制的早期形式。国家对两种货币的交换比率不加规定，由市场自发形成、确定。在平行本位制下，金银比价变动频繁，不能很好地发挥价值尺度职能作用，造成交易混乱，市场极不稳定，于是便产生了双本位制。

②双本位制是指国家以法律规定金、银两种本位币的比价，按法定比价流通。这是复本位制的主要形式。"双本位制"的目的是克服"平行本位制"的缺点，但其结果是存在了官方与市场两种定价制度，更加深了复本位制的矛盾，即官方定价的滞后性使得金、银名义价值（官方定价）常常偏离实际价值（市场价值），于是"劣币驱逐良币"的规律便在货币流通中发挥了作用。

"劣币驱逐良币"规律，又称"格雷欣法则"。它是指货币流通中一种货币排挤掉另一种货币的现象。当两种实际价值不同而名义价值相同的货币同时流通时，实际价值较高的货币（良币）必然被收藏、熔化而退出流通界或输出；而实际价值较低的货币（劣币）则会充斥市场。实行复本位制的必然结果是"双重本位"分裂为"单本位"（或银或金单本位制），实际价值较高的贵金属退出流通，使金融投机猖獗，货币流通混乱。这样，复本位制已经不能适应商品经济的发展和要求，必然被其他货币本位制度所代替。

◇ 阅读资料 1-4

生活中的"劣币驱逐良币"现象

"劣币驱逐良币"的现象在生活中比比皆是。例如，大家都会把肮脏、破损的纸币或者不方便存放的镍币尽快花出去，而留下整齐、干净的货币。又如，平日乘公共汽车或地铁上下班，排队者总是被挤得东倒西歪，几趟车也上不去，而不守秩序的人倒常常能够捷足先登，争得座位或抢得时间。最后遵守秩序排队上车的人越来越少，车辆一来，众人都争先恐后，搞得每次乘车如同打仗，苦不堪言。再比如，在有些"大锅饭"盛行的单位，无论水平高低、努力与否、业绩如何，所获得的待遇和奖励没什么差别，于是，年纪轻、能力强、水平高的就都另谋高就去了，剩下的则是老弱残兵、平庸之辈，敷衍了事。这也是"劣币驱逐良币"现象。

（资料来源：根据相关资料整理所得。）

③跛行本位制是指名义上金铸币和银铸币都被规定为本位币，并有法定兑换比率，但金币可以自由铸造而银币则不能自由铸造，从而将银置于金的从属地位，这就是跛行本位制。在跛行本位制下，银币的币值不再取决于其本身的金属价值，而取决于银币与金币的法定兑换率。因此，银币实质上已演化为金币的符号，起着辅币的作用。从严格意义上讲，跛行本位制已经不是金银复本位制，是由复本位制向金本位制过渡的一种货币制度。

金银复本位制的演变过程表明，两种本位制的存在必然会产生独占性和排他性。因此，金银复本位制是一种极不稳定的货币制度。这种不稳定性对于迅速发展着的资本主义经济起着阻碍作用。19 世纪 70 年代以后，金银比价已不能维持法定比价，许多国家就逐渐向金本位制过渡。

（3）金本位制

金本位制是指以黄金作为本位货币的货币制度。金本位制又可分为金币本位制、金块本位制和金汇兑本位制三种不同形式。

①金币本位制。金币本位制是典型的金本位制。金币为本位货币,单位货币包含了一定量的黄金。其主要特点一是金币可以自由铸造,自由熔毁,具有无限法偿能力。国家规定金币可以自由铸造,而其他金属铸币则实行限制铸造。金币实行自由铸造、自由熔化,从而保持金币实际价值与名义价值一致,并保持稳定的货币流通数量。二是价值符号(辅币和代用货币)可以自由兑换金币。在金本位制下,各种价值符号可以按其面值兑换为金币,因而辅币和银行券在流通中能稳定地代表一定数量的黄金,从而不至于出现通货贬值的现象。三是黄金可以自由输出、输入国境。在金本位制下,各国货币单位之间按其所含黄金重量折算成一个比价,就可自由输入输出,这可以使得各国货币之间保持一定的稳定性,有利于国际交往,并为国际市场的统一提供了条件。

金币本位制是一种相对稳定的货币制度。这种相对稳定性,在国内表现为流通中货币的币值对金币不发生贬值现象;在国外则表现为外汇行市的相对稳定。这种相对稳定的货币制度对于资本主义经济的发展起了重要的促进作用。

最早实行金本位制的国家是英国。20世纪初,金币本位制十分盛行,是名副其实的有效金本位制。第一次世界大战的爆发,加剧了各资本主义国家经济发展的不平衡和各国黄金存储量的严重失衡,以及价值符号的自由兑现遭到破坏和黄金自由输出输入受到阻碍,金币本位制在第一次世界大战中崩溃。"一战"后,各资本主义国家曾经企图恢复金币本位制,但由于各资本主义国家都将黄金集中在中央银行,作为战时的财政准备金,金币本位制恢复已经不可能,于是建立了变相的金本位制,即金块本位制和金汇兑本位制。

②金块本位制。金块本位制又称"生金本位制",是指没有金币的铸造和流通,而由中央银行发行以金块为准备的纸币流通的货币制度。其主要特点是:不准申请铸造金币,不准金币流通,黄金集中储存于政府。在这种制度下,市场流通银行券,居民可用银行券按规定的含金量在一定数额以上、一定用途之内兑换黄金。例如,英国在1925年规定银行券数额在1 700英镑以上方能兑换黄金,法国在1928年规定至少需21.5万法郎才能兑换黄金。

金块本位制存在的历史不长,因为要维持金块本位制,就必须做到国际收支保持平衡或大量的黄金足以满足对外支付之用。若国际收支发生逆差或资金外流严重,则黄金储存不足,投机盛行,金块本位制势必难以维持。

③金汇兑本位制。金汇兑本位制又称"虚金本位制"。其主要特点是:在国内市场上没有金币流通,本国流通银行券,既无铸币流通,也无金块可供兑换。中央银行将黄金和外汇存放在另一个实行金本位制的国家,并规定本国货币与该国货币的法定兑换比率,居民可按这一比率用本国货币兑换外汇,再用外汇间接兑换黄金。

实行金汇兑本位制的国家,实际上是使本国货币(纸币)依附于一些经济实力雄厚的外国货币,如英镑、美元、法郎等,并成为它们的附庸,从而在经济上和货币政策上受这些国家的控制和左右。对实行金汇兑本位制的独立国家来说,他们要依附于货币信用良好的国家;对殖民地国家来说,他们要依附于宗主国,通过无限制供应外汇,维持本国货币的币值稳定。

1929—1933年资本主义国家发生了世界性经济危机和金融危机,这次大危机的冲击迅速摧毁了金本位制。资本主义各国先后实行了不兑现的信用货币制度。

2. 信用货币制度

信用货币制度是指以不兑换黄金的信用货币为本位币的货币制度。这是当今世界各国普遍推行的一种货币制度。在这种货币制度下，没有金属本位货币的铸造和流通，由不兑现的银行券或者纸币（现金）与银行存款（非现金）执行货币的职能。不兑现银行券体现着银行对持有者的负债，银行存款体现着银行对存款者的负债，即它们都体现着信用关系，所以它们都是信用货币。

信用货币制度具有以下特点。

（1）信用货币一般是中央银行发行的本位货币，币材为纸，具有无限法偿能力。

（2）货币不能兑换黄金，也不规定含金量，完全是信用发行。

（3）货币的发行在客观上是受国家经济发展水平的制约，从而使国家对货币的供应实施管理。适量的流通货币和稳定的币值是经济正常发展的必要条件。

（4）信用货币是通过银行信贷渠道投放的。无论是现金还是银行存款，都要通过银行放款程序向社会发放，这与金铸币通过自由铸造投入流通有着根本区别。

（5）信用货币供应量不受贵金属量的约束，具有一定的伸缩弹性，以使货币流通数量与经济发展需要相适应。

另外，由于信用货币是银行的债务凭证，现代的货币流通实际是银行债务的转移。如果银行货币投放过多，就会出现通货膨胀；反之，就会造成通货紧缩。因此，为了使货币流通适应经济发展的需要，各国央行必须对货币供应总量和银行信贷投放总量加以控制。

1.4.4 我国货币制度

1. 我国货币制度的建立

我国的货币制度就是在民主革命时期革命根据地货币制度的基础上建立起来的，并在社会主义革命和社会主义经济建设的实践中不断得到巩固、发展和完善。早在第二次国内革命战争时期，中国共产党领导的革命政权就创建了自己的银行，发行了自己的货币，建立起革命根据地的货币制度。由于各革命根据地原来是处于被分割包围中，各根据地都发行了自己的货币，称为本区内的流通货币。最早发行货币的是中央苏区，而后其他苏区也有货币发行。抗日战争和解放战争时期，各解放区也都发行了自己的货币，如"西北农民银行币""晋察冀边区银行币""冀南银行币""华中银行币"等。解放区的货币大多是以银行券形式发行的，一般都是不兑现的。上述革命根据地货币制度的建立，对民主革命的胜利起到重要的促进作用。

随着全国解放战争的胜利，原来那种分散的革命根据地货币制度已不适应形势发展的需要，客观上提出了建立全国统一货币制度的要求。1948年12月1日，在原华北银行、北海银行和西北农民银行的基础上合并成立了中国人民银行，同日发行人民币。人民币的发行标志着我国社会主义货币制度的建立。当时的人民币是在通货膨胀的背景下发行的，一方面受国民党政府遗留下来的通货膨胀的影响；另一方面在人民币发行之初主要靠发行来弥补财政赤字。从而导致人民币有所贬值，面额过大。为此，1955年3月1日，我国发行了新人民币，按1:10 000的比例无限制地收兑了全部旧人民币。1962年4月20日起，我国陆续发行了第三套人民币，减少了3元券面额，与第二套人民币等值流通。第三套人民币是我国目前发行、流通时间最长的一套人民币，于2000年7月1日起停止在市场上流通。1987年4月27日起，我国陆续发行了第四套人民币，与第三套人民币混合流通。为了适应经济发展的需要，这套人民币增加了50元和100元两种面额的货币。1999年10月1日起，陆续发行了第五套人民币。第五套人民币有 100 元、50 元、20 元、10 元、5 元、1 元、5 角和 1 角八种面额。第五套人民币的面额结构在前四套人民币的基础上也进行了一些调整，取消了 2 元券和 2 角券，增加了 20 元券。后期发行了 2005 年版和 2019 年版的第五套人民币。

2．我国货币制度的基本内容

（1）我国的法定货币

人民币是我国使用的法定货币，即国家以法律赋予其购买和支付能力的货币。以人民币支付我国境内的一切公共和私人的债务，任何单位和个人不得拒收。人民币的基本单位为"元"，是本位币即主币，辅币的单位为"角""分"。人民币符号为"￥"，是取"元"字汉语拼音"Yuan"的字首 Y 加两横而成，读音同"元"。人民币没有法定含金量，是一种典型的信用货币。其主要原因如下。

①从人民币产生的信用关系来看，人民银行发行人民币形成一种负债，国家相应取得商品和劳务；人民币持有人是债权人，有权随时从社会取得某种价值物。

②从人民币发行的程序看，人民币是通过信用程序发行的，或是直接由发放贷款投放的，或是由客户从银行提取现钞而投放的。人民银行发行或收回人民币，相应要引起银行存款和贷款的变化。

（2）我国目前使用的合法货币

我国目前主要采用人民币，我国香港特别行政区使用港币，澳门特别行政区使用澳元，台湾地区使用新台币。

人民币是我国的法定货币。就是说在我国境内市场上，人民币是一般等价物，国内一切货币收付、结算和外汇牌价，均以人民币为价值的统一尺度和计算单位，执行货币职能的只有人民币，国家赋予人民币以强制流通力。为保证人民币的法定货币地位不受侵害，国家法令明确规定：严禁金银流通和私自买卖；严禁外币流通；严禁伪造、变造人民币；禁止出售、购买、运输、持有、使用伪造和变造的人民币；禁止故意毁损人民币；禁止在宣传品、出版物或其他商品上非法使用人民币图样，违者将依法惩处。

（3）人民币的发行

人民币的发行必须坚持集中统一发行和经济发行原则。所谓集中统一是指人民币的发行权集中于中央；中央授权中国人民银行，统一发行人民币。除此之外，任何地区、任何部门不准发行任何货币、变相货币或货币代用品。所谓经济发行原则，是指为适应生产发展和商品流通的正常需要，通过信贷程序进行的货币发行。这种根据经济增长的客观需要而发行的货币，是符合货币流通规律的，能保持币值稳定。

（4）人民币的流通

人民币的流通是在中国人民银行监管下进行的。这种监管通过现金管理和工资基金监督两方面来实现。

现金管理办法规定，一切机关、团体、部队、学校、国营企事业和集体单位，都必须实行现金管理；实行现金管理的单位，除核定的现金库存限额外，其余款项一律存入银行；受管单位支付现金要限制在一定的范围和数量之内，超过规定的范围和数量，不允许支付现金，只能通过非现金结算；严禁有现金收入的单位坐支现金。实行现金管理，可以控制人民币的投放，促进现金回笼，掌握现金收支动向，摸索现金管理运行规律，为国家有效地调节货币流通提供有利的条件。

工资基金监督规定，实行工资基金监督的单位要根据国家有关劳动工资政策和本单位情况，编制按季分项的工资基金使用计划，报上级主管部门审批，然后由银行监督支付；各单位不得在各项业务收入中坐支，也不准变相支付；不得巧立名目向职工发放资金和实物。对于违反工资基金管理制度的企业，银行有权拒绝支付现金。加强工资基金的监督，对控制现金投放，有效地调节货币流通渠道有着极其重要的作用。

中国人民银行专门行使中央银行职能以后，授权国有商业银行按照国家有关规定执行现金管理和工资基金监督。

（5）金银和外汇储备

我国的黄金外汇储备是国际支付的准备金，由中国人民银行集中掌握，统一管理，统一调配。

◇阅读资料1-5

中国人民银行定于2019年8月30日起发行2019年版第五套人民币50元、20元、10元、1元纸币和1元、5角、1角硬币。

一、纸币特征

2019年版第五套人民币50元、20元、10元、1元纸币分别保持2005年版第五套人民币50元、20元、10元纸币和1999年版第五套人民币1元纸币规格、主图案、主色调、"中国人民银行"行名、国徽、盲文面额标记、汉语拼音行名、民族文字等要素不变，提高了票面色彩鲜亮度，优化了票面结构层次与效果，提升了整体防伪性能。2019年版第五套人民币50元、20元、10元、1元纸币调整正面毛泽东头像、装饰团花、横号码、背面主景和正背面面额数字的样式，增加正面左侧装饰纹样，取消正面右侧凹印手感线和背面右下角局部图案，票面年号改为"2019年"。

（一）50元纸币

正面中部面额数字调整为光彩光变面额数字"50"，左下角光变油墨面额数字调整为胶印对印图案，右侧增加动感光变镂空开窗安全线和竖号码。背面取消全息磁性开窗安全线。

（二）20元、10元纸币

正面中部面额数字分别调整为光彩光变面额数字"20""10"，取消全息磁性开窗安全线，调整左侧胶印对印图案，右侧增加光变镂空开窗安全线和竖号码。

（三）1元纸币

正面左侧增加面额数字白水印，取消左下角装饰纹样。

二、硬币特征

2019年版第五套人民币1元、5角、1角硬币分别保持1999年版第五套人民币1元、5角硬币和2005年版第五套人民币1角硬币外形、外缘特征、"中国人民银行"行名、汉语拼音面额、人民币单位、花卉图案、汉语拼音行名等要素不变，调整了正面面额数字的造型，背面花卉图案适当收缩。

（一）1元硬币

直径由25毫米调整为22.25毫米。正面面额数字"1"轮廓线内增加隐形图文"¥"和"1"，边部增加圆点。材质保持不变。

（二）5角硬币

材质由钢芯镀铜合金改为钢芯镀镍，色泽由金黄色改为镍白色。正背面内周缘由圆形调整为多边形。直径保持不变。

（三）1角硬币

正面边部增加圆点。直径和材质保持不变。

三、2019年版第五套人民币

2019年版第五套人民币50元、20元、10元、1元纸币和1元、5角、1角硬币发行后，与同面额流通人民币等值流通。

（资料来源：中国人民银行官网，2019年4月22日。）

我国的货币制度，还包括"一国两制"下的香港和澳门的货币制度，即实行一个主权国家两种社会制度下的两种货币、两种货币制度并存的货币制度。

香港的货币单位为"元"，简称港元。港元是香港的法定货币。港币的发行权属于香港特别行政区政府，经香港特区政府授权，中国银行、汇丰银行、渣打银行三家商业银行为港币发行银行。港币的发行必须有百分之百的外汇准备金。港元实行与美元联系的汇率制度，这一制度要求发行银行按1美元兑7.8港元的固定汇率，向外汇基金提交百分之百的美元作为发行港元的准备，超出这个范围以外的港元汇率由市场供求决定。港币是可以自由兑换的货币。澳门的货币制度与香港类似。

本章小结

1．货币是固定地充当一般等价物的特殊商品，是衡量和表现一切商品价值的材料，具有与一切商品直接交换的能力。在不同的社会经济制度下，货币体现着不同的社会生产关系。货币所体现的不同的社会生产关系，就是不同的社会生产关系在货币上的反映。

2．商品是为交换而生产的劳动产品，具有使用价值和价值双重属性。从而也就具有两种表现形式：①使用价值的表现形式，即商品的自然形式；②价值的表现形式，它只有和别的商品相互交换时才能表现出来，并在其他商品上相对地表现出来。

3．随着商品生产的扩大和商品内在矛盾的发展，价值形式经历了一个由低级到高级、简单到复杂的历史发展过程。而在商品交换发展的过程中，价值形式经历了四个发展阶段，即简单价值形式、扩大价值形式、一般价值形式和货币价值形式。

4．货币的本质决定货币的职能。货币的职能即货币本身所具有的功能，它是货币本质的具体体现。随着商品经济和货币的发展，货币的职能也在不断发展。一般认为，货币具有价值尺度、流通手段、储藏手段、支付手段、世界货币五种职能。

5．货币形态发展大致经历了实物货币、金融货币、代用货币、信用货币及电子货币。

6．货币制度主要包括以下内容：币材的确定、货币单位的确定、本位货币和辅币的铸造、发行及流通、货币发行制度、金准备制度。货币制度可分为金属货币制度和纸币制度两大类。

7．我国货币制度的基本内容：人民币是我国的法定货币；我国目前主要采用人民币，我香港特别行政区采用港币，澳门特别行政区采用澳元，台湾地区采用新台币。人民币的发行必须坚持集中统一发行和经济发行原则。

【案例讨论】

迎接央行数字货币，你准备好了吗

据悉，央行数字货币的推进有提速之势，央行数字货币项目已取得较大进展。日前召开的2020年全国货币金银和安全保卫工作电视电话会议指出，要加强顶层设计，坚定不移推进法定数字货币研发工作。据悉，央行数字货币先行在深圳、苏州、雄安、成都和未来的冬奥场景进行内部封闭试点测试。什么是央行数字货币？它与传统货币有何区别？又将如何影响人们的生活呢？

1. 央行数字货币是纸钞的数字化形态

近日，一张央行数字货币于农行账户内测的照片在网上流传。从截图看，其显示的主要功能包括"扫码支付""汇款""收付款""碰一碰"等，与银行电子账户日常功能基本相似。有关媒体报道，央行数字货币首个应用场景将在苏州相城区落地，相城区一些相关单位工作人员将在近期完成央行数字货币数字钱包的安装，工资中部分交通补贴也将以数字货币的形式发放。

人民银行数字货币研究所近日表示，当前网传央行数字货币信息为技术研发过程中的测试内容，并不意味着数字人民币正式落地发行。目前，数字人民币研发工作正在稳妥推进，基本完成顶层设计、标准制定、功能研发、联调测试等工作，并遵循稳步、安全、可控、创新、实用原则，当前阶段先行在深圳、苏州、雄安、成都及未来的冬奥场景进行内部封闭试点测试，以不断优化和完善功能。

据介绍，央行数字货币具有国家信用，与法定货币等值，"其功能属性与纸钞完全一样，只不过是数字化形态"。新网银行首席研究员董希淼介绍道，只要两个人的手机里都有数字钱包，只要手机有电，无须网络，无须绑定银行卡，双方的手机碰一碰，就可以方便地完成转账或支付。

中国人民银行提出，要加快推进我国法定数字货币研发步伐。早在2014年，人民银行就启动了数字货币的前瞻性研究；2016年成立数字货币研究所；2017年成立专项工作组启动研发试验。据介绍，将来数字货币和电子支付的目标是替代一部分现金，框架是中央银行和商业银行双层运行体系，不改变现在的货币投放路径和体系；在研发上不预设技术路线，在市场上公平竞争优选，充分调动市场的积极性。据了解，央行数字货币采用的双层运营体系，即：人民银行先把数字货币兑换给银行或者其他运营机构，再由这些机构兑换给公众，可以避免风险过度集中到单一机构。

近年来，互联网支付发展迅猛，数字经济步入快车道，金融与科技深度融合成为大势所趋，这也势必对数字货币的研发提出更高的要求。中国人民银行提出，未来将更加重视运用人工智能、互联网、大数据等现代信息技术手段，提升中央银行履职能力。并将继续研究如何加强央行数字货币的风险管理。

2. 央行数字货币与微信、支付宝有何区别

那么，等到央行数字货币真正落地那一天，它又将如何影响我们的生活？

董希淼认为，央行数字货币是一种法定货币，与现金具有同样效力，任何个人和机构不能拒绝使用。将来随着央行数字货币落地应用，消费者的支付选择将更加丰富，也更加方便快捷。数字货币有利于降低交易成本、提高金融运行效率，也有利于防范洗钱等违法交易行为。数字货币不可能完全替代纸币，纸币将长期存在。用户消费习惯各有不同，现金支付、非现金支付将长期共存。

对于央行数字货币与微信或支付宝的关系，董希淼认为，央行数字货币是法定货币，而微

信支付和支付宝只是一种支付方式，它们的效力不同。央行数字货币对于支付宝或微信不存在冲击与否的问题，"实际上，哪个更好用、方便、安全，用户就会用哪个"。

据了解，央行数字货币采用账户松耦合形式，使交易环节对账户的依赖程度大为降低，既可和现金一样易于流通，又能实现可控匿名。数字货币持有人可直接将其应用于小额、零售、高频的业务场景。事实上，目前不管是传统的银行卡还是互联网支付等，都基于账户紧耦合模式，无法完全满足公众对易用和匿名支付服务的需求。央行数字货币保持现钞的属性，满足了便携和匿名的需求，将是替代现钞较好的工具。

中国人民银行副行长范一飞表示，数字货币不会改变现有货币投放体系和二元账户结构，不会构成对商业银行存款货币的竞争，不会影响商业银行的放贷能力，也不会对实体经济产生负面影响；同时有利于公众对加密资产的需求，巩固国家货币主权。

3. 全球或将加快数字货币研发

2020年以来，多国央行数字货币发展开始加速。继2020年2月瑞典央行在全球率先开始其央行数字货币电子克朗测试之后，法国、韩国等一些国家开始公布其央行数字货币测试计划或方案。

近年来，各主要国家和地区央行及货币当局均对发行数字货币开展研究。美国布鲁金斯学会此前发布研究报告称，目前已有诸多国家在"央行数字货币"研发上取得实质性进展或有意发行"央行数字货币"，包括法国、瑞典、沙特、泰国、土耳其、巴哈马、巴巴多斯、乌拉圭等。美国IBM公司和英国智库"官方货币与金融机构论坛"对全球23家央行开展的调查显示，诸多央行正考虑研究和发行"央行数字货币"，可由消费者使用的"央行数字货币"或将在未来五年内面世。

专家分析，新冠肺炎疫情使得很多国家电子商务等数字经济业态实现较快发展。为了卫生安全和效率考虑，预计各国央行数字货币的研究和开发进程也会随之加快。可以期待，数字货币将为全球贸易构建更安全、可靠、智能化的新支付体系，从而带动产业的智能化转型。

（资料来源：《光明日报》，2020年05月12日第10版。）

【课堂讨论题】

随着经济和技术的发展，数字货币有完全取代纸币的可能吗？

复习思考题

1. 货币是怎样产生的？
2. 货币的本质是什么？主要体现在哪几个方面？
3. 货币的职能及各职能之间的关系怎样？
4. 货币经历了哪几种形式？
5. 什么是货币制度？基本构成要素有哪些？
6. 什么是信用货币制度？具有哪些特征？
7. 什么是劣币驱逐良币规律？
8. 我国货币制度的内容及人民币的基本特征是什么？
9. 货币制度经过了哪几个历史演变过程？

本章练习题

第 2 章　汇率与汇率制度

【学习目标】

通过本章的学习，使学生准确地掌握外汇、汇率、国际收支的概念，了解国际收支平衡表的编制原理及其内容，掌握汇率的两种标价方法，熟悉汇率的报价和套汇的方式，理解汇率的类型和汇率波动对一国经济的影响。

【本章引例】

2020 年 8 月 17 日，在岸人民币兑美元汇率开盘上涨近百点，同日，人民币兑美元中间价较上一交易日调升。在岸人民币兑美元汇率 17 日开盘上涨，逼近 6.94 关口，与此同时，离岸人民币兑美元升破 6.94 关口。

人民币升值得益于中国对新冠肺炎（COV-19）的得当防控。同日，人民币兑美元中间价较上一交易日调升 43 个基点，报 6.9362。新华社报道，上周（8 月 10 日至 15 日）人民币兑美元汇率重返强势，人民币兑美元中间价累计调升 3 点。美元指数上周累计跌 0.34%报 93.0995，连跌八周。8 月以来，人民币兑美元总体延续 6 月至 7 月的升值势头。分析人士指出，当前美元疲软是人民币保持强势的直接原因。从近期公布的数据看，中国经济稳步复苏，在全球范围内具有领先优势，是支撑人民币走强的基础。

问题：人民币升值对中国经济有哪些影响？

（资料来源：https://dy.163.com/article/FK7QEN3505454J84.html?referFrom=）

2.1　外汇概述

思政目标

2.1.1　外汇的概念

外汇（Foreign Exchange），即国际汇兑，是国际金融最基本的概念之一。我们可以从动态和静态的角度理解外汇的含义。动态的外汇是指一种活动，或者说是一种行为，就是把一个国家的货币兑换成另一个国家的货币，借以清偿国际债权债务关系的一种专门性的经营活动。从这个意义上来说，外汇相当于国际结算。例如，美国出口商与中国进口商发生贸易往来，美国出口商可能要求以美元来支付，这时中国进口商就需要将持有的人民币兑换成美元支付，这一过程就是动态的外汇。静态的外汇是指在国际充当各种债权债务关系的金融工具或金融资产，可以从广义和狭义两方面理解。各国外汇管理法令所称的外汇是广义的外汇。根据 2008 年修订的《中华人民共和国外汇管理条例》，外汇是指下列以外币表示的可以用于国际清偿的支付手段和金融资产：①外国货币，包括纸币、铸币；②外币支付凭证或者支付工具，包括票据、银行存款凭证、银行卡等；③外币有价证券，包括债券、股票等；④特别提款权；⑤其他外汇资产。而狭义的外汇，也就是通常所说的外汇，它是指外国货币或以外国货币表示的能用于国际结算的支付手段。

然而并不是所有的外币都能成为外汇。一种外币成为外汇要满足三个条件：一是可兑换性，即能够自由兑换成其他国家的货币或购买其他信用工具以进行多边支付的性能；二是可接受性，即这种外币在国际经济交往中能被各国普遍地接受；三是可偿性，即这种外币资产是能够得到补偿的债权。

因此，以外币表示的有价证券由于不能直接用于国际的支付而不能视作外汇。严格来说，外国现钞也不能算作外汇。只有存放在国外银行的外币资金以及将对银行存款的所有权具体化了的外币票据才构成外汇。具体主要指以外币表示的银行汇票、支票、银行存款等，其中银行存款是狭义外汇概念的主体。一些主要货币如表2-1所示。

表2-1 主要货币名称一览表

货币名称	货币代码	货币名称	货币代码
美元	USD	加拿大元	CAD
欧元	EUR	澳大利亚元	AUD
日元	JPY	人民币	CNY
英镑	GBP	新加坡元	SGD
瑞士法郎	CHF	荷兰盾	NLG
韩元	KRW	新西兰元	NZD
泰铢	THB	菲律宾比索	PHP
印尼卢比	INR		

2.1.2 外汇的类型

外汇按照不同标准，可以分成不同类别。

1. 按自由兑换程度，分为自由外汇和记账外汇

（1）自由外汇

自由外汇是指不需要货币发行国的货币当局批准，可以在国际结算和国际金融市场上自由兑换成其他国家的货币，或可向第三国办理支付的外国货币及其支付凭证。可兑性是自由外汇的一个根本特征，目前世界上有40多种货币是可兑换货币，如美元、欧元、英镑、日元等，并是世界各国普遍接受的主要支付手段。

（2）记账外汇

记账外汇又叫双边外汇或协定外汇，是指未经货币发行国管理当局批准不能自由兑换成其他国家的货币，也不能向第三方支付的外国货币或支付凭证。这类外币及支付凭证是在有关国家之间签订"贸易支付（或清算）协定"的安排下，以双方中央银行互相开立专门清算账户的形式存在，因此只是在双边的基础上才具有外汇意义。这种在两国银行清算账户记载的外汇，不能转给第三方使用，也不能随意兑换成自由外汇。年度的清算账户差额，一般转入下一年度的贸易项目去平衡，或采用双方事先商定的自由外汇进行支付清偿。我国过去和苏联、东欧国家以及一些发展中国家签订过这样的协定。

2．按外汇来源和用途，分为贸易外汇与非贸易外汇

（1）贸易外汇

贸易外汇是指经由进出口贸易而收入或支出的外汇。贸易外汇收入是一国最主要的外汇来源，贸易外汇支出则是一国外汇的主要用途，因此，贸易外汇是一国外汇的主体收支。

（2）非贸易外汇

非贸易外汇是指非源于出口贸易或非用于进口贸易的外汇。非贸易外汇主要由劳务外汇、旅游外汇、侨汇以及属于资本流动性质的外汇等组成。

3．按外汇交易的交割期限，分为即期外汇与远期外汇

（1）即期外汇

即期外汇是指在外汇买卖成交后，两个营业日内交割完毕的外汇。

（2）远期外汇

远期外汇是指在外汇买卖和合约签订时，预约在将来的某一日期办理交割的外汇。

2.1.3 国际储备

国际储备（International Reserves）也称官方储备，是指一国政府持有的、用于弥补国际收支逆差、维持其货币汇率和作为对外偿债保证的各种形式金融资产的总称。国际储备一般具有三个特征：一是可得性，即一国政府能无条件、随时、方便地获得国际储备；二是流动性，国际储备具有较强的变现能力，并且在转换中不产生损失或尽可能少发生损失；三是普遍接受性，即一国运用国际储备在外汇市场上自由兑换或在政府间清算国际收支差额时被普遍接受。

按照国际储备的含义和特征，可以分为广义的国际储备和狭义的国际储备。广义的国际储备可以分为自有储备和借入储备，又称为国际清偿力（International Liquidity）。通常所说的国际储备是狭义的国际储备，即自有储备，其数量多少反映了一国的对外经济金融实力。而自有储备和借入储备所构成的国际清偿力，则反映了一国货币当局干预外汇市场的总体能力。

1．自由储备

自由储备主要包括一国的货币性黄金储备、外汇储备、在 IMF 的储备头寸和特别提款权（SDRs）。

（1）黄金储备

黄金储备是指一国货币当局持有的作为金融资产的货币性黄金。在国际金本位制和布雷顿森林体系时期，黄金一直是重要的国际储备资产。自 1976 年起，根据《牙买加协议》，黄金同国际货币制度和各国的货币脱钩。虽然"黄金非货币化"削弱了黄金的储备作用，但是国际货币基金组织在统计和公布各成员国的国际储备时,依然把黄金储备列入其中。主要原因是长期以来黄金被认为是一种最后的支付手段,它的贵金属特性使其易于被人们接受,加之世界上还有发达的黄金市场,各国货币当局可以方便地通过向市场出售黄金来获得所需的外汇,平衡国际收支的差额。从价格上看,黄金价格波动频繁,给黄金储备的计量带来了困难,为此除以黄金市价计算外,国际货币基金组织还规定了另外两种计算方法:一是按数量计算,以盎司为单位;二是按35特别提款权1盎司计算。

根据国家外汇管理局统计数据,我国的国际储备如表2-2所示。

表2-2 中国外汇管理局官方储备资产表

项目(Item)	2016.12		2017.12		2018.12		2019.12		2020.06	
	亿美元 100million USD	亿SDR 100million SDR	亿美元 100million USD	亿SDR 100million SDR	亿美元 100million USD	亿SDR 100million SDR	亿美元 100million USD	亿SDR 100million SDR	亿美元 100million USD	亿SDR 100million SDR
1.外汇储备(Foreign currency reserves)	30105.17	22394.15	31399.49	22048.12	30727.12	22093.26	31079.24	22475.17	31123.28	22623.67
2.基金组织储备头寸(IMF reserve position)	95.97	71.39	79.47	55.80	84.79	60.97	84.44	61.06	96.10	69.86
3.特别提款权(SDRs)	96.61	71.87	109.81	77.11	106.90	76.86	111.26	80.46	109.54	79.63
4.黄金(Gold)	678.78	504.92	764.73	536.98	763.31	548.83	954.06	689.94	1107.60	805.12
(万盎司)	5924.00	5924.00	5924.00	5924.00	5956.00	5956.00	6264.00	6264.00	6264.00	6264.00
5.其他储备资产(Other reserve assets)	1.91	1.42	5.45	3.83	-2.20	-1.58	0.33	0.24	-3.26	-2.37
合计(Total)	30978.45	23043.75	32358.95	22721.84	31679.93	22778.35	32229.32	23306.87	32433.25	23575.91

(2)外汇储备

外汇储备是指一国货币当局持有的对外流动性资产,其主要形式为国外银行存款与外国政府债券。外汇储备是当今国际储备中的主体,在IMF各成员国中,外汇储备不仅占其国际储备总额的90%以上,而且各国在国际储备资产的使用中,外汇储备的使用频率最高、规模最大。因此,国际储备管理主要是针对外汇储备而言的。储备货币是指被一国用作外汇储备的货币,其具有双重的货币职能,即集国家货币与国际货币两任于一身。不同的职能会对储备货币提出各不相同甚至相互矛盾的要求。以美元为例,各国的美元储备是通过美国的经常账户逆差提供的,各国持有美元储备的多寡取决于美国的经常账户状况。美国的经常账户顺差,其他国家持有的美元就会不足,就会缺乏国际清偿力。美国的经常账户逆差越大,其他国家持有的美元储备就越多,但持续的经常账户赤字必将给美国经济带来许多严重后果,影响美元的储备货币地位及人们对它的信心。这种清偿力与信心之间的矛盾就是国际金融历史上著名的特里芬难题(Triftn dilemma)。实践表明,储备货币本身存在难以协调的矛盾,储备货币一身难以兼二任。

(3)储备头寸

储备头寸也称普通提款权(General Drawing Right,GDR),是指IMF的会员国按照规定从基金组织提取一定数额款项的权利。根据 IMF 规定,一国加入该组织必须向 IMF 缴纳一定数量的资金,这一数额被称为份额,成员国份额中 25% 的部分必须以黄金认购,1976 年 IMF 推行黄金非货币化后,该部分份额以外汇或特别提款权认购,份额另外的 75% 用本币认购。另外储备头寸还包括部分成员国提供给 IMF 的借款,例如 1962 年 10IMF 为稳定美元汇率而向十国集团的借款。当它是 IMF 最基本的一项贷款,主要用于解决会员国的国际收支不平衡,但不能用于成员国贸易和非贸易的经常项目支付。

(4) 特别提款权

特别提款权是 IMF 创设的,分配给各会员国用以补充现有储备资产的一种国际储备资产。IMF 在 1969 年 9 月创设特别提款权,并于次年起开始向会员国分配特别提款权,是用于补充原有储备资产不足的一种新型国际流通手段。与其他储备资产不同,SDR 具有自身的特点:一是它不具有内在价值,是 IMF 人为创造的、纯粹账面上的资产,因此,它也被称作纸黄金(Paper Gold);二是它不像黄金储备和外汇储备那样通过贸易或非贸易往来取得,也不像在 IMF 的储备头寸那样以所缴纳的份额作为基础,而是由 IMF 按份额的一定比例无偿分配给各成员国;三是它具有严格限定的用途,可用于偿付国际收支逆差,或偿还 IMF 的贷款,但不能兑换黄金和用于国际的一般支付,它只能在 IMF 及各国政府之间发挥作用,任何私人企业不得持有和运用,不能直接用于贸易或非贸易的支付。

2. 借入储备

国际货币基金组织把具有国际储备资产特性的借入储备也统计在国际清偿力范围之内。借入储备资产主要包括备用信贷、互惠信贷协议、本国商业银行的对外短期可兑换货币资产等三项内容。

(1) 备用信贷

备用信贷是指成员国在国际收支发生困难或预计要发生困难时,同基金组织签订的一种备用借款协议。这种协议通常包括可借用款项的额度、使用期限、利率、分阶段使用的规定、币种等。备用信贷协议签订后,成员国可全部使用或部分使用甚至不使用借款额度,但对外汇市场上的交易者和投机者有一种心理上的作用。它一方面表明政府干预外汇市场的能力得到了扩大;另一方面又表明政府干预外汇市场的决心。因此,协议签订的本身有时就能起到调节国际收支的作用。

(2) 互惠信贷协议

互惠信贷协议是指两个国家签订的使用对方货币的协议。按照该协议,当其中一国发生国际收支困难时,便可按照协议规定的条件(通常包括最高限额和最长使用期限)自动地使用对方的货币,然后在规定的期限内偿还。通过协议,任何一方可以发起交易,以一定数量的本币交换等值的对方货币,互换的发起和收回都为本币,并不承担汇率风险。

(3) 本国商业银行的对外短期可兑换货币资产

本国商业银行的对外短期可兑换货币资产,尤其是在离岸金融市场或欧洲货币市场上的资产,其所有权虽不属于政府,也未被政府所借入,但因为这些资金流动性强,对政策的反应十分灵敏,政府可以通过政策、新闻、道义的手段来诱导其流动方向,从而间接达到调节国际收支的目的。

2.2 汇率及其分类

2.2.1 汇率及其标价法

当一种商品或劳务参与国际交换时,就有一个把该商品或劳务以本国货币表示的价格折算成以外币表示的国际价格的问题,这种折算是按汇率来进行的。所谓汇率就是两种不同货币之间的折算比价,也就是以一种货币表示的另一种货币的相对价格。确定两种不同货币之间的比价,需确定用哪个国家的货币作为标准,由于确定的标准不同则产生了不同的外汇汇率标价法。

1. **直接标价法（Direct Quotation）**

固定外国货币的单位数量,以本国货币表示一固定数量的外国货币的价格,这可称为直接标价法。这种标价方法的特点是,外币数额固定不变,折合本币的数额根据外国货币币值对比的变化而变化,如果一定数额的外币折合本币数额增加,即本币贬值,外币升值。反之,如果一定数额的外币折合本币数额减少,则本币升值,外币贬值。

2. **间接标价法（Indirect Quotation）**

固定本国货币的单位数量,以外国货币表示这一固定数量的本国货币价格,从而间接地表示出外国货币的本国价格,这称为间接标价法。这种标价方法的特点是,以本币为计价标准,数额固定不变,折合外币的数额根据本币与外币币值对比的变化而变化,如果一定数额的本币折合外币数额增加,即本币升值,外币贬值。反之,如果一定数额的本币折合外币数额减少,则本币贬值,外币升值。

目前,世界上大多数国家的货币汇率都采用直接标价法。美国除对英镑使用直接标价法外,对其他货币一律采用间接标价法。此外,欧洲、新西兰、加拿大、澳大利亚和爱尔兰等国家和地区也使用间接标价法。

3. **美元标价法（U.S.Dollar Quotation）**

美元标价法是以一定单位的美元为基准,折合为若干其他外国货币的一种标价方法。第二次世界大战以后,欧洲货币市场逐渐兴起,导致国际金融市场间的外汇交易量迅速增长。为了便于在国际间进行外汇业务交易,银行间都以美元为标准来报价。在国际外汇市场上,货币的标价除英镑、澳大利亚元、欧元之外,大都采用美元标价法。这表明美元标价法对其他国家来说,事实上就是直接标价法,而对于美国而言,则是间接标价法。

2.2.2 汇率的种类

1. **按银行买卖外汇价格的不同,分为买入汇率、卖出汇率、中间汇率和现钞汇率**

（1）买入汇率

买入汇率又称买入价,是银行购买外汇时所使用的汇率。采用直接标价法时一定量外币折合成本币数较少的那个汇率是买入价，它位于卖出价之前；采用间接标价法时，一定量本币折合成外币数较多的那个汇率是买入价，它位于卖出价之后。无论采用哪种标价法，需明确哪种货币的数量固定不变，而这类货币称为基础货币，亦称被报价货币、基准货币、单位货币、参考货币。与之相对，数量不断变化的货币称为报价货币或计价货币。即被报价货币与报价货币的计量关系为：1 被报价货币=××报价货币。

（2）卖出汇率

卖出汇率又称卖出价，是银行卖出外汇时所使用的汇率。采用直接标价法时，一定量外币折合成本币数较多的那个汇率是卖出价，表示银行卖出外汇时，应向客户收取的本币数，它位于买入价之后；采用间接标价法时，一定量本币折合成外币数较少的那个汇率是卖出价，表示银行卖出外币时，应付给客户的外币数，它位于买入价之前。

例如，某日在伦敦外汇市场上银行所挂出的英镑与美元的牌价为：GBP/USD=1.5683/92，汇率中的第一个数字 1.5683 表示报价银行愿意买入被报价货币英镑的价格，即买入价或买入汇率；第二个数字 1.5692 表示报价银行卖出被报价货币英镑的价格，即卖出价或卖出汇率。从这个例子中有几点需注意：首先，买入或卖出都是站在报价银行的立场来说的，而不是站在进出口商或询价银行的角度；其次，按国际惯例，外汇交易在报价时通常可只报出小数（如前例中的 83/92），大数会省略不报（如前例中的 1.56），在交易成交后再确定全部的汇率 1.5683 或 1.5692；最后，买价与卖价之间的差额是银行买卖外汇的收益，如上例英镑兑美元的买卖差价为每英镑 0.0009 美元，通常称为卖出价高于买入价 9 点，除日元等少数币值较小的货币外，汇率报价中每一点为 1‰，即 0.0001 称为 1 点，日元汇率报价中的每一点为 1%。

（3）中间汇率

中间汇率又称中间价，是买、卖汇率的平均数，即：（买入价+卖出价）÷2=中间汇率。假设纽约外汇市场上 1 美元折合 132.50/70 日元，则中间汇率为 1 美元兑 132.60 日元。国际货币基金组织所公布的各国汇率表中，均采用中间汇率，西方报刊公布汇率时，也常采用中间汇率。中间汇率一般只供比较参考之用。

（4）现钞汇率

现钞汇率又称钞价，是指外币现钞的价格。外币现钞的价格又分现钞买入价和现钞卖出价。在我国公布的人民币外汇牌价中，现钞买入价与外汇买入价不同，而现钞卖出价和外汇卖出价二者相等。由于外币现钞不能在其发行国以外流通，故需将外币现钞运送到发行国，才能充当支付手段。这就要涉及为运送外币现钞而产生的运费、保险费、包装费等项费用支出。因此，银行要从汇价中扣除这些费用，这就是现钞买入价低于外汇买入价的原因。

【计算 2-1】

1.如果你向中国银行询问欧元/美元的报价，回答是："1.3142/54"。请问：

（1）中国银行以什么汇价向你买入美元，卖出欧元？

（2）如果你要买进美元，中国银行给你什么汇率？

（3）如果你要买进欧元，汇率又是多少？

2.如果你是银行，你向客户报出美元兑港币汇率为 7.7557/67，客户要以港币向你买进 100 万美元。请问：

（1）你应给客户什么汇价？

（2）如果客户以你的上述报价，向你购买了500万美元，卖给你港币。随后，你打电话给一个经纪人想买回美元平仓，几家经纪人的报价是：

经纪人 A：7.7558/65

经纪人 B：7.7562/70

经纪人 C：7.7554/60

经纪人 D：7.7553/63

你同哪一个经纪人交易，对你最为有利？汇价是多少？

2. 按外汇买卖交割的期限不同，分为即期汇率和远期汇率

即期汇率，又称为现汇汇率，是指外汇买卖成交后的两个营业日内办理交割时使用的汇率，其适用于外汇的现货买卖。而远期汇率，又称为期汇汇率，是外汇买卖的双方事先约定在未来某期限办理交割时使用的汇率，例如1个月后的、3个月后的或6个月后的汇率，其适用于外汇的远期交易，即期汇率和远期汇率往往是不一样的。某一时点上远期汇率与即期汇率之间的汇率差称为掉期率或远期价差，这一价差有升水和贴水两种。升水（Premium）表示期汇比现汇价格高，贴水（Discount）表示期汇比现汇价格低。还有一种是当两者的汇率相同时，称为"平价"（At Par）。

直接标价法下：远期汇率=即期汇率+升水点数；远期汇率=即期汇率-贴水点数

间接标价法下：远期汇率=即期汇率-升水点数；远期汇率=即期汇率+贴水点数

以直接标价法为例，假设在多伦多市场美元兑加元的即期汇率为 USD 1＝CAD 1.4530/40，1个月远期汇率为 USD 1＝CAD 1.4570/90，说明美元的远期汇率高于即期汇率，美元升水，升水点数为40/50。假设香港市场美元兑港币的即期汇率为 USD 1=HKD 7.7920/25，三个月远期汇率为 USD 1=HKD 7.7860/75，说明美元的远期汇率低于即期汇率美元贴水，贴水点数为60/50。以此可归纳为直接标价法下，远期点数按"小/大"排列则为升水，按"大/小"排列则为贴水；间接标价法下刚好相反，按"小/大"排列为贴水，按"大／小"排列则为升水。无论采取何种报价法，对被报价币而言，则左小右大往上加，左大右小往下减。

根据交割日的不同，远期交易可分为固定交割日的期汇交易和选择交割日的期汇交易。固定交割日的期汇交易，是指交易的交割日期是确定的交易双方必须在约定的交割日期办理外汇的实际交割，此交割日既不能提前也不能推后。选择交割日的期汇交易，这类交易又称为择期交易，是指交易没有固定的交割日，交易一方可在约定期限内的任何一个营业日要求交易对方按约定的远期汇率进行交割的期汇交易。这类交易在交割日期上具有较大的灵活性，通常适应于难以确定收付款日期的对外贸易。在择期交易中，询价方有权选择交割日，而且询价方可以根据对市场的预测，选择对自身最有利的择期日期。由于报价银行必须承担汇率波动风险和资金调度的成本，因此，报价银行必须报出对自己有利的价格。基本上，报价银行对于任选交割日的远期汇率的报价遵循以下两条原则：一是报价银行买入被报价货币，若被报价货币升水，按选择期内第一天的汇率报价，若被报价货币贴水，则按选择期内最后一天的汇率报价；二是报价银行卖出被报价货币，若被报价货币升水，按选择期内最后一天的汇率报价，若被报价货币贴水，则按选择期内第一天的汇率报价。现在以下例加以说明。某日国际外汇市场 USD/CHF 的汇率为：

即期汇率	1.3010/20
2 个月远期点数	52/56
3 个月远期点数	120/126

一客户根据业务需要：

（1）卖出美元，择期从即期到 3 个月；

（2）买入瑞士法郎，择期从 2 个月到 3 个月。

分析过程：

（1）客户卖出美元，即为银行买入美元，从即期汇率和远期汇率差价可知美元远期升水，对报价银行而言，远期差价越大，则买入被报价货币的价格就越高，对报价银行越不利，故用即期买入汇率。因此客户卖出美元，择期从即期到 3 个月的汇率为 USD 1=CHF 1.3010。

（2）按照报价银行定价原则，客户买入瑞士法郎即为银行买入美元，择期从 2 个月到 3 个月的远期汇率为 USD 1=CHF（1.3010＋0.0052）=CHF 1.3062。

【计算 2-2】

某日巴黎外汇市场欧元兑美元的报价为：

即期汇率	1.1130/40
3 个月远期点数	70/20
6 个月远期点数	90/50

根据客户以下业务需要，分别求出相对应的银行汇率报价？

（1）买入美元，择期从即期到 6 个月；

（2）买入美元，择期从 3 个月到 6 个月；

（3）卖出美元，择期从即期到 3 个月；

（4）卖出美元，择期从 3 个月到 6 个月。

3．按制定汇率的方法不同，分为基本汇率和套算汇率

由于国际上货币种类很多，一国在制定本国货币的对外汇率时，通常逐一地根据它们的实际价值进行对比来确定，但这样做既麻烦也没有必要。因此，一般做法是，在众多的外国货币中选择一种货币作为关键货币，根据本国货币与这种关键货币的实际价值对比，来制定出对它的汇率，称为"基本汇率"，而后其他各种外国货币与本币之间的汇率可以通过基本汇率和国际金融市场行情套算出来，这样得出的汇率就称为套算汇率或交叉汇率。

从基本汇率和套算汇率的分类可知，一国所制定的汇率是否合理在很大程度上取决于关键货币的选择合理与否，因此各国政府对关键货币的选择都非常慎重，通常遵循三条原则：一是必须是该国国际收支中，尤其国际贸易中使用最多的货币；二是必须是在该国外汇储备中所占比重最大的货币；三是必须是可自由兑换的、在国际上可以普遍接受的货币。假设市场上有甲、乙、丙等多种外币，一国在折算其本国货币汇率时，如果先计算出本币与某一种外币（假定与甲）之间的汇率，再根据甲与乙、与丙的汇率折算出本币与乙、与丙的比价，那么我们称本币与甲之间的汇率为基本汇率，本币与乙、与丙等之间的汇率为套算汇率。由于美元在国际上的特殊地位，不少国家都把美元作为关键货币，而把对美元的汇率作为基本汇率。

套算汇率的具体套算方法可分为三种情况，简述如下：

（1）两种汇率的被报价货币相同时，采用交叉相除法

例如，即期汇率行市 USD 1=HKD 7.7536/7.7538
USD 1=JPY 110.52/110.54

港元对日元的套算买入价为：HKD 1=JPY 110.52/7.7538=JPY 14.2537，即报价银行在市场用 110.52 的价格买入美元而卖出日元，接着用 7.7538 的价格买入港币而卖出美元。

港币对日元的套算卖出价为：HKD 1=JPY 110.54/7.7536=JPY 14.2566，即报价银行在市场用 7.7536 的价格买入美元而卖出港币，用 110.54 的价格买入日元而卖出美元。

即：HKD 1=JPY 14.2537/66

（2）两种汇率的中心货币不同时，采用同边相乘法

例如，即期汇率行市 GBP 1=USD 1.3039/42
USD 1=CAD 1.2642/1.2645

英镑对加元的套算买入汇率为：
GBP 1=CAD 1.3039x1.2642=CAD 1.6484

英镑对加元的套算卖出汇率为：
GBP 1=CAD 1.3042x1.2645=CAD 1.6492

即 GBP 1=CAD 1.6484/92

（3）按中间汇率求套算汇率

例如，某日电讯行市 GBP 1=USD 1.7701
USD 1=JPY 109.71

则英镑对日元的套算汇率为：CBP 1=JPY 1.7701x109.71=JPY 194.1976

4．按外汇管制情况不同，分为官方汇率和市场汇率

官方汇率又称法定汇率，是指一国外汇管理当局规定并予以公布的汇率。在外汇管制较严的国家，官方汇率就是实际使用的汇率，一切外汇收支、买卖均按官方汇率进行。

市场汇率是指由外汇市场供求关系决定的汇率。市场汇率因外汇的供求变化产生波动，同时受一国外汇管理当局干预外汇市场的影响。在外汇管制较松或不施行外汇管制的国家，如果也公布官方汇率，此类官方汇率只起到基准汇率的作用，市场汇率才是该国外汇市场上买卖外汇时实际使用的汇率。

除此之外，汇率的种类还可有许多种分法，如按外汇资金性质和用途来划分，可以分为贸易汇率和金融汇率；若按照外汇交易工具和收支时间来划分，可以分为电汇汇率、信汇汇率、票汇汇率；若按外汇市场开市和收市的不同，可分为开盘汇率和收盘汇率；如按外汇买卖的对象不同，可分为同业汇率和商人汇率等。

2.3 汇率的决定与影响

2.3.1 汇率的决定

国际货币制度的演变大致经历了两个历史阶段：金本位制和纸币本位制。

1. 金本位制度下的汇率决定

（1）汇率决定因素：铸币平价

在金本位制度下，各国货币均以黄金作为统一的币材、统一的价值衡量标准，尽管它们在重量、成色等方面有不同的规定，但在国际结算和国际汇兑领域中都可以按各自的含金量多少加以对比，从而确定出货币之间的比价。因此，金本位制度下两种货币之间含金量之比，即铸币平价，就成为决定两种货币汇率的基础。

下面用英国和美国这两个典型例子来说明：在1929年经济危机以前金本位制度下，英国规定1英镑含金量为113.0016格令，美国规定1美元含金量为23.22格令。由此，英镑与美元的铸币平价即各自含金量之比等于4.8665，即1英镑金币的含金量等于1美元金币含金量的4.8665倍。这就是英镑与美元之间汇率的决定基础，它建立在两国法定的含金量基础上，而法定的含金量一经确定，一般是不会轻易改动的，因此，作为汇率基础的铸币平价是比较稳定的。

（2）汇率变动因素：供求关系及黄金输送点

在外汇市场上，汇率是以铸币平价为中心，在外汇供求关系的作用下上下浮动。当某种货币供不应求时，其汇价会上涨，超过铸币平价；当某种货币供大于求时，其汇价会下跌，低于铸币平价。

值得注意的是，金本位制度下由供求关系变化造成的外汇市场汇率变化并不是无限制地上涨或下跌，而是被界定在铸币平价上下在一定界限内，这个界限就是黄金输送点。在金币本位制度下，黄金可以自由输出、输入。如果汇价涨得太高，人们就不愿购买外汇，而要运送黄金进行清算了。但运送黄金是需要种种费用的，如包装费、运费、保险费和运送期的利息等。假定在英国和美国之间运送1英镑黄金的费用为0.02美元，那么，铸币平价4.8665美元加上运送费0.02美元就等于4.8865美元，这是美国对英国的黄金输出点。如果英镑的汇价高于4.8865美元，美国债务人觉得购买外汇不合算，不如直接向英国运送黄金有利，于是美国的黄金就要向英国输出。铸币平价4.8665美元减去运送费0.02美元等于4.8465美元，就是美国对英国的黄金输入点。如果1英镑的汇价低于4.8465美元，美国的债权人就不要外汇，而宁可自己从英国输入黄金。黄金输入的界限，叫作黄金输入点；黄金输出的界限，叫作黄金输出点。汇价的波动，是以黄金输出点作为上限、以黄金输入点为下限的，它总是以金平价为中心，在这个上限和下限的幅度内摇摆。黄金输出点和黄金输入点统称为黄金输送点。

以上说明，铸币平价加上黄金运送费，是汇价上涨的最高点；铸币平价减去黄金运送费，是汇价下跌的最低点。这是汇率变动的界限。由于黄金输送点限制了汇价的变动，所以汇率波动的幅度比较小，基本上是稳定的。

2. 纸币制度下的汇率决定

自世界金本位制度瓦解之后，经济学家对纸币制度下汇率的决定形成了许多的汇率理论。下面我们简单加以介绍。

（1）购买力平价理论

购买力平价理论有两种理论形式：绝对购买力平价和相对购买力平价。前者主要说明在某一个时点上汇率决定的基础，而后者旨在解释在某一个时段里汇率发生变动的原因。

绝对购买力平价理论认为，一国之所以需要外国货币是因为它可用来购买外国的商品、技术或劳务；反之，外国接受本国货币是因为它可在本国购买商品、技术或劳务。因此，以本国货币交换外国货币，其实质就是用本国的购买力去交换外国的购买力，而汇率反映的就是两国货币在各自国家所具有的购买力的对比。例如：购买某个由多种商品组成的商品篮子，在美国要花费 2 美元，在英国却只需要 1 英镑，这就意味着英镑的购买力是美元的 2 倍，因此，英镑与美元的汇率即为 1：2。

相对购买力平价理论认为，在纸币流通的条件下，随着时间的推移，各国经济状况必然会发生各种变化，有关国家的货币购买力也随之出现增减，而汇率的变动正是要反映两个国家货币的购买力（由物价水平来代表）在某一段时期所出现的或将要出现的相对变动情况。例如，A 国发生了通货膨胀，其货币的国内购买力降低；而 B 国国内的物价水平保持不变，或者物价也在上涨，但幅度不如 A 国那样大，那么，A 国货币对 B 国货币的汇率就会下跌。反之，假如 B 国的物价上涨幅度比 A 国的大，那么，A 国货币对 B 国货币的汇率就会上升。第三种情况是两国发生了相同幅度的通货膨胀，这时两国的货币汇率就维持不变。总之，新的均衡汇率必须在原有均衡汇率的基础上对通货膨胀率（或预期通货膨胀率）的差异作出必要的调整。

（2）利率平价理论

利率平价理论又称"利率裁定论"和"远期汇率论"。这是一个有关货币市场与外汇市场均衡的理论，它假定在有关国家的货币能够自由兑换、国际资本能够自由流动的情况下，市场参与者的理性活动最终能促使国内外的利率水平与有关货币的即期汇率、远期汇率之间形成或保持一种均衡关系，即：外汇市场上的远期升（贴）水率等于两国货币利率之差。

$$i - i^* = \frac{f - s}{s}$$

其中，i、i^* 分别为本国利率和外国利率，f、s 分别为一国货币的远期汇率和即期汇率。假如这个等式不成立，这意味着汇率与利率的关系处于失衡状态，这时，以赚取毫无风险的利差或升（贴）水收益为目的的抵补套利活动就会大规模地展开，并最终将外汇市场与货币市场重新推向均衡。在均衡状态下，在国内投资与在国外投资的收益是无差异的。

（3）国际收支决定论

国际收支决定论认为，汇率主要取决于外汇资金流量的供给和需求。从需求方面来说，当外汇的需求增加而供给不变时，则外汇汇率上升；当外汇需求减少而供给不变时，则外汇汇率下跌；从供给方面来看，外汇供给增加而需求保持不变时，外汇汇率趋于下跌，反之，外汇汇率则上升。只有当外汇供给正好等于需求时，汇率才将是均衡的。由于外汇的供给和需求是"派生的"，即它们来源于国际商品和劳务的交易，外汇供给与需求的均衡，不过是国际收支均衡的另一种表现。因此，这种理论在分析汇率形成机制时，集中分析国际收支的均衡条件，并将这种条件看作是均衡汇率最直接的决定因素。

（4）资本市场决定理论

资本市场决定理论，又称资产平衡论。资本市场决定理论认为，外汇是可供人们选择持有的一系列资产中的一种，其价格（汇率）与利率都是由各国国内财富持有者的资产平衡条件同时决定的。这里所谓的资产平衡条件，是指在某一时点上公众对各种资产的需求量恰好等于政府、银行系统、公司、企业的资产供应量；或者说公众所持有的资产恰好等于社会的资产存量；而均衡汇率是在资产平衡条件下，资产持有者自愿保持其现有的各种本币资产和外币资产，并不再对这些资产组合加以变动时的汇率。

2.3.2 汇率变动对经济的影响

汇率的涨跌和汇率的不稳定，又会对一国或地区的内部经济和对外经济产生广泛的影响。这就促使许多国家和地区通过制定合适的汇率政策，使用宏观调控经济的汇率政策工具，调整本国或地区的经济变量，以实现稳定的经济增长和经济发展的全面平衡。这就促使许多国家或地区重视汇率变动对国内经济和国际经济的影响。

1. 汇率变动对国内经济的影响

一国或地区经济发展的均衡，主要表现为稳定的国民收入增长、价格和较充分的就业以及利率水平等，汇率变动对这几个方面都会产生影响。

（1）汇率变动对国民收入和就业水平的影响

一国汇率的变动，会引起进出口贸易条件的变化，从而对该国国民收入产生影响。一般认为，一国汇率下跌，在一定时间内有促进出口和减少进口的效应。净出口贸易的增加，为本国的相关行业或部门提供了许多就业机会，并由此引起了一个国民收入增加的乘数过程。从汇率的影响机制看，汇率下跌和货币贬值产生的国民收入效应，有两个主要的因素：一是汇率变动对该国国际贸易产生作用的大小；二是该国对外贸易对国民收入产生作用的大小。前者取决于进出口商品的供求弹性和边际进口倾向，后者又取决于对外贸易乘数的效应。

（2）汇率变动对国内物价水平的影响

一般认为，一国汇率下跌，有推动国内物价总水平上涨的倾向。从进口贸易看，汇率下跌会导致进口商品本币价格的提高。如果进口的是原材料、中间产品等，则会引起国内用其制造的商品成本提高，进而使这些商品的价格上升，引发成本推进型通货膨胀。如果进口的是消费品等，一方面带来了消费市场的物价上涨，另一方面会对国内相同的商品带来示范效应，使价格上涨。

从出口贸易看，汇率下跌会带动出口商品增加，而一国在短期内扩大生产此商品有一定的困难，因而会加剧国内市场的供求矛盾，从而引起出口商品国内价格的飞涨，尤其是当出口产品本来就是国内短缺的初级产品时，将会对国内制成品以及相关产品的物价上涨产生压力。

从货币发行量看，汇率贬值可增加一国的外汇收入，改善国际收支状况，增加该国的外汇储备。随着外汇储备的增加，该国中央银行需增加发行相同价值的本币，因而汇率贬值会扩大一国货币的发行量。这显然也会给通货膨胀带来压力。

（3）汇率变动会对国内利率水平产生影响

一般认为，汇率贬值对国内利率水平的影响具有双重性：从货币供应量看，本币贬值会鼓励出口、增加外汇收入、本币投放增加；减少进口，外汇支出减少，货币回笼也会减少。因此，汇率贬值会扩大货币供应量，促进利率水平的下降。另一方面，从现金的需求看，由于本币币值的变化进而出现汇率贬值，物价普遍上涨，因而国内居民手中所持有现金的实际价值下跌，因此就需要增加现金的持有量才能维持原先的实际需要水平。这样整个社会的储蓄水平就会下降，同时促使了一些人会把原先拥有的金融资产换成现金，导致国内利率水平趋于上升。

2. 汇率变动对涉外经济的影响

汇率变动对涉外经济的影响集中体现在对国际收支的影响，它包括贸易项目、非贸易项目、资本项目和官方储备项目等。

(1) 汇率变动对贸易项目收支的影响

汇率不仅是两国货币的折算标准，而且是两国政府调整和发展对外经济交易的政策工具。因为汇率波动会产生"相对价格效应"，抑制或刺激国内外居民对进出口商品的需求，从而影响该国进出口贸易规模和外汇收支。

一般情况下，以货币贬值引起的汇率变动，具有扩大出口和抑制进口的作用。但一国政府以货币贬值的汇率变动，调整贸易项目的外汇收支也有局限性。首先，货币贬值最终能否改善贸易收支，受该国主要进出口的需求弹性制约。在出口方面，出口贸易数量的增加能否带动出口贸易外汇收入的增加，取决于出口数量增加的幅度是否大于出口商品价格下降的幅度；在进口方面，只要以本币表示的价格上涨会引起进口商品数量的减少，以外币表示的进口商品支出就会减少。一般认为，只有在进出口商品的需求弹性满足一定的条件，一国货币贬值才能改善贸易项目收支。其次，货币贬值产生"相对价格效应"的过程中还受到"时滞效应"的限制，即本币贬值后，国外商品需求的调整需要一定时间，因此贸易收入不会立即增加，而原先签订的进口贸易合约又需要继续支付。所以，贸易收支往往有一个先恶化、后改善的"J曲线效应"过程。

(2) 汇率变动对非贸易项目收支的影响

一般认为，一国货币贬值引起的汇率变动，意味着一定金额的外币兑换本币的数量增加，会引起非贸易项目收支的增加，会吸引外国居民购买本国的劳务，如吸引更多的外国旅游者，并同时减少本国居民到外国旅游，这将有利于改善劳务收支状况。反之，一国货币汇率上升，非贸易收支将出现相反的变化。

(3) 汇率变动对资本流出入的影响

汇率变动对国际资本流动特别是短期资本的流动产生重要影响。一般认为，一方面，一国汇率下跌，以该国货币计值的金融资产的相对价值就减少，为了规避货币贬值的风险，便会发生"资本外逃"的现象，使大量资金流往国外。同时，由于贬值会造成一种通货膨胀的预期，出现市场心理预期波动，从而造成投机性资本的外流。另一方面，一国汇率下跌，也可使同量的外币购得比以前更多的本币，即更多的生产资料或劳务等，这将吸引更多的国外资本流入。不过，在既定的利润下，一国汇率下跌，也会使外商汇回到自己国内的利润减少，因而外商会有不愿追加投资或抽回投资的可能。由此可见，在其他条件不变的情况下，一国汇率的变动是否有利于影响资本的流动，取决于外商投资的结构，还取决于汇率下跌前后获利的大小。

◇ 阅读资料 2-1

人民币汇率双向波动弹性增强

据国家外汇管理局发布的数据，10 月 26 日，2020 年前三季度，外汇市场主要指标的运行情况呈现了稳中向好态势，人民币汇率双向波动弹性增强。国家外汇管理局提醒企业需积极预防汇率风险。

数据显示，银行结售汇总体呈现顺差，外汇市场供求保持基本平衡。2020 年前三季度，银行结售汇顺差 762 亿美元。与此同时，跨境资金总体呈现净流入，二季度以来持续表现为顺差格局。二、三季度分别为顺差 372 亿美元和顺差 262 亿美元。

从外汇规模来看，外汇储备规模稳中有升。截至 2020 年 9 月末，外汇储备余额 31426 亿美元,比2019年末上升346亿美元。

近期人民币升值较快引起各方关注。国家外汇管理局认为,近期对人民币升值,主要是受到经济基本面的支撑。总体来看,人民币升值的幅度还是相对温和的。2020年以来,人民币对美元升值4.5%,美元指数下跌4.3%,欧元对美元升值5.9%,日元对美元升值4.1%。人民币与主要货币表现是基本一致的。在内外部因素共同作用下,未来人民币汇率有望在合理均衡水平上继续保持双向波动和基本稳定。

目前,市场机构讨论比较多的因素包括:第一,从长期看尽管美元走弱,但当前全球经济复苏前景并不明朗,短期美元走势具有不确定性。第二,市场机构也观察到,未来全球疫情改善之后,既有利于提升中国的外需,也有利于扩大进口。同时,各国放松出入境限制也会促进中国居民跨境旅行和留学需求的恢复。

在人民币汇率双向波动弹性增强的背景下,企业应该积极预防汇率风险,树立风险中性理念。"2020年以来,境内期权市场1年期隐含波动率平均水平在5%,最高价和最低价之间的波幅是7.5%,人民币汇率弹性是比较强的。面对汇率波动,企业应该加强风险防范意识。"企业需要改变人民币不是升就是贬的单边直线性思维,树立人民币汇率双向波动意识。

(资料来源:广州日报 https://gzdaily.dayoo.com/pc/html/2020-10/27/content_875_728147.htm)

2.4 国际货币体系与汇率制度

2.4.1 国际货币体系的内容

国际交往中的货币支付引起外汇、汇率以及外汇收支等一系列活动。为保持国际交往的顺畅进行,需要在国际对这些活动作出某种安排。这就构成国际货币体系。国际货币体系一般包含以下内容:一是国际交往中使用什么样的货币,是金币还是不兑现的信用货币;二是各国货币间的汇率的安排,是钉住某一种货币还是允许汇率随市场供求自由变动;三是各国外汇收支不平衡,如何进行调节。随着世界经济和政治形势的发展,各个时期对上述三个方面的安排也有所不同,从而形成了具有不同特征的国际货币体系。

2.4.2 国际金本位制下的汇率制度

历史上第一个国际货币体系是国际金本位。国际金本位是在英国、拉丁货币联盟(含法国、比利时、意大利、瑞士)、荷兰、若干北欧国家及德国和美国实行国内金本位的基础上于19世纪80年代形成的。它盛行了约30年,于第一次世界大战爆发时崩溃。

1. 国际金本位的内容

(1) 黄金是国际货币体系的基础。

(2) 黄金可以自由输出和输入。

(3) 一国的金铸币同另一国的金铸币或代表金币流通的其他金属(比如银)铸币或银行券可以自由兑换。

(4) 在金币流通的国家内，金币还可以自由铸造。

2．国际金本位的评价

金币的自由输出及输入，保证了各国货币之间的比价相对稳定；金币的自由兑换，又保证了黄金与其他代表黄金流通的金属铸币和银行券之间的比价相对稳定；金币的自由铸造或熔化，则具有调节市面上货币流通量的作用，保证了各国物价水平的相对稳定。因此，国际金本位制是一种比较稳定的货币制度。在当时的条件下，它对汇率的稳定、国际贸易和资本流动的发展，以及各国经济的发展起到了积极的作用。

但是，国际金本位制也有缺点。从根本上讲，它过于"刚性"。这表现在：一是国际的清算和支付完全依赖于黄金的输出及输入；二是货币数量的增长主要依赖于黄金产量的增长。而世界黄金产量跟不上世界经济的增长，使世界金本位的物质基础不断削弱。

2.4.3 布雷顿森林体系

第二次世界大战之后，在英国、美国的倡导下，有44个国家参加的"联合国货币金融会议"于1944年7月在美国新罕布什尔州的布雷顿森林召开，以此为标志，资本主义世界建立了一个以美元为中心的国际货币体系，即布雷顿森林体系。

1．布雷顿森林体系的内容

布雷顿森林体系的主要内容可概括为两个方面：一是有关国际货币制度的，涉及国际货币制度的基础、储备货币的来源及各国货币相互之间的汇率制度；二是有关国际金融机构的，涉及国际金融机构的性质、宗旨以及在国际收支调节、资金融通和汇率监督等国际货币金融事务中的作用。

根据《布雷顿森林协定》的规定，布雷顿森林体系下的国际货币制度是以黄金－美元为基础的，实行黄金－美元本位制。在这个制度下，规定美元按35美元等于1盎司黄金与黄金保持固定比价，各国政府可随时用美元向美国政府按这一比价兑换黄金。各国货币则与美元保持可调整的固定比价，称为可调整的钉住汇率。各国货币对美元的波动幅度为上下各1%，各国当局有义务在外汇市场上进行干预以保持汇率的稳定。只有当一国发生"根本性国际收支不平衡"时，才允许升值或贬值。平价的变动要得到基金的同意。由于各国货币均与美元保持可调整的固定比价，因此各国货币相互之间实际上也保持着可调整的固定比价，从而使整个货币体系成为一个固定汇率的货币体系。在这种情况下，平价的单方面变动就显得比较困难。

布雷顿森林体系的上述内容又被称为"双挂钩"，即美元与黄金挂钩，各国货币与美元挂钩。在这个货币制度下，储备货币和国际清偿力的主要来源依赖于美元，美元成了一种关键货币。它既是美国本国的货币，又是世界各国的货币，即国际货币。这就是布雷顿森林体系的根本特点。因此，布雷顿森林体系下的国际货币制度实质上是以黄金－美元为基础的国际金汇兑本位制。

2．对布雷顿森林体系的评价

布雷顿森林体系的建立是符合当时世界经济形势的。第二次世界大战结束后，各国急需建立和恢复一个多边支付体系和多边贸易体系，以促进贸易的发展和各国经济的恢复与发展。在当时，只有美元才有能力在全球范围向这样一个多边体系提供所需要的多边支付手段和清算手段。因此，布雷顿森林体系促进了战后经济的恢复和发展，促进了国际贸易的发展和多边支付体系、多边贸易体系的建立和发展。美元等同黄金，作为黄金的补充源源不断地流向世界，一定程度上弥补了当时普遍存在的清偿能力和支付手段的不足，因而有利于推进外汇管制的放松和贸易的自由化，并对国际资本流动和国际金融一体化起到了积极的推动作用。

布雷顿森林体系的缺陷：双挂钩的货币体系，使美元处于一种两难的境地。为满足世界经济增长和国际贸易的发展，美元的供应必须不断地增长；美元供应的不断增长，使美元同黄金的兑换性日益难以维持。这种"特里芬难题"使得布雷顿森林体系难逃被瓦解的命运。另外，过分强调汇率的稳定，这种僵化的汇率调整机制，使各国不能利用汇率的变动来达到调整国际收支失衡的目的，而只能消极地实行管制措施或有损于国内经济目标实现的经济政策。

◇ 阅读资料 2-2

布雷顿森林体系形成及崩溃

1944 年 7 月，在美国新罕布什尔州的布雷顿森林召开有 44 个国家参加的联合国与联盟国家国际货币金融会议，通过了以"怀特计划"为基础的"联合国家货币金融会议的最后决议书"以及"国际货币基金组织协定"和"国际复兴开发银行协定"两个附件，总称为布雷顿森林协定。

布雷顿森林体系主要体现在两个方面：一是美元与黄金直接挂钩；二是其他会员国货币与美元挂钩，即同美元保持固定汇率关系。布雷顿森林体系实际上是一种国际金汇兑本位制，又称美元—黄金本位制。它使美元在战后国际货币体系中处于中心地位，美元成了黄金的"等价物"，各国货币只有通过美元才能同黄金发生关系。从此，美元就成了国际清算的支付手段和各国的主要储备货币。

以美元为中心的布雷顿森林体系的建立，使国际货币金融关系又有了统一的标准和基础，结束了"二战"前货币金融领域里的混乱局面，并在相对稳定的情况下扩大了世界贸易。美国通过赠予、信贷、购买外国商品和劳务等形式，向世界散发了大量美元，客观上起到扩大世界购买力的作用。同时，固定汇率制在很大程度上消除了由于汇率波动而引起的动荡，在一定程度上稳定了主要国家的货币汇率，这有利于国际贸易的发展。据统计，世界出口贸易总额年平均增长率，1948—1960 年为 6.8%，1960—1965 年为 7.9%，1965—1970 年为 11%；世界出口贸易年平均增长率，1948—1976 年为 7.7%，而战前的 1913—1938 年，平均每年只增长 0.7%。基金组织要求成员国取消外汇管制，也有利于国际贸易和国际金融的发展，因为它可以使国际贸易和国际金融在实务中减少许多干扰或障碍。

布雷顿森林体系是以美元和黄金为基础的金汇兑本位制。它必须具备两个基本前提：一是美国国际收支能保持平衡；二是美国拥有绝对的黄金储备优势。但是进入 20 世纪 60 年代后，随着资本主义体系危机的加深和政治经济发展不平衡的加剧，各国经济实力对比发生了变化，美国经济实力相对减弱。1950 年以后，除个别年度略有顺差外，其余各年度都是逆差，并且有逐年增加的趋势。至 1971 年，仅上半年，逆差就高达 83 亿美元。随着国际收支逆差的逐步增加，美国的黄金储备也日益减少。1949 年，美国的黄金储备为 246 亿美元，占当时整个资本主义世界黄金储备总额的 73.4%，这是战后的最高数字。此后，逐年减少，至 1971 年 8 月，尼克松宣布"新经济政策"时，美国的黄金储备只剩下 102 亿美元，而短期外债为 520 亿美元，黄金储备只相当于所欠外债的 1/5。美元大量流出美国，导致"美元过剩"，1973 年底，游荡在各国金融市场上的"欧洲美元"就达 1000 多亿。由于布雷顿森林体系前提的消失,也就暴露了其致命弱点,即"特里芬难题"。体系本身发生了动摇,美元国际信用严重下降,各国争先向美国挤兑黄金,而美国的黄金储备已难于应付,这就导致了从 1960 年起,美元危机迭起,货币金融领域陷入日益混乱的局面。为此,美国于 1971 年宣布实行"新经济政策",停止各国政府用美元向美国兑换黄金,这就使西方货币市场更加混乱。1973 年美元危机中,美国再次宣布美元贬值,导致各国相继实行浮动汇率制代替固定汇率制。美元停止兑换黄金和固定汇率制的垮台,标志着以美元为中心的货币体系瓦解。

2.4.4 牙买加货币体系

1972 年 9 月,国际货币基金组织(IMF)决定另行设立国际货币制度临时委员会(IMP),主要任务是负责研究有关国际货币制度改革的问题,拟订改革方案供基金组织采用。1976 年 1 月,国际货币制度临时委员会(IMP)达成《牙买加协定》。同年 4 月,IMP 理事会通过(IMP 协定第二次修正案),对国际金融体系作出新的规定,认可了 1971 年以来国际金融的重大变化,国际货币关系从此迈入牙买加体系时代。

1. 牙买加协定的内容

(1)成员国可以自由选择汇率安排

IMP 同意固定汇率制与浮动汇率制并存。IMP 对各国汇率政策实行严格监督,防止损人利己的货币贬值政策,在货币秩序稳定后,经 IMP 85%投票权同意,可恢复"稳定的但可调整的平价制度"。

(2)废除黄金官价

取消成员国之间或成员国与 IMF 之间以黄金清偿债权债务的义务,成员国中央银行可按市价买卖黄金,IMF 将出售和退还成员国部分黄金,共计为黄金总额的 1/3。

(3)增加 IMF 的份额

由原来的 292 亿特别提款权增加到 390 亿特别提款权,从而提高 IMF 的清偿力,使得 SDRs 成为主要的国际储备,降低美元的国际储备作用。

(4)扩大对发展中国家的资金融通

用出售黄金的收入建立信托基金,改善发展中国家的贷款条件,将 IMF 的信贷部分总额由成员国份额的 100%提高到 145%,并且放宽出口波动补偿贷款,由原来占份额的 50%提高到 75%,以满足发展中国家的特殊需要。

2. 对牙买加货币体系的评价

(1)积极作用

牙买加体系创建至今,经历了国际金融的一系列重大变化,在克服各种危机、推动经济稳定发展方面起了积极作用。

①打破了布雷顿森林体系的僵化局面。实行浮动汇率制,增加了各国对外政策的灵活性,在受到国外冲击时,可以由汇率变动来自动调节,不必实行紧缩或扩张来维持汇率,能够保持国内经济政策的连续性,使宏观经济政策的力度和范围得到保障,市场效率更高。

②国际储备多元化，解决了特里芬难题。美国不必用国际收支逆差来提供国际清偿手段，美元与黄金脱钩，美国可以自主地安排汇率。其他国家则综合考虑进出口对象、资本流动、各种储备之间的风险收益后选择国际储备，消除了布雷顿森林体系下必须与美国拴在一起的弊端。

③用综合机制共同调节国际收支，扩展了调节渠道。在布雷顿森林体系下，调节国际收支的渠道有两条：一是 IMF 提供短期或中长期贷款；二是会员国发生国际收支根本不平衡时改变汇兑平价。这两条渠道由于存在份额限制以及需要付出高昂代价而作用有限，调节机制失灵。牙买加体系新引进了国际金融市场、商业银行信贷和国际合作与政策协调，使国际收支的调节更有效、更及时。

（2）不利因素

当然，牙买加体系不是一个完美的体系，许多经济学家认为它是"无制度的体系"，从而要求建立国际货币新秩序。牙买加体系至少存在以下三方面的弊端。

①汇率体系极不稳定。在牙买加体系中，全球 1/3 的国家实行独立浮动或管理浮动，其余 2/3 的国家实行钉住汇率制，如果主要储备货币波动巨大，就会使整个体系失去了稳定的基础。

②大国侵害小国利益，南北冲突更加尖锐。由于主要工业国基本上实行浮动制，而大多数发展中国家采用钉住制，大国往往只顾自身利益而独立或联合起来改变汇率，使钉住它们货币的发展中国家无论国内经济状况好坏都不得不随之重新安排汇率，承受额外的外汇风险。

③国际收支调节机制不健全。四大调节渠道都有局限性，都不是根本解决问题的办法。亚洲金融危机和 1999 年美国贸易收支逆差持续扩大表明，牙买加体系创建 20 年来，全球范围的长期国际收支不平衡并未得以根除。

2.4.5 汇率制度

从历史上看，汇率制度有固定汇率制度和浮动汇率制度。

1. 固定汇率制度

固定汇率制度是指两国货币的比价基本固定，其波动的界限规定在一定幅度之内的一种汇率制度。固定汇率制度又可以分为金本位制度下的固定汇率制度和纸币制度下的固定汇率制度。

（1）金本位制度下的固定汇率制度

在典型的金本位制度下，两国货币汇率波动的界限是黄金输送点，汇率受黄金输送点的限制，波动幅度小，能够保持稳定。

金本位制度下的固定汇率制度是比较典型的固定汇率制度，在这种汇率制度下，各国外汇汇率相对稳定，有利于核算国际贸易成本，有利于促进国际间的商品和货币流通，有利于发展经济。

在 1929－1933 年的世界性经济危机冲击下，国际金本位制度于 1936 年宣告彻底崩溃，至此，以金本位制度为基础的固定汇率制度也随之消亡。

（2）纸币制度下的固定汇率制度

金本位制度崩溃后，各国普遍实行了纸币流通制度。1945 年下半年至 1973 年初为纸币制度下的固定汇率制度时期。

在这种纸币流通条件下，固定汇率制度的特点可以归纳为两点：一是美元与黄金直接挂钩；二是其他国家货币与美元挂钩，市场汇率波动的幅度固定在货币平价上下 1%以内。通过这种

"双挂钩"，使美元处于汇兑平价体系（即固定汇率体系）的中心地位。

2．浮动汇率制度

浮动汇率制度是指对本国货币与外国货币的比价不加以固定，也不规定汇率波动的界限，而听任外汇市场根据供求状况的变化自发决定本币对外币的汇率。外币供过于求，外币汇率就下跌（下浮）；求过于供，外币汇率就上涨（上浮）。

浮动汇率制度的类型从不同的角度划分，浮动汇率制有不同的类型。

（1）从政府是否对市场汇率干预来划分，浮动汇率可以分为自由浮动汇率与管理浮动汇率

①自由浮动汇率。在政府不加干预的情况下，完全随外汇市场的供求变化而自由波动的汇率称为自由浮动汇率，又称清洁浮动汇率。有的国家（例如美国）也曾一度主张实行自由浮动汇率，对汇率上下波动不采取干预措施。然而，纯粹的自由浮动汇率基本上是不存在的。

②管理浮动汇率。在浮动汇率制度下，一国政府没有义务对汇率的波动进行干预，但并不等于说不干预。实际上西方各国政府为了本国的经济利益，总是或明或暗地在外汇市场上进行各种形式的干预活动，使汇率朝着对本国有利的方向浮动。在浮动汇率制度下，政府干预下的汇率称为管理浮动汇率，又称肮脏浮动汇率。

（2）从一国汇率变动是否同他国配合来划分，浮动汇率又可分为单独浮动汇率、联合浮动汇率和钉住汇率制

①单独浮动汇率。单独浮动汇率是指一国货币的币值不与任何外国货币发生固定联系，其汇率根据外汇市场的供求变化单独浮动，而不与其他国家的货币联合浮动。实行单独浮动汇率的国家有美国、加拿大、瑞士、日本等。

②联合浮动汇率。联合浮动汇率是介于固定汇率与浮动汇率之间的一种混合汇率。参加联合浮动的国家组成集团，集团内货币之间实行固定汇率，规定汇率波动幅度，各有关国家有义务共同维持彼此间汇率的稳定，而对集团外国家的货币则实行联合浮动。

③钉住汇率制。有些国家由于历史、地理等诸方面的原因，其对外贸易、金融往来主要集中于某一工业发达国家，或主要使用某一种货币。为使这种贸易、金融关系得到稳步发展，避免受到相互间货币汇率频繁变化的不利影响，这些国家通常将本国货币"钉住"该工业发达国家的货币，甚至特别提款权等复合货币。实行这种汇率制度的国家，必须通过在外汇市场上买卖所"钉住"国货币或其他钉住货币单位的办法来维持本国货币与所"钉住"国货币之间的固定比价，本国货币同其他国家货币的汇率则根据这种固定比价来套算。目前，大多数发展中国家实行钉住汇率，但一般按一定时期的需要由官方浮动。

2.5　国际收支

2.5.1　国际收支的概念

国际收支反映一个国家（或地区）对外经济交往活动和交往的结果。

国际货币基金组织（IMF）在《国际收支手册》中对国际收支所下的定义和说明是："国

际收支是一种统计报表,它系统地记载了在特定时期内经济实体与世界其他地方的经济实体的各项经济交易。"这里所说的经济实体是指一个国家或地区。在当今世界上有些地区不是一个独立的国家,但也能单独与其他国家进行经济交往。这些交易大部分是在居民与非居民之间进行的,包括货物、服务、对世界其他地方的金融债权和债务的交易以及转移项目(如赠予)。

国际收支的内涵十分丰富,应从以下几个方面加以把握。

(1)国际收支是指在一定时期内(通常为一年)经济实体与世界其他经济实体的各项经济交易的总和或系统记录。

(2)国际收支所记载的各项经济交易大部分是在居民与非居民之间进行的。这里之所以说大部分,是由于国际收支统计中也包括了一些居民部门之间可转让的金融资产的交换,以及程度更低的非居民之间可转让的国际金融负债的交换。

(3)国际收支所记录的是各项经济交易。根据经济价值转移的方向和内容,经济交易可分为五类:①商品和劳务的买卖,即金融资产与商品和劳务的交换;②物物交换;③金融资产和金融资产的交换;④无偿的、单方面的商品和劳务的转移;⑤无偿的、单方面的金融资产的转移。

(4)国际收支是一个流量概念而不是存量概念。

2.5.2 国际收支平衡表的内容

一国国际收支平衡表所包括的内容很多,由于各国的编制要求不同,各国自行编制的本国国际收支平衡表,其项目内容也各具特点。现将国际货币基金组织编制的国际收支平衡表的项目内容逐一进行介绍。国际货币基金组织编制的国际收支平衡表通常分为以下三大项目:经常项目、资本和金融项目,以及误差和遗漏项目。

1. 经常项目

(1)货物和服务 货物一般包括居民向非居民出口或者从非居民那里进口的大多数可移动货物。服务包括以下内容:运输、旅游、通信服务、建筑服务、保险服务、金融服务、计算机和信息服务、专有权利使用费和特许费、个人和文化及娱乐服务、其他商业服务以及政府服务。

(2)收入包括职工报酬和投资收入,其中职工报酬包括以现金或实物形式支付给非居民工人(即在使馆工作的当地工作人员)的工资、薪金和其他福利。投资收入包括居民因拥有国外金融资产而得到的收入,包括直接投资收入、证券投资收入和其他投资收入三部分。

(3)经常转移包括下面三项的所有转移:一是固定资产所有权的转移;二是同固定资产收买、放弃相联系的或以其为条件的资金转移;三是债权人不索取任何回报而取消的债务。这三项属于资本转移。

单方面转移根据实施转移的主体不同,可分为政府单方面转移和私人单方面转移两个小项目。

2. 资本和金融项目

(1)资本项目的主要组成部分,包括资本转移和非生产、非金融资产的收买放弃。资本转移包括固定资产所有权转移,同固定资产买进卖出联系在一起或以其为条件的资金转移以及债权人不索取任何回报而取消的债务。非生产、非金融资产的收买或放弃,总体来说包括各种无形资产，如注册的单位名称、租赁合同或其他可转让的合同和商誉。

（2）金融项目包括直接投资、证券投资、其他投资和储备资产。直接投资反映某一经济体的居民单位（直接投资者）对另一经济体的居民单位（直接投资企业）的永久权益，它包括直接投资者和直接投资企业之间的所有交易。证券投资包括股票和债券的交易。其他投资包括长短期的贸易信贷、贷款、货币和存款以及其他类型的应收款项和应付款项。储备资产包括某一经济体的货币当局认为可以用来满足国际收支和在某些情况下满足其他目的的各类资产的交易。涉及的项目包括货币化黄金、特别提款权、在基金组织的储备头寸、外汇资产以及其他债权。

3．误差和遗漏项目

出现误差和遗漏项目的原因有以下几方面。

（1）编制国际收支平衡表的原始资料来自各个方面，在这些原始资料上，当事人因为各种原因，故意改变、伪造或压低某些项目的数字，造成资料失实或收集资料不齐。

（2）由于某些交易项目属于跨年度性的，从而导致统计口径不一致。

（3）短期资本的国际移动，由于其投机性非常强，流入流出异常迅速，且为了逃避外汇管制和其他官方限制，常采取隐蔽的形式，超越正常的收付渠道出入国境，很难得到其真实资料。

出于上述各种原因，官方统计所得到的经常项目、资本和金融项目两者之间实际上并不能真正达到平衡，从而导致国际收支平衡表的借方与贷方之间出现差额。因此，设立一个误差和遗漏项目，以误差和遗漏项目的数字来抵补前面所有项目借方与贷方之间的差额，从而使借贷双方最终达到平衡。当官方统计结果借方大于贷方时，两者之间的差额就记误差和遗漏项目的贷方，前面加"＋"号；当官方统计结果贷方大于借方时，两者之间的差额就记误差与遗漏项目的借方，前面加"－"号。

2.5.3 国际收支平衡表的编制

国际收支平衡表是按照复式簿记的原理编制的。我们按照复式记账法的基本原理，将国际收支的各种经济行为归入两类账户：反映商品、劳务进出口及净要素支付等实际资产流动的纳入"经常账户"；反映资产所有权流动的纳入"资本和金融账户"。这样，同一行为就在不同账户被记录两次，从而较为完整与科学地反映出一国国际收支的状况。

更为具体地看，以复式记账法编制国际收支平衡表时，主要包括以下三个要点。

第一，任何一笔交易发生，必然涉及借方和贷方两个方面，有借必有贷，借贷必相等。

第二，所有国际收支项目都可以分为资金来源项目（如出口）和资金运用项目（如进口）资金来源项目的贷方表示资金来源（即收入）增加，借方表示资金来源减少。资金运用项目的贷方表示资金占用（即支出）减少，借方表示资金占用增加。

第三，凡是有利于国际收支顺差增加或逆差减少的资金来源增加或资金占用减少均记入贷方，凡是有利于国际收支逆差增加或顺差减少的资金占用增加或资金来源减少均记入借方。国际收支账户运用的是复式记账法，即每笔交易都是由两笔价值相等、方向相反的账目表示。根据复式记账的惯例，不论是对于实际资源还是金融资产，借方表示该经济体资产（资源）持有量的增加，贷方表示资产（资源）持有量的减少。记入借方的账目包括：①反映进口实际资源的经常项目；②反映资产增加或负债减少的金融项目。记入贷方的项目包括：①表明出口实际资源的经常项目；②反映资产减少或负债增加的金融项目。举例如下：

　　a.进口商品属于借方项目，出口商品属于贷方项目。

　　b.非居民为本国居民提供劳务或从本国取得收入，属于借方项目，本国居民为非居民提供劳务或从外国取得的收入，属于贷方项目。

　　c.本国居民对非居民的单方向转移，属于借方项目，本国居民收到的国外单方向转移，属于贷方项目。

　　d.本国居民获得的外国资产属于借方项目，外国居民获得的本国资产或对本国投资，属于贷方项目。

　　e.本国居民偿还非居民债务属于借方项目，非居民偿还本国居民债务属于贷方项目。

　　f.官方储备增加属于借方项目，官方储备减少属于贷方项目。

本章小结

　　外汇是以外币表示的，具有可兑换性，被各国普遍接受，可以用于国际支付的资产。

　　汇率就是两种不同货币之间的折算比价，也就是以一种货币表示的另一种货币的相对价格。汇率有两种表达方式：直接标价法、间接标价法。汇率的涨跌和汇率的不稳定，会对一国或地区的内部经济和对外经济产生广泛的影响。

　　国际货币体系包括：国际金本位制、布雷顿森林体系、牙买加货币体系。

　　国际收支反映一个国家（或地区）对外经济交往活动和交往的结果。国际收支平衡表分为以下三大项目：经常项目、资本和金融项目，以及误差和遗漏项目。国际收支平衡表是按照复式簿记的原理编制的，完整与科学地反映出了一国国际收支的状况。

【案例讨论】

人民币汇率体制改革进程与展望

　　（一）1994年1月：初步形成统一外汇市场

　　1994年之前的经济体制转轨时期，中国实施的是双轨制汇率机制，除官方的汇率外，还规定一种适用于贸易结算的外汇内部结算价格。1994年1月的汇率改革取消了双轨制汇率制度，以银行结售汇为基础并建立了外汇交易中心，实施以外汇市场供给和需求为基础的有管理的浮动汇率制度，初步建立了人民币汇率市场化的基础。

　　1994年汇改后逐渐使市场形成了对人民币汇率的稳定预期，同期中国出口贸易受益明显，国际收支情况也有了一定改善。此次汇改在保持市场稳定的情况下取得了较为理想的效果。1997年亚洲金融危机爆发后，人民币保持了兑美元的稳定，但在1997—2005年间，由于人民币汇率变动幅度过小也造成了许多问题。首先，中国经常项目和资本项目的失衡问题在这一时期愈发放大，到2005年贸易顺差超过1000亿美元；其次，由于外汇储备的快速增加，结售汇成为央行最主要的货币投放方式，货币政策和宏观调控空间受到了影响；再次，出口企业长期依赖人民币低估所带来的成本优势，进而形成路径依赖的模式，出口转型升级缓慢。

(二) 2005年7月：参考一篮子货币有管理的浮动汇率制

此次汇改的主要内容包括：实施以市场供求为基础的、参考一篮子货币有管理的浮动汇率制度，引入外汇市场询价机制作为次日人民币汇率的中间价，人民币市场化程度进一步增强。为了防止国际热钱的流入，监管部门加强对资本流动的管制。此次汇改后，市场保持了对人民币升值的一致预期，人民币汇率出现了升值的趋势，外汇储备保持了迅速增加的趋势。

在金融危机后，人民币保持了兑美元的固定汇率，随着美联储新一轮量化宽松政策的实施，保持与美元的固定汇率制带来对我国国内通货膨胀的压力，即输入型通货膨胀。加之不断快速上升的外汇占款，继续保持兑美元的固定汇率使得我国基础货币投放量快速增加，货币政策的独立性进一步减弱。

2005年汇改后人民币兑美元进入持续升值区间，从2005年年初1美元兑人民币8.2元升值到2013年年底6.0附近的点位，同时人民币名义有效汇率也从2005年的85上升到2013年的115。在这一时期中国经济总量和出口的迅速增长是人民币升值的主要推手。从2001年中国加入WTO到2013年期间，中国经济总量在多数年份保持了8%以上的增长。中国的经常项目维持了相对较高的顺差，资本项目方面，在2013年前也处于资金净流入的状态。特别是在2008年的金融危机后，全球资本大量进入了包括中国在内的新兴经济体。因此，2005—2013年间人民币单边升值主要受基本面推动的影响，2005年汇改也释放了中国加入WTO之后的升值压力。

(三) 2015年8月：完善市场化的中间价形成机制

此次汇改的内容包括：调整人民币对美元汇率中间价报价机制，做市商参考前一交易日银行间外汇市场收盘汇率，向中国外汇交易中心提供中间价报价。市场可以根据上一交易日的收盘价对每日中间价的变化做出判断，使得人民币兑美元中间价机制进一步市场化，这有助于更为真实地反映人民币在外汇市场中的供求关系。

2014—2015年美元走强，而人民币在2015年"8·11"汇改前仍保持了钉住美元的态势，因此在"8·11"汇改前积累了贬值压力。人民币汇率从2015年接近130的水平下降到2016年年底120附近的位置，同时，美元兑人民币也从6.2上升到7.0附近。

2016年2月，中间价形成机制加入了"参考一篮子货币因子"，使人民币定价机制受到国际外汇市场变化的影响，有助于打破对美元单一贬值的预期。但在全球主要国家央行回归常规货币政策的预期下，加入"参考一篮子货币因子"反而使人民币对应一篮子货币的贬值预期增强。2017年5月为了逆转人民币贬值预期，人民币兑美元报价中加入了"逆周期因子"，此后人民币逐渐进入升值区间。

2018年年初美国经济复苏加快，美联储货币政策转向的预期也随之增强，叠加中美贸易摩擦以及国内货币流动性相对充裕的原因，人民币兑美元出现了快速贬值。在此期间中国央行再次推出"逆周期因子"，旨在对冲市场单边预期的惯性。可以预计的是，随着人民币定价机制改革的推进，人民币汇率将更多反映市场需求，波动的频率和幅度也会与海外市场一致。

（资料来源：王乃嘉，杨剑啸，姜奕玖.人民币汇率体制改革进程与展望.征信[J].2018,11:84~85.）

【课堂讨论题】
人民币汇率市场化改革对我国经济的影响？

复习思考题

1. 什么是外汇？请分别给出外汇广义的概念和狭义的概念。
2. 什么是汇率？汇率的两种标价方法分别是什么？
3. 试述汇率的决定基础。
4. 试述布雷顿森林体系的内容，并对其进行评价。
5. 试述牙买加体系的内容，并对其进行评价。
6. 国际收支平衡表的内容包括哪些？

本章练习题

第3章 信用和利率

【学习目标】

通过本章的学习，使学生理解信用和信用制度的含义，了解主要的信用形式和利息的本质，并掌握利率的计算方法，理解决定与影响利率的因素，学会用所学的基本原理分析利息对我国社会经济的影响，并能进一步探讨利率改革的问题。

【本章引例】

美国次贷危机发展的进程

第一阶段：2007年8月（资产支持商业票据恐慌）

由于银行放松了对购房者的资信状况考察，导致了很多个人资信状况不好的购房者也申请到了贷款，这就导致了美国的房价不断上涨，终于到达了一个社会民众的心理预期最高点，并开始下降，这就导致了次级抵押贷款的损失，或者更准确地说，这种损失的前景，在房价开始下跌之后，是触发危机的一个因素。由于抵押贷款的损失，资产支持商业票据（ABCP）计划遭受"挤兑"。"挤兑"意味着贷款人（储户）不愿在商业票据到期时为其再融资。如果一个项目不能发行新票据，那么它必须依靠项目发起人(通常是银行)的支持，或者被迫出售资产。多数项目依靠赞助商的支持来弥补这一缺口，这对赞助商的资产负债表产生了重大影响。作为资产支持商业票据的主要持有人，许多货币市场共同基金（MMFs）要求其保荐人（银行或基金家族）"保释"以避免这种情况"破产"。首先，货币市场基金的持股比例随着资产支持商业票据收益率的上升而下降。此外，收缩的资产支持商业票据计划被迫出售基础资产，给许多货币市场基金持有的资产类别带来进一步的下行压力。以赞助商为基础的对MMFs的救助阻止了投资者的"挤兑"，但也巩固了人们的预期，即MMFs总是会得到赞助商的帮助。这件事情对美国的金融市场造成了一种病态的影响，使得MMFs承担了更多的道德风险。而MMFs的赞助商一般都是它的股东和母公司或者是它的上一级银行，这种做法并没有解决损失，只是把损失转移给上一级机构去承担，与此同时，上一级机构的资产负债也会承担很大压力。这种预期使人们更加相信，MMF是一种超级安全的类货币工具，不需要投资者进行尽职调查。在这种环境下，投资者可以追逐收益率最高的基金，而不会有任何风险。

第二阶段：2008年9月~10月（雷曼破产）

人们的这种社会心理的影响，使得MMFs承担了更多的道德风险，同时美国房价的下跌，进一步导致了亏损，这就使得MMFs的上一级金融机构也承担不住这种负债压力，再加上人们的盲目投资进一步加大了这种损失，所以最终产生了连锁反应，2008年9月15日，雷曼兄弟（Lehman Brothers）申请破产，这对MMFs来说是一个重大打击。雷曼兄弟，储备主要基金，大型MMF，雷曼ABCP的持有人未能维持其价值，这一动态导致了类似基金的"挤兑"，并在私人信贷市场造成了重大混乱和流动性短缺。回购市场在危机中也发挥了关键作用。回购抵押指数的"减损指数"不断上升，导致金融体系的流动率下降。在2007年年初，该指数接近于零。在 ABCP 恐慌之后，该指数在雷曼破产前夕稳步上升至 25%左右。雷曼破产后，该指数升至 45%左右。更重要的是许多与次级抵押贷款证券没有直接联系的资产，它们的减损指数上升，价格下降，可以让从一种资产类别蔓延到包括许多其他类型（看似无关的）短期债务的更广泛市场。

问题：次贷危机的发生的成因是什么？

（资料来源：梁馨月，张西林.美国次贷危机的原因及对我国经济发展的启示.市场周刊[J].2020，4：127.）

3.1 信用的产生与发展

思政目标

3.1.1 信用的产生

信用的产生、发展和存在的经济基础是商品货币经济的发展，只要存在商品经济、货币，信用也必然存在。人们将商品或货币贷放出去，按照约定时间到期时从借入者那里照原数收回商品或货币，并同时收取一定数额的利息，这就是信用的交易。信用交易与商品交易有所不同。在商品交易中，商品所有者让渡出自己的商品，同时换回货币；商品的购买者付出货币的同时，即拿到需要的商品，卖与买同时完成。在信用交易中，商品的所有者让渡出自己的商品时，得到的不是货币，而是一种承诺，这时让出商品者成为债权人，商品的受让者成为债务人，债务人答应在约定的时间归还他的商品或货币及其利息。在约定的时间到期后，债务人履行了他的承诺，债权人收回了他的商品或货币及其利息，这项交易就完成了。由此可见，在信用交易过程中，不只是买与卖的关系，还存在着借贷关系。由于信用关系的存在，商品的让渡与商品价格的实现在时间上是分离的。而这种分离，既支持了商品所有者尽快销售出去，又使商品购买者能较早支付现金，从而促进了商品生产与流通的发展。

从价值运动形式来看，商品交易是商品价值与货币价值双方相对的转移和运动，而信用交易中不论是贷者还是借者，都是作为一种独立的价值形态进行单方面的转移和运动的。因此，由信用关系引起的价值运动，是一种特殊的价值运动形式。不过这种价值运动的实现，必须有两个基本条件，一是要有约定期限，并到期归还；二是要支付利息。正如马克思所说的，这个运动——以偿还为条件的付出——一般地说就是贷和借的运动，即货币或商品的只是有条件的让渡的这种独特形式的运动。

信用是从属于商品货币的经济范畴的一种借贷行为，即以偿还为条件，以收取利息为要求的借贷行为。可以说，还本付息是信用的基本特征。从经济关系来看，信用实际上是一种契约关系，是债权人对债务人的充分信任，是债务人对债权人延期支付的承诺。一般来说，信用关系的确立，需要以下要素。

1. 信用是一种信任的契约

当然这是指债权人对债务人履约的信任，相信债务人能到期还本付息，只有在这个前提下，债权人才愿意提供信用。

2. 信用是一种双边的契约

信用活动必须包括对立统一的两方面：一是授信方，即提供信用的一方，或称贷方；二是受信方，即接受信用的一方，或称借方。所以，信用即借贷，借贷即信用。

3. 信用是一种债权债务的契约

作为契约，必须规定当事人的权利与义务。信用作为契约关系表现为债权与债务。授信方因信用交易而持有债权，即将来收回价值物的权利，同时要承担义务，即在一定时间内让渡价值物；而受信方因信用交易而负有债务，即将来偿还价值物的义务，同时可享受权利，即在一定时间内使用价值物。债权债务是信用关系双方权利与义务的性质。

4. 信用是一种具有时间间隔的契约

借贷行为与买卖行为的明显区别在于：买卖行为，不论是物物交换还是以货币为媒介的商品交换，都表现为价值物同时相向运动，即一般的情况是一手交钱，一手交物。而借贷行为则表现为价值物在不同时间的相向运动，首先是授信方提供一定的价值物，经过约定的一定时间，受信方将价值物归还并加付一定的利息。所以在借贷活动中，提供信用与还本付息之间有着或多或少时间上的间隔。

3.1.2 信用的发展

1. 高利贷信用

高利贷信用亦称高利贷，是以取得高额利息为特征的借贷活动。在人类历史上，最古老的信用形式是高利贷。它产生于原始公社瓦解时期。社会分工的发展，私有财产的出现和交换的增长，使原始公社内部发生了财富两极分化，出现了富裕家族和贫穷家族。货币资财集中在某些富裕家族，另一些贫穷家族因种种原因却需要货币，因而富裕家庭向贫穷家庭放债，并收取很高的利息。在奴隶社会和封建社会中，随着商人资本的发展，特别是货币经营资本的发展，高利贷资本有了广泛的发展。

高利贷信用有以下两个显著特点。

（1）利率高，剥削残酷

从历史上看，高利贷的利率无最高限度。在不同国家，在不同历史时期，利率水平相差很大，一般情况年利率达 30%～40%，高的达 200%～300%。高利贷之所以能够榨取极高的利息，首先是由贷款的性质所决定的。高利贷的借者不是为了获得追加资本，而是为了获得必不可少的购买手段和支付手段，为此只能忍受高利盘剥。其次，高利贷的高利率还与前资本主义社会自然经济占统治地位这种情况密切地联系着。在自然经济占统治地位的条件下，货币比较难以获得；而小生产者与寄生阶级对贷款的需要量，相对来说，则是很大。在供给有限的条件下，对信用的大量需要就为高利贷提供了条件。

（2）非生产性

高利贷的借者，是奴隶主、封建主和小生产者。奴隶主、封建主为了满足其奢侈的生活、贿赂和豢养武士，需要大量资财，依靠剥削是不可能全部得到的，因此，向高利贷者借款。小生产者都是个体劳动者，他们的经济力量薄弱，经不起意外的变动，歉收、疾病、婚丧和缴纳租税都会使他们的生产和生活难以维持，不得不借高利贷。马克思说，高利贷资本在资本主义生活方式以前的时期存在的具体特征的形式是："第一，是对那些大肆挥霍的显贵，主要是对地主放的高利贷；第二，是对那些自己拥有劳动条件的小生产者放的高利贷。"两者的需要和内容虽然不同，但都是用于非生产活动的。高利贷资本来源于商人、官吏和宗教机构所聚集的货币资财，高利贷资本的形成不是在再生产过程中，而是在再生产过程以外。在从封建社会向资本主义社会过渡时期，高利贷在破坏封建社会生产方式的过程中，促进了资本主义生产方式前提条件的形成。一方面，高利贷者蓄积起大量货币资财，这些货币资财有可能从高利贷资本转为投入工业企业的资本。同时，有些生产者为高利贷者的债务人，无力偿付本息，被迫以自己作坊抵偿，这样，高利贷者变成了资本主义作坊的老板或工业资本家。另一方面，高利贷促使农民和手工业者破产并无产阶级化，促进雇佣工人阶级后备军的形成。

高利贷信用一方面破坏旧的生产方式，促使资本主义生产式的形成，同时又是资本主义发展的障碍。因为最适宜于高利贷生存和发展的经济条件是小生产占优势地位的旧生产方式，高利贷者必然力图维护这种旧的生产方式。此外，高额的利率又妨碍着高利贷资本向产业资本的转化和新兴资产阶级对它的利用。因此，随着资本主义生产关系的发展，产生新兴资产阶级对高利贷的斗争。斗争的焦点，是要使生息资本服务于产业资本的需要，使利率降到平均利润率之下。

2. 资本主义信用

资本主义生产方式的建立和社会化大生产的出现，使得与小生产生产方式相适应的高利贷信用逐渐失去了赖以存在的基础。借贷活动服从于生产利润，这是资本主义生产方式的要求，因此，资本主义信用表现为借贷资本的运动形式。

借贷资本是货币资本家为了获得利息而贷放给职能资本家的一种货币资本，它是在产业资本循环周转中产生和发展起来的一种生息资本。一方面，在资本循环周转过程中，由于各种原因往往会形成一部分暂时闲置的货币资本。首先，商品出卖取得销售收入后并不是立即用于购买原材料和支付工资，收入与支付之间或多或少存在着时间的间隔，这是流动资本出现的闲置状况；其次，固定资产的折旧基金提取后并不是立即用于固定资本补偿，折旧的提取与使用之间存在较长的积累过程，这是固定资本出现的闲置状况；最后，新增价值即剩余价值形成后也并不是立即进行分配支付，如支付股息、利息、缴纳税款、追加投资等，这是剩余价值出现的闲置状况。另一方面，在资本循环周转过程中，由于各种原因往往会产生一时货币资本的不足。概括地说有这样几方面：一是临时性资金需要，如产品暂时卖不出去，周转余额不足，原材料集中到货，生产按计划完成，都需要临时补充资本；二是季节性资金需要，一些企业的生产季节性强，到旺季时资金占用大幅上升，自有资金明显不足，这需要补充资本；三是投资性资金需要，企业为扩大生产规模，添置厂房、设备，仅靠平时的资本积累是不够的，也需要补充资本。

可见，在资本主义生产过程中，一方面，由于种种原因出现暂时闲置的货币资本，迫切需要寻找出路；另一方面，一些资本家又临时急需补充资本，以使生产正常进行。这样既有必要又有可能，通过信用方式把两者联系起来，形成借贷关系。于是，暂时闲置的货币资本就转化为借贷资本。这种信用关系与高利贷关系完全不同，它是在资本主义商品生产基础上，在再生产过程中发生的借贷。当然在资本主义条件下，借贷资本还有其他来源，如食利阶层的货币资本和社会各阶层的货币收入，就是借贷资本的补充。

借贷资本虽然是在职能资本运动基础上产生的,但它与职能资本相比有自己的特点。

(1) 借贷资本是一种所有权资本

在资本主义制度下,货币资本的出现,使资本所有权与使用权可能分离。当货币资本家将货币资本贷放给职能资本家使用时,并没有放弃对货币资本的所有权,仅仅是将货币资本的使用权暂时让渡出去,一定时期后方可收回本金和利息。

(2) 借贷资本是作为商品的资本

它像商品一样有价值和使用价值,它不仅可以用来充当一般等价物,而且可以用来生产利润。货币所有者把他的货币资本借给职能资本家,实际上是把货币这种作为资本的使用价值,即生产利润的能力,让渡给职能资本家。所以,借贷资本是一种特殊的商品资本。

(3) 借贷资本有特殊的运动形式

作为资本就意味着要运动,否则不能带来剩余价值,而运动必然有运动形式。不同的资本有不同的运动形式,产业资本的运动形式是 G—W…P…W′…G′;商品资本的运动形式是 G…W—G′;而借贷资本的运动形式表面上看则是 G…G′。也就是说,对于借贷资本来说,贷出一定数量的货币资本,经过一段时间便可以收回更多的货币。然而这公式极其简单化了,它掩盖了利息的真正来源。借贷资本的运动只有联系产业资本运动才能说明问题,因而借贷资本运动的全过程应该是:G…G…W…P…W′…G′-G。可以看出,借贷资本的运动在货币形态上表现为二重支出和二重回归。在借贷资本家把货币贷给职能资本家时,表现为货币(G)的第一次支出,这是借贷资本运动的起点,职能资本家用借来的货币购买生产资料和劳动力,是货币的第二次支出。当职能资本家出卖商品换回货币时,这是货币的第一次回归。职能资本家用销售收入归还借贷资本时,是货币的第二次回归,是借贷资本运动的终点。借贷资本在货币形态上的二重支出和二重回归,是它与职能资本所不同的特别的运动形式。

3. 信用存在的自然基础是商品货币关系

只要存在商品货币关系,信用就必然存在。在社会主义再生产过程中,资金运动的不平衡性和资金分配的不均衡性是客观存在的。那么货币资金余缺的调剂为什么必须采取信用方式?这可以从以下几方面分析。

(1) 不同所有制之间的资金调剂必须采取信用形式

不论是全民所有制企业,还是集体所有制单位以及个体经济单位,由于种种原因,总会发生资金有时闲置,有时又不足的情况。为了充分运用社会闲置资金、促进经济发展,有必要在不同的所有制企业、单位之间进行资金余缺的调剂。但是在全民所有制企业中,商品和资金归全民所有,而在集体所有制单位中,商品和资金则是各单位集体所有。因此,它们之间的经济联系,只能通过商品的形式,实行等价交换的原则。它们之间的资金调拨,也不能无偿调拨,而只能在严格划清各自资金所有权的前提下,采取有借有还的信用方式。同样,个体经济单位的商品和资金归个人所有,国家保护个体经济的合法权利和利益。因此,全民集体经济单位同个体经济之间的资金调拨,以及个体经济单位之间的资金调拨,也必须采取信用形式。

(2) 全民所有制内部经济单位之间的资金调拨也必须采取信用形式

全民所有制内部各企业单位,虽然都同属一个所有者,但每一个企业都是相对独立的商品生产者,实行独立的经济核算,独立担负对国家的经济责任,也有自己的经济权力和经济利益,在资金的管理和使用上也是独立负责的。作为具有自身经济利益的商品生产者,不仅相互之间的经济联系要通过商品形式，遵循等价交换的原则，而且资金余缺的调剂，也必须采取有借有还的信用形式。此外，机关、团体、部队、学校等单位的预算经费，在先拨后用的情况下，也会发生闲置，也必须通过信用形式进行运转。

（3）国家、集体经济单位同劳动者个人之间的资金或收入的调剂也必须采取信用形式

劳动者个人从国家机关、全民所有制企业、集体经济单位以及通过其他方式取得货币收入，在满足自己的消费需要后，尚有部分结余，在或长或短的时间内闲置不用，这些闲置货币是劳动者个人的劳动所得，有权自行支配。因此，动员这部分闲置货币，显然也只能采取有偿有息的信用形式。同样道理，国家、集体经济单位的资金也不能无偿地交给劳动者个人使用，也要采取有偿有息的信用形式。

（4）对外经济联系与交流也要借助于信用来实现

任何一个国家的经济都不可能是完全封闭式的经济，因而都离不开国际贸易，都要进行国际经济交流。而在国际贸易往来和经济技术交流过程中，不可避免地会发生国际间的信用往来。我国社会主义建设主要依靠本国的力量，但也要引进一些国外的先进技术和设备。这就需要大量的外汇资金，除了努力发展外贸商品生产，增加出口创汇外，还要积极利用国际信用，例如通过利用外国商业银行贷款、外国政府和国际金融机构贷款、发行国际债券形式，筹集外汇资金，促进我国经济建设。

3.2　信用形式

信用作为一种借贷关系和借贷行为，它总是需要通过一定的形式表现出来。能够体现各种借贷关系和借贷行为特征的形式，即为信用形式。随着商品经济的发展，信用关系和信用活动也在不断地发展扩大和复杂化，于是信用形式也在不断地发展和多样化。

1. 商业信用

（1）商业信用的积极作用

商业信用是指企业之间相互提供的、与商品交易直接联系的信用。它的基本形式是赊销和预付。在商品交易过程中，由于买方缺乏现实货币而不能及时支付，而卖方在资金比较充裕，又对买方信誉比较了解和信任的情况下，允许买方延期支付，约定期限，到期付款。在商品买卖完成到实际支付这一期间，买卖双方发生了商业信用。

商业信用在商品经济的发展中有一定的积极作用。

①商业信用可促进商品销售，从而促进再生产的及时进行。销售方的商品及时出售，可避免积压以免影响再生产；购买方虽无现金，但及时购入原材料等，也可以及时进行再生产。

②商业信用加强了企业之间的联系，建立起比较固定的经济联系网络，从而有利于生产和流通的发展。

③商业信用可以充分发挥企业之间相互监督的作用。彼此发生商业信用关系的企业相互关心、相互监督、相互制约。借者关心贷者能否生产适合自己需要的产品，在自有资金短缺时用信用方式购买；贷者关心借者能否及时完成其产品的生产和销售，以便按时收回在商业信用行

为下给予对方的贷款。

④商业信用有利于加速资金周转,提高资金的经济效益和社会效益。借者在自有资金没有复归的情况下可以实现购买,增加了资金来源,扩大了生产和流通活动,增加了利润收入。贷者既卖了商品,又使自己多余的资金找到了使用场所,增加了利息收入,借贷双方都增加了经济效益。在正常情况下,企业经济效益增加,还可以增加国家的税收和其他财政收入。

(2)商业信用的局限性

①商业信用是直接信用,受企业资金规模的限制,因此其总规模是有限的,大规模的生产建设项目的资金不可能通过商业信用解决。

②商业信用受企业资金周转时间限制,因此商业信用的期限也比较短。

③受借贷双方了解程度和信任程度的局限。如果双方互不了解、互不信任,商业信用就很难成立。

④商业信用有严格的方向性,只有在买方需要该种商品时,卖方才能提供赊销方式。

目前企业间规范化的商业信用较少,在企业间发生的延期支付大都属于交易结算过程的相互拖欠。这种拖欠由于企业外延性扩大再生产的超常规发展变得日益严重,在一定程度上成为经济进一步发展的障碍。这种破坏结算纪律和经济纪律的行为应尽快解决。在解决了不正常拖欠之后,企业间正常的商业信用关系才能稳步发展。发展正常商业信用关系,应该做到以下几点:一是正常的商业信用应在互相联系的企业间开展,不能任意扩大;二是商业信用是短期信用,只解决短期资金的调剂问题,而不能把商业信用用于扩大基本建设;三是商业信用应正规化、规范化、票据化。发生商业信用关系的双方必须订立契约,注明发生商业信用额度、归还期限和归还办法,到期必须归还,不得拖欠。

2. 银行信用

银行信用,是指银行和其他各种信用机构以货币形式提供的信用。

银行信用与商业信用是商品经济条件下两个主要的信用形式,各有所长与不足,不能互相取代。随着经济改革和金融改革的不断深入,银行信用领域不断拓宽,不仅对国营、集体企业发放贷款,还对个体经济、私营经济、联合经济和"三资"企业等发放贷款;不仅对工商企业发放贷款,还对科技、服务业、旅游业、医疗单位等第三产业、事业单位发放贷款;不仅发放短期流动资金贷款,还发放中短期技改设备贷款和中长期项目贷款;不仅发放信用贷款,还发放抵押贷款、担保贷款、贴现等。银行信用的多样化适应了经济改革和经济发展的需要。

3. 国家信用

国家信用,是以国家为债务人,从社会上筹措资金来解决财政需要的信用形式。国家信用包括国内信用和国外信用。国内信用是国家以债务人身份向国内居民、企业团体取得的信用,它形成一国的内债;国外信用则是对其他国家的负债。根据债券期限的长短可将其分为国库券和公债两种。国库券为短期负债,以1年以下居多,一般为1个月、3个月、6个月等。公债为长期负债,一般在1年以上甚至10年或10年以上,常用于大型项目投资、建设。

国家利用国家信用这种形式所动员的资金,为国家掌握利用,发挥特殊作用。

（1）调剂政府收支不平衡的手段

财政收支即使在正常情况下，就一个财政年度来讲，往往会发生收支不平衡的现象。比如，从整个财政年度来看，财政收支是平衡的，但可能出现上半个财政年度支大于收，下半个财政年度收大于支，为了解决财政年度内收支暂时不平衡，政府往往借助于发行国库券来调剂。

（2）弥补财政赤字的有效手段

应该说一个国家财政收支不平衡出现赤字是常有的现象，问题是出现赤字如何弥补。通常弥补财政赤字有三条途径：增税、举债和发行钞票。增税不仅立法程序繁杂，且易引起公众不满，滥发钞票又会直接导致通货膨胀，而发行公债乃成为弥补财政赤字的有效途径，它在不增加社会总需求的前提下，将公众手中的货币资金集中到政府手中。

（3）调节市场信用的重要手段

政府债券的大量存在，为中央银行开展公开市场业务提供了可能。相对于其他货币政策工具，公开市场业务是中央银行掌握的弹性信用调节工具，可灵活、适时操作，中央银行通过买进或卖出政府债券调节市场信用，从而达到宏观调节经济的政策目标。

4. 消费信用

消费信用是指工商部门或金融机构对居民个人购买消费品所提供的信用。其特点是：对象为居民个人，目的是促进消费品的推销与消费。消费信用一般有以下三种形式。

（1）赊销

赊销指零售商对消费者提供的短期消费信用，即延期付款方式销售。西方国家对一般消费信用多采用信用卡方式，即由银行或其他金融机构发给消费者信用卡，消费者可凭卡在约定单位购买商品或作其他支付，定期结算清偿。

（2）分期付款

分期付款是指消费者购买消费品或取得劳务时只支付一部分贷款，然后按合同分期加息支付其余贷款，多用于购买高档耐用消费品或房屋、汽车等，属中长期消费信用。

（3）消费贷款

消费贷款是指银行及其他金融机构采用信用放款或抵押放款方式，对消费者发放贷款，规定期限偿还本息，有的时间可长达二三十年，属中长期消费信用。按照接受贷款的对象不同，消费贷款可分为买方信贷和卖方信贷两种方式。买方信贷是对购买消费品的消费者直接发放贷款。卖方信贷是以分期付款单作抵押，对销售消费品的商业企业发放贷款，或由银行以信用方式出售商品的商业企业签订合同，银行以现金把贷款付给商业企业，而购买者则逐步偿还银行的贷款。

消费信用在许多国家已得到广泛的运用，我国20世纪50年代的上半期也曾采取过消费信用来解决某些商品的销售问题。近几年来，消费信用已逐渐发展起来，尤其是对商业企业的一些积压消费品采用赊销或者分期付款的形式等，对刺激产品生产，改善人民生活，都起了很大的作用。但是，由于消费信用是对未来购买力的预支，会造成一时虚假需求，容易掩盖消费供求之间的矛盾，同时过量发展消费信用还会导致信用膨胀。因此，对消费信用的运用，应做到适当的控制。例如，将消费信用纳入银行信用的计划轨道，通过银行信用活动监督和制约消费信用，明确规定消费信用所赊销的消费品的范围、分期付款的期限、支付额度等，以便消费信用的存在有利于整个国民经济的协调发展。

5．民间信用

民间信用亦称"民间借贷"，主要是适应民间个人与个人之间为解决生活或生产等方面费用的临时需要而产生的。因此，民间信用一直是存在着的。随着经济的不断发展，民间信用迅速发展起来，尤其在农村，民间信用活动十分活跃。

（1）民间信用的特点

①规模、范围扩大。从借贷范围上看，过去一般只限于本村本乡，现在发展到跨乡、跨县甚至跨省；从交易额上看，过去由于生活水平及借款用途的限制，一般只有几十元、数百元，现在由于生活水平的提高及借款用途的变化，借贷额多为几百元或几千元，甚至上万元；从借贷双方关系来看，过去一般只有亲朋好友才发生借贷，相互调剂余缺，现在发展到非亲非故，只要信用可靠，即可发生借贷关系；从借贷期限来看，过去一般是春借秋还，少的只有2~3个月，现在有的期限长达1~2年。

②借贷方式由繁到简。过去的借贷方式，可以借钱还物，或借物还钱，或借物还物，或借钱还钱。现在逐渐发展到以货币借贷为主。

③借款用途，从以解决生活费用、临时短缺为主转变为以解决经营资金不足为主。过去借贷主要是为了满足温饱和婚丧嫁娶或天灾人祸的需要，现在农村的民间借贷主要是为了购买生产资料，如农药、化肥、耕畜、船只、汽车、拖拉机等，用于扩大再生产或用于建房等。城市居民之间发生的借贷则主要是用于经商或购买高档耐用消费品。

④发生借贷关系的利率档次差别扩大。据调查，目前民间借贷利率月息低的是2%~5%，一般为10%~20%。借贷利率一般是根据淡旺季节、资金供求状况、借贷双方之间关系的亲疏、期限长短及通货膨胀率的高低而确定的。

（2）民间信用的积极作用

民间信用的存在和发展具有一定的积极作用。

①可以在银行和信用社信用能力所不及的领域和范围内促进经济的发展，弥补银行信用的不足，起到拾遗补缺的作用。

②可以调剂农村资金余缺，繁荣和搞活农村经济。由于我国的银行和信用社的资金力量在短期内不能满足民间生产、交换和生活等需要，在这种情况下，民间信用的存在和发展，对融通农村资金，搞活生产与流通，促进农村商品经济的发展，起了积极的作用。

（3）民间信用的消极作用

由于民间信用毕竟是一种自发的、盲目的、分散的信贷活动，是一种较落后的信用形式。因此，在充分发挥民间信用积极作用的同时，也应当注意到其消极的一面。其消极作用主要有以下几点。

①风险大。由于民间信用具有为追求高盈利而冒险、投机的倾向，因而风险性较大。

②利率高。由于民间信用一般利率较高，因而有干扰银行和信用社正常的信用活动，扰乱农村资金市场的可能性。

③有可能影响社会安定。由于民间信用借贷手续不严格，容易发生违约，有可能造成经济纠纷，影响社会的安定。

民间信用由于具有上述消极作用，这就要求在承认并且利用其积极作用的同时，对这种信用活动要适当地加以管理，采取积极措施对其加以正确引导，使其合法化、规范化。同时，应大力发展各种形式的金融机构，以有组织的借贷活动来代替这种落后的借贷形式。

6. 国际信用

国际信用，亦称"国际借贷"，是指各国的金融机构、公司企业或政府部门之间相互提供的信用。随着世界经济和国际贸易的发展，各国之间的经济交往日益频繁，各国经济日益具有世界性。利用他国的先进技术和剩余资金，是加速本国经济、技术发展的有效方法，也是世界各国发展经济所普遍采用的方法。国际信用是一种很好的利用国外资金和技术的手段。

国际信用的具体形式如下。

（1）政府信贷

政府信贷是一国政府向另一国政府提供的贷款，贷款资金列入政府预算。西方国家政府中有专门管理这种贷款的机构，如美国的"国际开发署"，日本的"海外合作基金"，经济合作发展组织的"发展援助委员会"等。政府信贷的特点如下。

①信贷条件优惠，通常为低息或无息贷款，而且贷款期限较长，可达20～30年，有的政府贷款还有"宽限期"；

②规定贷款用途，一般是只能从贷款国进口商品或引进技术；

③附加条件多，政治性强，由于政府信贷属于外援性质，外交意图明显，双边关系往往有一致的利益；

④适宜于公共开发性投资，由于利率低、期限长、款项大，比较适用于借款国进行长期性、基础性、投资量大的基本建设项目，如能源开发、铁路港口建设等。

（2）国际金融机构贷款

国际金融机构贷款指世界性的或区域性的金融机构对其成员国提供的贷款。这种贷款的特点除了信贷条件优惠外，还必须是国际金融机构的成员国，并承担一定的义务，如认缴一定股份。

（3）外国商业银行信贷

外国商业银行信贷指一国政府、金融机构或企业在国际金融市场上向外国商业银行取得的信贷。其特点如下。

①一般不限贷款用途、贷款对象、贷款期限以及贷款金额；

②贷款利率按市场利率计算；

③贷款方式灵活，手续简便；

④资金供应充足，借款人可以选择货币；

⑤对于金额大、期限长的贷款，一般要组织银团贷款或辛迪加贷款，也就是由一家银行牵头，多家银行参加组成国际性银团为借款人筹措资金，以分担贷款金额和贷款风险。

（4）出口信贷

出口信贷是指一国出口商或出口商往来银行直接或间接地向另一国进口商或进口商往来银行所提供的信贷，以鼓励出口并解决进口贷款的支付问题。出口信贷有两种形式，即卖方信贷和买方信贷。

①卖方信贷是指出口商（卖方）以允许分期付款的方式向进口商（买方）提供的信贷，出口商提供信用所占用的资金可由其往来银行贷款解决。所以，这实际上是以出口商银行为后盾的国际商业信用，也就是出口商往来银行向出口商提供银行信用，出口商再向进口商提供商业

信用。这样，出口商在报价时，除机器设备本身价款外，还要把其支付的银行利息、保险费及汇价风险等都计算在货价内。

②买方信贷是指出口商（卖方）往来银行直接向进口商（买方）或买方往来银行提供的信贷，买方或买方银行用这笔贷款向卖方支付贷款。所以，这实际上是以出口商银行为最后贷款人的国际银行信用。也就是说，如果出口商银行直接向进口商提供贷款，通常需要进口商银行提供担保，进口商才能用以支付出口商的贷款，如果出口商银行是对进口商银行提供贷款，进口商银行得再向进口商发放贷款，进口商才能用以支付出口商的贷款。这样，有关信贷条件（如利率、费用、还款期限）与商务条件（如价格、支付条件）是分开的，前者由双方往来银行谈判解决，后者由进出口商双方谈判解决。

（5）国际债券

国际债券指一国政府、金融机构或公司企业为筹措资金而在外国或国际金融市场上发行的有价证券。

①发行国际债券的好处：一是筹款范围广，债券购买者可以是政府部门、金融机构、社会团体、公司企业和居民个人；二是筹款金额大，发行国际债券要通过证券公司作为经纪人，由经纪人在发行国组织承购集团，负责推销事宜，所以发行债券通常是大量的；三是使用期限长，债券期限一般在10年左右；四是筹款用途不受限制，不像取得信贷那样往往与项目挂钩；五是利率选择可采用固定利率，便于计算发行成本。

②发行国际债券不利的方面：一是债券利息负担较重；二是发行手续相当烦琐，而且需要较长的发行准备时间；三是发行国政府往往有许多限制性规定。

（6）补偿贸易

补偿贸易也称往返贸易，是指一国厂商以赊销方式向另一国企业项目投资提供生产设备和专利技术，待该项目建成投产后以产品还本息的借贷行为。补偿贸易的特点如下。

①商品交易与借贷行为相联系。补偿贸易实际上是商业信用，而商业信用的基础是商品交易，进口商需要设备但缺乏购买资金，便由出口商以赊销方式解决。

②设备进口与产品出口相联系。一方需要生产设备，另一方需要资源产品，这样通过信用方式联系起来；一方由于提供了生产设备而换回了所需要的资源产品，另一方由于提供了资源产品而赚回了生产设备，双方各以己之长，各得其所。补偿贸易按其偿付方式主要有三种办法：一是直接产品偿还，即用进口设备投产后的产品分期偿还；二是间接产品偿还，即用与进口设备无直接联系的其他产品分期偿还；三是部分补偿，即进口设备投产后，部分以产品偿还，部分以货币偿还。

（7）外商投资

外商投资指一国厂商以资本输入方式到另一国开发项目或兴办企业的商业活动。

①吸引外商投资需要一定的条件：一是经济资源、劳力资源充足；二是投资环境适宜，包括政治环境和经济环境，如国内安定团结、交通运输方便、金融服务完善；三是涉外法规健全，以有效保护投资者的合法权益。

②外商投资一般有三种形式：一是合资经营，指国外厂商与本国企业共同出资开办企业；二是合作经营，指国外厂商并不参与股本，而是以资金、设备、技术等与本国企业合作开发项目，分享经营收益；三是独资经营，指国外厂商投入全部资本开办企业，企业完全由其所有。

3.3 利息和利率

3.3.1 货币的时间价值

货币的时间价值是指当前持有一定数量的货币比未来获得等量的货币具有更高价值。货币之所以具有时间价值，这是因为对货币的占用是有机会成本的，利用此货币资金获得某种收入时就得放弃的另一项目投资所得收入；通货膨胀可能导致货币贬值；投资活动是有风险的，需要对其提供相应的风险补偿。货币的时间价值的具体表现为利息和利率。

3.3.2 利息的本质

利息是指在借贷关系中由借入方支付给贷出方的报酬，是在偿还借款时大于本金的那部分金额。或者说，利息是资金所有者因贷出货币的使用权而从借款人那里取得的一种报酬。由于利息是借款者运用借入货币支付的代价，于是又将利息称为借贷资金的价格。

在不同社会里，利息具有不同的性质。关于利息的本质，西方学者对此观点不一。

威廉·配第（1633—1687）是英国古典政治经济学的创始人。他认为，利息是"因暂时放弃货币的使用权而获得的报酬"。当贷者贷出货币后，"在约定的时期内，不论自己怎样迫切需要货币，也不能用自己的货币"。这样，借贷行为就给贷者带来了事实上的损失。为了弥补这种损失，贷者理所当然要获得报酬，即获得利息。

纳索·威廉·西尼尔（1790—1864）是英国资产阶级经济学家。他认为工资是工人劳动的报酬，利润则是资本家节余的报酬。而利息是总利润的一部分，因此，利息是借贷资本家节余的结果。

凯恩斯（1883—1946）是当代西方经济学界最有影响的经济学家。他认为，利息是在一特定时期内放弃周转灵活性之报酬。他的利息理论是建立在"灵活偏好"基础上的。所谓"灵活偏好"是指人们总想保存一定量的、方便使用的现钱，以便应付日常开支、意外开支和投机活动的需要。以往学者认为利息是人们不消费的报酬，而凯恩斯则认为，它实际上应该是不储现钱的报酬。

马克思在对借贷资本运动过程进行分析时，深刻地揭示了利息的来源和本质，他说："利息不外乎是一部分利息的特别名称，特别项目；执行职能的资本不能把这部分利息装进自己的腰包，而必须把它支付给资本的所有者。"利息并不是货币本身结出的果实，不是在再生产过程之外的流通过程产生的，而是工人在生产过程中创造的归货币资本家占有的剩余价值的一部分。但是，借贷资本的运动总是表现为 G-G（借贷资本家把货币资本贷给职能资本家）的运动，再生产过程创造剩余价值这一本质进程隐而不现了。此外，借贷双方的契约关系也掩盖了借贷资本运动的真实过程。不论再生产过程中资本运动状况如何，到期都必须归还本息，似乎借贷资本运动与再生产过程现实资本的运动无关。因此，利息纯粹表现为一种神秘的性质。马克思关于利息来源与本质的理论是商品经济条件下普遍适用的理论，利息是工人创造的剩余价值的一部分，即利润的一部分。

◇ 阅读资料 3-1

一万美金赠品里的秘密

20世纪90年代，美国汽车经销商当时在大力推销一款价值1万美元的车，但是当时美国的汽车市场已经特别饱和了，所以市场的销售情况不佳。有的车行就不惜血本打折，打折到15%销售，但是效果也不是特别理想。这时，有一个特别懂金融的经销商他就想出了一个"免费送车"的主意，就是买一辆车，送一张面值1万美元的30年期的美国国债。1万美元的车，送价值1万美元的债券，这听上去像什么？免费拿了一辆车，这个诱惑实在是太大了。但是这个赠品不是1万美元的现金，而是"面值1万美元的30年期的折价国债"，换句话说，你拿到的"1万美元"是30年后付给你的1万美元。按照90年代中期平均8%左右的国债利率算，折算到30年后，这个面值1万美元的债券只剩下994美元。也就是说，销售商其实只给了你994美元的礼物，让利幅度只有9.94%，比那个15%的打折力度差远了。

（资料来源：唐涯. 香帅金融学讲义[M]. 北京：中信出版社，2020.）

3.3.3 利率

1. 利率的含义

利率指借贷期内所形成的利息额与借贷本金的比率。用公式表示为：

$$利率=利息额/本金$$

计算利息的方法有两种：单利法和复利法。

（1）单利

单利是指单纯按本金计算出来的利息。用公式表示为：

$$I=PRN$$

式中，I 为利息额；P 为本金；R 为利率；N 为借贷期限。

单利法是指按单利计算利息的方法，即在计息时只按本金计算利息，不将利息额加入本金一并计算的方法。用单利法计算时，其本利和的计算公式为：

$$S=P(1+RN)$$

其中，S 为本利和。

例如：为期3年，年利率为5%的10万元贷款，利息总额为：

$$100\,000 \times 5\% \times 3 = 15\,000（元）$$

本利和为：

$$100\,000 \times (1+5\% \times 3) = 115\,000（元）$$

（2）复利

复利是指按本金计算出来的利息额再加入本金，一并计算出下一期的利息。复利的利息计

算公式为:

$$I = P[(1+R)^n - 1]$$

式中，I 为利息；P 为本金；R 为复利率；n 为期限。

其本利和公式为：

$$S = P(1+R)^n$$

式中，S 为本利和；P 为本金；R 为复利率；n 为复利的期数。

例如，某项贷款为期两年，金额1000元，利率为5%，每年计息一次，则该项贷款到期的本利和为1102.5元，计算式如下：

$$S = 1000 \times (1+5\%)^2 = 1102.5（元）$$

很显然，在计算利息时，单利法比复利法要简单，有利于减轻借款人的利息负担。用复利法计算利息，有利于加强资金的时间观念，在经济核算方面比单利更精确。

2. 利率的种类

（1）按照计算利息的期限单位划分

按照计算利息的期限单位可划分为年利率、月利率、日利率。年利率是按年计算利息的比率，通常以本金的百分之几表示，即用"%"表示。月利率是按月为单位计算利息的比率，通常以千分之几表示。即用"‰"表示。日利率是按日为单位计算利息的比率，习惯叫"拆息"，通常以万分之几表示，即用"‱"表示。年、月、日利率可互相换算，即：

年利率=月利率×12=日利率×360

日利率=月利率/30=年利率/360

习惯上，我国不论是年利率、月利率、日利率都用"厘"作单位，年利率的厘是1%，月利率的厘是指0.1%，日利率的厘是指0.01%。而国外一般使用年利率。

（2）根据利率是否按市场规律自由变动划分

根据利率是否按市场规律自由变动，可划分为市场利率、官定利率、公定利率。市场利率是指按市场规律自由变动的利率，它主要反映了市场内在力量对利率形成的作用，是借贷资金供求变化的指示器，是国家制定官定利率的重要依据。官定利率又称法定利率，是指由一国中央银行所规定的利率，各金融机构必须执行。官定利率是国家进行宏观调节的重要政策措施之一。我国的利率属于官定利率，由国务院统一制定，中国人民银行统一管理。官定利率的变化代表政府货币政策的意向，对市场利率有重要影响。市场利率随官定利率的变化而变化，但不一定完全同步。公定利率是指由非政府部门的金融民间组织如银行公会等确定的利率。它对会员银行有约束作用。官定利率和公定利率都不同程度地反映了非市场的强制力量对利率形成的干预。

（3）根据在借贷期内利率是否随物价变动而调整划分

根据在借贷期内利率是否随物价变动而调整，可分为固定利率和浮动利率。固定利率是指利率在整个借贷期内按事先约定的利率计息而不作调整的利率。其最大特点是利率不随市场利率的变化而变化。固定利率多用于短期借贷或利率稳定的情况。实行固定利率可以使借贷双方准确计算成本与收益，是传统的计息方式。

浮动利率又称可变利率，是指在借贷期内可定期调整的利率。调整期限和调整时作为基础的市场利率的选择，由借贷双方在借款时议定。例如，欧洲货币市场上的浮动利率，调整期限一般为3～6个月，调整时作为基础的市场利率大多采用伦敦市场银行间同业拆借市场同期利率。浮动利率多用于长期借贷或国际金融市场，实行浮动利率，借贷双方承担的利率变化风险较小，利息负担同资金供求状况紧密结合。浮动利率在国际金融市场上运用得比较普遍。在中国，实行保值储蓄是采用浮动利率的开始。

（4）根据利率的真实水平划分

根据利率的真实水平可划分为实际利率和名义利率。实际利率是指物价水平不变，从而货币购买力不变时的利率，即剔除了通货膨胀因素以后的利率。名义利率则是指包括了通货膨胀风险补偿的利率，通常金融机构公布或采用的利率都是名义利率。例如，我们说存款利率为5%，这个利率就是名义利率。而实际利率却不易直接观察到，但可以通过公式计算出来，即：

$$I = r - P$$

式中，I为实际利率；r为名义利率；P为借贷期物价上涨率（通货膨胀率）。

对实际利率的计算通常会出现三种情况：一是名义利率高于通货膨胀率时，实际利率为正利率；二是名义利率等于通货膨胀率时，实际利率为零；三是名义利率低于通货膨胀率时，实际利率为负利率。

名义利率、实际利率的关系表明，名义利率与通货膨胀率成正比，通货膨胀率越高，名义利率也应越高，才能使贷款人获得的补偿接近实际利率；相反，在通货膨胀率降低后，名义利率也应有所降低。例如，1988年，国家曾对储蓄存款实行保值贴补，就是针对物价上涨而采取的维持一定水平实际利率的措施。而1996年下半年至1999年连续7次降息，则是在物价下落以及出现负增长时所采取的利率政策。

需要注意的是，市场上名义利率的变动取决于人们对物价上涨率的预期。名义利率的变化并非同步于物价上涨率的变化。因为人们对价格变化的预期往往滞后于物价上涨率的变化，所以名义利率追随物价上涨率的变化也往往带有滞后的特点。

（5）根据利率的作用不同划分

根据利率的作用不同可划分为基准利率、一般利率和优惠利率。

基准利率是指在多种利率并存的条件下起决定作用的利率。当基准利率变动时，其他利率也相应发生变化。在西方国家，基准利率通常是指中央银行的再贴现率，美国为再贴现率和联邦资金利率。在我国目前则是指"法定利率"，即人民银行对国有商业银行和其他金融机构的存贷款利率。利率市场化以后，中央银行的再贴现利率将成为我国的基准利率。

一般利率是指市场上普遍使用的利率，如商业银行按中央银行公布的贷款利率对企业发放贷款。

优惠利率是指国家通过金融机构或金融机构本身对于认为需要扶植的企业、行业或个人所提供的低于一般利率水平的贷款利率。如出口信贷利率就属于优惠利率。

◇**阅读资料 3-2**

1978—2019 年我国一年定期存款的名义利率与实际利率如表 3-1 所示。

表 3-1　1978—2019 年我国一年定期存款的名义利率与实际利率　　　　　　单位：%

年份	一年期存款基准名义利率	居民消费价格指数	实际利率
1978	3.24	100.7	2.54
1979	3.78	101.9	1.88
1980	5.04	107.5	-2.46
1981	5.40	102.4	3
1982	5.67	101.9	3.77
1983	5.76	101.5	4.26
1984	5.76	102.8	2.96
1985	6.72	109.3	-2.58
1986	7.20	100.5	6.7
1987	7.20	107.3	-0.1
1988	7.68	118.8	-11.12
1989	11.11	118.0	-6.89
1990	9.91	103.1	6.81
1991	7.89	103.4	4.49
1992	7.56	106.4	1.16
1993	9.46	114.7	-5.24
1994	10.98	124.1	-13.12
1995	10.98	117.1	-6.12
1996	9.16	108.3	0.86
1997	7.12	102.8	4.32
1998	5.03	99.2	5.83
1999	2.92	98.6	4.32
2000	2.25	100.4	1.85
2001	2.25	100.7	1.55
2002	2.02	99.2	2.82
2003	1.98	101.2	0.78
2004	2.03	103.9	-1.87
2005	2.25	101.8	0.45
2006	2.35	101.5	0.85
2007	3.22	104.8	-1.58
2008	3.92	105.9	-1.98
2009	2.25	99.3	2.95
2010	2.30	103.3	-1
2011	3.28	105.4	-2.12
2012	3.125	102.6	0.525
2013	3	102.6	0.4
2014	2.97	102	0.97
2015	2.13	101.4	0.73
2016	1.5	102	-0.5
2017	1.5	101.6	-0.1
2018	1.5	102.1	-0.6
2019	1.5	102.9	-1.4

（资料来源：根据国家统计局与中国人民银行整理所得，一年期存款基准名义利率数值为年平均数，居民消费价格指数 CPI 以上年=100，实际利率=名义利率-CPI 增长率。）

(6) 按银行的借贷关系划分

按银行的借贷关系,利率可分为存款利率和贷款利率。

存款利率是指客户在银行或其他金融机构存款时所取得的利息与存款额的比率。存款利率的高低直接影响存款者的收益和银行及其他金融机构的融资成本,对银行集中社会资金的数量有重要影响。一般来说,存款利率越高,存款者的利息收入越多,银行的融资成本越大,银行吸收的社会资金数量就越多。存款利率的高低一般依存款期限而定,存款期限长则利率高,存款期限短则利率低。就一般情况而言,国家的经济发达程度也影响着存款利率的高低。在定期存款计息方面,到期按存款日挂牌利息计息,逾期部分按取款日活期计息,提前支取按取款日活期利息计息。

贷款利率是指银行和其他金融机构发放贷款收取的利息与借贷本金的比率,贷款利率的高低直接决定着利润在企业和银行之间的分配比例,因而影响着借贷双方的经济利益。贷款利率越高,银行的利息收入越多。贷款利率也因贷款种类和期限不同而变化。在一般的商业银行按揭贷款中,可以选择等额本金或等额本息方式偿还借款。

等额本金是指在还款期内把贷款数总额等分,每月偿还同等数额的本金和剩余贷款在该月所产生的利息,则每月还款额=贷款本金/贷款期月数+(本金-已归还本金累计)×月利率。

等额本息指在还款期内每月偿还同等数额的贷款(包括本金和利息),所还利息高于等额本金还款方式。

$$每月偿还本息计算公式 = \frac{本金 \times 月利率 \times (1+月利率)^{还款月数}}{(1+月利率)^{还款月数} - 1}$$

例如,客户王某 2016 年 3 月 21 日向某银行申请住房按揭贷款,经审批,王某购房款为 60 万元,首付 30%,贷款额为 42 万元,贷款期限为 10 年,贷款利率为 6.6%,采用等额本金偿还。则在 2016 年 4 月 20 日偿还本息为:420000/120+420000×6.6%/12=5810(元);2016 年 5 月 20 日偿还本息为:420000/120+(420000-3500)×6.6%/12=5790.75(元)。

假设采用等额本息还款法,在 2016 年 4 月 20 日偿还本息额如下。

$$每月偿还本息计算公式 = \frac{本金 \times 月利率 \times (1+月利率)^{还款月数}}{(1+月利率)^{还款月数} - 1}$$

$$= \frac{420000 \times 0.0055 \times (1+0.0055)^{120}}{(1+0.0055)^{120} - 1} = 4790.41 \text{ (元)}$$

2016 年 4 月 20 日支付利息为:420000×6.6%/12=2310(元),本金为:4790.41-2310=2480.41(元)。

等额本息虽然刚开始还款时每月还款额可能会低于等额本金还款方式的额度,但是最终所还利息会高于等额本金还款方式,该方式经常被银行使用。等额本金由于每月的还款本金额固定,而利息越来越少,借款人起初还款压力较大,但是随时间的推移后期每月还款数也越来越少。

存款利率和贷款利率关系密切。存款利率的高低直接影响银行集中社会资金的规模,贷款利率的高低直接影响贷款规模;存、贷款利率之差直接决定金融部门的利润,因此,保持合理的存、贷款利率对实现信贷收支平衡和调节货币流通有重要作用。

3.3.4 利率决定因素

马克思在分析资本主义经济中利率波动时,曾指出决定利率水平的两个基本因素:一是平均利润率；二是借贷市场中资金供求对比状况。马克思对利率决定因素的分析是以其对在资本主义制度下利息本质的认识为基础的。这就是马克思的利率决定理论，又称为平均利润决定论。

1．平均利润率利息

平均利润率利息来源于生产经营利润，利润率水平的高低必然制约利率水平的高低。在一般情况下，社会平均利润率是利率的最高界限，如果利率达到或超过平均利润率，表示货币所有者通过利息形式拿走了生产经营者借入资本的全部利润，生产经营者无利可图，从而就不会借款。因此，利率总在利润率与零之间上下摆动，并随利润率的缓慢下降在长期内有下降趋势。

2．资金的供求关系

货币资金是信用经济的一种特殊商品，既然是商品就必然受供求关系的影响。资金的供求关系是各个时期市场利率的决定性因素。在资金市场上，资金供给超过对资本的需求时，利率便会下跌；如果对资金的需求超过资金的供给，利率就会上升。而影响借贷资金供求的因素又是多方面的，有实际经济因素，如实际经济投资利润率降低，实际经济投资不旺导致对借贷资金需求降低；有纯货币因素，如股票市场行情火爆，投机家急需从借贷市场上融入资金，参与炒作；还有心理因素，如预期利率将下降时，投资者会增加对债券市场的投资，从而实际将债券市场的有效利率水平降低。因此，资金的供求关系是各种影响利率水平因素的综合反映。

3.3.5 影响利率变化的因素

影响利率变化的因素主要有经济因素、政策因素和制度因素。具体地说，影响利率变化的因素主要有以下几点。

1．利率的风险结构

相同期限的金融资产，因为违约风险、流动性风险和税收风险等差异而形成不同的利率，我们称其为利率的风险结构。

（1）违约风险

违约风险又称信用风险，是指不能按期还本付息的风险，债务人的收入及盈利能力会随经营状况而发生变化，这会给债务本息偿还带来不确定性。在具体分析时，可将违约风险分解为两部分：违约概率与违约后的损失挽回比率。一般来说，违约风险与违约概率正相关，而与违约后的损失挽回比率相关。违约风险低的债务，其利率也较低；违约风险高的债务，其利率也相对较高。有违约风险的债务与无违约风险的债务之间的利率差，即违约风险溢价，它是债务风险溢价的一个重要组成部分。

（2）流动性风险

流动性风险是指因资产变现能力弱或变现速度慢而可能遭受的损失。金融工具的流动性风险通常与其发行量及市场容量密切相关，当发行量和市场容量较大时，其变现能力较强，变现速度较快，流动性风险也会较低。但流动性风险相对于其他风险类别而言，其形成原因要更加复杂，通常被视为一种综合性风险。一般来说，金融工具的利率与其流动性风险成正比，即流动性风险越大，利率也会越高。信用级别相同但流动性不同的金融工具之间的利率差，即为流动性风险溢价，它也是债务风险溢价的一个重要组成部分。

（3）所得税差异

根据各国规定，债权人获得的利息收益通常必须纳税。因此，债权人真正关心的是税后的实际收益率。各国政府在税收上采取不同的政策，税率也会经常调整，从而给债权人带来税收风险。一般来说，税率越高的债券，其税前利率也应该越高；而低税率或免税债券的利率支付则可以相对低些。例如，美国地方政府债券比美国国债的违约风险更高，流动性也较差，但是其利息收入是免税的，则可以支付较低的利率。为了使免税债券与纳税债券的收益率具有可比性，一般需要计算出应税债券的税后收益率，然后与免税债券的利率进行比较。

2．利率的期限结构

利率的期限结构是指具有相同风险及流动性的债券，其利率随到期日时间的不同而不同。相对于利率的风险结构，利率期限结构更为复杂，更为重要。因为利率期限结构具有多变性，而风险结构、税收因素等则有较好的稳定性。有关利率期限结构，有两个经验事实：一是各种期限证券的利率往往是同向波动的；二是长期证券的利率往往高于短期证券。在解释上述经验事实时，因为基本假设不同而构成了三种经典的利率期限结构理论，分别是预期理论、市场分割理论和优先聚集地理论。

（1）预期理论

预期理论最先是由费雪于1896年提出的，后经卢兹等人的发展而形成，是最早的一种利率期限结构理论。由于存在容易理解和方便量化等优点，目前该理论在资本市场仍被广泛地用作利率衍生品品种的定价依据。预期理论认为，长期债券的现期利率是短期债券的预期利率的函数，长期利率与短期利率之间的关系取决于现期短期利率与未来预期短期利率之间的关系。如果预期的未来短期债券利率与现期短期债券利率相等，那么长期债券的利率就与短期债券的利率相等，收益率曲线是一条水平线；如果预期的未来短期债券利率上升，那么长期债券的利率必然高于现期短期债券的利率，收益率曲线是向上倾斜的曲线；如果预期的短期债券利率下降，则债券的期限越长，利率越低，收益率曲线就向下倾斜。这一理论最主要的缺陷是严格地假定了人们对未来短期债券的利率具有确定的预期；其次，该理论还假定资金在长期资金市场和短期资金市场之间的流动是完全自由的。这两个假定都过于理想化，与金融市场的实际差距太远。

（2）市场分割理论

市场分割理论是由卡伯特森（J. M. Culbertsom）等人于1957年提出的，该理论对预期理论的完全替代假设提出了批评，认为债券市场可分为期限不同的互不相关的市场，各有自己独立的市场均衡，长期借贷活动决定了长期债券利率，而短期交易决定了独立于长期债券的短期利率。各种证券的利率都只是由各自的供求状况决定的，彼此之间并无交叉影响。市场分割理论认为产生市场分割的原因有五个方面：一是投资者可能对某种证券具有特殊偏好或投资习惯，例如注重未来收入稳定性的投资者可能倾向于选择长期证券；二是投资者不能掌握足够的知识，只对某些证券感兴趣；三是不同的借款人也只对某些证券感兴趣，因为其资金的使用性质决定了他们只会对某些期限的证券感兴趣，例如零售商往往只需要借入短期资金，而地产商则要借入长期资金；四是某些机构投资者的负债结构决定了他们在长期和短期证券之间的选择，例如保险公司等金融机构的负债多是长期的,而商业银行往往以购买短期证券为主;五是缺少易于在国内市场上销售的统一的债务工具。市场分割理论最大的缺陷正是在于它旗帜鲜明地宣称,不同期限的债券市场是互不相关的。因为它无法解释不同期限债券的利率所体现的同步波动现象,也无法解释长期债券市场的利率随着短期债券市场利率波动呈现的明显有规律性的变化。

(2) 优先聚集地理论

优先聚集地理论是由莫迪格里亚尼(Modigliani)和苏茨(Sutch)于1966年提出的。优先聚集地理论是为了弥补预期理论和分割市场理论各自的缺陷而发展起来的利率期限理论。它认为长期债券的利率应当等于该种债券到期之前短期利率预期的平均值,加上该种债券随供求变化而变化的流动性溢价。一方面,优先聚集地理论认为不同期限的债券相互之间是可以替代的,这就意味着一种债券的预期收益率会影响其他债券的预期收益率。另一方面,该理论又强调这种替代性并不是完全的,也就是说,人们对不同期限的债券是具有偏好的。这种偏好使得人们聚集到他们所希望购买的债券市场中,也就是所谓的"优先聚集地"。为了满足对流动性和收益性的结合的需要,人们将不会轻易地离开他们所偏好的期限的债券市场,即使这个市场中的预期收益率会略低于其他市场。

3. 物价水平

利率与物价有着密切的关系,利率的制定要考虑一定时间内由于物价变动给货币所有者带来的影响。因此,物价水平也是影响利率的重要因素。这主要表现在:在物价不断上涨的条件下,货币会相应在贬值,如果银行存款利率低于物价上涨率,实际利率就会出现负值。那么,人们放在银行的存款不但不会增值,而且会使本金遭受损失。在这种情况下,人们会普遍认为存钱不如投资或储物,于是就会大量提取储蓄存款,抢购商品或用于各种投资。因此,银行存款利率必须高于物价上涨率。同样,物价上涨对银行贷款利率的影响也是显而易见的。如果贷款利率低于物价上涨率,则银行的实际收益将不断减少,甚至造成银行实际自有资本金减少,不利于银行进行正常的经济核算;而贷款企业却可因此减轻债务负担,在物价不断上涨中获得额外收益。这种情况会使企业产生贷款扩张的冲动,对缓解信贷资金供求紧张的矛盾,有效地控制信贷规模是十分不利的。因此,银行贷款利率也应高于物价上涨率。

4. 国家宏观经济政策

利率作为一个金融变量,它既是一个决定于某些经济因素的经济过程的内生变量,又是一个受国家经济政策和中央银行货币政策影响的外生变量。

目前,各国都把利率作为宏观经济调控的重要经济杠杆之一,通过利率的变动来调节一定时期的国内货币供应量和本币汇率水平,从而调节整个经济。以美国为例,第二次世界大战以后到1972年以前,美国联邦储备系统的货币政策目标是充分就业和促进经济增长。此时采取低利率政策。联邦储备银行的贴现率一直很低,一般为4%左右。1972年以后,在通货膨胀和国际收支出现大量逆差的压力下,美国采取高利率政策,联邦银行贴现率一升再升,1980年为13%,美国商业银行优惠贷款利率从1972年的6%猛升到1980年的21.5%。在我国,国家对经济的调控主要采用经济手段,利率作为重要的经济杠杆发挥着巨大作用。例如,1988年下半年和1993年上半年,针对居高不下的通货膨胀率,我国及时地调高了储蓄利率,吸收了大量资金,减轻了市场压力,抑制了通货膨胀,促使经济稳定、持续地发展。由此可见,国家经济政策会影响利率水平的高低。

5. 国际利率水平

随着我国经济进一步对外开放,国际利率水平的高低对我国银行利率也开始产生影响。如果国际市场利率与国内市场利率不一致,就会引起国际资本向利率高的方向流动,以致影响一国的国际收支,进而影响国内市场的利率。例如,在国际金融市场上利率较低的条件下,一方面,银行等金融机构从国际金融市场上筹资成本较低,从而以较低的利率发放贷款;另一方面,某些大企业也可在国际金融市场上直接筹措资金,缓解国内资金供不应求的矛盾。这必然导致国内利率回落到国际金融市场上的利率水平。而在国际金融市场上利率较高的条件下,无论是银行还是企业都会把资金筹措的主要力量放在国内,使国内资金供不应求。在国内资金供不应求的压力下,利率必然要逼近国际金融市场利率水平。

另外,通过国际贸易渠道,在国际金融市场利率高于国内贷款利率的条件下,出口企业会把一些可以即期结汇的交易做成远期结汇交易,这实际上等于出口企业向外国进口商提供了一笔贷款。外国进口商按照国际金融市场的利率水平增加的方式付息,出口企业可以从国际金融市场和国内利率水平的差异中获利,但国家大量的资金却被外商占用了。因此,国家在制定和调整利率时,需考虑国际利率水平的影响。

此外,同行业利率水平、预期价格变动率、汇率等对利率的变动也有一定的影响。

总之,决定利率及影响利率变动的因素很多很复杂。其中,起最终决定作用的是一国经济活动的状况。因此,要分析一国利率现状及变动,必须结合该国国情,充分考虑到该国的具体情况。

3.3.6 我国利率体制改革

我国自 20 世纪 90 年代起,加快了利率体制改革的步伐,改革的目标是利率的市场化。利率市场化是指中央银行放松对商业银行利率的直接控制,把利率的决定权交给市场,由市场主体自主决定利率,中央银行则通过制定和调整再贴现率、再贷款率及在公开市场买卖有价证券等间接调控手段,形成资金利率,使之间接地反映中央银行货币政策的一种机制。

改革目标具体为"建立由市场供求决定金融机构存、贷款利率水平的利率形成机制,中央银行通过运用货币政策工具调控和引导市场利率,使市场机制在金融资源配置中发挥主导作用"的市场利率体系。改革的方式是先外币,后本币;先贷款,后存款;先农村,后城市;先大额、长期,后小额、短期的循序渐进方式。按照国际货币基金组织的观点,只有一国宏观经济稳定和银行监管充分有效并同时存在时,才可能迅速实现利率市场化,但绝大多数国家和地区都不具备上述两个条件,所以必须采取渐进式。目前,利率市场化已成为国际上绝大多数国家的利率改革目标。

3.3.7 利率杠杆的运用

利息是利润的一部分,利率的高低直接决定着利润在货币所有者和货币使用者之间的分配比例。利率越高,货币所有者得到的利润越多,企业收入就越少,所以调整利率就能调节货币所有者和使用者的经济利益,因而对经济活动有调节作用。在市场经济中,利率作为经济杠杆之一,具有分配、调节、控制等重要的经济功能,在宏观经济与微观经济活动中发挥着重要作用。

1. 积累社会资金

银行信贷是国家分配资金的重要渠道,而银行信贷资金主要来源于吸收暂时闲置的货币资金。马克思指出:随着银行制度的发展,特别是自从银行对存款支付利息以来,一切阶级的货币积蓄和暂时不用的货币,都会存入银行。小的金额是不能单独作为货币资本发挥作用的,但它们的结合成为巨额就形成一个货币力量。这就说明,银行对存款支付利息提高了银行聚集借贷资金的能力。银行调整利率对借贷资金的积累规模有很大影响。调高银行存款利率就能增加存款者的收益,从而就能把再生产过程中暂时闲置的各种货币资金和社会各阶层的货币收入集中起来,转化为借贷资金,形成巨大的社会资金,满足生产发展的资金需要。但这种积累资金的作用并不是无限的,资金积累的规模最终还是取决于生产的发展及国民收入水平。

2. 调节企业投资并提高资金使用效益

在市场经济条件下利率对企业投资行为有很大影响。投资的利率弹性是由利率和资本边际效率即预期利润率决定的。只有当企业投资的预期收益率大于或至少等于利率时,企业投资才有实际意义。利率的变动会引起投资成本的变化,进而影响企业的投资行为,国家可以运用利率杠杆来调节国民经济结构。利率会自发地引导资金流向利润率较高的部门,从而优化产业结构,实现经济结构合理化,使社会资源得到优化配置。

在我国,银行贷款是企业资金的主要来源,利息支出是企业成本的一个组成部分。在企业生产经营过程中,假如其他费用支出既定,支付利息多,成本就高,利润就少;反之,利润就多。利息支付多少直接影响企业的经济效益,因此,通过利率变动可以促进企业更合理地使用资金,减少资金占用,加快资金周转速度,提高资金使用效益。

3. 对企业经营的约束和激励

对企业而言,利息始终是其利润的抵减因素,企业要增加收益就必须少付息。当利率调高时,为减轻利息负担,增加利润,企业就必须加强经营管理,加速资金周转,减少资金需求,降低借款规模,努力提高资金使用效率,绝不能盲目借款或拖欠贷款。比如,银行运用利率杠杆,对那些经营管理不善、资金周转缓慢、贷款逾期不还的企业实行高利率的罚息,促使其加强管理,提高效益;对那些经营管理好、资金效益高、信用状况好的企业实行优惠利率贷款。这就在客观上对企业产生了约束和激励的作用,促使企业努力提高经济效益和劳动生产率。

4. 调节国民收入的分配

调节国民收入的分配,是利率的基本作用。利率的高低在一定程度地影响着国民经济中企业、银行、存款人等不同主体的物质利益关系,影响着不同主体在国民收入中的分配份额。比如,提高存款利率,可以使个人得到较多的利息收入;提高贷款利率,企业利息支出增加,从而导致企业利润总额下降,并相应地减少地方财政收入。由此可见,利率的变动在一定程度上调节着不同经济主体的利益关系,促使他们调整自己的行为,最终引起国民经济运行的变化。

5. 调节资金供求

资金供求关系影响着利率的确定,而利率一旦确定后又会对资金供求发挥积极的调节作用。当资金供给小于资金需求时,调高利率就会使资金供给增加,资金需求减少,从而资金供求会趋于平衡;当资金供给大于资金需求时,情况则正好相反。金融体系就是运用利率杠杆作为扩张或收缩资金供求的调节器。

6. 调节货币流通和稳定物价

利息与利率从两个方面影响货币流通：一是影响储蓄者对货币的需求；二是影响银行对货币的供给。提高利率是一种紧缩措施，降低利率是一种扩张措施。

利率对稳定物价的作用是通过以下途径实现的。

（1）货币供应量

当流通中的货币量大于商品流通所决定的货币需要量时，纸币必然贬值，商品价格就会上涨。利率的高低直接影响银行的信贷规模，而信贷规模又直接决定货币供应量。当流通中货币量超过货币需要量时，调高贷款利率就能收缩信贷规模，减少货币供应量，促使物价稳定。

（2）调节需求总量和结构

由于国民收入分配是以货币形式进行的价值分配，客观上存在着社会需求与商品可供量在总量和结构上不相适应的可能性，潜藏着危及物价稳定的因素。运用利率杠杆，在总量和结构上进行调节，对实现供求平衡和物价稳定有重要作用。

（3）增加有效供给

利率对物价的作用还可以从商品生产和供应方面表现出来。当要降低某种商品价格时，可以降低生产这种商品的企业的贷款利率，以降低企业生产成本，促使企业扩大生产，增加商品供应量，使其价格下降，达到稳定物价的作用。

7. 调节国际收支平衡

开放经济中，利率与汇率作为货币的对内对外价格有着密切的关系。当国际收支失衡时，除了调节汇率之外，还可通过调节利率来达到平衡，这包括调节利率水平和利率结构两方面。利率水平的高低影响资本的流向，不同利率结构有不同的经济作用。长期利率影响投资，短期利率影响国际间的资本转移。所以在国内经济衰退和国际收支失衡时，一方面中央银行可以降低长期利率，鼓励投资，发展经济；另一方面提高短期利率，阻止本国资本外流，并吸引外资流入，从而达到预期目的。

本章小结

1．信用、信用关系是与商品、货币相联系的，是在商品货币经济发展到一定阶段后产生的。信用是指一种借贷行为，是价值的单方面转移，是以偿还和付息为条件的价值运动的特殊形式。从高利贷信用到现代信用表现出不同的特点。

2．能够体现各种借贷关系和借贷行为特征的形式，即为信用形式。主要的信用形式包括商业信用、银行信用、国家信用、消费信用等。

3．利息是指在借贷关系中由借入方支付给贷出方的报酬，是在偿还借款时大于本金的那部分金额。或者说，利息是资金所有者因贷出货币的使用权而从借款人那里取得的一种报酬。由于利息是借款者运用借入货币支付的代价，于是又将利息称为借贷资金的价格。

4．利息水平高低是用利率来表示的。利率是指借贷期内所形成的利息额与借贷本金的比率。利率按照不同的划分标准可以分很多种：年利率、月利率、日利率、市场利率、官定利率、公定利率、固定利率、浮动利率、实际利率和名义利率、基准利率、一般利率、优惠利率、存款利率、贷款利率。

5. 利率市场化是市场经济发展到一定阶段和较高水平的客观要求和必然趋势。马克思所揭示的利率变动规律，是国家制定利率的重要依据。在市场经济中，利率作为经济杠杆之一，具有分配、调节、控制等重要的经济功能，在宏观经济与微观经济活动中发挥着重要作用。

【案例讨论】

我国利率市场化进程

1993 年，《关于建立社会主义市场经济体制改革若干问题的决定》和《国务院关于金融体制改革的决定》最先明确了利率市场化改革的基本设想。1995 年，《中国人民银行关于"九五"时期深化利率改革的方案》初步提出利率市场化改革的基本思路。1996 年 6 月 1 日，放开银行间同业拆借市场利率，实现由拆借双方根据市场资金供求自主确定拆借利率。1997 年 6 月，银行间债券市场正式启动，同时放开了债券市场债券回购和现券交易利率。1998 年 3 月，改革再贴现利率及贴现利率的生成机制，放开了贴现和转贴现利率。1998 年 9 月，放开了政策性银行金融债券市场化发行利率。1999 年 9 月，成功实现国债在银行间债券市场利率招标发行。1999 年 10 月，对保险公司大额定期存款实行协议利率，对保险公司 3000 万元以上、5 年以上大额定期存款，实行保险公司与商业银行双方协商利率的办法。与此同时，逐步扩大金融机构贷款利率浮动权，简化贷款利率种类，探索贷款利率改革的途径。1998 年，将金融机构对小企业的贷款利率浮动幅度由 10% 扩大到 20%，农村信用社的贷款利率最高上浮幅度由 40% 扩大到 50%；1999 年，允许县以下金融机构贷款利率最高可上浮 30%，将对小企业贷款利率的最高可上浮 30% 的规定扩大到所有中型企业；2002 年，又进一步扩大了试点范围。同时，简化贷款利率种类，取消了大部分优惠贷款利率，完善了个人住房贷款利率体系。2000 年 9 月 21 日，实行外汇利率管理体制改革，放开了外币贷款利率。300 万美元以上的大额外币存款利率由金融机构与客户协商确定。2002 年 3 月，将境内外资金融机构对中国居民的小额外币存款，纳入中国人民银行现行小额外币存款利率管理范围，实现中外资金融机构在外币利率政策上的公平待遇。在上述实践基础上中国人民银行在 2003 年 2 月 20 日，发布的《2002 年中国货币政策执行报告》中公布了我国利率市场化改革的总体思路：先外币、后本币；先贷款、后存款；先长期、大额，后短期、小额。

2003 年 7 月，放开了英镑、瑞士法郎和加拿大元的外币小额存款利率管理，由商业银行自主确定。2003 年 11 月，对美元、日元、港币、欧元小额存款利率实行上限管理，商业银行可根据国际金融市场利率变化，在不超过上限的前提下自主确定。

2004 年 1 月 1 日，中国人民银行再次扩大金融机构贷款利率浮动区间。商业银行、城市信用社贷款利率浮动区间扩大到[0.9, 1.7]，农村信用社贷款利率浮动区间扩大到[0.9, 2]，贷款利率浮动区间不再根据企业所有制性质、规模大小分别制定。扩大商业、银行自主定价权，提高贷款利率市场化程度，企业贷款利率最高上浮幅度扩大到 70%，下浮幅度保持 10% 不变。2004 年 10 月，贷款上浮取消封顶；下浮的幅度为基准利率的 0.9 倍，还没有完全放开。与此同时，允许银行的存款利率都可以下浮，下不设底。

扩大商业性个人住房贷款的利率浮动范围。2006 年 8 月，浮动范围扩大至基准利率的 0.85 倍；2008 年 5 月汶川特大地震发生后，为支持灾后重建，中国人民银行于当年 10 月进一步提升了金融机构住房抵押贷款的自主定价权,将商业性个人住房贷款利率下限扩大到基准利率的 0.7 倍。2012 年 6 月,中国人民银行进一步扩大利率浮动区间。存款利率浮动区间的上限调整为基准利率的 1.1 倍;贷款利率浮动区间的下限调整为基准利率的 0.8 倍。7 月,再次将贷款利率浮动区间的下限调整为基准利率的 0.7 倍。

2013 年 7 月,进一步推进利率市场化改革,自 2013 年 7 月 20 日起全面放开金融机构贷款利率管制。

2014 年 11 月 22 日,中国人民银行决定结合推进利率市场化改革,将金融机构存款利率浮动区间的上限由存款基准利率的 1.1 倍调整为 1.2 倍;其他各档次贷款和存款基准利率相应调整,并对基准利率期限档次作适当简并。

2015 年 3 月 1 日,中国人民银行决定结合推进利率市场化改革,将金融机构存款利率浮动区间的上限由存款基准利率的 1.2 倍调整为 1.3 倍。2015 年 5 月 11 日,中国人民银行决定结合推进利率市场化改革,将金融机构存款利率浮动区间的上限由存款基准利率的 1.3 倍调整为 1.5 倍。2015 年 10 月 24 日起,中国人民银行决定对商业银行和农村合作金融机构等不再设置存款利率浮动上限。

中国人民银行发布《2018 年第 1 季度中国货币政策执行报告》指出,推动利率"两轨"逐步合"一轨"。

2019 年 8 月 17 日,中国人民银行的第 15 号公告对于国内新增贷款利率定价加以改革,贷款市场报价利率(LPR)正式启用。

2020 年 3 月 1 日起,金融机构应与存量浮动利率贷款客户就定价基准转换条款进行协商,将原合同约定的利率定价方式转换为以贷款市场报价利率为定价基准加点形成,加点数值在合同剩余期限内固定不变;也可转换为固定利率,原则上应于 2020 年 8 月 31 日前完成。人民银行解决贷款基准利率和市场利率并存的"利率双轨"问题进入了实施阶段,人民币利率市场化进程又迈出重要一步。

(资料来源:根据中国人民银行网站和中国货币政策执行报告整理所得。)

【课堂讨论题】
谈谈利率市场化对我国金融市场的影响。

复习思考题

1. 什么是信用,信用是怎样产生的?
2. 信用形式有哪些?各主要信用形式的特点是什么?
3. 什么是利息,什么是利率?
4. 计算利息有哪几种方法?计算公式各是什么?
5. 怎样区分名义利率和实际利率?
6. 影响利率变动的因素有哪些?
7. 利率在经济生活中有哪些作用?

本章练习题

第4章 金融市场

【学习目标】

通过本章的学习,使学生了解金融市场的一般构成及其经济特征,了解金融市场的分类,掌握金融市场主要的金融工具及其业务运作,着重理解金融衍生工具的种类及其对经济的影响。

【本章引例】

纽约是世界最重要的国际金融中心之一。第二次世界大战以后,纽约金融市场在国际金融领域中的地位进一步加强。美国凭借其在战争时期迅速发展起来的强大经济和金融实力,建立了以美元为中心的资本主义货币体系,使美元成为世界最主要的储备货币和国际清算货币。西方资本主义国家和发展中国家的外汇储备中大部分是美元资产,存放在美国,由纽约联邦储备银行代为保管。纽约金融市场按交易对象划分,主要包括外汇市场、货币市场和资本市场。

纽约外汇市场是美国的,也是世界上最主要的外汇市场之一。纽约外汇市场并无固定的交易场所,所有的外汇交易都是通过电话、电报和电传等通信设备,在纽约的商业银行与外汇市场经纪人之间进行的。这种联络就组成了纽约银行间的外汇市场。

纽约货币市场即纽约短期资金的借贷市场,是资本主义世界主要货币市场中交易量最大的一个。除纽约市金融机构、工商业和私人在这里进行交易外,每天还有大量短期资金从美国和世界各地涌入流出。与外汇市场一样,纽约货币市场也没有一个固定的场所,交易都是供求双方直接或通过经纪人进行的。在纽约货币市场的交易,按交易对象不同可分为联邦基金市场、政府库券市场、银行可转让定期存单市场、银行承兑汇票市场和商业票据市场等。

纽约资本市场是世界上最大的经营中、长期借贷资金的资本市场,可分为债券市场和股票市场。纽约债券市场交易的主要对象是政府债券、公司债券、外国债券。纽约股票市场是纽约资本市场的一个组成部分。在美国,有10多家证券交易所按证券交易法注册,被列为全国性的交易所。其中,纽约证券交易所、NASDAQ和美国证券交易所最大,它们都设在纽约。

问题:对比纽约金融市场,上海在建立国际金融中心的过程中还有哪些方面需要提高?

(资料来源:根据相关资料整理所得。)

4.1 金融市场概述

思政目标

4.1.1 金融市场的概念

金融市场是指实现货币资金借贷、办理各种票据和有价证券买卖的领域。

金融市场有广义和狭义之分。广义的金融市场泛指资金供求双方运用各种金融工具，通过各式各样的金融性交易活动实现资金供求的调剂和有价证券的买卖，如存款、贷款、信托、租赁、保险、票据贴现与票据抵押、黄金与外汇买卖等。狭义的金融市场则一般限定在以有价证券为金融工具的交易活动。通常所说的金融市场主要是指后者。金融市场一般有以下三个特征。

1. 金融市场是以货币和资本为交易对象，通过短期与长期金融工具的买卖所形成的

这一特征区别于市场经济中其他的市场种类，如商品市场、劳务市场、技术市场、信息市场等。

2. 金融市场并不一定是个具体的市场

现代的金融交易既包括有具体交易场所的交易，也包括在无形交易场所内的交易。由于现代金融市场的主体非常广泛，再加上现代通信设施的日益完善，交易双方可以在相距千里之外的两地参与金融交易，因此，交易市场的无形化是现代金融市场的一个明显的特征。互联网技术的发展，拓展了金融交易的时间与空间，网上交易已越来越普及，因此，金融市场无形化特征越来越强。

3. 金融市场是以直接融通资金为主要特征的

在市场经济的初始阶段，资金的借贷主要以民间口头协议的方式进行，其特点是：范围小，数额少，众多小金融市场并存。随着市场经济的发展，银行系统发展起来了，金融交易主要通过银行来进行，表现为通过银行集中实现的借贷量占全社会的借贷量的绝大部分，银行信用成为主要信用形式。但由于现代金融业的发展，金融交易中相当大的一部分是以证券交易的方式来进行的，表现为各种金融工具的发行与买卖。因此，不考虑银行信用，金融市场是以金融工具的买卖和投资者与资金需求者直接发生关系为主要特征的。随着金融市场的发展，银行信用这种间接融资方式的相对地位越来越弱，而直接融资的地位越来越重要。

4.1.2 金融市场的基本要素

1. 参与者

金融市场上的参与者主要指交易主体，即参与交易的个人、企业、各级政府及政府机构、金融机构，包括银行及非银行金融机构、中央银行等。各个经济主体在金融市场上所扮演的角色不同，有的经济主体是货币资金供给者，有些则是需求者，而有些则可能既是资金需求者又是资金供给者。金融市场上的参与者必须是能够独立作出决策并承担利益和风险的经济主体。

2. 金融工具

金融市场客体是指金融市场的交易对象，也就是通常所说的金融工具或金融资产。金融工具即金融资产，代表了所有权、债权与货币要求权和一定的收益权，因而本质上是虚拟资本；金融工具是证明金融交易金额、期限、价格，对交易双方权利和义务具有法律约束意义的证明文件，也是完成资金融通所使用的工具。金融工具是所有权或债权债务关系的凭证，具有流动性、风险性和收益性等特点。

金融工具的流动性是指迅速转变为现金而不致遭受损失的能力。金融工具变现越快、成本越低，流动性则越强；反之，流动性越差。一般来说，金融工具的变现能力与其偿还期成反比，金融工具的偿还期限越长，变现能力越差，即流动性越小。

金融工具的风险性是指购买金融工具的本金和预定收益遭受损失的可能性大小。金融工具的风险主要来自两个方面：一是债务人不履行约定从而带来不能如期归还本金和利息的风险；二是在金融市场上由于金融工具价格的波动而带来的风险。前一种风险称为信用风险，后一种风险称为市场风险。

金融工具的收益性是指持有金融工具能够带来一定的收益。收益的大小取决于收益率。收益率是指一定时期内持有金融工具的收益与本金的比率。金融工具收益率的计算多种多样，如持有期收益率、到期收益率、转让收益率等。金融工具收益率大小的衡量和比较还要结合银行存贷款利率、通货膨胀率等因素一并考虑。一般来说，所有的金融工具都具备以上三个特点，但是同时兼得三者是不容易的，不同的金融工具在以上三个方面的表现程度是有差异的，金融工具的购买者应根据其投资的意愿进行选择。

3．交易价格

金融市场的交易价格是利率。各种金融市场均有本市场的利率，如贴现市场利率、国库券市场利率、银行同业拆放市场利率等。但不同的利率之间有着密切的联系，通过市场机制作用，各种利率在一般情况下，呈同方向的变化趋势。市场利率是不受官方控制的利率，但这并不排除中央银行货币操作对其产生的影响。

4．组织形式

组织形式即指金融市场的交易场所而言，金融市场的交易既可以在有形市场中进行，又可以在无形市场中进行。主要有以下三种。

（1）有固定场所的有组织、有制度、集中进行交易的方式如证券交易所，它在整个证券市场中占有核心地位，对证券交易进行周密组织和严格管理。

（2）柜台（店头）交易方式是指在金融机构的柜台上买卖双方进行面议的、分散的交易方式。这种场外交易方式与证券交易所相比，具有以下特点：由众多分散的、各自独立经营的证券商行分别组织，是一个松散的市场；交易规则比较灵活，交易成本较低；交易对象比较广泛，交易价格由买卖双方直接商议确定。

（3）借助电子计算机网络或其他电信手段实现交易的方式如证券市场场外交易的第三市场、第四市场。既没有固定场所，也不直接接触，而是通过电信等方式完成交易。其好处在于：交易成本较低；买卖双方直接协商议价，成交迅速；有利于保证交易的隐秘性，不会对其他交易市场的价格产生很大影响。这种场外交易方式在美国较发达。

4.1.3 金融市场分类

根据不同的分类标准，可以将金融市场分成不同的子市场。常见的分类标准主要有以下几种。

1．按照所交易金融资产的期限划分，金融市场可分为货币市场和资本市场

货币市场是指交易资产期限在1年以内的金融市场，如短期银行间同业拆借市场、商业票据市场、国库券市场等，这些金融资产具有比较强的"货币性"，因此，把这些市场称为货币

市场。资本市场是指交易资产期限在 1 年以上或者没有到期期限的金融市场，如股票市场、中长期国债市场、中长期银行贷款市场等。

2．按照组织方式划分，金融市场可分为有组织的市场（或场内交易市场、交易所）和无组织的市场（或场外交易市场、柜台交易）

目前出现的所谓"第三市场"，实际上也是一种场外交易市场，只不过所交易的资产同时也在交易所上市交易；而"第四市场"则是指不通过经纪商中介而直接由买卖双方协商达成交易而形成的无形市场。

此外，按照市场中作为市场主体的金融机构的性质划分，可以将金融市场细分为银行市场、保险市场、证券市场；按照金融资产的新旧程度划分，可以将金融市场划分为发行市场（一级市场）和流通市场（二级市场）；按照金融资产的性质划分，可以将金融市场划分为股权市场和债权市场；按照开放程度划分，可以将金融市场划分为国内金融市场和国际金融市场；按照金融交易支付特征划分，可以将金融市场划分为现货市场和期货市场；按照金融创新程度划分，可以将金融市场划分为传统金融市场和衍生品市场；按照市场发展程度划分，可以将金融市场划分为成熟市场和新兴市场。

4.2 货币市场

4.2.1 货币市场的特征

货币市场是进行短期资金融通的市场，其交易主体和交易对象十分广泛，既有直接融资，如短期国库券交易、票据交易等交易活动，又有间接融资，如银行短期信贷、短期回购等交易；既有银行内的交易，也有银行外的交易。由于早期商业银行的业务主要局限于短期商业性贷款业务，因而货币市场是一种最早和最基本的金融市场。由于货币市场的交易期短而频繁，其特点是风险性低和流动性高。

货币市场由于期限比较短，价格波动范围较小，因此，投资者受损失的可能性较小，获取的收益也较低。货币市场的期限最长为 1 年，最短仅为 1 天甚至半天，因此，价格不可能有剧烈的波动。

货币市场的流动性主要是指金融工具的变现能力。货币市场由于期限短，变现速度较快，变现容易实现，易为融资者所接受。正因为时间短，流动性高，融资者不易遭受损失，所以所获收益也十分有限。因此，流动性与风险性低是密切联系的。

4.2.2 货币市场的类型

1．同业拆借市场

同业拆借市场是指银行与银行之间、银行与其他金融机构之间进行短期、临时性的资金调剂所形成的市场。同业拆借资金主要用于调节金融机构之间资金余缺的需要。

银行间同业拆借交易一般没有固定场所,主要通过电信手段进行。同业拆借市场上的交易主要有两种。一种是同业头寸拆借,主要是指金融同业之间为了轧平头寸,补足存款准备金和票据清算资金而进行的短期资金融通活动。同业头寸拆借的期限一般很短,通常以 1~10 天为期,以 1 天居多,即今日借款,明天归还。二是同业短期拆借,主要是指金融机构之间为满足临时性、季节性的资金需要而进行的短期资金借贷。其期限一般比同业头寸拆借时间长,最长可达 1 年。

同业拆借利率是由交易双方根据当时货币市场情况协商自定的,一般低于中央银行的再贴现率。由于各种原因,同业拆借市场也时常出现拆借利率高于中央银行再贴现率的情况。同业拆借利率变动频繁,可以灵敏地反映资金供求状况,并对货币市场上的其他金融工具的利率变动产生导向作用,这就使同业拆借利率成为货币市场的核心利率。许多国家的中央银行已把同业拆借利率作为货币政策的操作目标,以通过货币政策工具的运用,影响同业拆借利率,进而影响长期利率使货币供应量发生变化,从而达到既定的货币政策目标。

同业拆借市场最早出现于美国,其形成的根本原因在于法定存款准备金制度的实施。与美国不同的是,英国拆借市场的形成源于同业间票据交换而出现的清算资金余缺。在国际货币市场上,比较典型的、有代表性的同业拆借利率有三种,即伦敦银行同业拆借利率(LIBOR)、新加坡银行同业拆借利率(SIBOR)和中国香港银行同业拆借利率(HIBOR)。其中伦敦银行同业拆借利率是国际金融市场上的关键利率。目前,世界上一些重要的金融市场及许多国家均以该利率为基础,来确定自己的资金借贷利率。

我国自 2007 年 1 月正式运行上海银行间同业拆借额利率(Shanghai Inter bank Offered Rate,简称 SHIBOR),目前 SHIBOR 品种包括隔夜、1 周、2 周、1 个月、3 个月、6 个月、9 个月及 1 年。根据中国央行发布的 2020 年第一季度中国货币政策执行报告,同业拆借累计成交 32.4 万亿元,其中拆借隔夜品种的成交量占总量的 89%。

2. 回购协议市场

回购市场是指通过回购协议进行短期资金融通交易的市场。回购协议是指交易的一方在向对方出售证券时,承诺在将来某一时间按固定的价格将所出售证券购回的协议。回购协议本质上是一种以证券为质押物的质押贷款。回购协议使用的证券大多是国库券和其他政府证券。回购协议的期限从一日至数月不等。期限为一天的称为隔夜回购,多于一天的称为定期回购。政府证券交易商运用回购协议作为短期借款手段。交易商将政府证券以隔夜为基础卖给投资者,承诺在第二天以略高的价格再购回,其中的价格增幅就是隔夜利息,这就是隔夜回购形式。多数回购协议的期限都很短,一般为 1~14 天,但市场上 1~3 个月期限的回购协议也正日益增加。回购协议中证券交付一般不采用实物交付方式,尤其是期限较短的回购协议。根据中国央行发布的 2020 年第一季度中国货币政策执行报告,银行间市场债券回购累计成交 202.3 万亿元,日均成交 3.4 万亿元,同比增长 4.6%,远高于我国的当期同业拆借市场 32.4 万亿元的交易额。

与回购协议相反的概念就是逆回购协议,是指交易的一方从对方购入证券时承诺在将来某一天将所购买证券卖给对方的协议方式。它实际上与回购协议是同一个问题的两个方面,只不过是从资金供给者的角度考虑问题,具体流程如图 4-1 所示。

3. 商业票据市场

票据是一种商业证券。它是具有法定格式,表明债权债务关系的一种有价凭证。商业票据有两种：本票（期票）和汇票。它们产生于商业信用活动，是建立在赊销基础上的债权债务凭证。随着票据市场的扩展，票据成为筹集资金的一种证券。票据市场可分为票据承兑市场、票据贴现市场和本票市场。

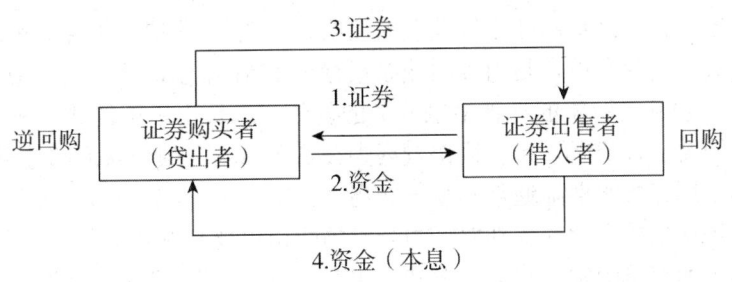

图 4-1　回购与逆回购流程

（1）票据承兑市场

汇票本身分为即期汇票和远期汇票，只有远期汇票才有承兑问题。票据承兑市场是指汇票到期前，汇票付款人或指定银行确认票据证明事项，在票据上作出承诺付款的文字记载、签章的一种手续。承兑后的汇票才是市场上合法的金融票据。在国外，票据承兑一般由商业银行办理，也有专门办理承兑的金融机构，如英国的票据承兑所。承兑方式有全部承兑、部分承兑、延期承兑和拒绝承兑四种。拒绝承兑者要签署拒绝承兑书并说明理由，持票人据此向出票人追索票款。

（2）票据贴现市场

贴现是商业票据持票人在票据到期前，为获取现款向金融机构贴付一定的利息后所做的票据转让。贴现利息与票据到期时应得款项的金额比通称贴现率。票据贴现机构有两类：一类是商业银行；另一类是专营贴现业务的金融机构，如英国的 12 家票据贴现所、日本的融资公司、美国的票据经纪商等。持票人提出贴现要求后，贴现机构根据市场资金供求状况和市场利率以及票据的信誉程度议定一个贴现率，扣除自贴现日至到期日的贴现利息。将票面余额用现款支付给持票人。例如，某企业持有一张半年后到期的一年期汇票，面额为 2000 元，到银行请求贴现，银行确定该票据的市场贴现率为 5%，贴现金额为：$2000×(1-5\%×180/360)=1950$（元），即扣除 50 元贴现利息，实付 1950 元。

（3）本票市场

商业本票发源于商品交易，是买方由于资金一时短缺而开给卖方的付款凭证。但是，现代商业本票大多已和商品交易脱离关系，而成为出票人（债务人）融资、筹资的手段，故本票一般不是同时列明出票人和债权人的双名票据，而是只列明出票人姓名的单名票据。不管是谁，只要持有这种本票，均可要求出票人付款。由于本票发行目的的改变，故金额较大，如美国一般为 10 万美元以上，最低为 25000 美元，最高可达 200 万美元。

本票市场的参与者主要为工商企业和金融机构。发行人主要是信誉高、规模大的国内金融机构和非金融公司、外国公司。发行的目的是要筹集资金，以解决生产资金、扩大信贷业务、扩大消费信用等。如美国福特汽车信贷公司为了扩大汽车销售量而发行本票，提供大量消费信贷。

本票投资者主要有投资公司、银行、保险公司、养老基金等。由于本票发行者声誉较高，风险较低，上述机构很乐于购买。银行购得本票后，可以在需要资金时向中央银行再贴现。

由于期限较短，本票几乎没有二级市场。持票人需要现金时，一般采取贴现办法，或商请原发行人提前偿付，扣付一些利率，形同贴现。

4．可转让大额定期存单市场

可转让大额定期存单是指商业银行签发的注明存款金额、期限、利率，可以流通转让的信用工具。可转让大额定期存单，是由美国花旗银行于1961年创造的一项金融工具。最初是美国商业银行逃避金融管制所做的一种金融业务的创新，后来由于可转让大额定期存单实用性强，既益于银行又益于投资者，所以很快发展为在货币市场上颇受欢迎的金融工具。

可转让大额定期存单的期限通常不少于2周，大多为3～6个月，一般不超过1年。其利率水平略高于同等期限的定期存款利率，与当时的货币市场利率基本一致。

可转让大额定期存单的发行采取批发和零售两种形式。批发发行时，发行银行将拟发行存单的数量、时间、利率、面额等予以公布，由投资者选购。零售发行时，发行银行根据客户的要求随时出售合乎客户要求的存单，存单的面额、期限、利率等由银行与客户协商后确定。

可转让大额定期存单的转让市场是指买卖已发行上市但尚未到期的存单的市场。其交易者是为数不多的专职交易商，他们一方面积极参与可转让大额定期存单的发行，同时努力创造和维持良好的二级交易市场。如果投资者急需资金，在二级市场将存单卖出，通常由专职交易商买入，维系存单的流动性。专职交易商既可将存单持至到期日，也可到二级市场进行出售。

我国的可转让大额定期存单的发行始于1986年，最初由中国银行和交通银行发行。1989年以后，其他银行也相继开始发行大额可转让定期存单。当时我国的大额可转让定期存单普遍具有面额小、利率高于同期限的定期存款利率、流动性较差等特点，未能形成较发达的二级市场。1998年中国人民银行停止了大额可转让定期存单发行，直至2015年6月，为推进利率市场化改革，中国人民银行制定了《大额存单管理暂行办法》，我国的大额可转让定期存单市场重新恢复运行。

5．短期债券市场

短期债券市场是指所交易金融工具剩余期限在1年以内的市场。这些债券包括两种情况：一种是债券的原始期限就在1年以内；另一种是债券的原始期限在1年以上，但随着到期日的临近，剩余期限已经不足1年。为叙述方便起见，本节主要介绍国库券和短期市政债券。

（1）国库券

最重要的短期债券是国库券。国库券是中央政府债券的一种，期限在1年以内，通常包括3个月、6个月和12个月三个品种。在大多数国家的货币市场上，国库券都是第一大交易品种。

政府发行国库券主要是解决政府的短期流动性问题，同时配合公开市场业务的调节。我国财政部分别在1994年、1995年、1996年发行过期限为1年的国库券，1994年还发行过半年期国库券。国库券通常采用贴现方式招标发行，不付息、不记名。国库券的二级市场流通一般在有组织的证券交易所或无组织的银行间国债市场上进行。2002年，财政部发行了355亿元的国库券，然后自2015年第二季度起每月滚动发行一次6个月期国库券，自第四季度起每周滚动发行一次3个月期国库券。

（2）短期市政债券

一些国家的地方政府也有权发行债券，通常这些债券的期限在1年以上，但从理论上说，它们也可以发行短期债券，发行方式与国库券相似。短期市政债券由地方政府的税收能力作为担保，一般情况下，违约风险很小，还可以享受免除地方税收的优惠，很受投资者的欢迎。但是，与中央政府债券相比，短期市政债券没有货币发行权作为担保，信用风险相对更高。

◇ 阅读资料 4-1

我国的大额可转让定期存单市场随着相关政策的变化经历了曲折的发展历程，1989 年中国人民银行首次颁布《关于大额可转让定期存单管理办法》，1996 年对该办法进行了修改，1997 年由于大额存单业务出现了各种问题而被暂停。早在 1986 年交通银行就已经首先引进和发行大额存单，1987 年中国银行和工商银行相继发行了大额存单。当时大额存单的利率比同期存款上浮了 10%，同时又具有可流通转让的特点，集活期存款流动性和定期存款盈利性的优点于一身，因而面世以后即深受欢迎。由于全国缺乏统一的管理办法，在期限、面额、利率、计息、转让等方面的制度曾一度出现混乱，因此中国人民银行于 1989 年 5 月下发了《大额可转让定期存单管理办法》，对大额存单市场的管理进行完善和规范。但是，鉴于当时对高息揽存的担心，1990 年 5 月中国人民银行下达通知规定，向企事业单位发行的大额存单，其利率与同期存款利率持平，向个人发行的大额存单利率比同期存款上浮了 5%。由此导致大额存单利率的优势尽失，大额存单市场开始陷于停滞状态。1996 年，中国人民银行重新修改了《大额可转让定期存单管理办法》，对大额存单的审批、发行面额、发行期限、发行利率和发行方式进行了明确。然而，由于没有给大额存单提供一个统一的交易市场，同时由于大额存单出现了很多问题，存在盗开和伪造银行存单进行诈骗等现象，中国人民银行于 1997 年暂停审批银行的大额存单发行申请，大额存单业务因而被完全暂停。大额存单淡出人们的视野，至今已 10 多年。

据中国人民银行《大额存单管理暂行办法》，2015 年 6 月 15 日起，个人及机构可在工行、农行、中行、建行、交行、中信、浦发、招行及兴业银行这 9 家银行办理大额存单业务。首批大额存单期限以 1 年以内（含）为主，其中，个人大额存单多数银行起点金额为 30 万元，机构 1000 万元，且利率为按照对应期限央行基准利率上浮 40%。长远来看，大额存单也许会成为个人重要的理财工具。

（资料来源：根据央视财经相关资料整理。）

4.3 资本市场

4.3.1 资本市场的特征

资本市场又称长期资金市场，是指融通长期性（通常是 1 年以上）资金的市场。

1. 期限长，有利于资金充分使用

资本市场提供的资金都是 1 年以上的中长期资金，可把短期闲散资金集中起来，由筹资者用来解决扩大再生产、固定资产投资等大额长期的资金需要。

2. 风险性大，投资者必须关注资金的安全性

由于资金期限长，从而面临筹资者经营风险、市场利率风险，以及政治风险的可能性较大。

3. 盈利性高，对市场参与者具有很大吸引力

资本市场的利率较高，并且在证券市场交易行情变动过程中容易获得流通转让的收益，因此，资本市场的参与者虽然主要是为了投资，但也有相当多的人是为了低买高卖从中获取高额收益。

4. 市场行情受多种因素影响，灵敏度强

中央银行货币政策、企业经营状况、社会政治情况变化以及市场参与者的心理变化等，稍有风吹草动都有可能引起资本市场的证券交易价格的波动，并且有时波动的幅度还很大。

4.3.2 资本市场类型

资本市场可分为证券类市场、贷款类市场、权益类市场、产权交易市场。本节主要介绍证券类市场，按照交易性质不同，证券市场包含证券发行市场和证券流通市场。

1. 证券发行市场

证券发行市场又称一级市场，是发行人向投资者出售证券的市场，其买卖交易活动不局限于一个固定的场所。按发行的对象不同，证券发行可分为公开发行与私募发行；按有无中间机构承销划分，可分为直接发行和间接发行。

（1）公开发行与私募发行

①公开发行。公开发行又称公募发行，是指事先没有特定的发行对象，向社会广大投资者公开推销证券的方式。采用这种方式，可以扩大投资者的范围，如是股票公开发行可分散持股，防止囤积股票或被少数人操纵，有利于提高公司的社会性和知名度，为以后筹集更多的资金打下基础；也可增加证券的适销性和流通性。公开发行可以采用股份公司自己直接发售的方法，也可以支付一定的发行费用通过金融中介机构代理。这种发行的不足在于发行程序较复杂、发行费用高、需要向社会公众公开大量信息。

②私募发行。私募发行是指发行者只对特定的发行对象推销证券的方式。如是股票私募发行，通常在以下两种情况下采用。一是股东配股，又称股东分摊，即股份公司按股票面值向原有股东分配该公司的新股认购权，动员股东认购。这种新股发行价格往往低于市场价格，其实是对股东的一种优惠。如果有的股东不愿认购，他可以自动放弃新股认购权，也可以把这种认购权转让他人，从而形成认购权的交易。二是私人配股，又称第三者分摊，即股份公司将新股票分售给股东以外的本公司职工、往来客户或者与公司有特殊关系的机构投资者等。采用这种方式往往出于两种考虑：一是为了按优惠价格将新股分摊给特定者，以示照顾；二是当新股票发行遇到困难时，向第三者分摊以求支持。无论是股东还是私人配售，由于发行对象是既定的，因此不必通过公募方式，这不仅可以节省委托中介机构的手续费，降低发行成本，还可以调动股东和内部的积极性，巩固和发展公司的公共关系。但缺点是这种不公开发行的股票流动性差，不能公开在市场上转让出售，而且也会降低股份公司的社会性和知名度，还存在被控股的危险。

（2）直接发行与间接发行

①直接发行。直接发行是指公司自己直接向认购者推销出售证券，并承担发行风险。采用直接发行方式时，要求发行者熟悉证券发行手续，精通证券发行技术并具备一定的条件。当认购额达不到计划证券发行额时，新建股份公司的发起人或现有股份公司的董事会必须自己来认

购（未）出售的股票。因此，只适用于有既定发行对象或发行风险少、手续简单的证券。在一般情况下，只有私募发行的证券或因公募发行有困难的证券，或是有把握实现巨额私募以节省发行费用的大股份公司，才采用直接发行的方式。

②间接发行。间接发行是指发行者委托证券发行中介机构出售证券的方式。这些中介机构作为证券的推销者，办理一切发行事务，承担一定的发行风险并从中提取相应的收益。证券的间接发行有三种方法：一是代销，即推销者只负责按照发行者的条件推销证券，而不承担任何发行风险。在约定期限内能销多少是多少，期满后仍销不出去的证券退还给发行者。由于全部发行风险和责任都由发行者承担，证券发行中介机构只是受委托代为推销，因此，代销手续费较低。二是余额包销，又称余股承购，证券发行者与证券发行中介机构签订推销合同明确规定，在约定期限内，如果中介机构实际推销的结果未能达到合同规定的发行数额，其差额部分由中介机构自己承购下来。这种发行方法的特点是能够保证完成证券发行额度，一般较受发行者的欢迎，而中介机构因需承担一定的发行风险，故承销费高于代销的手续费。三是全额包销，又称包买招股，当发行新证券时，证券发行中介机构先用自己的资金一次性地把将要公开发行的证券全部买下，然后再根据市场行情逐渐卖出，中介机构从中赚取买卖差价。若有滞销证券，中介机构减价出售或自己持有，由于发行者可以快速获得全部所筹资金，而推销者则要承担全部发行风险，所以这种方式的费用要高于代销费和余额包销费。

2. 证券流通市场

证券流通市场亦称证券交易市场、次级市场、转让市场，是指已发行并被投资人认购的证券进行转让、买卖、流通的市场，为证券发行后的流通提供条件。证券流通市场在结构上可分为证券交易所市场、场外交易市场、无形市场。

（1）证券交易所市场

证券交易所是证券买卖双方公开交易的场所，是一个有组织、有固定地点、集中进行证券交易的二级市场，是整个证券流通市场的核心。证券交易所本身不买卖证券，也不决定证券买卖价格，而是为证券交易提供一定的场所和设施，配备必要的管理和服务人员，并对证券交易进行周密的组织和严格的管理，为保证证券交易顺利进行提供一个稳定、公开、高效的市场。

（2）场外交易市场

场外交易市场是在证券交易所以外的各证券公司柜台上进行证券买卖的市场，也称店头市场、柜台市场。场外交易市场是一个广泛而复杂的市场，其证券成交量远远超过证券交易所的成交量。场外交易市场买卖的证券主要包括：①金融机构发行的股票和债券；②大公司或大企业股票和债券，发行量少时，常不办理上市手续，而在场外交易；③在交易所中不易成交的债券；④买卖双方愿意按净值来交易的证券，即不考虑其价格波动，愿意以其净值成交；⑤上市发行，分期还本付息的公司债券和公债券。这类债券价格平衡，流通性差，适宜在场外交易；⑥级别较差的证券，还有就是一些小公司发行的达不到上市标准的证券。

（3）无形市场

无形市场是通过计算机、电话、电信方式进行证券交易的市场，实际上是证券交易的一个电信网络，亦称为网络市场。交易者通常只涉及买卖双方，双方并不见面，只是通过电信网络方式协议定价，成交价格不公开。这是一种无组织的线上分散市场。

3. 我国资本市场层次结构

目前我国资本市场分为交易所市场（主板、中小板、创业板）与场外市场，场外市场包括全国中小企业股份系统（新三板）、区域股权市场（俗称四板市场）等。

（1）主板市场

主板市场亦称为一板市场，一般是指上市标准最高、信息披露最全、透明度最强、监管体制最完善的全国性证券交易市场，主要适于规模较大、基础较好、收益高、风险低的公司。各国主要的证券交易所代表了国内主板主场。例如，美国全美证券交易所（AMEX）即为美国主板市场；上海证券交易所和深圳证券交易所即为中国的主板市场。

（2）中小企业板市场

中小企业板块是深交所主板市场的组成部分，主要安排主板市场拟发行上市企业中具有较好成长性和较高科技含量的、流通股本规模相对较小的公司。中小企业板定位是为主业突出、具有成长性和科技含量的中小企业提供融资渠道和发展平台，促进中小企业快速成长和发展。中小企业板是现有主板市场的一个组成部分，其发行上市条件与主板相同，但发行规模相对较小、成长较快，而且上市后要遵循更为严格的规定，目的在于提高公司治理结构和规范运作水平，增强信息披露，保护投资者权益。

（3）创业板市场

创业板市场又称为另类股票市场、二板市场，是指交易所主板市场以外的另一个资本市场。广义上是指与针对大型成熟公司的主板市场相对应，面向中小公司的股票市场，包括科技板、创新板、另类股票市场、新市场、增长性股票市场、店头和备案市场等市场类型；狭义上是指协助高成长的新兴公司尤其是高科技公司筹资的市场。创业板市场最大的特点就是降低了企业上市的门槛，帮助有潜力的中小企业获得融资的机会。2009年10月23日，我国深圳证券交易所正式启动了创业板市场。

（4）股份报价转让系统与新三板市场

股份报价转让系统（三板市场），于2001年7月16日正式开办。三板市场作为我国多层次证券市场体系的一部分，一方面为退市后的上市公司股份提供继续流通的场所，另一方面也解决了原证券交易自动报价系统（STAQ系统）、证券交易系统有限公司开发设计的NET系统历史遗留的数家公司法人股流通问题。

2006年1月，中关村科技园区非上市股份有限公司股份报价转让系统正式推出，俗称新三板，它是国内证交所主板、中小板及创业板市场的补充。新三板称为全国中小企业股份转让系统，原来只针对国家高新园区内的企业，现在已全国放开。新三板的运营管理机构是全国中小企业股份转让系统有限责任公司，其服务对象包括那些规模普遍较小，尚未形成稳定的盈利模式的企业。目前投资者群体以机构投资者为主。

（5）区域性股权交易市场

区域性股权交易市场亦称为四板市场，是为特定区域内的企业提供股权、债券的转让和融资服务的私募市场，是我国多层次资本市场的重要组成部分，也是中国多层次资本市场建设中必不可少的部分。对于促进企业特别是中小微企业股权交易和融资，鼓励科技创新和激活民间资本，加强对实体经济薄弱环节的支持，都具有积极作用。

4.3.3 资本市场工具

4.3.3.1 股票

1. 股票的概念

股票是指股份公司发给股东作为入股凭证,并借以取得股息收益的一种有价证券。作为股份公司的股权证书,股票主要是证明持有者在公司拥有的权益。如果谁持有某公司一定比例的股票,谁就在公司拥有一定比例的资本所有权,并凭此所有权分得股息收益。

2. 股票的特点

(1)无期性

股票一经发行,便具有不可返还的特性。对股票持有者来说,不存在退股还本,只要公司存在,它的股票便始终存在,即使公司破产清算,也只能根据公司当时的财产状况,给予股票持有者以有限补偿。

(2)参与性

股票表示的是对公司的所有权或股权,这种权益通常有多种表现,如可参加股东大会、投票表决、股利分配等。

(3)风险性

股票投资具有较大风险。一般而言,股票投资的收益率很高,但在市场千变万化的条件下,高收益与高风险必然相伴,公司经营得法,收益自然可观;公司经营不善,甚至破产倒闭,股票持有者必然要蒙受损失。

(4)流动性

股票作为一种有价证券,随时可以流通转让。股票的流通性部分是针对无期性的,因为流通可以有效避免投资被困死在某种股票上;部分是针对风险性的,不同的投资者由于对风险和收益的估价不同,以及各种原因引起的投资偏好,导致股票市场价格波动不已,市价波动使买卖更加频繁,从而增加了股票的流动性。

3. 股票的类型

股票市场上,发行股票的股份有限公司,根据不同投资者的投资心理和各种需要,发行各种不同的股票。所以,股票的种类很多,名称各异,它们所代表的股东地位和股东权利内容也不相同。按照不同的标准,股票可分为如下基本类别。

(1)普通股股票与优先股股票

①普通股。普通股是指享有普通权利的股份,构成公司资本的基础,是股票的一种基本形式,也是发行量最大,最为重要的股票。普通股股票持有者按其所持有股份比例享有以下基本权利。

一是公司决策参与权。普通股股东有权就公司重大问题进行发言和投票表决。

二是利润分配权。普通股股东有权从公司利润分配中得到股息。不过普通股股东必须在优先股股东取得固定股息之后才有权享受股息分配权。

三是优先认股权。当公司需要扩张而增发普通股股票时,现有普通股股东有权按其持股比例,以低于市价的特定价格优先购买一定数量的新发行股票。

四是剩余资产分配权。当公司破产或清算时,若公司的资产在偿还欠债后还有剩余,其剩余部分按先优先股股东后普通股股东的顺序进行分配。

②优先股。优先股是公司在筹集资金时,给予投资者某些优先权的股票,这种优先权主要表现在两个方面。

一是优先股有固定的股息,一般不随公司业绩好坏而波动,并且可以先于普通股股东领取股息。

二是当公司破产进行财产清算时,优先股股东对公司剩余财产有先于普通股股东的要求权。但优先股一般不参加公司的红利分配,持股人亦无表决权,不能借助表决权参加公司的经营管理。

如果考虑跨时期、可转换性、复合性及可逆性等因素,所有优先股的剩余索取权和剩余控制权并非一样,由此优先股又可进一步分为累积优先股与非累积优先股、参与优先股与非参与优先股、可转换优先股与不可转换优先股等。

(2) 记名股股票与无记名股股票

①记名股股票是将股东姓名记载于股票票面和股东名册的股票。投资者认购记名股票,不仅要在股票票面上记载其姓名,还必须把姓名和住址记入发行该股票的股份有限公司的股东名册。

②无记名股股票是指股票票面不记载股东姓名的股票。此类股票与记名股票相比较,在股东权益内容上没有差别,只是股票记载方式不同。

(3) 蓝筹股股票和成长股股票

①蓝筹股股票又称热门股,是那些规模庞大、经营良好、收益丰厚的大公司发行的股票。由于这些大公司在行业中占重要地位,甚至是支配性地位,因而红利稳定而优厚,股价波动不大,被公认具有很高的投资价值。

②成长股股票是指一些前景看好的中小型公司发行的股票。这类公司的销售额和收益额都在迅速扩张,且扩张速度快于整个国民经济以及所在行业的速度。

(4) A股、B股、H股和N股

我国上市公司的股票有A股、B股、H股和N股等区别。这一区分主要根据股票的上市地点和所面对的投资者而定。A股的正式名称是人民币普通股票。它是由我国境内的公司发行,供境内法人或个人(不含台、港、澳投资者)以人民币认购和交易的普通股股票。B股的正式名称是人民币特种股票。它是以人民币标明面值,以外币认购和买卖,在境内证券交易所上市交易的股票。H股,即注册地在内地、上市地在我国香港的外资股。内地注册的公司在纽约上市的股票就叫N股。

◇ 阅读资料 4-2

什么是股票交易印花税

股票交易印花税是从普通印花税发展而来的,是专门针对股票交易发生额征收的一种税。我国税法规定,对证券市场上买卖、继承、赠予所确立的股权转让依据,按确立时实际市场价格计算的金额征收印花税。

股票交易印花税以发行股票的有限公司为纳税人,主要包括有限保险公司和有限银行公司。股票印花税以股票的票面价值为计税依据。由于股票可以溢价发行,因而还规定,如果股票的实际发行价格高于其票面价值,则按实际发行价格计税。为方便计算,增加透明度,采取比例税率,一般税负都比较轻。

股票交易印花税对于中国证券市场,是政府增加税收收入的一个手段。1993年我国股票交易印花税收入22亿元,占全国财政收入的0.51%;2000年此项收入达478亿元,占财政收入比重更达到3.57%。

印花税增加了投资者的成本,这使它自然而然地成为政府调控市场的工具。深圳市政府在开征股票交易印花税后半年不到的时间内,改单向征收为买卖双向征收6‰的交易印花税,以平抑暴涨的股价。1991年10月,鉴于股市持续低迷,深圳市又将印花择税率下调为3‰。在随后几年的股市中,股票交易印花税成为最重要的市场调控工具,1997年5月9日,为平抑过热的股市,股票交易印花税由3‰上调至5‰;1998年6月12日,为活跃市场交易,又将印花税税率由5‰下调为4‰,1999年6月1日,为拯救低迷的B股市场,国家又将B股印花税税率由4‰下降为3‰。2001年11月16日,财政部调整证券(股票)交易印花税税率,对买卖、继承、赠予所书立的A股、B股股权转让书据,由立据双方当事人分别按2‰的税率缴纳证券(股票)交易印花税。2008年9月19日起,财政部对证券交易印花税政策进行调整,由现行双边征收改为单边征收,即只对卖出方(或继承、赠予A股、B股股权的出让方)征收证券(股票)交易印花税,对买入方(受让方)不再征收。税率仍保持1‰。

从世界主要股票市场发展经验看,取消股票印花税是大势所趋。1999年4月1日日本取消包括印花税在内的所有交易的流通票据转让税和交易税。2000年6月30日,新加坡取消股票印花税。

(资料来源:根据有关资料整理。)

4.3.3.2 债券

1. 债券的概念

债是按照合同的约定或者依照法律的规定,在当事人之间产生的特定的权利和义务关系。债券是政府、金融机构、企业等发行人为筹集资金,按照法定程序发行,承诺按一定利率,在一定时期支付利息,并且到期偿还本金的一种债务凭证和有价证券。这里有四个方面的含义:其一,发行人是借入资金的经济主体;其二,投资者是出借资金的经济主体;其三,发行人需要在一定时期还本付息;其四,反映了发行人和投资者之间的债权债务关系,而且是这一关系的法律特征。

2. 债券的特征

(1) 偿还性。债券一般都规定有偿还期限,发行人必须约定条件偿还并支付利息。债券的偿还性使得资金筹措者不能无限期地占用债券购买者的资金;换言之,他们之间的借贷经济关系将随偿还期结束、还本付息手续完毕而消失。

(2) 流动性。流动性是指债券持有人可按自己的需要和市场的实际状况,转出债券收回本息的灵活性,它主要取决于市场对转让所提供的便利程度。

(3) 安全性。与股票相比,债券通常规定有固定的利率,与企业业绩没有直接联系,收益比较稳定,风险较小。此外,在企业破产时,债券持有人享有优先于股票持有人对企业剩余财产的索取权。

（4）收益性。债券的收益性主要表现在两个方面：一是投资债券可以给投资者定期或不定期地带来利息收入；二是投资者可以利用债券价格的变动，买卖债券赚取差价。

3．债券的种类

（1）按照债券发行单位的不同，可以划分为政府债券、公司债券和金融债券

政府债券是政府为筹集资金而发行的债务凭证，又可分为中央政府债券和地方政府债券。中央政府债券也称国债，是政府为弥补财政赤字而发行的债券，一般由财政部发行。由于它是直接以中央政府的信用为担保，所以通常被认为是没有风险的。地方政府发行的债券又被称为市政债券，它主要用于为某些基础设施和市政工程筹集资金，在一些国家，购买市政债券的好处是可以享有一定的税收优惠。

公司债券在我国也称企业债券，是企业融资的重要手段。公司债券的期限一般都较长，其流动性和安全性都不及政府债券和金融债券，因而利率较高。

金融债券是银行等金融机构发行的债券，金融机构通过发行金融债券可以吸收相对稳定的中长期资金。金融机构的社会资信度高，其债券易为社会公众接受，安全性、流动性较好，颇受公众青睐。

（2）按照债券的偿还期限不同，可以分为短期债券、中期债券和长期债券

虽然各国划分的具体年限有所不同，但是较为通行的划分是，期限在 1 年以下的为短期债券，在 1~10 年之间的为中期债券，在 10 年以上的为长期债券。例如，美国的短期国债期限多为 3 个月或 6 个月，最长不超过 1 年，中期国债期限在 1~10 年之间，长期国债的期限则达 10~30 年。

（3）按照债券是否有担保，可以分为担保债券和信用债券

担保债券是以某种抵押品为担保而发行的，当发行人不能按期支付利息和本金时，债券持有人为满足清偿要求可以将抵押品出售。信用债券则完全是凭发行人的忠实和信用发行的，没有任何担保。信用债券的发行人要有很高的资信。

（4）按照债券的利率是否固定，可以分为固定利率债券和浮动利率债券

前者的利率在整个期限内都是固定不变的。因此，当市场利率上升时，债券的持有者要遭受损失；当市场利率下降时，则是债券的发行人要遭受损失，因为他本来可以以更低的利率在市场获得资金。浮动利率债券则可以避免这一缺点，因为它的利率会定期随市场利率的变化而进行相应的调整。

（5）按照债券的利息支付方式不同，可以分为息票债券和折扣债券

息票债券上附有各期的利息票，上面载有付息的时间和金额。息票到期时，债券持有人凭从债券上剪下的息票领取本期的利息，俗称"剪息票"。息票本身可以作为一种有价值证券转让，非债券持有人也可以凭息票领取债券利息。折扣债券则不附息票，也不按规定的利率支付利息，而是采取折价出售的方式发行，到期再按票面金额偿还，其利息体现在债券面值与其出售价格的差额上。许多国家的国债都采取折扣债券的形式。

4．债券的投资风险

（1）利率风险

利率是影响债券价格的重要因素之一，当利率提高时，债券的价格就降低，因此便存在风

险。对于利率风险，应采取的防范措施是分散债券的期限，长短期配合。如果利率上升，短期投资可以迅速找到高收益投资机会，若利率下降，长期债券却能保持高收益。

（2）购买力风险

购买力风险是指由于通货膨胀而使货币购买力下降的风险，通货膨胀期间，投资者的实际收益率应该是票面利率扣除通货膨胀率。对于购买力风险，最好的规避方法就是分散投资，以分散风险，使购买力下降带来的风险能为某些收益较高的投资收益所弥补。

（3）流动性风险

流动性风险是指投资者在短期内无法以合理的价格转让债券的风险。如果投资者遇到一个更好的投资机会，欲出售现有债券，但短期内找不到愿意出合理价格的买主，要把价格降得很低或者很长时间才能找到买主，那么，他不是遭受降低损失，就是要失去更有利的投资机会。

（4）违约风险

违约风险是指发行债券的公司不能按时支付债券利息或偿还本金，而给债券投资者带来的损失。违约风险一般是由于发行债券的公司经营状况不佳或信誉不高带来的风险，所以投资者在选择债券时，一定要仔细了解公司经营和财务的状况。

（5）再投资风险

如果购买了短期债券，而不是购买了长期债券，当短期债券到期，而这时正逢市场利率下降，那么已变现的资金就存在再投资风险。即投资者只能以较低的利率水平来取得收益，不如一开始投资于长期债券，可以更长时间获得较高比例的收益。再投资风险本质上还是一个利率风险问题。对于再投资风险，应采取的防范措施就是分散债券的期限，长短期配合，如果利率上升，短期投资可迅速找到高收益投资机会；若利率下降，长期债券却能保持高收益。

5．债券的定价

根据收入资本化定价方法可知，任何资产的内在价值（理论价格）是由投资者预期的资产可获得的现金流的现值决定的。所以，债券的理论价格等于来自债券的预期货币收入的现值。一般债券的计算公式如下。

$$P = M_i \sum_{i=1}^{n} \frac{1}{(1+r)^i} + \frac{M}{(1+r)^n}$$

其中，P 为债券理论价格，也即内在价值；M_i 为第 i 期支付的利息；M 为票面金额；r 为贴现率；n 为期间数。从不同的收益方式划分，债券投资收益率有以下三种表达方式：名义收益率=票面利息/面值×100%；即期收益率=票面利息/购买价格×100%；持有期收益率=（出售价格-购买价格+利息）/购买价格×100%。例如，某银行购买面值为 50 万元，实际期限为 180 天的零息国债合约 10 份，实际支付金额 47.5 万元，则证券投资的收益率为（500000-475000）÷475000×（360/180）＝10.52%

4.3.3.3 投资基金

1．投资基金概念

投资基金是一种利益共享、风险共担的集合投资方式，即通过发行基金单位，集中投资者的资金，由基金托管人托管，由基金管理人管理和运用资金，从事股票、债券、外汇、货币等金融工具投资，以获得投资收益和资本增值。

投资基金在不同国家或地区称谓有所不同，美国称为共同基金，英国和中国香港称为单位信托基金，日本和中国台湾称为证券投资信托基金。

2．投资基金的特点

（1）社会游资与专业管理紧密结合

并非全社会游资的所有权人都擅长投资经营之道，而懂经营、善管理的专业人才未必总能找到用武之地。投资基金恰恰既为社会游资流向利润更高、社会更需要的商事活动领域开辟了一条绿色通道，也为投资基金管理公司的投资专家们施展其广博的投资知识与经验提供了广阔的舞台。

（2）化零为整与化整为零相结合

所谓化零为整，是指投资基金制度可以迎合广大百姓的利己心态和致富心理，运用盈利杠杆把分散于千家万户的富余资金汇集成巨额资本。在这一点上，投资基金制度与公司制度有相同之处。二者不同之处在于，投资基金制度还具有化整为零的特点。所谓化整为零，是指投资基金制度要求投资基金的运用遵循组合投资、分散风险的原则，并对投资基金投资对象的比例构成作出强制性法律规定。

（3）投资基金的商事活动主要表现为间接投资

投资基金并不直接在某一产业领域开展经营活动，而是将投资基金资产分散投资于其他企业，包括法人企业与非法人企业，再由其他企业在其权利能力允许的范围之内，将资本投资于某一产业领域，并开展经营活动。产业投资基金如此，证券投资基金也是如此。

3．投资基金的种类

根据不同标准可将投资基金划分为不同的种类。

（1）根据基金单位是否可增加或赎回，投资基金可分为开放式基金和封闭式基金

开放式基金是指基金设立后，投资者可以随时申购或赎回基金单位，基金规模不固定的投资基金。封闭式基金是指基金规模在发行前已确定，在发行完毕后的规定期限内，基金规模固定不变的投资基金。

◇阅读资料 4-3

封闭式基金——开元基金简介

开元证券投资基金是遵照《证券投资基金管理暂行办法》及其他有关规定，依据《开元证券投资基金契约》设立的封闭式契约型证券投资基金。

①基金存续期 15 年。

②基金发起人为南方证券有限公司、广西信托投资公司、厦门国际信托投资公司。

③基金托管人为中国工商银行。

④基金管理人为南方基金管理有限公司。

经中国证券监督管理委员会证监基字〔1998〕6 号文批准，全部 20 亿份基金单位，由发起人认购 6000 万份基金单位，其余 194000 万份基金单位于 1998 年 3 月 23 日通过深圳证券交易所以上网定价方式发行，发行价 1.01 元人民币（含 0.01 元发行费用），基金的发行和募集工

作已于1998年3月27日结束。

1998年3月27日，开元证券投资基金发起人公告开元证券投资基金成立。公开发行的19.4亿份基金单位和发起人认购的6000万份基金单位共计20亿元，已于3月27日全部划至本基金的托管人——中国工商银行"开元基金专户"，本基金的管理人——南方基金管理有限公司正式管理本基金。基金上市申请经深圳证券交易所深证发〔1998〕65号文审核同意，于1998年4月1日在深交所挂牌交易。基金总份额为20亿份，本次上市流通的份额为19.4亿份。根据开元证券投资基金的基金契约规定，发起人持有的6000万份基金单位一年后上市，但在本基金存续期间，基金发起人持有的基金份额不得低于基金单位总份额的1.5%。基金上市后交易单位每手为100份，存续期15年（1998年3月27日—2013年3月27日）。

截至2012年12月31日，基金开元成立15年来，累计为投资者创造了512.20%投资回报，年化收益率达到13.05%。2012年的净值增长率为7.99%，在封闭式基金中名列前茅。15年来基金开元进行了13次分红，每份基金份额累计分红达到3.57元，合计派发现金红利74.2亿元。

2013年1月4日，南方基金召开旗下封闭式基金开元基金持有人大会，会议表决通过了该基金的"封转开"方案。作为国内首批规范运行的封闭式基金，基金开元成立于1998年3月27日，存续期为15年，于2013年3月27日到期，转型为南方开元沪深300ETF基金。

根据南方基金公告的转型方案，南方开元沪深300ETF为被动式指数基金，采用指数复制法，主要投资于标的指数成分股、备选成分股。据了解，沪深300指数是中国市场最具影响力和代表性的指数，覆盖了沪深两市六成左右的总市值和七成的流通市值，指数成分股分红和净利润占比更是超过了85%。同时沪深300指数也是目前市场上唯一一只拥有股指期货的指数，有着较高的投资和套利价值。通过与股指期货合约进行匹配，南方开元沪深300ETF可以成为投资者较为理想的风险对冲工具和套利的手段。

（资料来源：根据相关网络资料整理。）

（2）根据组织形态的不同，投资基金可分为公司型投资基金和契约型投资基金

公司型投资基金是具有共同投资目标的投资者组成以盈利为目的的股份制投资公司，并将资产投资于特定对象的投资基金。契约型投资基金也称为信托型投资基金，是指基金发起人依据其与基金管理人、基金托管人订立的基金契约，发行基金单位而组建的投资基金。

（3）根据投资风险与收益的不同，投资基金可分为成长型投资基金、收入型投资基金和平衡型投资基金

成长型投资基金是指把追求资本的长期成长作为其投资目的的投资基金；收入型基金是指以能为投资者带来高水平的当期收入为目的的投资基金；平衡型投资基金是指以支付当期收入和追求资本的长期成长为目的的投资基金。

（4）根据投资对象的不同，投资基金可分为股票基金、债券基金、货币市场基金、期货基金、期权基金、指数基金和认股权证基金等

股票基金是指以股票为投资对象的投资基金；债券基金是指以债券为投资对象的投资基金；货币市场基金是指以国库券、大额银行可转让存单、商业票据、公司债券等货币市场短期有价证券为投资对象的投资基金；期货基金是指以各类期货品种为主要投资对象的投资基金；期权基金是指以能分配股利的股票期权为主要投资对象的投资基金；指数基金是指以某种证券市场

的价格指数为投资对象的投资基金;认股权证基金是指以认股权证为投资对象的投资基金。

此外,根据资本来源和运用地域的不同,投资基金可分为国际基金、海外基金、国内基金、国家基金和区域基金等。

4.4 金融衍生工具市场

4.4.1 金融衍生工具的含义

金融衍生工具的迅速发展是20世纪70年代以来的事情。由于维系国际货币金融秩序数十年的布雷顿森林货币体系解体,以美元为中心的固定汇率制被浮动汇率制取而代之,国际社会一时无法重建起令人满意的、对世界经济起稳定作用的国际货币新秩序而陷入混乱,各国通货膨胀率居高不下,外汇市场烽烟四起,汇率波动十分频繁而剧烈;因此,规避通货膨胀风险、利率风险和汇率风险成为金融交易的一项迫切要求。同时,各国政府逐渐放松金融管制以及金融业的竞争日益加剧。这多方面的因素,使金融衍生工具得以迅速繁衍、发展。

金融衍生工具是用于置换交易期限、锁定价格波动、实现风险的转移和再分配的金融工具,具有套期保值、风险分担和价格发现等功能。金融衍生工具又称金融衍生产品,是在诸如货币(本币)、外汇、存单、债券、股票等原生金融工具基础上派生出来,并产生新的价值的金融工具。与传统的金融工具相比,金融衍生工具具有下列四个显著特点。

1. 跨期性

金融衍生工具是交易双方通过对利率、汇率、股价等因素变动趋势的预测,约定在未来某一时间按照一定条件进行交易或选择是否交易的合约。无论是哪一种金融衍生工具,都会影响交易者在未来一段时间内或未来某时点上的现金流,跨期交易的特点十分突出。这就要求交易双方对利率、汇率、股价等价格因素的未来变动趋势作出判断,而判断的准确与否直接决定了交易者的交易盈亏。

2. 杠杆性

金融衍生工具交易一般只需要支付少量的保证金或权利金就可签订远大于保证金额合约或互换不同的金融工具。例如,若期货交易保证金为合约金额的10%,则期货交易者可以控制10倍于所投资金额的合约资产,实现以小博大的效果。在收益可能成倍放大的同时,投资者所承担的风险与损失也会成倍放大,基础工具价格的轻微变动也许就会带来投资者的大盈大亏。金融衍生工具的杠杆效应一定程度上决定了它的高投机性和高风险性。

3. 联动性

金融衍生工具的价值与基础产品或基础变量紧密联系、规则变动。通常,金融衍生工具与基础变量相联系的支付特征由衍生工具合约规定,其联动关系既可以是简单的线性关系,也可以表达为非线性函数或者分段函数。

4. 高风险性

首先，金融衍生工具的杠杆效应对基础证券价格变动极为敏感，基础证券的轻微价格变动会在金融衍生工具上形成放大效应。其次，许多金融衍生工具设计的实用性较差，不完善特性明显，投资者难以理解和把握，存在操作失误的可能性。最后，金融衍生工具集中度过高，影响面较大，一旦某一环节出现危机，会形成影响全局的"多米诺骨牌效应"。

◇ 阅读资料 4-4

日本德川幕府（17—19世纪）时期，日本全国的大米都会运往大阪，大阪的边上有一个小镇叫堂岛，水陆交通都特别发达，很自然地形成了大米的集散地。但是米价其实是波动很大的：在春荒的时候，米价就可能狂飙，到秋收的时候，米价又会狂跌。不管是米商还是农民，都面临着很大的价格波动的风险。为了锁定这种价格的波动，米商和农民就会事先去约定，在未来的某个时间，用某一个固定的价格交易一定数量的大米。

比如，耕种的时候1包米1两银子，粮商和地主约定，秋收时分某一天用1两2钱银子的价格从地主手里收购100包大米，这就是一份"远期合约"；1两银子叫"现货价格"，1两2钱银子则是"远期价格"。从耕种到秋收这个时间段叫"交割期限"。

到18世纪，堂岛大米交易所针对自己的会员发行了期货合约"米票"，同时采取了保证金制度：一张米票约定3个月以后以70夌（音：mang mi.1夌=3.769克）享保银的价格交割1包一级大米，这个合约金额为70夌享保银，会员缴纳10%的保证金即可参与大米交易。因为米价每天变动，米票的价格也跟着变动，交易所会根据价格变动对会员的持仓进行重新估值，一直到交割日。在这个过程中，即使没有足够的本钱做大米现货交易，也可用十分之一的资金参与到期货交易中，由此，除了套期保值以外，衍生品的另外一个功能——高杠杆的"投机"交易也出现了。这种投机者不交割商品，而是专注于以小博大，利用高杠杆进行投机交易。

（资料来源：唐涯. 香帅金融学讲义. 中信出版社，2020年.）

4.4.2 金融衍生工具的种类

按合约类的标准分类，可分为金融远期、金融期货、金融期权和金融互换。

1. 金融远期

金融远期是指交易双方分别承诺在将来某一特定时间买卖某种金融工具，并事先签订合约，确定价格，以便将来进行交割。远期合约的交易一般不在规范的交易所内进行。目前，远期合约主要有货币远期和利率远期两类。利率远期是指买卖双方商定将来一定时间段的协议利率，并指定一种参照利率，在将来清算日按规定的期限和本金数额，由一方向另一方支付协议利率和届时参照利率之间差额利息的贴现金额。买方向卖方支付协议利率，协议的买方是预测利率上升的一方；卖方向买方支付参照利率，卖方通常是预测利率下降的一方。买卖双方通过远期利率协议把未来利率固定在协议利率水平。

举例：若A银行发放了一笔金额为10万美元，期限6个月，利率10%的贷款，前3个月依靠利率为8%的10万美元存款支持，后3个月准备通过在同业拆借市场上拆借资金来支持。

为了避免利率上升带来的成本增加,从 B 银行买入一个"3×6"的远期利率协议,参照利率为 3 个月 LIBOR,协议利率为 8%。

如果结算日,3 个月 LIBOR 为 9%。则 B 银行向 A 银行支付金额为[100 000×(9%-8%)×90/360]/(1+9%×90/360)≈244.5 美元;A 银行的实际拆借金额为 100 000-244.5=99 755.5,则 3 个月的本利和为 99755.5×(1+9%×90/360)=102 000;A 银行支付的实际利率相当于 2 000/100 000×360/90=8%。

如果结算日,3 个月 LIBOR 为 7%。A 银行向 B 银行支付金额为[100 000×(8%-7%)×90/360]/(1+7%×90/360)≈245.7 美元;A 银行的实际拆借金额为 100 000+245.7=100 245.7,3 个月的本利和为:100245.7×(1+7%×90/360)=102 000;A 银行支付的实际利率:2 000/100 000×360/90=8%。

2. 金融期货

金融期货是以金融工具为商品的期货,它是一种法律上具有约束力的交易合约,规定所买卖金融商品的品种、数额,并约定在将来某个日期按已定协议的价格进行交割。其显著特点是:买卖成交同实际交割之间有一段时间间隔。金融期货作为一种具有法律效力的标准化合约,从本质上看是一种义务。金融期货又可细分为外汇期货、利率期货、股票指数期货以及黄金期货等多种。

金融期货交易中实行保证金制度,交纳合约金额的一定比例的保证金,由清算公司逐日清算。初始保证金是交易者新开仓时所需交纳的资金。它是根据交易额和保证金比率确定的。保证金账户中必须维持的最低余额叫维持保证金。当保证金账面余额低于维持保证金时,交易者必须在规定时间内补充保证金,否则在下一交易日,交易所或代理机构有权实施强行平仓。平仓是指期货交易者买入或卖出与其所持期货合约的品种、数量及交割月份相同但交易方向相反的期货合约,了结期货交易的行为。例如某日一位投资者买入 2 份同年 12 月到期的黄金期货合约。当前的期货价格为$400/盎司,每份合约 100 盎司。总金额$80 000,保证金比例为 5%,则初始保证金为$4 000(80 000×5%),维持保证金=初始保证金×75%=$3 000。当账户内保证金余额不足$3 000 时,需追加保证金,使之回到$4 000。

金融期货一方面可以用来套期保值或投机套利,另一方面它具有极强的杠杆效应,会数倍放大收益和损失。套期保值是指交易者在现货市场买卖某种原生产品的同时,在期货市场中设立与现货市场相反的交易头寸,原生产品、交易的数量、月份等相同,从而将现货市场价格波动的风险通过期货市场上的交易转嫁给第三方的一种交易行为;并非追求盈利,可能套期保值的结果比不套期还要不好。但毕竟是自己能够承受的比较确定的结果,重要的是"保值"。投机者在期货交易中的目的不是对冲风险,而是投机者通过预测未来价格的变化,利用自己的资金买卖期货合约,以期在价格出现对自己有利的变动时对冲平仓获取利润的行为。投机者无须拥有实物头寸,选择对冲来平仓,避免实物交割。以外汇期货为例分析期货交易的基本操作原理。例如美国某出口商 3 月 1 日向加拿大出口一批货物,3 个月后收款 50 万加元。为防止 3 个月后加元汇率下跌,该出口商在 3 月 1 日卖出 5 份 6 月期的加元期货合约(每份合约面值 10 万加元)。3 月 1 日,现货市场中 1 加元=0.7890 美元,期货市场中 1 加元=0.7889 美元。3 个月后,若加元汇率果然下跌,在 6 月 1 日,现货市场中 1 加元=0.7860 美元,期货市场中 1

加元=0.7850 美元，则出口商在现货市场亏损 50 万×（0.7890-0.7860）=1500 美元；期货市场盈利 50 万×（0.7889-0.7850）1950 美元，从而规避了风险。这就是外汇期货市场中空头套期保值，即在期货市场上先卖出外汇期货，再买入外汇期货以保值。而多头外汇套期保值是指在期货市场上先买入外汇期货，再卖出外汇期货以保值。

3. 金融期权

金融期权是指在将来特定的期限内，按照约定的协议价格买进或卖出一定数量的相关资产，也可以根据需要放弃行使这一权利。为了取得这一权利，期权合约的买方必须向卖方支付一定数额的费用，即期权费。

按权利性质的不同，期权可分看涨期权和看跌期权两个基本类型。看涨期权的买方有权在某一确定的时间以确定的价格购买相关资产；看跌期权的买方则有权在某一确定时间以确定的价格出售相关资产。假设益智公司股票当前的价格为 15 元，你预计它在六个月后会上涨到 22 元，但你又不敢肯定。于是，你以每股 1 元的价格从王小二手里购买了这样一份买入期权，约定在六个月后你有权利从王小二手里以每股 17 元的价格购买 1 万股益智股票。如果六个月后股票的价格真的上涨到了 22 元，那么，你就执行以每股 17 元的价格从王小二手里买入 1 万股益智股票的权利，然后以每股 22 元的价格将其在现货市场上卖掉。这笔交易就是股票看涨期权。

对于看涨期权的买方来说，当市场价格高于执行价格，他会行使买的权利，取得收益；当市场价格低于执行价格，他会放弃行使权利，所亏损的是期权费。对于看跌期权的买方来说，当市场价格低于执行价格，他会行使卖的权利，取得收益；反之，则放弃行使权利，所亏损的也是期权费。因此，期权对于买方来说，可以实现有限的损失和无限的收益，与之相对应，对于卖方来说则恰好相反，即损失无限而收益有限。具体如图 4-2 和图 4-3 所示。

按履约时间的不同，期权又分美式期权和欧式期权。按照美式期权，买方可以在期权的有效期内任何时间行使权利或者放弃权利；按照欧式期权，期权买方只可以在合约到期时行使权利。由于美式期权赋予期权买方更大的选择空间，因此被较多的交易所采用。

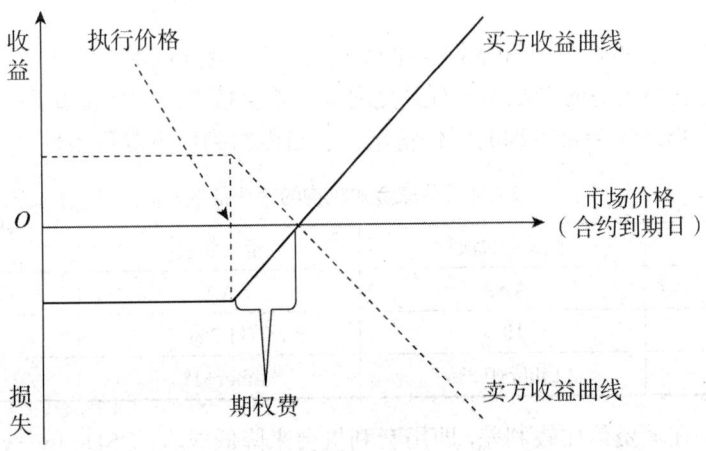

图 4-2　看涨期权的收益或损失

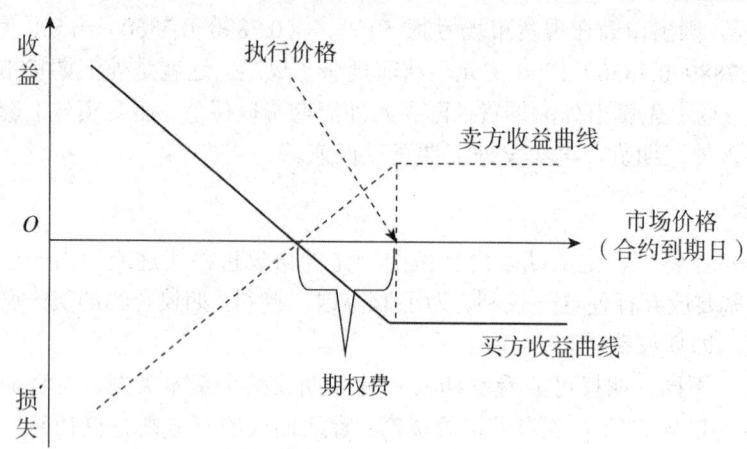

图 4-3 看跌期权的收益或损失

4. 金融互换

金融互换是指交易双方约定在合约有效期内，以事先确定的名义本金额为依据，按约定的支付率（利率、股票指数收益率等）相互交换一系列的货币流量。被互换的货币流量既可以是固定的，也可以按基础金融工具价格的波动进行调整。金融互换合约大多是非标准化的，可以根据客户之间的双边协议而定。产生金融互换的原因主要是交易双方分别在各自的市场具有优势，但又需要对方市场上的金融工具，于是，通过金融互换就可以为双方带来好处。金融互换按照基础金融工具的不同，又可细分为利率互换、货币互换和股权互换等多种。以下一利率互换为例进行解释金融互换操作原理。

利率互换是指交易双方为交换以同种货币表示、以不同利率基础计算的现金流而签订的协议。利率互换定价与资信比较利差有密切关系。资信比较利差（Quality Spread Differences QSD）是金融交易者由于资信等级不同而形成的融资成本差异，它构成利率互换交易的利益基础。这种差异可以形成套利，为实施利率互换的双方带来成本的节约。QSD=（y_2-y_1）-[（libor+x_2）-（libor+x_1）]

假设中国交通银行香港分行和泰国 JEPARTE 银行香港分行都希望借入 2000 万美元，期限为 5 年。由于对利率走势的看法不一样，交通银行希望按浮动利率借款，而泰国银行希望按固定利率借款。根据两家金融机构的资信情况，各自能得到以下筹资条件（见表 4-1）。

表 4-1 两家金融机构的筹资条件

	中国交通银行	泰国银行	利差
信用等级	AAA	AA	
固定利率	10%	11.2%	1.2%
浮动利率	Libor+0.3%	Libor+1%	0.7%

这笔交易中存在着资信比较利差，即用套利机会来降低成本。QSD=（y_2-y_1）-[（libor+x_2）-（libor+x_1）]=（11.2%-10.0%）-[（libor+1%）-（libor+0.30%）]。交通银行按固定利率 10% 从公开市场借款 2000 万美元，接着将 2000 万美元借给泰国银行并按 9.95% 利率收息，同时从

泰国银行借款2000万元并按libor支付利息。

相对泰国银行而言，即先按浮动利率libor+1%从公开市场借款2000万美元，接着把2000万美元借给交通银行并按libor利率收息，同时从交通银行借款2000万元并按固定利率9.95%支付利息。

交通银行前两项现金流合计每年支付净利率0.05%，三项现金流合计净效果为：交通银行每年支付浮动利率libor+0.05%，从而降低成本0.3%-0.05%=0.25%；泰国银行前两项现金流合计每年支付净利率1.00%，三项现金流合计净效果为：泰国银行每年支付固定利率10.95%，从而降低成本11.2%-10.95%=0.25%。这样，双方总利息节约$100万。

本章小结

金融市场是指实现货币资金借贷、办理各种票据和有价证券买卖的领域。按照所交易金融资产的期限划分，金融市场可分为货币市场和资本市场；按照组织方式划分，金融市场可分为有组织的市场和无组织的市场；按照金融资产的新旧程度划分，将金融市场可分为发行市场和流通市场。

货币市场是进行短期资金融通的市场，其交易主体和交易对象十分广泛，既有直接融资，如短期国库券交易、票据交易等交易活动，又有间接融资，如银行短期信贷、短期回购等交易；既有银行内的交易，也有银行外的交易。

资本市场又称长期资金市场，是指融通长期性（通常是1年以上）资金的市场。资本市场工具包括股票、债券、投资基金。

金融衍生工具是指其价值依赖于原生性金融工具的一类金融产品。按合约类的标准分类可分为金融远期、金融期货、金融期权和金融互换，理解金融衍生工具的操作原理。

【案例讨论】

新常态下的中国金融大格局

1. 人民币基本维系强势货币的态势

未来几年，人民币相对主要货币的汇率应该仍然处在一个升值的态势之中。人民币对美元目前虽然贬值比较快，但从总体上讲，未来3到5年，人民币升值的基本态势还有可能持续下去。

为什么能够作出这么一个判断？基本的原因是，一国货币相对其他货币的汇率高低，取决于本国的劳动生产率相对于其他国家劳动生产率增速的高低。更精确地讲，是取决于本国的劳动生产率增速超越工资增长水平的程度。劳动生产率相对工资水平的增长越快，该国的竞争力就越强，出口也越高，同时这个国家的国民储蓄率也会非常高。当前，由于固定资产投资的不断上涨，中国劳动力的人均资本量还在快速提高，因此，劳动生产率还将不断提高。

2. 中国金融的大踏步国际化

金融国际化最基本的表现是资金的跨境流动将逐步放开。尽管在宏观上政府会十分谨慎，可是基本趋势是不容置疑的,中国的机构和百姓将更自由地将自己的资产配置到世界各地。

当今时代,中国与世界经济已密不可分,很多国外的资产事实上也是根植中国经济的,比如说苹果、宝马、英特尔、高通以及很多矿产企业,其大量的盈利来源于中国市场。所以,中国的百姓去购买这些企业的股票及相关金融资产,事实上也相当于投资中国经济自身,这就是所谓的肥水不流外人田。

3. 短期利率下行,利差下降,固定收益产品长期化

当前中国金融领域一个令人担忧的问题是,大量的长期投资项目,包括基础设施投资项目,依赖短期融资,这就使得中国的长期债券市场几乎是空白,人为地提高了短期贷款的需求,从而抬高了短期存贷款利率。整个固定收益产品的收益率曲线是短高长低。

这一现象毫无疑问对实体经济的发展是非常不利的,决策者正在采取各种措施解决这一问题,包括逐步扩大发行由政府担保的各种长期债券。未来3到5年,长期债券将得到长足发展。伴随这一趋势,短期利率将会逐步下行,利差也会下降,像现在3个月8%年化利率的短期理财产品未来将逐步消失,而将出现长期债券产品。这一点中国的金融机构必须心知肚明,即今天高利率的短期金融产品将在不久的将来大规模消失。

4. 资产证券化和直接融资扩大化

我国经济当前的一个弊病是金融资产最主要的形式是银行的贷款存量,而这些存量仍存在于银行内部,没有形成一个流动机制。各个银行手中持有总体上讲效益不错的产品,如何将这些产品流动起来,还存在一层窗户纸,那就是产品的信息缺乏透明化。这就需要一系列的基础制度设施,比如说信用评级、担保和保险,以及交易平台。

5. 金融机构和金融产品的多元化

几年前,中国市场的金融产品凤毛麟角,仅包括银行存款、股票、国债以及部分信托产品。当今金融产品已经不断多元化,各种信托产品层出不穷,期货、期权等衍生性金融产品也在不断推出,与此相关的是各种金融机构像雨后春笋般涌现出来,担保、信托、保险、对冲基金、私募基金等层出不穷。

【课堂讨论题】

简述我国金融市场现状以及完善金融市场的途径。

复习思考题

1. 试述金融市场的概念及其构成要素。
2. 试述金融市场的特征。
3. 货币市场由哪些子市场构成?
4. 什么是股票,其种类有哪些?
5. 什么是债券,其种类有哪些?
6. 什么是投资基金,其种类有哪些?
7. 试述金融衍生工具的种类。

本章练习题

第5章 金融机构体系

【学习目标】

通过本章学习,使学生了解金融机构的产生及金融体系的形成及构成,能理解各金融机构的功能,在此基础上了解我国的金融体系构成及发展。

思政目标

【本章引例】

高层次开放型金融体系初步形成

2020年,中国证监会等三部门发文,为进一步便利外资投资境内资本市场,针对合格境外机构投资者和人民币合格境外机构投资者在境内进行证券期货投资,降低了准入门槛,扩大了投资范围。

这只是近年来我国持续扩大金融开放的一个缩影。"十三五"期间,我国持续推动金融市场双向开放,境内外金融市场互联互通取得实质性突破:彻底取消银行、证券、基金管理、期货、人身险领域的外资持股比例限制;取消企业征信评级、信用评级、支付清算等领域的准入限制,给予外资国民待遇……

与此同时,我国稳步推进人民币国际化,2016年人民币加入特别提款权货币篮子(SDR)。中国人民银行发布的《2020年人民币国际化报告》显示,人民币已成为第五大国际支付货币、第五大国际储备货币、第三大贸易融资货币和第八大外汇交易货币。

人民银行相关人士表示,随着稳步扩大金融业双向开放,高层次开放型金融体系初步形成。我国正积极参与全球经济金融治理,提升我国在国际货币基金组织的影响力,大力推动区域金融合作。

在"十三五"收官之际,金融领域不仅交出了自己的答卷,还在中国人民银行牵头下启动了"十四五"金融改革发展规划起草工作。展望"十四五",人们对未来金融改革新举措充满期待,一个更为健全的现代金融体系正迎面而来。

问题:我国的金融体系是如何构建的?

(资料来源:新华网 http://www.xinhuanet.com/2020-10/06/c_1126578253.htm 2020年10月6日。)

5.1 金融机构的产生与金融机构体系形成

银行是现代金融业的代表机构,也是现代金融机构体系中的主体。银行是商品货币经济高度发展的产物,是从货币经营业发展而来的,银行的演变经历了从货币经营业到早期银行、现代银行的发展过程。

5.1.1 银行的产生

货币产生以后，因不同国家和不同地区所使用的货币种类不同，所以在交换商品中产生了货币的兑换问题，逐渐地，一部分商人从普通商人中分离出来专门从事货币的兑换业务，即把不同国家和地区的铸币兑换成金块或银块，或兑换成本国铸币或本地区铸币。以后，这些铸币兑换商人又开始为各种商人办理货币的保管业务，同时，受商人委托兼办货币收付、结算、汇兑等中间业务。这样，简单的货币兑换业就开始演变成了货币经营业了，货币经营业是早期银行的前身。

货币经营业适应了商品交换的需要，业务得到了广泛的扩展，在货币经营者的手中也逐渐聚积起大量的货币，其中有一部分并不需要立即支付，出现了暂时的闲置，于是货币经营者就把这部分货币贷放出去赚取利息收入。同时，社会上也有越来越多的人把货币存放在货币经营者手中以获得利息收入。这种在货币经营业务基础上的存款、贷款业务的出现和发展，使货币经营业转变成了早期的银行业。

从历史上看，"银行"一词起源于意大利，早期银行产生于意大利。据考证，早在12世纪，意大利就出现了银行，但在历史上首先以"银行"为名和较具典型银行意义的是1580年建立的威尼斯银行，后来扩展到欧洲其他国家，相继出现了米兰银行、阿姆斯特丹银行、汉堡银行及纽伦堡银行等。

◇ 阅读资料 5-1

现代"银行"一词的起源及其在中、日两国间的流传

"银行"一词在中国宋代就已经产生。宋、元、明时期的"银行"是指"银器制造行业"，清初的"银行"是指"银号行业"。古代"银行"与现代"银行"形同义不同，它们不是现代"银行"一词的起源。进入近代后，1854—1856年理雅各等在华西方人开始以"银行"称呼中国的银号、钱店，接着以此"银行"对译西文 Bank，现代"银行"一词由此从编译渠道诞生，但其流传和影响不广，它只是"出现"，因其很快"断流"，它还不是现代"银行"一词的直接"起源"。1862—1866年7家外商信用机构逐渐由"银号、号、洋行、行、银公司"等名称演变而成为"银行"，现代"银行"一词由此从机构命名渠道产生。由于新式银行本身势力的扩张，它的语言影响力使银行一词得到了广泛传播，并东传到了日本，且流传至今，它才是现代"银行"一词的直接起源。以上事实说明，探究现代概念（名词）的起源，既要考察其含义与现代是否相同，又要考察含义相同的词语之间是否有传承而同源。古代"银行"与现代"银行"形同义不同；近代编译产生的"银行"与机构命名的"银行"义同源不同。而此前的概念史研究，大多追溯一个最早的起源，然后认为只要此后在相同意义上使用该概念，那么，后者就是前者的传承，但本文发现，即使是含义相同，也未必是后者受到先发者影响，而是在不同渠道由不同的原因造成，这不同渠道产生的同义词其生存与流传能力也截然不同。

现代"银行"一词为中、日两国至今仍在使用的同形、同义词，那么，它到底是起源于中国？或者是起源于日本？或者是中、日两国各自独立生成？从20世纪初以来，一直众说纷纭。此前的研究已经注意到了东传到日本的罗存德编《英华字典》（1866）和邝其照编《字典集成》（1868）等文献早于日本使用"银行"。但研究者不敢据此断定"银行"一词源于中国而东传

日本,因为它没有确定中国的新式信用机构是否袭用日文"银行"之名。本文的研究表明,1862—1866年中国7家外商信用机构由"银号、洋行、银公司"等名称逐渐演变而自称"银行"。"银行"这一机构名称自发形成后,它迅速传播到字典、报纸、官方文件、汉译西书等载体中,单《上海新报》(1861—1872年)就出现了数百条银行广告。在中国出现的"银行"迅速通过《上海新报》、罗存德编《英华字典》、邝其照编《字典集成》等渠道而东传日本,1872年日本新式信用机构才开始自称"银行",它比中国晚了将近10年,日本学者盐谷廉等也明确承认日本所用银行二字出于中国。因此,现代"银行"一词源于中国而东传日本应无疑义。

(资料来源:孙大权.现代"银行"一词的起源及其在中、日两国间的流传.中国经济史研究[J].2019,3:109.)

5.1.2 金融机构体系的形成

早期银行是高利贷性质的银行,而不是现代意义上的银行。随着资本主义生产关系的确立和资本主义商品经济的发展,高利贷性质的银行业已不能适应资本扩张的需要,因为资本的本质是要获取尽可能高的利润,利率只能是平均利润率的一部分,同时资本主义经济工业化的过程需资金雄厚的现代银行作为其后盾,高利贷性质的货币经营业已成为资本主义经济发展的障碍。所以高利贷性质的早期银行逐渐被能适应资本主义经济发展需要的现代银行所取代。

世界上第一家股份制银行是1694年在英国成立的英格兰银行。该行一开始就把向工商企业的贷款利率定为4.5%~6%,而当时的高利贷利率高达20%~30%,所以,英格兰银行的成立标志着现代商业银行的诞生。从此以后,股份制银行在英国以及其他各资本主义国家得以普遍建立,这些股份制银行资本力量雄厚、业务全面、利率较低,建立了较为规范的信用货币制度,极大地促进了工业革命的进程,同时也逐渐使它们成为现代金融业的主体。

英格兰银行最初的贷款建立在真正的商业行为之上,而且以商业票据为凭证,一旦产销完成,贷款就可以得到偿还,也就是说当时的贷款具有自偿性,因此,这类贷款偿还期短,流动性强。因为这种商业性的贷款成为主要的资本主义银行业务的代表,所以现代资本主义银行叫作商业银行。随着资本主义经济的发展,商业银行突破了融通短期资金的界限,不仅发放短期贷款,而且发放长期贷款;不仅向工商企业提供贷款,而且向一般消费者发放贷款。另外,商业银行不仅通过发放贷款获取利润,而且通过证券投资、黄金买卖、租赁、信托、保险、咨询等获取收入。可见,商业银行的最初意义是指经营短期商业资金的银行,但现代商业银行早已突破了这一概念范畴,已经是全能的、综合性的金融机构的代名词了。而且在现代银行的发展过程中,逐渐形成了各类银行,如商业银行、专业银行、投资银行、中央银行等,形成了较完整的银行体系,进而形成了以银行为主体的现代金融机构体系。

5.2 金融机构体系的组成及各种金融机构的职能

5.2.1 金融机构体系概念

金融机构体系是指相互作用和相互依赖的若干个金融机构或单位组合而成的、具有规定功能的整体。当今世界各国的金融体系,一般由中央银行、商业银行、专业银行和非银行金融机构所组成。

5.2.2 金融机构及功能

金融机构一般是指经营货币与信用业务,从事各种金融活动的组织机构。金融机构一般划分为银行机构和非银行金融机构两大类。

1. 银行机构

银行机构是对经营货币和信用业务的金融机构的总称。按不同标准划分,银行可划分为不同的类型。按职能划分可分为中央银行、商业银行、专业银行;按银行业务的地域划分可分为全国性银行和地方性银行;按资本来源划分可分为股份制银行、合资银行、独资银行。

(1) 中央银行

中央银行在一国金融体系中居于主导地位,它是负责制定和执行国家货币信用政策、实行金融管理和监督,控制货币流通与信用活动的金融中心机构。资本主义国家的中央银行是在商业银行的发展过程中,由发行银行转化形成的。有关中央银行的问题,本书将在第七章中加以阐述。

(2) 商业银行

商业银行是以经营工商业存放款为主要业务,并以利润为其主要经营目标的信用机构。由于这类银行最初所吸收的主要是活期存款,利用这种资金只适应经营短期的商业放款业务,因此称为商业银行。商业银行有独资经营、合资经营、官商经营、国家经营等不同组织形式。各国的商业银行多数是按照股份公司形式组织起来的,因此又称"股份银行"。有关商业银行的问题,本书将在第五章中加以阐述。

(3) 专业银行

专业银行是专门经营某种特定范围的金融业务并提供专门性的金融服务的银行。当今各国主要的专业银行有以下几种。

①投资银行。投资银行是专门办理对工商企业的投资和长期信贷,以满足企业对固定资本的需要的银行。它的名称多种多样,如实业银行、信托公司、金融公司、证券公司、发行公司或投资托拉斯等。

投资银行的资金来源主要靠发行股票和债券来筹集,存款只起辅助作用,主要是吸收定期存款,一般不接受活期存款和储蓄,有的则不办理存款业务。这是因为活期存款的资金来源不稳定,不能适应长期资金运用的需要。

投资银行的主要业务是为工商企业代办发行与包销证券、发放中长期放款、经营外币买卖与存款、办理信托业务、提供投资及财务咨询服务等,有的还兼营黄金买卖及资本设备或耐用商品的租购业务等。

投资银行与商业银行的区别在于:它不接受存款或只接受定期存款,它只办理中长期放款和投资业务。但是,第二次世界大战后,西方银行逐渐向全能化发展,有的投资银行已突破原有的业务经营范围,兼营商业银行的一般存放款业务。

②储蓄银行。储蓄银行是专门办理储蓄存款业务的一种专业银行。它的名称也多种多样,如美国称为互助储蓄银行,英国称为信托储蓄银行等。

储蓄银行的资金来源主要是居民的储蓄存款。有些国家的法律规定,储蓄存款人如要提取存款,必须在30天或60天前通知银行,但大多数国家的储蓄银行则无此项规定。美国有些州的互助银行为了方便储户,拓展业务,对储户开立支票账户,或设置接近于支票的可转让提款通知单。但是,由于储蓄存款期限比活期存款长,在正常情况下不至于突然大量提取,所以储蓄银行的准备金比率较低。这样,储蓄银行就能够将所吸收的资金用于长期投资,或用于不动产抵押放款等。其资金运用首先是用于不动产抵押放款,当此项放款占其资产总额20%以上时,便可获得减免税收的优待。互助储蓄银行还经营债券投资活动,当债券收益高于抵押放款收益时,他们便把资产转向债券市场,购买股票和公司债券。

在美国,还设有储蓄与贷款协会,储户存入协会的款项称为"股份",定期领取红利,并由储户选出董事会主持协会的业务经营,贷款对象主要是协会会员,即储户。贷款项目与互助储蓄银行一样,也是以不动产抵押放款为主。

第二次世界大战后,西方各国为了恢复战后经济,急需大量建设资金,加以当时证券市场恢复缓慢,所以许多国家都以开展储蓄作为解决资金困难的一个有力措施。例如,前联邦德国、日本等国纷纷以普设储蓄机构、增设储蓄种类、加强服务、开展宣传等方法,积极开拓储蓄业务。但是,储蓄银行在开展业务的过程中,面临着两个对手:一是商业银行也办理储蓄业务,而商业银行业务面广,客户多,这是一个优势;二是它还必须同证券商竞争,如果购买证券的收益高于储蓄利息,储户便会将资金转向证券市场。为此,某些国家政府便对储蓄给以免税、高利息和差别利息等办法,对储蓄银行给予支持和鼓励。

③开发银行。开发银行是通过提供长期放款,以开发资源,进行基本建设为主要业务对象的专业性银行。它分为以下三种:一是国际性开发银行,如联合国的国际复兴开发银行,又称世界银行,其主要业务是对发展中的会员国提供长期开发性放款;二是区域性开发银行,如亚洲开发银行,主要业务是向亚洲成员国提供长期开发性放款;三是本国的开发银行,或称建设银行、开发投资公司等,主要业务也是提供长期开发性放款,促进本国经济和建设的发展。

开发银行不以营利为目的,它分别由联合国或本国政府出资兴办,但在某些国家也有公私合营的开发银行。

④不动产抵押银行。不动产抵押银行是以土地和其他不动产为抵押的一种专业性的长期放款银行。它不办理存款业务,资金来源主要是靠自己发行债券来筹集,用以发放不动产抵押放款,然后将这种债权转售给有多余储蓄存款的储蓄银行和其他金融机构,从中牟取利差作为利润。所以说,它不是作为存款者和借款者的中介人身份出现,而是作为借款人和储蓄银行或其他金融机构的中介人出现。

(4)政策性银行

政策性银行是政府创办的以扶持特定的经济部门或促进特定地区经济发展为主要任务、在特定的行业领域从事金融活动的专业银行。

政策性银行的资金主要来源于创办时的财政拨款及发行债券或吸收一定的定期存款。政策性银行的经营不以营利为目的。

根据各国实际情况不同,政策性银行的种类也有所不同,一般意义上讲,政策性银行主要包括农业银行和进出口银行。

①农业银行。农业银行是指在政府指导和资助下设立的专门经营农业信贷业务的银行。因为农业受自然因素影响大,农业部门担保和收益能力都较低,农户分散,资本需求的期限长且

具有季节性，这些都决定了农业信贷的特征，即期限长、收益低、风险性大。因此，一般商业银行和其他金融机构都不愿经营农业信贷业务，从而使农业信贷具有政策性金融的性质，需要由政府设立专门的金融机构为之服务。目前，世界上许多国家均设有农业政策性银行，如美国的联邦土地银行、法国的农业信贷银行、德国的农业抵押银行、日本的农林渔业金融公库以及我国的农业发展银行等。

②进出口银行。进出口银行是政府为支持本国对外贸易而专门设立的经营对外贸易信用业务的专业银行。由于国际贸易领域中竞争十分激烈，为了增强本国企业在进出口业务中的竞争优势，特别是为本国商品的出口提供信贷服务，国家设立了为从事对外贸易活动的企业提供资金和信息服务的进出口银行。它是政府通过金融渠道支持进出口贸易以及加强国际间金融合作的手段和方式，因此，在经营方针、贷款利率等方面具有较强的政策性融资特征，如美国的进出口银行、日本的输出入银行、法国的对外贸易银行以及我国的进出口银行等。

除上述银行机构以外，在各国的银行体系中还有外资（合资）银行。随着金融业全球一体化的不断推进，外资银行已成为各国银行体系中的重要组成部分。

此外，还有一些专业性银行。例如，专门向工业部门提供长期资金的工业银行，向农业部门提供长期资金的农业银行，为国际贸易提供长期资金的进出口银行或对外贸易银行，为房屋建筑业提供长期资金的土地银行等。上述这些银行的资金运用多为长期性放款或投资，资金来源主要是吸收定期存款和发行债券所得。

2. 非银行金融机构

20世纪80年代以来，随着各国金融自由化进程的加快，非银行金融机构的发展非常迅速，在金融体系中，非银行金融机构的重要性和地位不断提升。一般来说，主要包括保险公司、投资信托公司、养老或退休基金会、租赁公司、信用合作社等。

（1）保险公司

保险公司是指专门经营各种保险业务的非银行金融机构。保险公司主要是依靠投保人缴纳保费和发行人寿保险单等方式筹集资金，对发生意外灾害和事故的投保人予以经济补偿，是一种以经济补偿为特征的特殊信用融资方式。保险公司的资金运用，除保留一部分以应付赔偿所需之外，其余部分用来投资，主要投向政府债券和收入较稳定的企业债券和股票，有时也用来发放不动产抵押贷款或保单贷款等。

（2）投资信托公司

投资信托公司是指通过发行股票和债券的方式筹集资金，并将获得的资金投资于其他公司的股票和债券的非银行金融机构。投资信托公司实际上是投资基金的一种形式。投资者在购买了投资信托公司的股份后，相当于通过金融中介机构间接投资于金融市场。

投资信托公司的特点是投资组合、专业理财和规模优势。一方面，投资信托公司汇集中小投资者的资金形成一定规模的资金实力，可以进入单一小额投资者无法进入的市场，增加了中小投资者的获利途径；另一方面，投资信托公司通过专业和技术优势，对资产进行分散化管理，减少风险发生的可能性，可以达到单一投资者难以达到的盈利水平和投资安全保障。

投资信托公司为了吸引中小投资者的投资，往往设立不同的基金，如按基金可否赎回设立开放型基金和封闭型基金；按投资对象不同设立股票基金、债券基金、货币市场基金、股价指数基金、本国基金、外国基金、期货基金等。

（3）养老或退休基金

养老或退休基金会是一种向参加养老计划者以年金形式提供养老金的非银行金融机构,其资金来源主要是雇主或雇员缴纳的退休基金及其投资收益。养老或退休基金的投资运用主要是投资于有价证券,如政府债券、企业债券、金融债券、股票等,也可用于委托投资。

（4）租赁公司

租赁公司是通过购买大型设备,再将该设备以经营租赁或融资租赁等形式出租给需要使用设备的企业的一种金融中介机构。这种金融运作方式具有灵活融通资金、成本较低、可以获得税收上的一些优惠的特点,是非银行金融机构中的一个重要组成部分。

（5）信用合作社

信用合作社是一种互助合作性金融组织,在发达的市场经济国家普遍存在。信用合作社分为农民信用合作社和城市手工业者信用合作社。信用合作社一般规模不大,其资金主要来源于合作社成员所缴纳的股金和吸收的存款,其贷款主要以信用合作社的成员为对象。最初信用合作社主要发放短期生产贷款和消费贷款,目前一些较大的信用合作社已开始为解决生产设备更新、技术改造等提供中长期贷款,并逐步采取了以不动产或有价证券为担保的抵押贷款方式。

除以上所述的几种机构以外,非银行金融机构还包括财务公司、资产管理公司、消费信贷机构等。

此外,金融机构还可以按其资金来源划分,可分为存款性金融机构、契约型金融机构和投资型金融机构。存款性金融机构是主要依靠吸收各类存款作为资金来源的金融机构,包括商业银行、储蓄银行、信用合作社等；契约型金融机构指以契约方式在一定期限内从合约持有者手中吸收资金,然后按契约规定向持约人履行赔付或资金返还义务的金融机构,主要包括保险公司、信托投资公司、养老基金等；投资性金融机构是在直接金融领域内为投资活动提供中介服务或直接参与投资活动的金融机构,主要包括投资银行、证券经纪和交易公司、金融公司、投资基金等。

当今社会金融创新不断发展,市场竞争日益激烈,各种金融机构业务不断交叉、重叠,使得原有的金融机构差异日渐缩小,从而逐渐呈现出专业经营向多元化综合经营发展的趋势。

5.3 中国金融机构体系

5.3.1 计划经济时期"大一统"的金融机构体系

在完成生产资料社会主义改造后,我国借鉴了苏联模式建立了高度集中的计划经济体制。金融机构也按照当时苏联的银行模式进行了改造,撤销、合并了除中国人民银行以外的其他银行及非银行金融机构,建立起一个高度集中统一的国家银行体系,后来我们称之为"大一统"的银行体系。

"大一统"的银行体系中,中国人民银行是全国唯一的一家银行,它的分支机构按行政区划设于全国各地,它既是金融行政管理机关,又是具体经营银行业务的经济实体,"一身兼二任";同时,实行高度集中的信贷管理体制,信贷资金统收统支、集中管理。

"大一统"的银行体系是高度集中的计划经济体制的必然产物,它适应了计划经济管理的要求,尤其在第一个五年计划期间和20世纪60年代初的三年经济调整期间,发挥了应有的作用。由于这种金融体系缺乏活力,其弊端随着社会主义经济的发展和经济体制的转变而暴露无遗。所以,党的十一届三中全会以后,为适应我国经济体制改革的需要,我国对"大一统"的银行体系进行了大规模的改革。

5.3.2 金融机构体系的改革

我国对金融机构体系的改革大致可分为两个阶段。

1. 建立多元化的金融机构体系

(1)恢复和设立各银行机构

1979年2月,我国恢复了中国农业银行,专营农村金融业务,同年,从中国人民银行中分设出专营外汇业务的中国银行,中国人民建设银行(现中国建设银行)也从财政部被分设出来。1984年,从中国人民银行中分设出中国工商银行,专营全部工商信贷业务和城镇储蓄业务。1986年,重新组建交通银行。

(2)增设非银行金融机构

1979年10月,我国成立中国国际信托投资公司,1981年2月,成立中国投资银行,1982年,中国人民保险公司从中国人民银行中独立出来,1984年以后,全国各大中城市相继成立了城市信用合作社,还恢复了集体所有制性质的农村信用合作社。1990年和1991年,上海和深圳证券交易所相继建立之后,证券机构和基金组织不断增加。

(3)中国人民银行成为中央银行

1983年9月,国务院决定中国人民银行正式行使中央银行的职能,脱离具体的银行业务,成为独立的国家金融管理机关。这一改革是我国金融机构体系的重大变革,标志着以中央银行为领导、多种银行和非银行金融机构并存的多元化金融体系开始建立并逐步发展起来。

2. 现代金融体系的建立

从1994年开始,为适应社会主义市场经济发展的需要,我国对金融机构体系进行了深化改革,一是强化了中央银行的宏观调控职能,加强了货币政策的独立性;二是建立了政策性银行,使得政策性金融与商业性金融相分离,保证了国家专业银行实现完全的商业化经营,完成其向国有商业银行的转轨;三是进一步发展以保险业为代表的非银行金融机构,同时从1996年起对外资银行有限地开放人民币业务,外资银行开始成为我国金融机构体系的组成部分。

经过上述改革,我国建立起了以中央银行为领导、国有独资商业银行为主体、多种金融机构并存、适应市场经济发展需要的现代金融体系。

5.3.3 我国现行的金融机构体系

我国现行的金融机构体系由中央银行、商业银行、政策性银行、非银行金融机构及在华外资金融机构等构成,如图5-1所示。

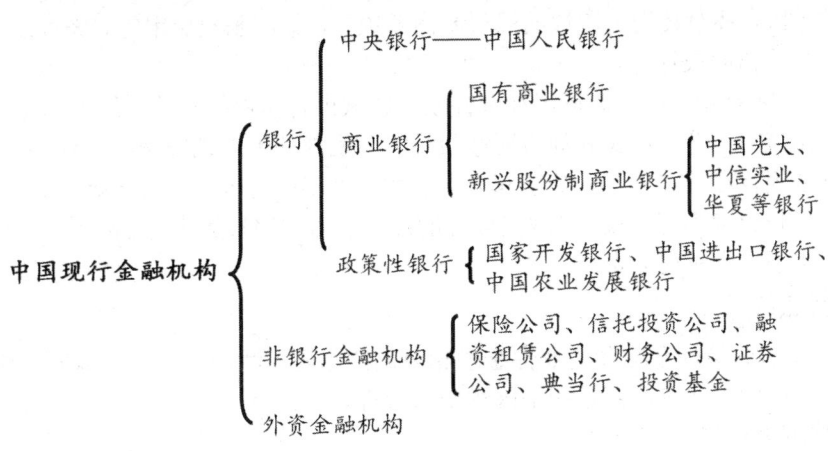

图 5-1 我国金融机构体系

1．中央银行

中国人民银行是我国的中央银行，是我国金融机构体系的核心，其具体职责主要有：发行人民币，管理人民币的流通；依法制定和执行货币政策；持有并管理国家黄金、外汇储备；管理国库；维护支付、清算系统的正常运行，负责金融业的统计、调查、分析和预测；作为国家的中央银行从事有关的国际金融活动；负责国务院规定的其他职责。2003年，我国成立了银行业监管委员会，属中国人民银行的有关金融监管的各项职责移交给"银监会"执行。

中国人民银行的分支机构根据总行的授权履行各自的职责。1998年底，中国人民银行改变了过去按行政区划设置分支机构的做法，重新按经济区划在全国设立上海、广州、济南、南京、武汉、沈阳、西安、天津、成都九个大区分行，这种分支机构设置的改革有利于按经济发展需要实施中央银行的宏观调控职能。

2．商业银行

（1）国有商业银行

国有商业银行是我国金融机构体系的主体，包括中国工商银行、中国农业银行、中国银行、中国建设银行。目前国有商业银行无论在人员总数、机构网点数量，还是在资产规模及市场占有份额上都在我国整个金融领域中处于绝对的优势地位。

按照我国商业银行法的规定（2015年修正），国有商业银行的业务经营范围包括：吸收公众存款；发放短期、中期、长期贷款；办理国内外结算；办理票据承兑与贴现；发行金融债券；代理发行、代理兑付、承销政府债券；买卖政府债券、金融债券；从事同业拆借；买卖、代理买卖外汇；从事银行卡业务；提供信用证服务及担保；代理收付款项及代理保险业务；提供保管箱服务；经中国人民银行批准的其他业务。

（2）股份制商业银行

股份制商业银行分为全国性的和地方性的两种。全国性的股份制商业银行在全国设立分支机构并开展经营业务，如交通银行、中信实业银行、中国光大银行、华夏银行等。地方性的股份制商业银行是指在一定区域范围内经营金融业务的商业银行，如上海浦东发展银行、烟台住房储蓄银行、蚌埠住房储蓄银行等。一些原有的地方性股份制商业银行因经营规模扩大，超出了经营地域的界限，逐渐转为全国性的股份制商业银行，如广东发展银行、深圳发展银行、福建兴业银行、中国招商银行等。

此外，从1998年起，由城市信用社合并成立的城市合作银行陆续改组为以城市命名的商业银行，成为由城市企业、居民和地方财政投资入股组成的地方性股份制商业银行。

股份制商业银行尽管在规模、数量和人员总数上远不能与国有商业银行相比，但其资本、资产及利润的增长速度不可小视，呈现出较强的经营活力和增长势头，股份制商业银行已成为我国银行体系中的一个重要力量。

3．政策性银行

1994年，本着政策性金融和商业性金融相分离的原则，我国设立了三家政策性银行，即国家开发银行、中国农业发展银行和中国进出口银行。

（1）国家开发银行

国家开发银行成立于1994年3月17日，其主要任务是筹集、引导境内外资金，向国家基础设施、基础产业和支柱产业的大中型基本建设和技术改造等政策性项目及其配套工程发放贷款。

（2）中国农业发展银行

中国农业发展银行成立于1994年11月18日，其主要任务是以国家信用为基础，筹集农业政策性信贷资金，承担国家规定的农业政策性金融业务，代理财政支农资金的拨付，为农业和农村经济发展服务。目前，在粮食流通体制改革的过程中，中国农业发展银行的业务主要集中于发放农副产品收购贷款。

（3）中国进出口银行

中国进出口银行成立于1994年7月1日，其主要任务是执行国家产业政策和外贸政策，为扩大机电产品和成套设备的出口提供政策性金融支持。

4．非银行金融机构

（1）保险公司

改革开放以来，我国的保险业得到了迅猛发展，机构数量不断增加。目前，我国的保险公司按组织形式分为国有独资公司和股份制有限公司两大类，其中，国有独资保险公司是中保集团（原中国人民保险公司）在1998年分设形成的三家保险公司，即中国人民保险有限公司（财产）、中国人寿保险有限公司和中国再保险有限公司。此外，按经营区域分为全国性保险公司和地方性保险公司，其中全国性保险公司除上述国有独资保险公司以外，还包括中国太平洋保险公司、中国平安保险公司等；而天安保险公司、上海大众保险公司等为地方性保险公司。另外，我国目前还有部分中外合资保险公司和外国保险公司在我国设立的分公司。可见，我国的保险市场已初步形成了国有商业保险公司为主、中外保险公司并存、多家保险公司竞争的新格局。

（2）证券公司

证券公司是专门从事有价证券买卖的金融机构，它受托办理股票、债券的发行业务，受托代理单位及个人的证券买卖，也可自己从事有价证券的买卖活动。按照我国证券法的规定，国家对证券公司实行分类管理，分为综合类证券公司和经纪类证券公司。综合类证券公司可经营的业务范围是：证券经纪业务，证券自营业务，证券承销和经国务院证券监管委员会规定的其他证券业务。经纪类证券公司只允许专门从事证券经纪业务。

随着我国国有企业股份制改造及更多的公司上市需要，证券公司将会得到迅速的发展。根据中国证券业协会发布 2019 年证券公司经营业绩排名情况，我国资产规模较大的证券公司主要有中信证券、国泰君安、华泰证券、招商证券、广发证券、海通证券、申万宏源、银河证券、中信建投、中金公司、东方证券、国信证券、广大证券、平安证券等。

（3）信托投资公司

改革开放以来，信托业虽然得到了较快的发展，但存在着功能定位不清、发展方向不明等不规范问题。信托行业从 1979 年发展至今 40 多年时间，国家对信托行业进行了六次非常严厉的整顿，一直持续到 2007 年最后一次整顿，银保监会已经停止发放新的信托公司牌照。规范后的信托投资公司主要经营资金、动产、不动产信托，基金管理及兼并重组，企业财务顾问等业务。信托投资公司以手续费、佣金等为主要收入来源，从而使信托真正成为受人之托、代人理财的非银行金融机构。根据中国货币网 2020 年数据统计，我国营业收入较大的信托投资公司主要有中信信托、重庆信托、建信信托、华能贵成信托、光大兴陇、中融信托、平安信托、五矿信托等。

（4）财务公司

当代西方国家的财务公司一般以消费信贷、企业融资和财务、投资咨询等业务为主。我国的财务公司一般是由企业集团内部集资组建的，为企业集团内部提供融资服务，其主要业务有存款、贷款、结算、票据贴现、融资性租赁、代理发行有价证券等。我国目前的财务公司有华能集团财务公司、中国化工进出口公司财务公司、中国有色金属工业总公司财务公司等。因我国目前的财务公司业务限定于企业集团内部，所以在非银行金融机构体系中并不占重要位置。

除以上机构以外，我国还存在其他一些非银行金融机构，如金融租赁公司、邮政储蓄机构及专门处理银行不良资产的金融资产管理公司等。

随着改革开放的不断深入，外资金融机构已逐步进入我国，在华外资金融机构的数量及业务规模不断扩大，已成为我国金融机构体系的重要组成部分，尤其在我国加入 WTO 以后，外资金融机构将更多地进入我国，并在促进中国金融业竞争与发展、支持中国经济建设等方面发挥重要作用。

目前，在我国境内设立的外资金融机构主要分为两类：一类是外资金融机构在华的代表处，进行工作洽谈、联络、咨询、服务等，不从事任何直接营利的业务活动；另一类是外资金融机构在华设立的营业性机构，包括独资银行、外国银行分行、合资银行、外资非银行金融机构等。

5.4 国际金融机构

5.4.1 国际货币基金组织

国际货币基金组织（IMF）是在国际合作的基础上，为协调国际间货币政策，加强货币合作而建立的政府间的国际金融机构。

1. 国际货币基金组织的宗旨

1945 年 12 月 27 日，参加布雷顿森林会议的 44 国中的 29 国政府批准了《布雷顿森林协定》。1947 年 3 月，国际货币基金组织开始办理业务，其总部设在华盛顿。

在《国际货币基金协定》中,对该组织的宗旨作了如下规定:

(1)建立一个永久性的国际货币机构,对国际货币问题进行协商,以促进国际货币合作;

(2)促进国际贸易的扩大和均衡发展,提高成员国就业和实际收入水平,开发成员国的生产资源;

(3)促进汇率稳定,维护正常的汇兑关系,避免竞争性的货币贬值;

(4)协助成员国建立多边支付制度,消除阻碍国际贸易发展的外汇管制;

(5)协助成员国改善国际收支状况,通过贷款解决成员国国际收支困难,避免采取危他国利益和国际繁荣的措施;

(6)根据上述宗旨,缩短成员国国际收支失衡的时间,减轻失衡的程度。由此可见,国际货币基金组织的根本任务是提供短期贷款,以调整成员国国际收支不平衡问题,维持汇率的稳定。

2. 国际货币基金组织的组成方式和机构

国际货币基金组织是以会员国入股方式组成的企业经营性质的金融机构。其最高权力机构是理事会,由各会员国选派理事和副理事各一人组成。基金组织处理日常事务的机构是执行董事会。

3. 国际货币基金组织的资金来源

国际货币基金组织的资金来源主要有以下几个方面。

(1)会员国的基金份额

这是国际货币基金组织最主要的资金来源。每一个会员国必须向国际货币基金组织认缴一定的份额,其认缴份额根据会员国的黄金和外汇储备、对外贸易量和国民收入的大小而定。国际货币基金组织最初规定,会员国缴纳份额的25%应为黄金,75%为本国货币。后来,取消了25%以黄金缴纳的规定,改为以特别提款权或外汇缴纳。

(2)借入资金

借款指国际货币基金组织通过与会员国协商,向会员国借入资金。IMF通过各国财政部或中央银行借款,也可以在征得成员国政府同意的条件下向私人机构借款。目前IMF有两个借款安排:借款总安排和新借款安排。1962年10月,国际货币基金组织从"十国集团"借入的60亿美元的"借款总安排"是第一笔借款资金安排。而后在1997年1月,国际货币基金组织执行委员会投票创立一项新的借贷安排,由国际货币基金组织(IMF)的25个成员国和机构安排,提供给IMF的信贷额度,旨在为维护国际货币体系稳定提供额外资金。在启动借款总安排之前,IMF会先启动借款新安排。

(3)出售黄金利润所得

根据"牙买加协定"制定的"黄金非货币化"条款,国际货币基金组织可以将其所持有的黄金按市价出售,所得利润作为建立"信托基金"的资金来源,以向最贫穷的会员国提供贷款。

4. 国际货币基金组织的主要业务活动

(1)汇率监督

根据国际货币基金组织协议第二次修正案,基金组织实行汇率监督的根本目的在于保证有秩序的汇兑安排,消除不利于国际贸易发展的外汇管制,避免成员国操纵汇率或采取歧视性的汇率政策以牟取不公平的竞争利益。国际货币基金组织的汇率监督包括汇率政策监督和宏观经济政策监督两方面。

(2) 资金融通

国际货币基金组织的另一个重要业务活动就是对会员国进行资金融通。国际货币基金组织向各会员国所提供贷款的数额与会员国的份额密切相关,并且贷款基本上都附加使用条件,贷款越多,条件越严。国际货币基金组织根据不同的目的,将贷款分为不同的种类,不同种类的贷款使用条件不同。

5.4.2 世界银行

1. 世界银行的宗旨

世界银行是与国际货币基金组织同时产生的国际金融机构,它的宗旨是通过提供和组织长期贷款和投资,解决会员国恢复和发展经济的资金需要,资助它们兴办特定的基本建设工程。

2. 世界银行的组成方式及机构

它是按股份公司原则建立起来的企业性金融机构。其最高权力机构是理事会,负责处理日常业务的机构是执行董事会,执行董事会选举一人为行长。

3. 世界银行的资金来源

世界银行的资金来源主要有以下几个方面。

(1) 会员缴纳的股金。世界银行成立初期,法定资本为100亿美元。会员国缴纳的股金以它们在国际货币基金组织中分摊到的份额为准,其中20%在参加时缴纳,另外80%则等待世界银行催缴时再支付。至1980年1月,法定资本增至705亿特别提款权,并将会员国实缴股金的20%降到7.5%,其中0.75%以黄金或美元缴纳,6.75%则以会员国货币缴纳,另外92.5%为待缴股金。

(2) 向国际金融市场借款,特别是发行中长期债券。

(3) 出让债权,即世界银行将其贷出款项的债权转让给私人投资者(主要是商业银行)以收回部分资金。

(4) 经营中的利润收入。

4. 世界银行的主要业务活动

世界银行的主要业务活动是向发展中国家提供长期生产性贷款。贷款条件一般比国际资金市场上的贷款条件优惠,只贷给会员国中低收入国家和由政府担保的国有企业或私营企业。贷款一般要与特定的某一工程项目相联系,称项目贷款。这些项目要经世界银行精心挑选,认真核算,严密监督和系统分析。贷款一般只提供该项目所需建设资金总额的30%~40%,项目建设费用中当地货币部分应由本国政府筹措。贷款以美元形式提供,借款国要承担货币汇价风险,并必须按期归还贷款。总之,世界银行贷款从贷款项目确立到归还,都有一整套严格的政策和程序。

除贷款以外,世界银行还提供技术援助,提供国际联合贷款团的组织工作,以及协调与其他国际机构的关系等。

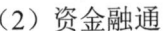 阅读资料 5-2

世行贷款 3 亿美元助甘滇公路发展

2015年3月31日,世界银行执行董事会批准向甘肃、云南提供贷款共计3亿美元,用于推进农村公路建设和提升公路资产综合管理水平。

甘肃省统筹城乡发展基础设施建设项目获世行贷款1.5亿美元，主要用于农村公路桥涵建设，项目实施地点选择在农村人口比例较大、收入水平较低、交通基础设施薄弱的武威市和临夏县。新建公路将连通48个建制村，使16.8万人受益。该项目负责人、世界银行高级交通专家李荷莉说："项目将方便村民出行和农产品运输，从而有助于缩小城乡差距。"

云南省公路资产管理项目获世行贷款1.5亿美元，主要用于加强公路养护管理，引进国际先进经验，建立公路资产综合管理系统、公路综合数据库、路网监测和应急指挥中心等，购置应急和养护设备，加强人员在职技术培训，引进先进养护技术。负责该项目的世行高级交通专家翟小可说："项目将采取综合管理模式来提升云南省公路局的资产管理能力，包括数据收集、规划预算、项目实施、绩效监测评估等。"

（资料来源：http://www.zfjtb.com/2015-04/07/content_24061.htm 2015年04月.）

5.4.3 国际清算银行

国际清算银行是由西方国家的中央银行和商业银行为解决第一次世界大战后德国的战争赔偿问题以及实施1930年海牙会议上通过的扬格计划而建立起来的一个国际金融组织，于1930年5月17日开始运作。国际清算银行是世界上最早建立的国际金融机构，如今它仍是各国中央银行开展合作的一个中心舞台。

1. 宗旨

国际清算银行的宗旨是促进各国中央银行间的全面合作，实现货币与金融稳定，为国际金融运作提供额外的便利，并作为国际清算的受托人或代理人。

2. 国际清算银行的组成及组织机构

国际清算银行的核定资本原为5亿法郎，由英国、法国、德国、意大利、日本和比利时等国的中央银行以及美国的摩根财团共同投资。目前国际清算银行的股份有4/5掌握在各成员国中央银行手中，其余1/5由中央银行转让给私人。持有国际清算银行股份的多少与投票权有关系。

国际清算银行的组织机构由大会、董事会、办事机构组成。最高权力机关是理事会，并由理事会指定12人组成董事会，负责总管银行的日常业务。

3. 国际清算银行的业务

国际清算银行的业务有：黄金业务，即买卖、储存、保管黄金等贵金属；外汇业务，即为各国中央银行管理、买卖外汇；证券业务，即买卖除股票之外的可转让有价证券；贴现业务，即办理政府国库券和其他短期债券的贴现、再贴现；存贷款业务，即接受各国中央银行的存款，向各国的中央银行提供短期贷款，办理政府间借款；清算业务，即作为办理官方之间的结算与清算的主要国际金融机构，国际清算银行为各国中央银行之间的相互清算提供便利；代理业务，即充作国际组织的金融代理人。自1948年以来，国际清算银行曾先后成为欧洲经济合作组织、欧洲煤钢联营、欧洲货币合作基金、黄金总库、国际红十字会等国际组织的代理机构，并协助各国中央银行间签订的"货币互换协定"的实施。

5.4.4 亚洲开发银行

亚洲开发银行是由所有成员国共同出资合办的不以营利而以提供经济援助为目的的半区域性国际金融机构。第二次世界大战以后，饱受战争创伤的亚洲国家迫切需要通过本地区各国之间的金融合作提供大量资金援助以恢复生产和发展民族经济。因此，经过多方努力，终于于1966年11月24日在日本东京举行了第一次亚洲开发银行理事会，并宣布主要服务于亚太地区的金融开发机构——亚洲开发银行正式成立，同年12月该行开始营业，总部设在菲律宾首都马尼拉。

1．亚洲开发银行的宗旨

亚洲开发银行的宗旨是促进亚洲和太平洋地区的经济发展与合作，特别是协助本地区发展中成员以共同的或个别的方式加速经济发展。

2．亚洲开发银行的组成方式及机构

亚洲开发银行也是以成员国入股的方式组成的企业性国际金融机构。凡会员国均需认缴该行股本。

它的组织机构由理事会、董事会和亚洲开发银行总部组成。理事会是其最高权力机构，理事会下设董事会作为负责日常业务工作的常设机构，行使亚洲开发银行章程和亚洲开发银行理事会所授予的权力。亚洲开发银行总部是亚洲开发银行的执行机构，负责亚洲开发银行的业务经营。

3．亚洲开发银行的资金来源

亚洲开发银行的资金来源主要有以下五条渠道。

（1）股本。这是成员国必须向亚洲开发银行认缴的股份资金。

（2）借款。亚洲开发银行的借款多数是依靠在国际资本市场以发行长期债券的形式筹集的，另外也同有关国家政府、中央银行及其他金融机构直接安排债券销售，有时也直接从商业银行借款。

（3）储备金。亚洲开发银行理事会根据亚洲开发银行章程每年将净收益的一部分划作普通储备金。

（4）业务净收益。亚洲开发银行从放款所得的利息、承诺费和其他收入中，扣除利息支出、行政管理费和成员的服务费所得的净收入部分，不进行分红或再分配，而作为自有资金支配。

（5）捐赠。包括成员国的捐赠和非成员国组织的捐赠。

4．亚洲开发银行的主要业务活动

亚洲开发银行的主要业务活动有以下三个方面。

（1）贷款为成员国政府及其所属机构、境内的公私企业和与开发本地区有关的国际性或地区性组织提供长期贷款，这是亚洲开发银行最主要的业务活动。亚洲开发银行贷款的重点部门是农业和农产品加工工业、能源、交通。

（2）股本投资亚洲开发银行自1983年起开拓了股本投资新业务。它通过购买私人企业股票或私人开发金融机构股票等形式，对发展中国家私人企业融资。

（3）技术援助亚洲开发银行对会员国提供技术援助，主要包括咨询服务、派遣长期或短期专家顾问团、协助拟订和执行开发计划等。

本章小结

1. 银行是金融业的代表机构,是金融机构体系的基础和主体。银行业是从货币经营业演变而来的,经过了高利贷性质的信用机构发展为现代银行。

2. 金融是各种融通资金活动的总称;金融机构是指经营货币信用业务,从事各种金融活动的组织机构,一般分为银行机构和非银行金融机构两大类。

3. 在众多的银行机构中,中央银行是特殊的国家宏观金融管理机构,是发行的银行、政府的银行、银行的银行,不开办普通信贷业务;商业银行以追求利润为目标,开展各种金融业务,是多功能、综合性的金融企业;专业银行是为了不同的需要专门经营指定范围内某项信用业务的金融机构,其中包括部分为政策性融资需要服务的政策性银行。

4. 非银行金融机构包括保险公司、信托投资公司、养老或退休基金会、租赁公司、信用合作社及其他金融机构。非银行金融机构越来越成为金融机构体系中的重要组成部分。

5. 我国的金融机构体系在计划经济时期是"大一统"国家银行体系。改革开放以后,现已形成了以中央银行(中国人民银行)为核心,国有商业银行和各股份制商业银行为主体,政策性金融与商业性金融相分离,多种非银行金融机构并存的现代金融机构体系。

6. 国际货币基金组织(IMF)是在国际合作的基础上,为协调国际间货币政策,加强货币合作而建立的政府间的国际金融机构。

【案例讨论】

世界银行是与国际货币基金组织同时产生的国际金融机构,其宗旨是通过提供和组织长期贷款和投资,解决会员国恢复和发展经济的资金需要,资助它们兴办特定的基本建设工程。国际清算银行是促进各国中央银行间的全面合作,实现货币与金融稳定,为国际金融运作提供额外的便利,并作为国际清算的受托人或代理人。亚洲开发银行是由所有成员国共同出资合办的不以营利而以提供经济援助为目的的半区域性国际金融机构。

【课堂讨论题】

我国的金融机构体系从新中国成立初至今经历了大量的改革,形成了现行体系,分析讨论现行金融体系哪些地方还需要进一步深化改革和完善?

复习思考题

1. 中央银行在金融体系中处于核心地位,为什么?中央银行的制度类型有哪些?
2. 金融机构的一般构成包括哪些内容?
3. 商业银行的职能及组织形式是什么?
4. 专业银行与商业银行有何区别?具体包括哪些类型?
5. 什么是政策性银行?
6. 我国现行金融机构体系是怎样的?这一体系是怎样建立起来的?
7. 国际货币基金组织的宗旨是什么?其主要业务活动有哪些?

本章练习题

第 6 章 商业银行

【学习目标】

通过本章的学习，使学生了解商业银行的产生发展历程及其组织机构，掌握商业银行的各种主要业务和经营过程中所遵循的"三性"原则，以及商业银行资产负债比例管理方法，理解"三性"原则之间的相互关系，并让学生了解商业银行的风险及风险管理的内容。

【本章引例】

我国首家互联网银行正式运营

2015年01月18日，深圳前海微众银行正式对外运营。这是我国首家互联网银行，也是首家获批开业的民营银行。银监会批复的微众银行经营范围主要包括吸收存款、发放贷款、办理结算及票据、债券、外汇、银行卡等业务，这似乎与传统银行并无差异。但其实区别有两点：一是个存小贷，主要目标客户为工薪阶层、自由职业者、进城务工人员等普通公众，以及符合国家政策导向的小微企业和创业企业；二是没有实体网点，业务在线完成。

与传统银行主要关注大企业、大项目不同，微众银行主要吸收个人及小微企业存款，并针对个人及小微企业发放贷款。微众银行将采取无营业网点、无营业柜台、依托互联网为目标客户群提供服务，并通过摄像头加人脸识别系统，与公安部身份数据匹配，解决传统银行业务线下网点亲见亲签的问题。"刷脸"认证的同时，通过社交媒体等大数据分析，即时给用户信用评定，确定贷款额度。

问题：我们如何看待互联网银行？

（资料来源：http：//www.chinadaily.com.cn 2015年01月18日。）

6.1 商业银行的产生和发展

思政目标

6.1.1 现代商业银行的产生

1. 早期欧洲货币兑现业和银钱业

在公元前2000年左右，古巴比伦时期的寺庙就开始有了对外放款的业务。古希腊、古罗马时期，寺院、私人商号等机构也从事各种早期的金融活动。资本主义开始在西欧兴起的时候，西欧各国出现了货币兑换业和银钱业。早期欧洲货币兑换业和银钱业的业务包括以下几方面。

（1）货币鉴定和兑换。由于国际贸易的发展，商品交换范围扩大，产生对金属货币的鉴定和兑换服务的需要。

（2）货币保管，商人随身携带贵金属货币会感觉不安全，就把金银货币存放在货币兑换和银钱业者处，以后再取，这种保管不同于储蓄，客户不但不能赚取利息还要付保管费。

（3）汇兑，商人把金银货币存入后，由货币兑换和银钱业者开出收据，到相应的机构取出，或由货币兑换和银钱业者送到指定地方，发展了汇兑业务。

随着这些业务的开展，货币兑换和银钱业者发现客户存入的钱不会被很快提走。因此，保留一定的准备金后，可以把剩下的钱放贷出去从而赚取利息。因此，他们开始以付息的方式吸引更多的客户把钱存入，发展起了存款业务，当存、放、汇业务都发展起来后，古代的货币兑换商就变成了原始银行。1580 年，在当时的世界贸易中心威尼斯出现了近代第一家以银行命名的金融机构——威尼斯银行，随后，类似的银行相继在德国、荷兰等地出现，如 1593 年成立米兰银行、1609 年创立阿姆斯特丹银行、1619 年出现汉堡银行、1621 年成立纽伦堡银行、1635 年成立鹿特丹银行等。

2．现代银行

现代银行是伴随资本主义生产方式的产生和发展而出现的。早期银行的规模小、利息高，既不能满足新兴资产阶级扩大再生产的需要，也不能实现他们获得适当利润的愿望。新兴的资产阶级与高利贷者展开了斗争，并着手建立了自己的银行——现代资本主义性质的银行。

（1）现代银行的建立途径

现代银行基本上通过两条途径建立起来：①旧的高利贷性质的银行逐渐适应新的经济条件，演变为资本主义银行；②新兴的资产阶级根据资本主义经济发展的需要，按照资本主义原则，以股份制形式组建而成。股份制银行资本雄厚、规模大、利率低，逐渐发展成了资本主义银行的主要形式。世界上第一家股份制银行是 1694 年在英国建立的英格兰银行，它标志着现代银行的诞生。虽然英格兰银行后来由于职能的变化逐渐演变为英国的中央银行，但它为近代商业银行树立了榜样，揭开了银行发展史上的新篇章。

（2）现代银行的特点

与早期银行相比，现代银行具有三个特点：①利率水平适当，现代银行的贷款利率低于平均利润率，从而推动了资本主义的扩大再生产；②业务范围拓展，全额准备金制度演变为部分准备金制度，使商业银行的信贷业务得以扩大，早期银行只是简单的信用中介，从事传统的存款、贷款、结算等业务，现代银行还发行银行券、代客办理信托、投资、信用证等，为客户提供多元化服务；③具有信用创造功能，信用创造是现代银行最本质的特征。所谓"信用创造"功能是指在中央银行制度下，现代商业银行所具有的创造存款货币，用以扩大贷款和投资的能力。

◇ **阅读资料 6-1**

2020 年 7 月 1 日，英国《银行家》杂志发布"2020 年全球银行 1000 强"榜单。2020 年，中国有 143 家银行进入 1000 强。中国工商银行位居榜首，其次是中国建设银行（第 2 名）、中国农业银行（第 3 名）和中国银行（第 4 名）。该排名基于一级资本，此为衡量银行实力的关键指标。

《银行家》称，中国四大银行的增长速度和利润增幅都超过排名中前十名中的四家美国银行。按一级资本计算，去年中国四大银行的规模比美国四大银行大 51%，而今年此数字为 72%。

除了四大行外，国有大型银行中的交通银行排名第11位，邮储银行排名第22位。

据统计，股份行中，按排名先后分别为招商银行、浦发银行、兴业银行、民生银行、中信银行、光大银行、平安银行、华夏银行、广发银行、浙商银行、渤海银行、恒丰银行。除恒丰银行外，其他股份行在1000强排名较去年均有名次上的提升。提升名次最多的为渤海银行，从178名升至133名；兴业银行排名第21位，较去年上升2位。华夏银行排名第51位，较去年上升5位。

据统计，92家城商行榜上有名，排名前20名的为：北京银行、上海银行、江苏银行、宁波银行、徽商银行、南京银行、盛京银行、杭州银行、中原银行、厦门国际银行、哈尔滨银行、天津银行、锦州银行、长沙银行、广州银行、贵阳银行、郑州银行、重庆银行、成都银行、江西银行。

在上榜的143家银行中，有两家银行表现亮眼，它们就是互联网民营银行：微众银行和网商银行。微众银行在榜单中排名第540，而网商银行则从2019年的881名提升到了2020年的642名，进步神速。可见我们的互联网银行的发展势头迅猛。

据《中国农村金融》统计，农商银行在该榜单中表现优异，在143家入围中资银行中，有31家农商银行进入榜单，占中资银行的21.7%，其中，有16家农商银行跻身全球前500名。排名前五位的农商银行为：重庆农村商业银行（122名）、上海农村商业银行（153名）、广州农村商业银行（159名）、北京农村商业银行（176名）、东莞农村商业银行（267名）。

（资料来源：根据《中国农村金融杂志》相关资料整理，2020年7月6日。）

6.1.2 商业银行的发展

1. 商业银行的发展路径

虽然各国商业银行产生的条件不同，称谓也不一致，但商业银行的发展基本上遵循着两条路径。

（1）英国式融通短期资金发展路径

英、美国家商业银行的贷款仍以短期商业性贷款为主。这一传统在英国形成，有其历史原因。英国是最早建立资本主义制度的国家，也是最早建立现代股份制的国家，所以英国的资本市场比较发达，企业的资金来源主要通过资本市场来募集；另外，直到工业革命初期，企业生产设备比较简单，所需长期占用资本在总资本中占的比重小，这部分资本主要由企业通过在资本市场筹集资金来提供，很少向银行贷款。而从银行来讲，早期的商业银行处于金属货币制度下，银行的资金来源主要是流动性较大的活期存款，银行本身的信用创造能力有限。为了保证银行经营的安全，银行也不愿意提供长期贷款。这种对银行借贷资本的供求状况决定了英国商业银行形成了以提供短期商业性贷款为主的业务传统。

这种业务经营方式的优点是银行能较好地保持清偿能力，经营的安全性较高；缺点是银行的业务发展受到限制。世界上的许多国家，尤其是资本市场发达国家，其商业银行的发展基本上都沿着英国式发展路径，以提供短期资金融通业务为主。

（2）德国式综合性银行

发展路径按照这一传统发展的商业银行，除了提供短期商业性贷款外，还提供长期贷款，甚至直接投资于企业股票与债券，为公司包销证券，参与企业的决策与发展，并成为向企业并购提供财务支持和财务咨询的投资银行。至今，不仅德国、瑞士、奥地利等少数国家仍一直坚持这一传统，而且美国、日本等国的商业银行也开始向这种综合性银行发展，特别是在混业经营已成为金融业发展趋势的今天，越来越多的国家商业银行均朝着综合性银行的方向发展。

这种银行的优点是有利于银行开展全方位的业务经营活动，充分发挥商业银行在国民经济活动中的作用；缺点是会加大银行经营风险，对银行经营管理提出了更高的要求。

2. 商业银行经营发展趋势

信息技术的发展以前所未有的广度和深度对银行业务经营产生了意义深远的影响。就我国来看，20世纪80年代以来商业银行的组织体系的形成，竞争的兴起，经营方式和竞争格局的变化，主要是由渐进的经济金融体制市场化改革推动的；而全球商业银行竞争方式和竞争格局的变化，则更多地受到金融自由化、电子化和信息化的影响。中国加入世界贸易组织以后，我国商业银行逐渐融合到全球商业银行的发展趋势之中，其发展呈现出以下趋势。

（1）银行经营智能化

银行经营智能化的基础是全面电子化，以电子化方式自动处理日常业务，包括电子计算机、数据库、网络通信、电子自动化金融工具和商业结算机具联网组成的电子银行业务处理系统。一切可程序化的业务都可以并不断以创新的形式纳入电子化处理和服务体系。

（2）经营方式网络化

网络银行利用国际互联网，一方面为客户提供开销户、查询、支付、转账、索取对账单、定购和支付支票、个人理财、信用卡等业务；另一方面为自己发布消息、收集信息、新产品创新提供便利。它能够为客户提供超越时空的"3A"式服务，即任何时间（Anytime）、任何地方（Anywhere）、任何方式（Anyhow）。

（3）机构网点虚拟化

随着银行业务处理自动化、电子化、网络化，一大批电子化的金融服务机具逐渐取代人工，成为银行前台服务的主要形式。这就导致传统的银行网点朝两个方向发生变化——无人化和无形化。最终实现完全虚拟化。

（4）业务全能化

主要是指商业银行在传统的存、放、汇业务方面实行了多样化经营。在金融电子化和金融产品创新的推动下，传统商业银行正迅速向综合服务机构转变，业务服务范围扩展至社会生活的各个领域。在商业银行与其他金融机构进行合并、兼并或收购控股的条件下，商业银行逐渐发展成为集银行、证券、投资、保险等业务于一身的金融集团，真正成为无所不能的"金融百货公司"。

（5）业务证券化

为了降低筹资成本，商业银行必须寻找新的资金来源。而银行资产证券化则可以将一部分贷款打包捆绑出售，在不增加负债的情况下，增加新的资金来源，可以大大提高银行资产的流动性，还可以给银行带来更多的收益，降低经营成本，降低经营风险。资产证券化（ABS）是将一组流动性差但预计能产生稳定现金流的资产进行分割和重组，转换为流动性和信用等级较高的金融产品的过程。

（6）金融活动全球化

金融活动是经济全球化的组成部分，使资金在全球范围内流动，体现了金融机构的跨国经营、金融市场的全球联动、金融产品的全球运用和货币的全球一体化趋势。可以预见，在不久的将来，全球银行业可以通过互联网的公共商务系统实现联网，实现商业银行的全球化服务。

（7）组织体系集中化

一是集中的速度越来越快。二是大银行之间强强联合，并购的规模越来越大。三是商业银行与其他金融服务机构跨行业并购盛行，双方实现优势互补。四是银行跨国界的并购活动不断增加，引起商业银行国际化、全球化趋势。

6.2 商业银行的性质、职能和组织制度

6.2.1 商业银行的性质

商业银行是以获取利润为目标，以经营金融资产和负债为主要内容的综合性、多功能的金融企业。商业银行在金融机构中经营范围最广，规模最大，地位也最为重要。商业银行的基本性质也就是其经营的商业性，可以以下从几个层次来理解。

1．商业银行是企业

商业银行具有现代企业的基本特征，其经营目标和经营原则与一般企业相同，所以商业银行同样要追求经营利润最大化，要实行自主经营、自负盈亏、自担风险、自求发展的原则。

2．商业银行是经营货币商品的特殊企业

一般企业经营的是普通商品，而商业银行以金融资产和金融负债为经营对象，经营的是特殊的商品——货币和货币资本，经营的内容包括货币的收付、借贷以及各种与货币运动相关联的金融服务。

3．商业银行是特别的金融企业

与专业银行和其他金融机构相比，商业银行的业务更综合，功能更全面。它经营一切零售和批发业务，为客户提供全面的金融服务，特别是具有信用创造的功能以及它在国民经济中的作用，是其他金融机构所无法比拟的。随着各国金融管制的放松，各种金融机构的业务相互交叉，竞争加剧，混业经营的趋势越来越明显，但从整体来看，商业银行仍然保持着自己的特点，在金融体系中发挥重要作用。

4．商业银行是金融体系的主体

由于具有综合性、多功能的特点，商业银行成为国民经济中间接融资的主体，成为工商企业中短期资金的主要供给者。同时，商业银行通过直接进入短期货币市场和长期资本市场成为直接融资的主体。在商业银行的资产中，政府债券占有相当大的比重。商业银行除了自身发放证券、代客进入证券市场外，还可以通过购买工商企业股票成为控股公司的直接参与者。正因为商业银行具有上述的特征，它客观上承担了特殊的社会责任，成为中央银行宏观调控的主要

环节。这是因为中央银行在运用其宏观调控手段（即存款准备金、再贴现政策和公开市场业务）对经济进行调控时，商业银行对中央银行的调控手段反应最灵敏，中央银行的货币政策直接影响商业银行的经营和运作。与此同时，商业银行通过执行中央银行的宏观调控政策，调整自身的经营和运作，间接发挥了宏观调控的作用，也保证了中央银行货币政策的实施，从而客观上履行了其特殊的社会责任。因此，商业银行是现代经济的核心，是国民经济的命脉。

6.2.2 商业银行的职能

由于商业银行业务的综合性、广泛性和在金融体系中不可替代的主体地位，使得商业银行具备了其他金融机构所不具备的职能。

1．信用中介职能

信用中介职能是商业银行最基本、最能反映其经营活动特征的职能。通过负债业务，把社会上的闲散资金集中到银行里来，再通过资产业务把资金投放到国民经济的各个部门，在借贷之间充当中间人的角色。商业银行通过信用中介职能，在资金所有权不发生转移的情况下，使闲置的资金资源得到最大程度的利用。

2．支付中介职能

商业银行在办理负债业务的基础上，通过代理客户支付货款和费用、兑付现金等，逐渐成为工商企业、社会团体和个人的货币保管人、出纳人和支付代理人。在现代经济中，商业银行成为支付体系的中心。

3．信用创造职能

在信用中介职能和支付中介职能的基础上，商业银行也产生了信用创造职能。当一家银行吸引到一笔存款，按规定缴纳存款准备金后，可以把剩余的资金作为贷款贷给客户。客户收到贷款后，可能用来支付投资款项，或用作其他支付，但最终会转变成其他人的资金来源，其他人会把收到的款项存入另一家银行，另一家银行扣除存款准备金后再把剩余款项重新贷给客户，如此反复，当初的一笔原始存款将在整个银行体系中形成数倍的派生存款。这就是商业银行的信用创造功能。

4．金融服务职能

在竞争压力的驱动下，商业银行不断开拓服务领域，推出新的服务项目，提高服务质量，加强与客户的广泛联系。例如，代发工资，代理支付水电费、电话费、汽油费等其他费用，提供投资咨询服务、资信调查服务等，银行服务已深入到百姓家庭。如今，经济、社会的发展和电子技术在银行业务中的应用，为商业银行提供了广大的服务空间。

6.2.3 商业银行的组织制度

商业银行的组织制度又称为组织形式，主要有单一银行制、分支行制、控股公司制、连锁银行制和跨国银行制等。

1. 单一银行制

单一银行制也称独家银行制，是指其业务只有一个独立的银行机构经营，而不设立分支机构的银行组织制度。这种制度在美国非常普遍，是美国最古老的银行形式之一，通过一个网点提供所有的金融服务。美国之所以实行单一银行制，是因为美国各州的行政独立性和权力较大，为了保护地方经济利益，许多州都禁止他州的银行在本州设立分支机构。但是美国的银行并非都采取单一银行制，各州对于是否允许设立分支行有不同的法律规定，有的州并不限制银行设立分支行，有的州限定银行的分行只能在某一特定区域开设，有的州则完全禁止。但随着经济的发展和地区经济联系的加强，以及金融业竞争的加剧，许多州对银行设立分支行机构的限制正在逐步放宽。

（1）单一银行制的优点

单一银行制的主要优点：①"船小好掉头。"管理层次少，具有较强的独立性、自主性和灵活性，便于贯彻中央银行的货币政策，也便于及时调整业务经营和资金投向。②限制银行垄断，有利于自由竞争，刺激和提高经营效率。③有利于银行和地方政府协调，能适合本地区经济发展需要，集中全力为本地区服务。

（2）单一银行制的缺点

单一银行制的主要缺点：①一定程度上限制银行的发展。银行规模较小，在电脑技术普遍应用的条件下，单一银行采用最新技术的单位成本较高，不易取得规模经济效益，从而不利于银行采用最新的管理手段和工具，使业务发展和创新活动受到限制。②单一银行资金实力较弱，难以有效抵抗风险。银行业务多集中于某一地区、某一行业，容易受到经济波动的影响，资金来源较窄，风险集中。③单一银行制本身与经济的外向发展存在矛盾，会人为地造成资本的迂回流动，削弱银行的竞争力。另外，商业银行不设分支机构，与现代经济的横向发展和商品交换范围的不断扩大也存在一定的矛盾。

2. 分支行制

分支行制是指国家法律允许银行在总行之下设立分支机构的银行制度。这种商业银行的总行一般都设在大都市，下属所有分支行均受总行统一领导指挥。

（1）实行分支行制的优点

实行分支行制的优点非常明显，具体表现如下。①分支机构多、分布广、业务分散，有利于银行广泛吸收存款，扩大资本总额和经营规模，充分有效地利用资本，取得规模经济效益。②形成了庞大的银行网络，易于使用现代化管理手段和设备，提供方便快捷的金融服务，提高服务质量，加速资金周转。③由于放款分散，利于银行通过调剂资金转移、分散和降低风险，提高银行的安全性。④总行家数少，便于金融当局的宏观调控和管理。⑤分支行受总行统一领导，业务经营受地方政府行政干预小。

（2）分支行制的缺点

分支行制存在的主要缺点为：①容易造成大银行对小银行的吞并，形成垄断局面，妨碍公平竞争，进而可能导致经营效率下降；②由于规模大，内部层次、机构多，会增加银行自身管理难度。

但总的来看，分支行制更能适应现代化经济发展的需要，因而受到各国政府和银行界的青睐，成为当代商业银行的主要组织形式。目前，世界上大多数国家都实行分支行制，我国也是如此。

3. 银行控股公司制

银行控股公司是指通过持有一家或多家银行的股份来控制和左右它们业务经营的公司，也叫集团银行。在法律上，被控股银行之间是相互独立的，但其业务与经营政策归同一家股权公司控制。银行控股公司又分为两种类型，即非银行性持股公司和银行性持股公司。前者是通过大企业控制某几家银行的股份组织而成；后者是由大银行直接购买若干小银行的股份，组成大的银行集团。例如，花旗集团就是银行性持股公司，它控制着300多家银行。

（1）银行控股公司制的优点

银行控股公司制的优点体现为：①使银行能更便利地从资本市场筹集资金，并通过关联交易获得税收上的好处，能够有效地扩大资本总量，增强银行实力，提高抵御风险和参与市场竞争的能力；②能够合理规避政府对跨地区经营银行业务的限制。这也是持股公司制银行在美国迅速发展的主要原因，成立银行持股公司，变相地实现了银行的跨州经营，一定程度上克服了单一银行制造成的银行资金势力较弱、市场竞争力不强的弊端。

（2）银行控股公司制的缺点

实行银行控股公司制的缺点主要在于：容易形成银行业的集中和垄断，不利于银行之间开展竞争，并在一定程度上限制了银行经营的自主性，不利于银行创新活动的广泛开展。

4. 跨国银行制

跨国银行制又叫国际财团制，是指由不同国家的大型商业银行合资组建银行财团的一种商业银行组织形式。跨国银行制的商业银行经营国际资金存贷业务，开展大规模投资活动。目前，在经济金融全球化和跨国公司大发展的背景下，跨国制这种组织形式也日益增多。

6.3 商业银行的主要业务

6.3.1 负债业务

负债业务是商业银行吸收资金，借以形成其资金来源的业务，是商业银行业务营运的起点和基础。商业银行的负债业务在很大程度上决定了其资产业务，没有负债，商业银行就无法经营。因此，商业银行必须切实有效地经营好负债业务。商业银行的负债业务主要包括自有资本和吸收外来资金两部分。自有资本是商业银行开展业务的基础，它占负债的比重很小，但体现了商业银行的实力，是吸收外来资金的基础；吸收的外来资金又有存款和借款之分，其中数量最大、内容最多的是存款。

1. 商业银行的自有资本

商业银行的自有资本即资本金，是指归商业银行永久支配使用的一定数额的资金。它是商业银行开业的前提条件,是债权人利益的有力保障,是银行信誉高低的重要标志,同时也是管理当局进行监控的重要对象。其来源取决于商业银行的组织形式:由国家投资的商业银行,其资本金主要来自政府财政拨付的款项;而以公司形式组织的商业银行,其资本金来自股份资本、为扩大经营规模而追加的投资、盈余公积、未分配利润等。它是商业银行对自身的负债,在商业银行的全部营运资金中所占比重很小,一般为全部资金来源的10%左右。但它在商业银行的经营活动中发挥着十分重要和不可替代的作用。一方面,它为债权人的利益提供保障;另一方面,它又构成了提高商业银行竞争能力的资金基础。

目前,我国中央银行规定的银行资本包括核心资本和附属资本两部分,其中核心资本包括实收资本、资本公积、盈余公积和未分配利润;附属资本包括贷款呆账准备金、坏账准备金、投资风险准备金及5年期以上的长期债券。

◇ 阅读资料6-2

巴塞尔协议

1974年9月十国集团(比利时、荷兰、加拿大、瑞典、法国、德国、英国、意大利、美国、日本)成立巴塞尔委员会。1988年7月,西方十二国(新加入瑞士、卢森堡)中央银行在瑞士巴塞尔达成了《关于统一国际银行资本衡量和资本标准的协议》简称(《巴塞尔协议》)。

1988年《巴塞尔协议Ⅰ》的主要内容包括以下几个方面。第一,重新界定了资本,资本分为两部分。①核心资本:实收资本(普通股、非累积性优先股)和公开储备(资本盈余、留存盈余、未分配利润),核心资本亦称为一级资本。②附属资本:累积性优先股、五年期以上的次级债、资产重估、非公开储备(贷款损失准备、投资风险准备),附属资本也称为二级资本。第二,根据加权风险资产计算资本充足率。资本充足率=资本/风险资产=(核心资本+附属资本)/(资产×风险权数)。资产负债表内不同资产的风险权数定档为5个档次:0、10%、20%、50%、100%;资产负债表外不同资产定档为4个档次:0、20%、50%、100%;第三,将表外资产纳入监督范围。第四,规定了资本充足率≥8%,核心资本充足率≥4%;附属资本不超过核心资本的100%,不超过总资本的50%。

1997年爆发的东南亚金融危机,波及全世界,而当时的巴塞尔协议机制却没有发挥出应有的作用,在这样的背景下,1999年6月,巴塞尔委员会发布第一次建议,决定修订1988年协议,以增强协议规则的风险敏感性。巴塞尔银行监管委员会于2004年6月发布了《巴塞尔资本协议Ⅱ》,并于2006年底在十国集团开始实施。

2004年6月发布的《巴塞尔资本协议Ⅱ》的核心内容包含"三大支柱"。第一,新协议在原来只考虑信用风险的基础上,进一步考虑了市场风险和操作风险。总的风险加权资产等于由信用风险计算出来的风险加权资产,再加上根据市场风险和操作风险计算出来的风险加权资产。核心资本比率=核心资本/风险加权资产×100%=核心资本/(信用风险加权资产+12.5×市场风险+12.5×操作风险)×100%≥4%;总风险资本比率=总资本/风险加权资产×100%=总资本/(信用风险加权资产+12.5×市场风险+12.5×操作风险)×100%≥8%。第二,强调监管约束。要求监管机构应该根据银行的风险状况和外部经营环境,保持高于最低水平的资本充足率,对银行的资本充足率有严格的控制,确保银行有严格的内部体制,有效管理自己的资本需求。第三，强调市场约束。核心是信息披露，要求银行提高信息的透明度，使外界对它的财务、管理等有更好的了解，让市场力量来促使银行稳健、高效地经营以及保持充足的资本水平。

2007年由美国次贷危机引发的全球金融危机，给国际社会造成巨大恐慌，这场全球性金融海啸，引发了全球的经济危机。2010年12月16日，巴塞尔委员会正式颁布了《巴塞尔协议Ⅲ》，对原有的银行监管标准和体系实施全面改革，改革的根本目的在于提高银行业应对来自金融和经济压力冲击的能力和吸收损失的能力，从而减少金融风险向实体经济的溢出。

2010年颁布的《巴塞尔协议Ⅲ》主要内容包含以下几个方面。第一，对资本进行重新分类，核心资本涵盖实收资本、公开储备、一般风险准备等；一级资本包括优先股、永续债等；二级资本涵盖次级债、可转债、超额贷款损失准备金等。第二，资本充足率方面，一级资本充足率下限将从现行的4%上调至6%；"核心"一级资本占银行风险资产的下限将从现行的2%提高到4.5%；新的一级资本规定在2013年1月至2015年1月执行；总资本充足率要求在2016年以前仍为8%。第三，增设总额不得低于银行风险资产的2.5%的"资本防护缓冲资金"，在2016年1月至2019年1月之间分阶段执行。此后，"核心"一级资本、一级资本、总资本充足率分别提升至7.0%、8.5%和10.5%。第四，提出银行在信贷增长过快时必须建立0～2.5%的逆周期资本缓冲区间，由各国根据情况自行安排，未明确具体实施安排。第五，设定了杠杆率和流动性比率。降低银行杠杆率，有利于限制银行同业负债和同业资产的扩张能力，约束银行控股集团中不受资本充足率约束的子公司的快速扩张，提高银行业稳健经营水平，控制系统性风险。第六，强调了宏观审慎监管，明确提出对系统重要性银行或系统重要性金融机构需要计提额外的资本。

（资料来源：根据巴塞尔协议相关内容整理。）

2．存款负债

存款是商业银行负债业务中最重要的业务，其数量多少关系到商业银行经营的成败。商业银行的存款可从不同角度进行分类，如从存款所有者的角度可分为个人存款、公司存款和政府存款；从存款时间长短的角度可分为短期存款和长期存款；从有无担保角度分为担保存款和无担保存款等。根据最普遍的划分方法，即按存款的性质分为活期存款、定期存款和储蓄存款。

（1）活期存款

活期存款是商业银行设立的一种不规定存取款期限、存款人可以随时存取的存款负债。活期存款主要是为满足客户方便支取、灵活运用的需要，其客户包括政府、社会团体、公司、合伙企业和个人等。

活期存款是商业银行传统的负债业务，也是商业银行创造信用的重要条件。由于活期存款存取频繁，流动性比较大，并需提供许多诸如转账服务、支票服务等相关服务，所以成本较高，因此，商业银行对活期存款仅付少量利息，有的国家甚至不付利息。

活期存款业务对商业银行有很多有利之处。①活期存款是商业银行资金的主要来源。因为商业银行每天都要办理大量业务，因此虽然活期存款存取频繁，但仍有一个较稳定的余额沉淀在商业银行不被提走。商业银行可以利用这部分稳定的资金进行长期的放款和投资。②活期存款使商业银行具有很强的派生能力。在非现金结算的情况下，如果存款人提取存款时用支票形式，由于支票的多次转让而不提现，从而使商业银行具有信用创造和扩张能力。③商业银行利用活期存款业务为客户提供了良好的服务,这样就为争取客户、争取存款、扩大放款打下了很好的基础。

（2）定期存款

定期存款是商业银行和存款人预先约定期限的存款。存款期限通常为三个月、六个月、一年或一年以上不等。定期存款利率一般随存款期限长短变化,存期越长,利率越高。

定期存款的期限相对固定,是商业银行非常稳定的资金来源,可以被全部用于长期的放款和投资,所以,定期存款的利率较高。定期存款一般要到期才能凭存单提取,但为了争取客户,当存款人要求提前支取时,商业银行也会采取一些变通的方法,如存款人需事先通知银行,或放弃一定利息收入才可提前支取。

（3）储蓄存款

储蓄存款是商业银行为适应个人积蓄货币和获取利息的需要而设立的一种存款负债。储蓄存款也可分为活期储蓄存款和定期储蓄存款。

活期储蓄存款凭存折支取,手续比较简便。活期储蓄存取灵活而频繁,流动性高,银行的业务成本也较高,所以其利率也较低。但活期储蓄存款的稳定性比一般活期存款高,因为其户头分散,每户数额较小,成为商业银行比较稳定的资金来源。

定期储蓄存款有零存整取、整存零取、整存整取、存本取息等几种形式,具体内容如表6-1所示。

表6-1 个人定期存款的种类

存款种类	存款方式	取款方式	起存金额	存取期类别	特点
零存整取	每月存入固定金额	到期一次支取本息	5元	1年、3年、5年	活期<利率<整存整取
整存整取	整笔存入	到期一次支取本息	50元	3个月、6个月、1年、2年、3年、5年	长期闲置资金
整存零取	整笔存入	固定期限分期支取	1000元	存款期:1年、3年、5年;支取期:1个月、3个月、半年一次	本金:全部支取或部分提前支取;利息:到期支取
存本取息	整笔存入	到期一次支取本金、分期支取利息	5000元	存款期:1年、3年、5年;支取期:几个月一次	本金:不可部分提前支取;利息:到期支取

由于储蓄存款主要吸收的是个人手中的零星货币,具有分散和流动性大的特点,若经营不好会带来很大的社会问题,所以各国政府对储蓄存款都有比较严格的规定。如规定储蓄存款的使用范围,不能用于无确定保证的信贷业务;储蓄存户在商业银行破产时有优先受偿权;除商业银行和专门的储蓄银行外,其他金融机构不得吸收这种存款。商业银行为满足存款人随时提款的要求,必须保持足够的支付准备金。

3. 借款负债

借款负债又称非存款负债,是指银行主动通过金融市场或直接向中央银行融通的资金。吸收存款是商业银行最主要的负债业务。但近些年来,银行为了保持其流动性而大量借入资金,而且许多银行还经常依赖借入资金来维持其经营,借款负债在商业银行负债总额中所占比重不断提高,这与负债管理理论的出现是分不开的。商业银行借款的形式主要有向中央银行借款、同业拆借、发行大额可转让定期存单、回购协议、发行金融债券、国际货币市场借款等。借款负债对流动性的需要相对集中,而且在时间和金额上十分明确。

(1) 向中央银行借款

中央银行是银行的银行、发行的银行,最后的贷款者。它控制着社会货币供给总量,肩负着调剂货币资金,保持银行体系稳定的重任。因此,商业银行在出现资金不足、周转困难时,就可向中央银行借款。商业银行向中央银行借款的主要途径是再贴现和再贷款。

(2) 同业拆借

同业拆借是指金融机构之间发生的短期或临时性借款,是货币市场的一个重要组成部分,主要用于支持日常性资金周转。当商业银行进行资金结算轧差时,有的银行会出现头寸盈余,而有的银行则会出现头寸不足。头寸不足的银行需要从头寸盈余的银行临时拆入资金,以达到资金平衡。而多头寸的银行也愿意将暂时盈余的资金借出去,以获得利息收入。同业拆借的借款数量一般比较大,但期限很短,通常是隔日偿还,最多一周左右,所以也叫隔日借款或隔夜借款。同业借款在方式上比向中央银行借款灵活,手续也比较简便,因此,可以用来维持资金的正常周转,满足流动性的需要。

银行间的同业拆借一般都通过商业银行在中央银行的存款账户进行。在拆借时,拆出行通知中央银行将款项转到拆入银行账户。

(3) 转贴现和转抵押

转贴现和转抵押也是商业银行在遇到资金临时短缺、周转困难时筹集资金的途径。转贴现是指商业银行将客户申请贴现过的但尚未到期的票据交给其他商业银行或贴现机构以取得资金融通的行为。转抵押是指商业银行将自己对客户的抵押贷款再转让给其他银行,以取得资金的行为。由于转贴现、转抵押的手续和涉及的关系都比较复杂,受金融法规的约束也比较大,过多使用会给人留下经营不稳的印象,使银行承担一定风险,所以必须有限制地、合理地运用。

(4) 回购协议

回购协议是指商业银行在出售证券等金融资产时签订协议,约定在一定期限后以约定价格购回所卖证券,从而获得资金的方式。其实质是一种有担保的具有流动性的短期资金借贷方式。

回购协议的方式很多,最常见的有两种:一种是交易双方按相同的价格出售和购回证券,协议到期时出售证券者以约定的收益率在本金外再支付费用给购买证券者;另一种是购回证券的价格高于卖出时的价格,高出的部分就是购买证券者所应得的利息。

回购协议市场一般为无形市场,由交易双方通过电话进行。不过也有少数交易通过场专营商进行,这些专营商大多为政府证券交易商。

回购协议无论对资金的使用者,还是对资金的借出者都有明显的好处。因此,在发达国家非常普遍。资金的借出者主要是商业银行,而资金的借入者主要是大企业、政府机构和外国政府。

(5) 发行金融债券

借款发行金融债券是商业银行通行的筹措中长期资金的主要方式,具有扩充信贷资金规模的作用。它是商业银行长期资金的主要来源,是最稳定的负债。因为持有者不能在到期前要求兑付,只能在证券市场上转让。

金融债券的期限较长,一般在 10~30 年之间,其收益率一般高于同期定期存款的利率。发行对象主要是个人投资者、社会团体、企业等,在发展中国家也有专门面对金融机构的。

(6) 国际金融市场借款

商业银行除了在国内金融市场取得借款外,还可以从国际金融市场借款来弥补自己的资金不足。国际金融市场是进行国际借贷的场所,可分为货币市场和资本市场。目前最具规模、最有影响的国际金融市场是欧洲货币市场,商业银行的国外借款主要来自这个市场。

6.3.2 资产业务

资产业务是商业银行运用资金的业务,也即商业银行将其吸收的资金贷放或投资出去赚取收益的活动。商业银行盈利状况如何,经营是否成功,很大程度上取决于资金运用的结果。商业银行的资产业务一般有贷款、投资、票据贴现等,其中以贷款和投资最为重要。

1. 贷款

商业银行的贷款是指商业银行以债权人的身份将资金的使用权有偿转让给债务人的授信行为。它是商业银行最重要的资产业务,也是商业银行利润的主要来源。特别是在我国,贷款成为商业银行资产业务的主体。

商业银行的贷款业务可以从不同的角度,按不同的划分标准进行分类。

(1) 按贷款期限,商业银行的贷款可以分为活期贷款和定期贷款

活期贷款是指不固定偿还期限,银行可以随时收回或贷款人可以随时偿还的贷款。贷款收回时需要提前通知贷款人,所以也叫通知贷款。这种贷款一般是短期、临时性的。

定期贷款则是指规定有固定偿还期限的贷款,其中,依偿还期长短又可细分为短期贷款、中期贷款和长期贷款。这种分类旨在有利于银行信贷的期限管理和便于与会计核算相结合。短期贷款是指期限在一年以内(含一年)的各种贷款,它具有期限短、流动性强、风险小、盈利少等特点,在银行贷款中所占比例较大。中期贷款是指贷款期限在一年以上、五年以下(含五年)的贷款。长期贷款是指贷款期限在五年以上的贷款,其特点是期限长、流动性差、风险大、盈利多。

(2) 按贷款的保障性,可分为信用贷款、保证贷款和抵押贷款

信用贷款是商业银行仅凭借款人的信用,无须担保而提供的贷款,一般用于资信优良、生产经营稳定、利润丰厚并与银行关系密切的客户。

保证贷款和抵押贷款都属担保贷款,其中,保证贷款是以保证人的信用或支付能力为担保的贷款,此种贷款的安全程度取决于保证人和借款人的信用、实力及经营状况。抵押贷款是以一定的抵押品作为担保而提供的贷款,当借款人不能按期归还借款时,银行有权将担保物品出售,以所得补偿不能收回的贷款。抵押贷款在西方国家被誉为"担保之王",是最常见也是最有效的担保方式,为有效防范信贷风险起到了积极的作用。

按贷款的保障程度来划分贷款种类,有利于商业银行选择合理的贷款方式,加强贷款的风险管理,减少贷款风险。

(3) 按贷款的风险度,可分为正常贷款、关注贷款、次级贷款、可疑贷款和损失贷款

正常贷款指有充分把握借款人能履行合同,及时足额偿还本息的贷款,损失概率为 0。关

注贷款是指借款人目前虽然有能力偿还借款本息,但存在一些可能影响偿还能力的不利因素的贷款,损失概率<5%。次级贷款是指借款人的偿还能力出现了明显问题,其正常经营收入已无法保证偿还本息的贷款,损失概率30%～50%。可疑贷款是指借款人无法足额归还本息,即使执行抵押或担保也肯定会造成部分损失的贷款,损失概率50%～75%。损失贷款是指在采取了所有可能的措施和一切必要的法律程序后仍无法收回,或只能收回极少部分本息的贷款,损失概率75%～100%。

（4）按偿还方式,可分为一次性偿还贷款和分期偿还贷款

一次性偿还贷款是指借款人必须在贷款到期日一次还清本金,其利息可不受此限制,可以与本金一次还清,也可在贷款到期前分期还清。这种贷款一般期限较短,金额也较少。

分期偿还贷款是指借款人按规定的期限分次偿还本金和利息的贷款。这种贷款多用于不动产贷款和消费贷款。

除此而外,贷款还可从不同角度进行划分,如按贷款用途分为流动资金贷款、固定资金贷款、科技开发贷款和消费贷款;按币种不同分为人民币贷款和外汇贷款;按贷款对象分为工商业贷款、农业贷款、政府贷款等。

2．投资

投资业务是指商业银行在金融市场上购买各种有价证券的活动。这是商业银行仅次于贷款业务的一项资产业务,其目的是分散经营风险,获得更多利润和保持流动性。近年来,随着国际金融市场融资证券化趋势的不断增强,证券投资业务在商业银行业务经营中的地位越来越重要。但商业银行在有价证券的投资上要受国家法律的严格限制。

商业银行的投资业务按对象不同分为政府债券、公司债券和股票三类。政府债券具有安全性高、流动性好、收益高等特点,因此,长期以来一直是商业银行投资的主要对象。由于公司债券安全性较低,流动性较差,所以其风险高于政府债券,但其收益率通常也要高些。目前,仅有德国、奥地利等少数国家允许商业银行购买工商企业发行的股票,多数国家禁止购买。根据我国的金融法规,我国的商业银行也不能以这种方式进行投资。

3．票据贴现

票据贴现是票据持有者在票据到期日前为获得现款以向银行支付一定的利息作为代价所做的票据转让,其实质是一种银行的短期放款。

商业银行在接受贴现时,要审查票据的有效性、可靠性,如票式是否合法,要素是否齐全,背书人的信用程度,票据的期限等,并声明对票据的追索权,即在票据不能如约兑付时,银行有权要求被贴现人向银行退回款项。

6.3.3 中间业务

商业银行的中间业务又称中介业务、代理业务,是指银行不占用或较少占用自己的资金,以中间人和代理人的身份代客户办理收付、咨询、租赁和其他委托事项,提供各类金融服务并收取手续费的业务。

在当代发达国家的银行业务中,中间业务的地位变得越来越重要。一方面提供了多样化的

金融服务,适应了现代经济发展的需要,一方面有着服务客户、稳定客户、促进传统业务发展的作用。同时,中间业务还具有成本低、收益稳定、风险较小的独特优势。这些使得中间业务备受商业银行的重视,得到迅猛发展。

中间业务的种类繁多,传统的中间业务包括汇兑结算、代收代付、代客理财、信托租赁等。近年来,由于国际国内金融市场的不断完善和发展,中间业务得到了更快的发展,新兴业务层出不穷。如银行卡业务、通存通兑、自助银行、网上银行、信息咨询业务等。

1. 结算业务

结算业务是指商业银行通过提供本票、汇票、支票等结算工具,为购销双方或收付双方完成货币收付、划账行为的业务。结算业务是由商业银行的存款业务衍生出来的一种中间业务。顾客到银行存款,除为了资金安全的目的外,很大程度上是利用银行在转账结算方面的便利。商业银行为了吸收更多的存款,扩大业务,也尽可能地加强和完善结算业务工作,为顾客提供优质、方便、迅速的结算服务。

结算业务按地域不同分为同城结算和异地结算;按性质不同分为现金结算和转账结算。现金结算是指用现金方式来完成货币收付行为的结算;转账结算是指通过转账方式或银行票据完成货币收付行为的结算。

2. 银行卡业务

银行卡是指商业银行(含邮政金融机构)向社会发行的具有消费信用、存取现金、转账结算等全部或部分功能的信用支付工具。银行卡中最早发行和使用的是信用卡,现在国际信用卡组织和各国银行发行银行卡中最广泛的仍是信用卡。信用卡是指银行或公司签发的证明持有人信誉良好,可以在指定的商店或其他场所进行记账消费或在指定银行机构存取现金的特制卡片,是一种特殊的信用凭证。

(1)银行卡的特点

银行卡的使用和推广使得商品经济中充当一般等价物的特殊商品——货币的发展过程,从实物货币、金属货币、信用货币,进入了一个更高级的电子货币时代。银行卡作为一种多功能的电子货币,具有以下特点。

①方便、快捷。持卡人只要在发卡机构开立银行卡账户,就可在同城或异地的所有特约商户消费,在银行受理网点存取现金和转账。

②安全可靠。用银行卡结算,持卡人不必支付现金就可以获得商品或劳务,可避免持卡人携带大量现金的不便和风险。另外,使用银行卡须凭个人密码,或与身份证同时使用,因此,可避免被别人冒用的风险。

③融存款、贷款和结算于一体。银行卡不仅可以存款、结算,而且遇到急需时还可以进行小额、短期透支,这实际上是持卡人以透支形式获得银行的消费贷款,它并不需要像一般消费信贷那样办理申请、审批手续。

正是由于其自身所具有的无可比拟的优点,银行卡成为商业银行发展最快、普及最广的一项业务。

我国的银行卡是在20世纪80年代中期出现的。1985年中国银行珠江分行发行珠江卡;1986年中国银行发行长城卡;1987年中国工商银行广州分行发行红棉卡;1989年中国工商银行在京、津、沪、穗统一发行牡丹卡；1992年中国农业银行发行金穗卡；中国人民建设银行1990年开始发行维萨卡和万事达卡；交通银行1993年开始发行太平洋卡。另外，各新成立的商业银行也相继发行了各自的银行卡。同时，我国开始受理国外银行卡，如VISACARD、MASTERCARD、NILLONCARD等。

(2) 银行卡的主要功能

①存取功能。这是银行储蓄功能的扩展，即持卡人凭银行卡可以在各地开办银行卡业务的分支机构通存通兑现金。发卡行可利用此功能吸收存款，增加资金来源。发卡行按国家规定利率对银行卡存款计息。

②支付功能。持卡人凭银行卡可以在发卡行的特约商户及其他银行的特约商户直接购物消费，即先消费，在结算时用银行卡支付结算，后由银行划款给商户，再扣减持卡人存款。银行卡起到支付凭证的作用。

③结算功能。持卡人可以凭银行卡在特约商户办理大额购货款转账结算。国外银行卡一般不为企业单位办理转账结算，我国银行卡尝试扩大服务对象，办理结算业务。1988年人民银行进行结算制度改革时，将信用卡与汇票、支票、本票并列为"三票一卡"，作为银行结算制度改革的重要内容之一。各银行开展银行卡业务办理转账结算，主要针对企业单位和个体工商户异地采购货物，范围大，涉及资金多，它弥补了其他结算方式的不足，有效地支持了商品流通和商品交换，从而受到购销双方的欢迎。

④消费信贷功能。国外银行卡以消费信贷为主，发卡银行与商业企业想方设法为消费者提供方便的支付方式，先消费，后存款，刺激消费，扩大销售。而我国目前的银行卡主要是借记卡，要求持卡人先存款，后消费，在持卡人急需用款时，经发卡行批准后可以小额、短期透支，即享受一定额度的消费信贷。因此，目前我国银行卡的消费信贷功能属于附带功能，是次要的。

⑤自动存取款功能。国内各商业银行开办了自动柜员机（ATM）业务。自动柜员机24小时不间断服务，持卡人可以凭银行卡和密码自行操作存取现金、查询账户。

(3) 我国银行卡的分类

我国的银行卡包括信用卡和借记卡。

①信用卡。信用卡按是否向发卡行交存备用金分为贷记卡和准贷记卡。贷记卡是指发卡行给予持卡人一定的信用额度，在信用额度内，持卡人可先消费，后还款。准贷记卡是指持卡人需先按发卡行的要求交存一定金额的备用金，当备用金账户余额不足支付时，可在发卡行规定的信用额度内透支。

在信用卡的使用中，需要注意两个日期，即账单日和还款日，账单日后的第20天为还款日，因此，利用信用卡消费不计息的借款期限在20～50天。假设账单日是每月的10号，还款日则为30号，若在当月10号刷卡消费则当天产生账单，即在当月30号需要还款，消费日到还款日只相差20天；若在当月21号刷卡消费，则在下个月10号产生账单，那么还款日为下个月的30号，消费日到还款日相差50天。

◇ 阅读资料 6-3

信用卡起源于商业信用，它将个人的信贷能力提高了一大步，即将抵押贷款往信用贷款的方向推进了一大步。20世纪50年代，一个叫弗兰克的人去餐厅吃饭忘了带钱包，这个尴尬的经历让他萌生了"即时支付,事后付款"的想法。他投资一万美元创立了大莱俱乐部,为会员们提供一种证明身份和支付能力的塑料卡片,会员凭卡片就可以记账进行餐饮消费。

信用卡三大优势:一是方便;二是非现金支付给顾客带来的"罪恶感"会降低很多;三是会员制度给人归属感。信用卡消费的成本实际上是非常高的,银行和商家充分利用了消费者的"利率幻觉"以赚取高额利息。例如账单分期,剩余额度仅按日利率万分之五计算,万分之五的日利率换算成年利率就是18.25%,远远超过你的任何理财产品,或者说其他的投资产品的收益率。

除了利率幻觉以外,银行信用卡还可以利用人性的弱点赚取年费。比如说在办卡的时候,他们经常会鼓励客户,办理金卡和白金卡,而且第一年还给你免年费。这种卡的年费是很高的,一般在3000块钱以上。然后拿了金卡和白金卡以后,你经常可以有很多特殊待遇,比如说坐经济舱享受VIP的休息室,到SPA店和高尔夫场享受五折优惠。但是其实你想一下,这些消费的价格已经是非常高了,所以即使是五折优惠,其实你也没有占到很多的便宜。到了第二年的时候,他们就开始收取这些卡的年费了。但是当你享受到了这些虚荣以后,真的会有些舍不得放弃,所以你会发现,这一部分的年费收入其实是很高的。所以利率幻觉也好,人性的弱点也好,都是信用卡收入的重要的来源。

在使用信用卡的过程中,你也可以注意到信用卡经营模式以上的一些特点,然后学会科学和合理地使用信用卡,克服自己的利率幻觉。

(资料来源:唐涯.香帅金融学讲义[M].北京:中信出版社,2020.)

②借记卡。借记卡不具备透支功能,按其功能不同可分为转账卡、专用卡、储值卡。转账卡是实施扣账的借记卡,具有转账结算、存取现金和消费功能。专用卡是具有专门用途、在特定区域使用的借记卡,具有转账结算、存取现金的功能。储值卡则是指发卡行根据持卡人要求将其资金转至卡内储存,交易时直接从卡内扣款的预付钱包式借记卡。

银行卡按币种的不同分为人民币卡和外币卡;按发行对象不同分为单位卡和个人卡;按信息载体不同分为磁条卡和芯片(IC)卡。

3. 代理业务

代理业务是指商业银行接受政府、企业单位、其他银行或金融机构以及个人的委托,以代理人的身份代表委托人办理一些经双方议定的经济事务的业务。代理业务具有代客户服务的性质,一般不转移客户的财产所有权。银行和委托人一般以契约方式规定双方的权利和义务,并由此而形成一定的法律关系。商业银行在代理过程中,并不使用自己的资产,不为客户垫款,不参与收益分配,主要是发挥财务管理职能和信用服务职能,收取代理手续费。

(1)代理融通

代理融通是一种应收账款的综合管理业务,是指由商业银行代客户收取应收账款,并向客户提供资金融通的一种中间业务。它是一种解决因商业信用造成的资金周转不灵的经营活动。一方面,商业银行代赊销企业收取账款,有利于赊销款项及时收回;另一方面,商业银行通过购买赊销账款的所有权向赊销企业提供资金融通,有利于赊销企业资金周转。这样,就从两方面支持了商业信用。

(2)代理收付款业务

代理收付款业务是商业银行利用自身结算便捷优势,接受客户委托,代为办理指定款项的收付事宜的业务。商业银行通过该业务，既能帮助企事业单位和居民个人从繁杂的款项收付中解脱出来，又能取得手续费收入，还有助于扩大存款来源。

商业银行在接受企事业单位与个人的委托代理时，应与委托单位签订代收代付协议，明确代理收付款项的内容、范围、对象、时间、金额、方式和费用等。代理收付款业务主要有代理发放工资、代理收付款项、代理保险业务和个人分期付款业务等。

商业银行代理收付款业务具有以下特点。

①时间固定代理收付款项的时间一般是固定不变的。

②收付款的经常性代收付款业务是持续不断的，并不是一次完成。

③金额的少量性这类收付款项的金额一般不大。

（3）其他代理业务

商业银行的代理业务除上述种类外，还有代理清欠、代理监督、代理会计事务、代理保管、代购代销、代办集资等其他代理业务。

4．信息咨询业务

商业银行的信息咨询业务是指商业银行通过对资金运动的记录，以及对同资金运动有关的经济、金融资料的收集整理，根据特定的需要，以不同的方式提供给信息征询者的活动。咨询业务机构根据客户的需要和要求，以自身专门的知识、信息、技能和经验，采用科学的手段和方法，进行调查预测，客观地提供可供选择的方案，帮助客户解决复杂困难的问题，提供智力服务，办理提供信息、企业资信调查、项目技术论证、各种市场预测、可行性调查研究、财务分析以及专题研究等营业性事务的服务。

信息咨询业务是信息时代商业银行新的业务增长点，它充分发挥了商业银行所固有的资源优势，大大拓宽了商业银行的业务领域。

5．租赁及信托业务

租赁是指出租人以收取租金为条件，在一定期限内，将某项财产交付承租人使用的经济行为。它作为一种独特的信用形式，具有所有权与使用权分离、融资与融物相结合、租金的分期归流等特点。

信托业务是指财产的所有者（个人或法人），为了自己或第三者的利益，通过签订合同，将其指定的财产委托信托机构，由受托人依据谨慎原则占有、管理和使用信托财产，并处分其收益。

6.3.4 表外业务

1．表外业务的概念

表外业务是指商业银行从事的，按通行的会计准则不列入银行资产负债表、不涉及资产负债表内金额的变动，但构成银行的或有资产和或有负债的交易活动。这类交易活动虽然不列入银行资产负债表，但它们和表内的资产负债项目关系密切，在一定条件下会转化为表内业务。因此，需要在表外进行记载以便对其进行反映、核算、控制和管理。

在日常工作中，经常有人将表外业务和中间业务混为一谈。事实上，二者既有紧密的联系，又有一定的区别。表外业务只是中间业务的一部分,即与信用业务有关的那部分中间业务,或者说有可能在今后形成债权债务关系的那部分中间业务,但我们并不能反过来说中间业务属于表外业务或等同于表外业务。

2. 表外业务的内容

商业银行的表外业务发展较快,新的业务不断产生,原有的业务也在不断演变。表外业务按不同的分类标准可分成很多种类。以下主要按业务性质进行分类。

(1) 贸易融通业务

在商业银行的表外业务中,有很大一部分是与贸易相关的清算、融资、支付等业务,其中最重要的是信用证业务和银行承兑汇票业务。

①信用证业务。信用证是银行根据进口商的要求,向出口商发放的一种保证性文件。在该文件中,银行授权出口商签发以开证行或其他指定银行为付款人的汇票,并保证对交来的符合信用证条款规定的汇票和票据必定承兑或付款。信用证结算方式把进口商的付款责任转由银行履行。信用证支付方式是一种银行信用,由开证行以其信用作出付款的保证。信用证作为受益人和开证行之间的一份契约,独立于买卖合同。在信用证业务中,各当事人的责任权利以信用证条款为准,而与合同条款无关。信用证使用的具体流程如图 6-1 所示。

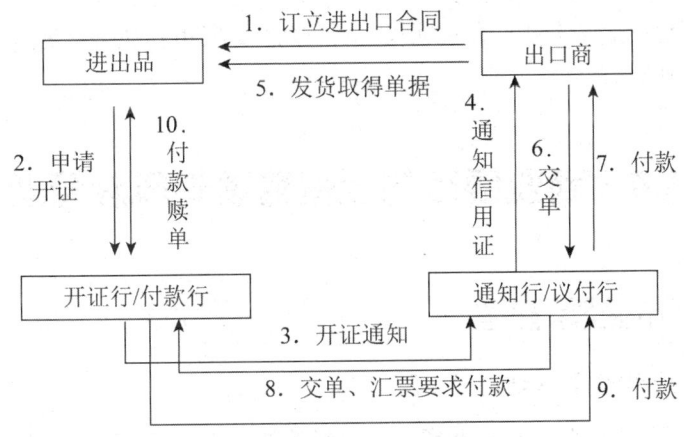

图 6-1 信用证业务的交易程序

②银行承兑汇票业务。银行承兑汇票是指由公司或企业开出的以银行为付款人并经付款银行承兑的远期汇票,是银行作为担保人对承兑申请人的短期授信行为。银行对商业汇票加以承兑使商业信用转换为银行信用,从而降低了收款人的风险,增强了汇票的可接受性和流通性。

(2) 金融保证业务

金融保证业务是商业银行比较有代表性的表外业务,是商业银行运用其无形资产——信誉来获取收入的典型方式。

①保函。保函是银行应委托人(通常为债务人)的要求作为担保人向受益人(通常为债权人)作出的一种书面保证文件。如果对受益人负有首要责任的委托人违约、拒付债务或发生失误,担保银行保证履行委托人的责任。我国一般采用保函形式开展银行的担保业务。银行保函在实际业务中的使用范围很广,不仅适用于货物的买卖,而且广泛适用于其他国际经济合作领

域。银行保函按其用途可分为投标保函、履约保函和还款保函。

②备用信用证。备用信用证是开证行应借款人的要求，以放款人作为受益人，并向借款人收取一定佣金而开具的一种特殊信用证。其实质是对借款人的一种担保行为，保证在借款人破产或不能及时履行义务的情况下，由开证行向受益人及时支付本利。通常开证行是第二付款人，即只有当借款人不履行付款义务时才承担付款责任，而且开证行一旦付款，借款人必须补偿银行的损失，即银行对借款人有追索权。

③贷款承诺。贷款承诺是指银行承诺在未来一定的时期内，按照双方事先确定的条件，应客户的要求，随时提供不超过一定限额的贷款。在贷款承诺下，银行为客户提供了一种保证，使其在未来一段时间内肯定可以获得所需要的贷款，银行则收取一定的费用作为补偿。对于银行来讲，贷款承诺在贷款被正式提取之前属于表外业务，一旦履行了贷款承诺，这笔业务就转化为表内业务。

④贷款出售。贷款出售是指商业银行在贷款形成之后，将贷款债权出售给第三方，重新获得资金来源并获取手续费收入的一种业务。对于出售贷款的银行来讲，贷款出售能带来更多盈利机会，而且便于回避管制；对于购买贷款的银行来讲，贷款出售有助于实现多元化的贷款组合；对于借款人来讲，贷款出售促进了融资的便利性。

（3）与市场价格有关的表外业务

这类业务主要包括金融期货、金融期权、利率互换、货币互换等，是商业银行运用衍生工具开展的金融保证业务。

6.4 商业银行的经营管理与风险管理

6.4.1 商业银行的经营管理

1. 商业银行的经营管理原则

根据《商业银行法》的要求和商业银行业务经营的特点，商业银行在业务经营活动中必须贯彻盈利性、安全性和流动性的原则。

（1）盈利性原则

盈利性原则是指商业银行要以实现利润最大化为经营目标，获取利润是商业银行经营的最终目标，商业银行的一切经营活动，包括设立分支机构、开发新的金融产品、提供何种金融服务、建立什么样的资产组合等均要服从这一目标，这是由商业银行的企业性质决定的。坚持盈利性原则，对于提高信贷资金运用效率、扩大银行业务范围、加强银行经营管理，改善银行服务质量具有重要意义。

（2）安全性原则

安全性原则是指商业银行要避免经营风险，保证资金安全。银行业是一个高风险的行业，如果管理者对此重视不够，处理不善，轻者造成巨大损失，重者会导致银行破产倒闭。因此，安全性原则是商业银行经营必须遵循的重要原则。

（3）流动性原则

流动性原则是指商业银行要保证能够满足客户随时提取存款的需求。商业银行的流动性包括资产的流动性和负债的流动性两个方面。资产的流动性是指资产在不受价值损失的条件下具有迅速变现的能力。负债的流动性是指银行以较低的成本随时获取资金的能力。

商业银行在经营活动中必须遵循这三项基本原则，然而它们之间却又存在一定的矛盾。安全性原则要求商业银行扩大现金资产，减少高风险、高盈利资产；盈利性原则则要求商业银行尽可能减少现金资产，扩大高盈利资产。如何协调这一矛盾呢？大多数银行家认为正确的做法应当是：在对资金来源和资产规模以及各种资产的风险、收益、流动性进行全面预测和权衡的基础上，首先考虑安全性，在保证安全的前提下，争取最大的利润。解决安全性和盈利性的矛盾，实现安全性和盈利性统一的最好选择就是提高银行经营的流动性。因此，商业银行必须从资产和负债两个方面加强管理。

2．资产负债管理理论及方法

（1）资产负债管理理论

商业银行自产生以来，其经营管理理论随着经济、金融环境的变化而不断演变，大致经历了资产管理理论、负债管理理论、资产负债综合管理理论和资产负债外管理理论四个阶段。

①资产管理理论。资产管理理论是最早出现的系统指导银行管理的重要理论，在20世纪60年代以前一直很盛行。该理论认为，商业银行的利润主要来源于资产业务，银行能够主动加以管理的也是资产业务，而负债主要反映客户的意愿，银行处于被动地位。因此，银行经营管理的重点是资产业务，要致力于通过资产结构的合理安排，求得安全性、流动性和盈利性的协调统一。

②负债管理理论。20世纪60年代，金融市场迅速发展，一种全新的银行经营管理理论开始在银行业逐渐兴起，这就是负债管理理论。该理论认为，银行对于负债并非完全被动、无能为力，而是完全能够也应该采取主动。可以主动到市场争取资金、扩大负债，有了更多的负债，才能有更多的资产获利。

③资产负债综合管理理论。20世纪70年代中期起，由于市场利率大幅度上升以及电脑技术的发展，更高层次的系统管理——资产负债综合管理理论随之产生，并在今天的银行业中占据了支配地位。资产负债综合管理不像资产管理或负债管理那样，将经营管理的重点放在资产方或负债方。资产负债综合管理所追求的目标是财富极大化，或者说预期净值的极大化。由于银行的净值是其资产与负债的差额，所以资产负债综合管理就必须兼顾银行的资产与负债结构，强调资产与负债两者之间的整体规划与搭配协调，通过资产结构与负债结构的共同调整和资产、负债两方面的统一协调管理，保持资金的高度流动性，从而在市场利率波动的情况下，实现利润最大化的经营目标。这就是资产负债综合管理理论的主要思想。

④资产负债外管理理论。20世纪80年代末至90年代初，随着世界经济的发展，金融管制的放松和金融自由化的出现，银行间的竞争越来越激烈，银行经营风险进一步增大，特别是一些发展中国家因无力还贷或要求延期偿债，使得西方债权银行遭受不同程度的损失，银行利润有所减少。在这种情况下，西方商业银行不得不重新考虑其经营策略，从资产负债外去寻找新的业务领域，开辟新的盈利源泉，银行业务范围迅速扩大，表外业务成了银行发展和利润扩

大的重要手段。资产负债外管理理论悄然而生。目前，这种资产负债外管理理论正在建立和发展中，其优劣还有待于实践的检验。

（2）资产负债综合管理的主要方法

①缺口管理法。资产负债综合管理强调的是利率风险管理，最终目的是获得稳定的利差收益。利率风险是指当利率变化时银行收益变化的可能性。缺口是指一家银行所持有的可变利率资产超过可变利率负债的额度，其中包括：

零缺口，即可变利率资产=可变利率负债

正缺口，即可变利率资产>可变利率负债

负缺口，即可变利率资产<可变利率负债

实施缺口管理法的商业银行可选用防御策略（即零缺口策略）或进取策略（即保持缺口策略）无非就是上述三种模式的选择。

从"缺口管理法"中我们可以看出，三种经营模式的主要区别在于对各类资产和负债所持有的比例不同，因而带来不同的结果。

第一，零缺口模型意味着账面收支相抵，在计划内收益的变动最小，因为无论利率是升是降，风险将由不同种类的资产和负债分别承担、相互抵销。但零缺口未必可以消除利率风险，因贷款利率可能由于管理上的原因慢于市场利率变动，当市场利率上升时，零缺口模型将阻碍银行的利润增大。

第二，正缺口模型是指浮动利率资产与固定利率负债的比例相对较大，这在利率上升的时候，对银行的好处是显而易见的，资产收益因利率上升而增加较多，而负债成本却增加有限。

第三，负缺口模型与正缺口模型刚好相反，银行持有的浮动利率负债与固定利率资产的比重较大。这种模型适用于预期利率将下降的时候，有助于减轻银行的利息负担。

根据利率的变化调整资产负债结构，这是采用缺口管理的积极方式。缺口的正负、大小与准确的利率预测紧密相关，因此，预测利率一定要力求准确。在一个完整的利率周期里，如能准确把握利率的动态过程并不失时机地制定战略，将会使银行的利差收益放大。

②比例管理法。资产负债比例管理是指通过一系列指标体系约束银行的资金运用，以确保银行资金的安全性、流动性、盈利性三者均衡与协调，从而使银行能够做到稳健经营的一种管理方法。这种管理方法所定的比例指标体系一般分为四大类：第一类是流动性指标，如存贷比例、备付金比例、同业拆借比例、中长期贷款比例等；第二类是安全性指标，如抵押、担保贷款比例，资本充足率比例，单项贷款比例等；第三类是盈利性指标，如资金利润率、贷款收息率等；第四类是业务发展指标，如盈利资产增长率、存款增长率等。

在上述两种资产负债管理方法中，资产负债比例管理方法有鲜明的量的限度和结构规定，因而具有较强的可操作性，受到各国商业银行的广泛欢迎。1994年，中国人民银行下发了《关于对商业银行实行资产负债比例管理的通知》，规定了商业银行实行资产负债比例管理的暂行监管指标。从1998年开始，国有商业银行指令性贷款规模取消，我国商业银行开始实行全面的资产负债比例管理。依据原中国银监会2005年颁布的《商业银行风险监管核心指标（试行）》、2012年1月起施行的《商业银行贷款损失准备管理办法》、2018年5月23日以及银保监会颁布《商业银行流动性风险管理办法》等管理办法，我国商业银行资产负债比例管理主要由监控和监测指标组成，监测指标并不属于硬性监管指标，监测指标出现异常或突破监测比例只是可能引起主监管人员的注意并需要解释原因,并不会导致监管处罚。其中,监控指标主要包括如下内容。

①流动性风险指标

流动性覆盖率(LCR)=合格优质流动性资产/未来30天现金净流出量×100%≥100%

流动性比例=流动性资产/流动性负债×100%≥25%

优质流动性资产充足率=优质流动性资产/短期现金净流出×100%≥100%

流动性匹配率=加权资金来源÷加权资金运用≥100%

净稳定资金比例(NSFR)=可用的稳定资金÷所需的稳定资金≥100%(资产规模2000亿以上的银行)

②信用风险指标

不良资产率=不良信用风险资产/信用风险资产×100%≤4%

不良贷款率=(次级类贷款+可疑类贷款+损失类贷款)/各项贷款×100%≤5%

单一集团客户授信集中度=最大一家集团客户授信总额/资本净额×100%≤15%

单一客户贷款集中度=最大一家客户贷款总额/资本净额×100%≤10%

③准备金充足程度指标

贷款损失准备充足率=贷款实际计提准备/贷款应提准备×100%≥100%

贷款拨备率=(贷款损失准备金余额/各项贷款余额)×100%(1.5%~2.5%)

拨备覆盖率=(贷款损失准备金余额/不良贷款余额)×100%(120%~150%)

④盈利性指标

成本收入比率=营业费用/营业收入×100%≤45%

资产利润率=净利润/资产平均余额×100%≥0.6%

资本利润率=净利润/所有者权益平均余额×100%≥11%

◇阅读资料6-4

我国四大国有商业银行股份制改造

1. 中国工商银行

2005年10月28日,中国工商银行股份有限公司正式挂牌成立,注册资本为2480亿元。其中,中央汇金投资有限责任公司和财政部分别持有中国工商银行股份有限公司50%股权。股份公司成立后,将完整承继中国工商银行的资产、负债和所有业务,并将继续从事原经营范围和业务许可文件上批准、核准的业务。

2006年10月27日,中国最大的商业银行——中国工商银行在上海和香港两地成功实现A+H同步上市,发行募集资金刷新全球IPO纪录,标志着工行的股份制改革已经取得阶段性成果。

2. 中国银行

2004年8月26日,中国银行股份有限公司挂牌成立。

2006年6月1日,中国银行在香港联合交易所正式挂牌上市。

2006年7月5日,中国银行在上海证券交易所成功挂牌上市,是我国首家在A股市场挂牌上市的大型国有商业银行,创造了中国资本市场有史以来最大的首次公开发行新纪录,同时也成为目前沪深两市中权重最大的上市公司、国内首家H股和A股全流通发行上市的公司、股权分置改革以来第一家大型公司上市项目。

3．中国建设银行

2004年9月15日，中国建设银行股份有限公司挂牌成立，由汇金公司、中国建投、宝钢集团、国家电网和长江电力共同发起设立股份公司，注册资本为1942.3025亿元。

2005年10月27日，中国建设银行成功地在香港联交所挂牌，成为中国四大国有商业银行中首家上市的银行。

2007年9月25日，中国建设银行正式在上海证券交易所挂牌。

4．中国农业银行

2009年1月9日，中国农业银行股份有限公司在北京召开创立大会，其注册资本2600亿元。经国务院批准，中央汇金投资有限责任公司和财政部代表国家各持该股份公司50%股权。

2009年1月16日，中国农业银行股份有限公司正式挂牌成立。

（资料来源：//www.ce.cn/2014年10月12日。）

6.4.2 风险管理

由于社会、政治、经济、文化等众多不确定因素的影响，商业银行时时处于风险之中，成为风险聚散的焦点。商业银行的安全与稳定对整个金融业乃至整个国民经济、整个社会都关系极大，因此，强化商业银行的风险管理具有非常重要的意义。

1．商业银行经营的主要风险

（1）商业银行风险的含义

商业银行风险是指商业银行在经营活动中，由于受各种不确定因素的影响，银行的实际收益与预期收益发生偏差，从而使银行存在着蒙受损失的可能性。

在现实社会中，风险无处不在，任何一种经济活动都必然存在风险，商业银行作为金融企业，也不例外。商业银行开展业务，实际上就是在风险与收益之间取得一种动态的平衡，实现追求收益与承担风险的矛盾统一。

（2）商业银行风险产生的原因

商业银行面临的风险主要来自其所处的环境，包括宏观环境和微观环境。

①宏观环境。商业银行是经营特殊商品——货币的特殊企业，其业务遍及社会的各阶层、各行业，社会经济的发展反过来也会影响商业银行的经营活动。我们把银行业所处的国内、国际政治经济环境称为宏观环境，包括国家宏观金融政策、国家经济政策、金融管理当局对商业银行的监管、国际经济环境等因素。

②微观环境。从微观来看，形成商业银行风险的原因很多，主要如下。

一是负债经营。商业银行的经营对象是资金，其职能及经营对象的性质决定了负债经营是其显著特点之一，而且还是高负债经营。资本金在商业银行的总资产中所占比例极低，一般不到10%。高负债必然带来银行的高风险。

二是市场竞争。竞争可以使银行提高效率，改善服务，积极创新，推动经济向前发展，但激烈的竞争也会带来风险。同时，市场的变幻莫测会影响商业银行预测的准确性和计划的周密性,从而使其经营决策失误,产生风险。

三是内部管理水平及职工的素质。职工的素质尤其是高层管理人员、决策者的素质,以及组织结构制约着商业银行的管理水平,进而影响商业银行计划、决策和内外控制的准确性和有效性。尤其是由于银行内部管理不力而导致内部人员或内外勾结的贪污、欺诈、蒙骗等犯罪行为。这些都会给商业银行经营带来风险。

四是"三性"的矛盾。如前所述,"三性"即安全性、流动性、盈利性,它们是既统一又矛盾的。商业银行如果不能处理好三者之间的关系,就会面临风险。只有在三者之间取得动态的平衡和协调,商业银行才能生存、发展下去,并取得较好的经济效益。

◇ 阅读资料6-5

包商银行被接管

早在2015年12月,包商银行向市场公开发行65亿元、期限10年的二级资本债,由主承销商中信证券、发行人律师北京天驰洪范律师事务所、信用评级机构大公国际资信评估公司、审计机构大华会计师事务所出具的"募集说明书"显示,截至2015年6月30日,包商银行的"不良贷款率为1.60%,拨备覆盖率168.86%,资本充足率10.82%""所有者权益243亿元"。然而时隔一年半,当2017年5月专案组介入"明天系"案件后发现,包商银行自2005年以来仅大股东占款就累计高达1500亿元,且每年的利息就多达百亿元,长期无法还本付息,资不抵债的严重程度超出想象!无法想象,这份"募集说明书"中所披露的主要指标是如何得出的!在此后的两年时间里,明天集团和包商银行开展自救,用尽一切手段,四处融资防范挤兑,直到2019年5月被依法接管。

从接管开始之日起,接管组全面行使包商银行的经营管理权,委托建设银行托管包商银行的业务。接管后,接管组始终坚持依法依规,按照市场化、法治化原则处置金融风险,由存款保险基金提供资金,对各类债权人特别是近500万储户、20万个人理财客户和3万户中小微企业的合法权益给予充分保障;始终坚持防范道德风险,坚决打破刚性兑付和"牌照信仰",严肃了市场纪律,促进了金融市场信用分层。

2019年6月,为摸清包商银行的"家底",接管组以市场化方式聘请中介机构,逐笔核查包商银行的对公、同业业务,深入开展资产负债清查、账务清理、价值重估和资本核实,全面掌握了包商银行的资产状况、财务状况和经营情况。清产核资的结果印证了包商银行存在巨额的资不抵债缺口,接管时已出现严重的信用风险,如果没有公共资金的介入,一般债权人就只能得到最高50万元的保障。

2019年9月,包商银行改革重组工作正式启动,但市场化重组因包商银行的损失缺口巨大、缺少投资者参与而无法进行。为确保包商银行改革重组期间金融服务不中断,接管组借鉴国际金融风险处置经验和做法,并根据《存款保险条例》等国内现行法律制度,最终决定采取新设银行收购承接的方式推进改革重组。

2020年4月30日,蒙商银行正式成立并开业。同日,包商银行接管组发布公告,包商银行将相关业务、资产及负债,分别转让至蒙商银行和徽商银行(系4家区外分行)。存款保险基金根据《存款保险条例》第十八条授权,向蒙商银行、徽商银行提供资金支持,并分担包商银行的资产减值损失，促成蒙商银行、徽商银行收购承接，保持金融业务连续运行。

思考：从包商银行被接管的案例中，你得到什么启示？

（资料来源：http://bank.hexun.com/2020-08-03/201807585.html.）

（3）商业银行风险的种类

不同的学者对银行风险有着不同的分类标准，从而产生了多种分类方法。这里介绍的是1997年9月巴塞尔委员会颁布的《有效银行监管的核心原则》中的分类方法，该分类法充分反映了现代银行的发展趋势。

①信用风险。信用风险又称违约风险，指借款人不能或不愿偿还到期债务而给银行带来损失的可能性。贷款是银行的主要资产业务，它要求银行对借款人的信用水平作出判断，但这些判断并不总是正确的；借款人的信用水平也可能因各种原因而下降。因此，银行就会面临借款人不能履约而损失贷款的风险。

②国家转移风险。国家风险是指与借款人所在国家的社会、经济和政治方面有关的风险。当向外国政府或政府机构贷款时，国家风险最为明显，因为这种贷款没有担保。国家风险的一种表现形式是"转移风险"，即当借款人的债务不是以本币计算时，不管借款人的财务状况如何，有时借款人可能无法得到外币。

③利率风险。利率风险是指银行的财务状况在利率出现不利的波动时所面临的风险。它不仅影响银行的盈利水平，也影响其资产、负债和表外金融工具的经济价值。其主要形式有重新定价风险、收入曲线风险、基准风险和期权风险。尽管这些风险是银行业的一个正常组成部分，但严重的利率风险会给银行的盈利水平和资本带来巨大的威胁。

④外汇风险。外汇风险又称汇率风险，是因汇率变动而出现的风险。银行作为外汇市场的造市者向客户公布牌价并持有各种币种的敞口头寸，在汇率剧烈波动时，外汇业务内在的风险，特别是外汇敞口头寸的风险会增大。

⑤流动性风险。流动性风险是指银行无力为负债的减少或资产的增加提供融资，也即当银行流动性不足时，它无法以合理的成本迅速增加负债或变现资产获得足够的资金，从而影响其盈利水平，在极端情形下，流动性不足还可能使银行资不抵债。

⑥内部风险。内部风险又称管理风险，主要产生原因是内部控制及公司治理机制的失效。银行内部管理风险的表现通常有四种：战略决策失误风险、新业务开发风险、营业差错风险和贪污盗窃风险。

⑦法律风险。银行要承受不同形式的法律风险。现有法律可能无法解决某些与银行有关的法律问题，同时，不完善、不正确的法律意见和文件可能造成与预计情况相比资产价值下降或负债加大。另外，影响银行和其他商业机构的法律可能发生变化，在开拓新业务时，或交易对象的法律权利未能界定时，银行容易受到影响。

⑧声誉风险。声誉风险对银行损失极大，因为银行的业务性质要求其能够维持存款人、贷款人和整个市场的信心。它主要是由于操作上的失误，或违反有关法规而产生的。

2. 风险控制

风险控制是指在风险发生前或已经发生时采取一定的方法和手段尽可能减少风险。具体来讲，风险控制包括以下几方面内容。

(1) 风险准备

风险准备即是对风险设置多层次预防线的方法。银行经营安全的根本基础是保持足够的自有资本,这是重大风险冲击的最终防波堤。但是,银行的自有资本占总资产的比重很小,单靠自有资本防范风险显然不够,因此需要建立多层次的准备金。

银行抵御风险的主要措施是在资产份额中保持一定的准备金。第一线准备金是指现金和在中央银行的存款,这部分准备金往往被作为宏观调控对象而法定必须保持一定比例,一般不能被商业银行当作风险防范资金来使用,因此常常需要保持部分超额准备金以备不时之需。

因为第一线准备金是不生息资产,如果保留过多,银行将付出很大代价,所以,银行应当将部分流动性较大的盈利资产作为第二、三线准备,如短期贷款、短期政府债券等。这部分资产到时可以出售、转让或按约收回现金,灵活性较大,起到防范风险的作用。

此外,还需要一种依靠自身能力、不影响正常运行的准备手段,即专项准备金。常见的专项准备金有贷款呆账准备金和资本损失准备金。前者专门用于贷款损失的补偿,后者则用于因自然灾害、失窃、贬值等造成的资本损失的补偿。

(2) 风险回避

这是一种消极、保守的控制手段,指决策者因考虑到风险的存在而主动放弃有风险隐患的收益或拒绝承担风险。主要适合于两种情形:一是某种特定风险所导致的损失频率较高和幅度较大;二是应用其他风险管理技术付出的成本大于其所产生的经济效益。但是,风险与收益是成正比的,回避了风险,就等于失去了获取利润的机会。

(3) 风险抑制

这是指商业银行在风险爆发前采取种种措施防止风险的恶化或减少风险造成的损失,是控制法中最常用的一种,可以在发生风险时使损失降到最低,常用于信用放款。具体的抑制方法有:追加资产抵押、追加担保人和担保金额、派人帮助客户解决问题、停止贷款、提前收款等。

(4) 风险分散

对难以回避的风险采取分散策略.是普遍应用的一种方法。其基本做法是使资产结构多样化,即尽可能选择多种多样的、彼此相关系数极小的资产进行搭配,使高风险资产的风险向低风险资产扩散,从而降低整个资产组合的风险程度。它广泛用于各种风险的防范过程。商业银行分散风险的具体做法主要有以下几点。

①贷款的信用风险分散。银行的贷款分散到各个产业、地区和国家,扩大资产投放对象,均衡资产分布数量,调整资产性质分布结构,使银行不至于因某国家丧失清偿能力、某地区发生严重的经济危机或某产业的长期不景气而遭受致命的呆账、坏账损失。其中最基本的一点就是分散金额,也即实行授信制度,使银行对某客户的授信控制在一定额度内。

②证券投资上的风险分散。银行的证券投资不仅应选择不同的发行者,以避免对某一国家、地区或产业经济状况的过度依赖;还应兼顾不同种类、期限、到期日的证券,以适当平衡商业银行资金的流动性、收益性和风险性,增强银行应付紧急需要的资金自给能力。

③资产币种上的风险分散。随着西方货币的自由兑换和跨国银行限制的放松,商业银行可通过持有不同币别的资产来抵御外汇市场汇率的波动。

(5) 风险转移

风险转移是指商业银行利用某些合法交易方式和业务手段,将风险尽可能地转移给他人承担。这也是一种较为积极的事前控制手段。风险转移的具体方法有：担保、(出口)押汇下的保函、提前或推迟结算结汇、调整合同契约条件、发行可转让的贷款证、浮动贷款和双重货币贷款等。

(6) 风险补偿

风险是客观存在的，即使采取减少、降低、分散、转移等措施，风险还是会出现，所以对这种将有或既有的损失，需要进行风险补偿。风险补偿是指银行以多种方式弥补自己的风险损失，这是一种事后的风险控制。

①可考虑的补偿方法是将风险报酬打入价格，即在一般的投资报酬率和货币贬值率因素之外，再加上风险报酬率。

②订立抵押条款或担保条款。抵押价值要略高于被抵押的资产价值，要有充足的现金担保。对于具体的风险损失，如何从抵押品或担保值中补偿，需要在契约合同中明确规定。

③可利用法律手段对造成银行风险损失的法律责任者提出财产清理的诉讼，挽回部分损失。

(7) 风险保险

风险保险是以银行的存款、贷款、证券和其他业务为对象向保险公司投保。如果在规定的有效期内银行资产发生损失，而且是在投保项范围内，则可以从保险公司得到补偿。虽然这种保险只是对存款者进行补偿，但间接地也可对银行消除挤兑风潮的危险。

(8) 风险消缩

如果风险不能转嫁出去，可以尽可能地在自身的经营中消除或缩小风险。可用的交易手段主要有套头交易、调换交易、期货交易和期权交易。

本章小结

1. 商业银行是金融业中历史最悠久、对社会经济生活影响最大、具有综合性多功能的金融机构，也是各国金融体系的主体。商业银行具有信用中介、支付中介、信用创造和金融服务等职能。

2. 商业银行的业务分为负债业务、资产业务、中间业务和表外业务四大类。负债业务形成商业银行主要的资金来源。资产业务是商业银行对资金加以运用，以获取收益的业务。中间业务是指商业银行以中介人的身份代理客户办理各种事项并收取手续费的业务。中间业务一般不需银行垫付资金并承担风险。表外业务是那些在银行资产负债表中没有反映，但能给银行带来额外收益与额外风险的业务。

3. 商业银行的经营管理理论经历了从单纯资产管理到单纯负债管理，再到资产负债综合管理的过程。当前世界各国都实行资产负债综合管理，其具体管理方法主要有缺口管理法和比例管理法，应用较广泛的（包括我国在内）是比例管理法。

4. 商业银行的经营管理应遵循的基本原则是安全性、流动性与盈利性，三者之间的关系体现了商业银行经营中风险与收益的平衡。

第 6 章 商业银行

5. 在商业银行的业务经营过程中，应注重加强风险管理，并在分析风险产生的原因及对风险种类划分的基础上采取相应的管理策略，以争取在竞争中立于不败之地。

【案例讨论】

中间业务收入大增，上市银行盈利结构转型提速

年报数据显示，截至 2018 年年底，六大行手续费及佣金净收入增幅超过两位数的只有邮储银行一家。到了 2019 年年末，又有 2 家银行跨过两位数关口。

已公布 2019 年年报的 6 家上市银行中，建行、农行、邮储银行的手续费及佣金净收入增幅分别为 11.58%、11.2%、18.73%。其中，建行上升 7.13 个百分点，增幅最大。邮储银行上升 5.05 个百分点，农行上升 4 个百分点。其他国有大行的手续费及佣金净收入增幅虽然在两位数以下，但涨幅也比较可观。年报显示，2019 年工商银行手续费及佣金实现净收入 1556 亿元，同比增长 7.1%，增幅较 2018 年同期提升 3 个百分点。交行实现手续费及佣金净收入 436.25 亿元，同比增长 5.79%，增幅较 2018 年同期提升 4.1 个百分点。

中行的 2018 年手续费及佣金净收入是同比减少的，但到 2019 年增速转正。年报数据显示，中行 2018 年实现手续费及佣金净收入 872.08 亿元，同比减少 14.83 亿元，下降 1.67%。2019 年，中行的手续费及佣金净收入为 896.12 亿元，同比增长 2.76%。

据分析，上述国有大行的手续费及佣金净收入增幅出现大幅上升，主要源于电子银行业务收入的贡献。建行年报显示，2019 年该行电子银行业务收入 256.66 亿元，增幅 38.10%，主要得益于网络支付交易额较快提升。农行年报则显示，电子银行业务收入较 2018 年增长 28.4%，主要源于电子商务业务收入的增加。

有关专家表示，无论是国有大行、股份制银行还是中小银行，都比较看重中间业务的增长，因为有助于节约银行资本，优化收入结构。所以，中间业务占比提高是银行业务以及收入结构优化的重要标志。无论从对公领域（例如投资银行、金融市场交易以及托管），还是在零售业务方面（例如财富管理、信用卡等），未来都有很大的发展空间和潜力。

多家中小银行中间业务收入增速超 30%，尽管国有大行的中间业务收入增速很快，但仍比很多股份行略逊一筹。数据显示，中信银行 2019 年实现手续费及佣金净收入 463.84 亿元，比 2018 年增加 93.76 亿元，增速 25.34%，成为目前已披露上市银行的"增长王"。

此外，还有多家已公布年报的城商行也表现不俗，无锡银行、青岛银行、江阴银行的中间业务增幅均超过 30%。其中，理财业务和银行卡业务基本占据中间业务贡献榜的前两位。

业内人士指出，近年来，中小银行不断强化财富管理，推动理财业务转型，理财产品的发行规模不断扩大，银行理财业务迎来了收获期，理财产品手续费收入开始快速增长。其中表现最亮眼的是青岛银行，年报显示，该行 2019 年实现手续费及佣金净收入 12.17 亿元，比 2018 年增加 3.51 亿元，增幅 40.56%，主要得益于理财、代理、银行卡等业务发展较快。其中，该行理财手续费同比增长 42.81%，托管及银行卡手续费同比增长 277.51%。

银行业内人士指出，"有的银行中间业务收入增速快，是因为基数较低的缘故。上市银行中间业务转型快慢，关键要考量中间业务对其营业收入的贡献率"。无论从中间业务收入增速还是占营业收入比重来看，股份制银行一直保持领先地位。据统计，招商银行、平安银行、中

信银行的中间业务收入占营业收入比例分别为27%、26.6%、24.7%,在已公布年报的上市银行中位列前三名。

各家银行越来越重视中间业务收入。但有关专家认为,不应过分重视中间业务收入占营收比例,而应关注中间业务收入对服务实体经济的作用,应将占比提升作为衡量收入结构和业务转型的核心指标。对监管层而言,应有序推进综合经营,鼓励银行良性创新,通过丰富的产品和服务供给更好地服务实体经济,并获得多元化收入。

(资料来源:http://www.cs.com.cn/xwzx/hg/202004/t20200407_6042492.html 中证网 2020年4月)

【课堂讨论题】

商业银行的中间业务及表外业务是否会成为商业银行的主要获利手段,而贷款业务则退居其后?

复习思考题

1. 商业银行的功能是什么?
2. 简述商业银行的运行特点和经营原则。
3. 什么是商业银行的负债业务?具体说明其内容。
4. 什么是商业银行的资产业务?具体说明其内容。
5. 什么是商业银行的中间业务和表外业务?分别说明其内容。
6. 什么是资产负债管理理论?我国商业银行的资产负债管理比例指标有哪些?
7. 简述商业银行风险的含义及其产生原因。
8. 简述商业银行风险的种类及其控制。

本章练习题

第 7 章　非银行金融机构

【学习目标】

通过对本章的学习，要求学生了解各种非银行金融机构的概念、特征以及其职能，掌握各种非银行机构的主要业务活动。

思政目标

【本章引例】

2021年3月24日，腾讯发布了2020年第四季度与全年财报。2020年Q4腾讯实现营收1336.69亿元，同比增长26%，其中网络游戏收入同比增长29%，实现收入391亿元，腾讯金融科技及企业服务板块同比增长29%至385亿元，2020年第四季度净利润332.07亿元，同比增长30%。全年实现营收4820.64亿元，同比增长28%，净利润1227.42亿元，同比增长30%。

整体来看，腾讯上述三大主营业务的表现再度超出市场预期，尤其是腾讯金融科技及企业服务业务，仅次于网络游戏版块，稳坐腾讯营收第二把交椅。

回顾腾讯金融科技及企业服务业务2020年整年度的营收，第一季度营收人民币264.75亿元，同比增长22%；第二季度营收人民币298.62亿元，同比增长30%；第三季度营收人民币332.55亿元，同比增长24%。相比2019年，2020年因着疫情缘故，充满史无前例的挑战，但腾讯金融科技及企业服务业务仍旧能够保持稳定增速，可见其实力。

据悉，腾讯金融科技及企业服务业务板块的增长主要反映在扩大的用户基础和业务规模推动下，商业支付、理财服务及云服务的收入增长。

此前，腾讯发布的财报显示，商业支付的日活跃账户数及单个用户的交易额同比增长强劲，使得总支付金额同比增长迅速，尤其是在零售及餐饮等行业，商业支付的日均交易量及单笔交易金额同比均有所增长。这主要得益于线下交易的渗透率上升，以及小程序在杂货及服装等零售类别的交易增加，同时腾讯理财通平台用户数量与资产保有量也有所提升。

作为腾讯新的增长极，腾讯金融科技及企业服务板块的营收在稳步增长，同时也面对着新的形式和发展环境变化，但相信腾讯金融具备应对相关信用风险的财务资源和管理能力，可以通过全面普及相关技术从而过渡到新的环境。

同时，腾讯在财报中表示，未来金融科技业务的战略重点是积极配合监管机构，与行业合作伙伴一起推出合规及普惠的金融科技产品，同时优先考虑风险管理，而非追求规模。

问题：腾讯金融科技是金融机构吗？

（资料来源：https://tech.china.com/article/20210412/042021_750418.html）

7.1 政策性金融机构

7.1.1 政策性金融机构的概念

1. 政策性金融

政策性金融是指在一国政府的支持与鼓励下,以国家信用为基础,运用各种特殊的融资手段,严格按照国家法规与限制的业务范围、经营对象,以优惠的存贷款利率或条件,直接或间接地为贯彻、配合国家特定经济和社会发展政策而进行的一种特殊的资金融通行为或活动。政策性金融的投资领域往往是商业金融机构不愿意进入的,因为这些领域不盈利、风险太高或投资期限长、规模大,但这些领域对社会经济的长期发展又是非常重要的,如基础设施建设、农业开发项目以及进出口业务等。可见,政策性金融是相对于商业性金融的,具有这样一些特征:

(1) 政策性,即服从或服务于政府的某种特殊的产业或社会政策目标意图;
(2) 优惠性,即以比商业银行更优惠的利率、期限、担保等条件或保证提供贷款;
(3) 有偿性,即在一定期限内的有条件让渡资金使用权的资金融通活动。

2. 政策性金融机构

政策性金融机构是指那些多由政府创立、参股或保证,不以营利为目的,专门为贯彻、配合政府的社会经济政策或意图,在特定的业务领域内,直接或间接地从事政策性融资活动的机构。它是各国金融体系重要的组成部分。

政策性金融机构与商业性金融机构相比,二者有共性,如偿还性等,但又有其鲜明的特征,具体如下。

(1) 由政府或政府机构出资创立、参股、保证或扶植。实践中政策性金融机构的设立方式多种多样,但无一不是以政府作为坚强后盾,同政府有种种密切的联系。

(2) 不以营利或利润最大化为经营目标。当然这并不意味着政策性金融机构完全忽视项目的效益性,运行的结果必然是亏损的,而只是说它主观上不以营利为动机。

(3) 具有特定而有限的业务领域和对象,如农业、中小企业、特定产业的进出口贸易、经济开发、住房业等领域。政策性金融机构一般不同商业性金融机构竞争,而只是补充后者的不足。

(4) 遵循特殊的融资原则。一是特殊的融资条件或资格,一般是从商业性金融机构得不到或不易得到所需资金的条件下,才有从政策性金融机构获得融资的资格。二是特别的优惠性,包括贷款期长、利率低、有政府贴息等优惠条件。三是政策性金融机构一般充当"最后贷款人"或"最终偿债人"的角色。

(5) 依据某种特定的法律法规。由于政策性金融机构种类繁多,其宗旨、经营目标、业务领域与业务方式各异。

7.1.2 政策性金融机构的职能

政策性金融机构的基本职能与一般金融中介机构相同,如支付中介、信用中介职能。政策性金融机构通过其负债业务吸收资金,再通过其资产业务把资金投放到所需要的单位,与其他金融机构一样,作为货币资金从贷出者到借入者的中介人,来实现资金从贷出者到借入者的转移。但是,政策性金融机构又具有商业金融机构所不具备的特殊职能:倡导性、补充性、选择性和服务性职能。

1. 倡导性职能

倡导性职能是指政策性金融机构以直接的资金投放或间接地引导民间、私人金融机构从事符合政策意图的放款。

2. 选择性职能

选择性职能是指政策性金融机构的融资领域或部门是有选择的。政策性金融机构的选择并非由政府任意决定,而是取决于市场机制。市场机制不选择的领域才是政策性金融机构选择的领域。

3. 补充性职能

补充性职能是指政策性金融机构补充完善以商业性金融机构为主体的金融体系的职能。对于一些商业性金融机构不愿意或无力选择,而又是社会经济发展所必需的领域,政策性金融机构以直接投资或间接担保的方式引导资金流向,进行融资补充。

4. 服务性职能

服务性职能是指政策性金融机构一般是专业性的,在该领域里有丰富的经验和专业技能,有一批精通业务的专业人才,可以为企业提供各方面的服务。

7.1.3 政策性金融机构的主要业务

由于各国经济发展水平存在差异,政策性金融机构的业务活动也存在着很大的差异。政策性金融机构的业务主要分为两大类:资金来源类业务和资金运用类业务。

1. 资金来源类业务

(1) 财政拨款

因为政策性金融机构大多由政府创办,所以政府一般要向其提供全部或部分资本金。如日本政策性金融机构"两行九库"的资本金即由日本政府全额提供。美国进出口银行最初10亿美元的资本金全部由联邦政府拨付;德国复兴开发银行10亿马克的资本金中80%归联邦政府所有,其余归各州的保险公司所有。

(2) 借款

各国政策性金融机构主要从财政资金、中央银行资金、其他政府部门、公共资金以及外国和国际金融机构等借入资金。政策性金融机构还从储蓄机构,尤其是国家兴办的储蓄银行借入中长期资金,以改善其资金结构,承担起中长期资金供给者的职责。如法国国家信贷银行、土地信贷银行和农业信贷银行从信托储蓄银行借入资金。

(3) 发行债券

在金融市场上通过发行债券筹措资金也是各国政策性金融机构的一个重要的筹资方式。随着资产证券化的发展趋势，债券融资的比重也将越来越高。

（4）吸收存款

大多数政策性金融机构不吸收任何形式的存款，如日本的"两行九库"、美国的联邦专业信贷机构、德国的复兴开发银行以及我国的三大政策性银行等均不吸收任何形式的存款，以避免同其他金融机构竞争。但有些国家的政策性金融机构也吸收存款。

2. 资金运用类业务

政策性金融机构资金运用的方式主要有贷款、投资和担保三种形式。

（1）贷款业务

贷款是各国政策性银行的主要业务活动，一般有以下几种情况。

①既提供普通贷款，又提供特别贷款。普通贷款是指政策性金融机构承担的、一般金融机构也可能发放的贷款。特别贷款是指政策性金融机构发放的、一般金融机构不能或不愿发放的贷款。这一类贷款一般利息较低、期限较长，政府对此会给予补贴和担保。

②直接贷款和间接贷款。直接贷款是指政策性金融机构直接向放款对象贷款，大多数政策性金融机构均采用直接贷款的形式。间接贷款是指政策性金融机构不直接向放款对象贷款，而是通过其他机构转贷或委托贷款。

（2）投资业务

与贷款相比，投资在政策性金融机构的资金运用中处于次要地位。政策性金融机构中从事投资活动的主要是开发性金融机构，投资准则为服从宏观经济与社会政策目标的要求。

（3）担保业务

担保业务是指政策性金融机构对其他金融机构发放的符合政策意图的贷款给予偿还保证。当借款人无力偿还贷款时，由政策性金融机构负责偿还全部或部分贷款。政策性金融机构的担保业务转移了贷款风险，有助于改善借款人的融资地位和条件，并刺激、鼓励商业性金融机构扩大贷款额度。其目的是为政策扶持对象广辟财源，筹措发展资金，并对非政策性金融机构所从事的政策性贷款活动给予鼓励和支持。

◇ **阅读资料 7-1**

中国进出口银行：加大"一带一路"绿色金融支持

第二届"一带一路"国际合作高峰论坛于 2019 年 4 月 25 日拉开大幕。中国进出口银行和国务院发展研究中心最新发布的报告显示，绿色金融正在成为"一带一路"沿线国家新的经济增长点。

绿色金融指的是支持绿色经济发展的金融服务。这份新出炉的《中国推进"一带一路"绿色金融发展的理念与实践》报告指出，"一带一路"倡议为绿色金融的发展提供了广阔的发展机遇。

对此，国务院发展研究中心金融研究所有关专家表示，第一方面，发展绿色金融的重要性成为沿线国家的一个普遍共识；第二方面，在"一带一路"倡议实施过程中，有巨大的基础设施投资需求，在这些投资项目中我们可以深入地贯彻绿色金融理念，来支持绿色项目的发展，用绿色金融来支持绿色项目的发展；第三方面，全球绿色环保技术在巨大的市场需求面前正在快速地发展；第四方面，绿色金融正在成为"一带一路"沿线国家经济新的增长点。

事实上，绿色金融的实践正在持续推进。根据央广经济之声早前报道，中国工商银行在卢森堡的绿色交易所发行了第一只支持"一带一路"倡议的绿色债券；深圳证券交易所联合多家机构推出了首只在中国和欧洲两地同步发布行情的中国绿色债券指数；中国进出口银行与世界银行、亚洲开发银行、泛美开发银行等国际多边金融机构建立了合作交流机制，积极开展绿色国际合作。

据中国进出口银行有关负责人表示，中国作为负责任的发展中大国，不仅要为世界经济复苏提供强大动力，还要积极倡导生态文明和绿色发展理念，参与全球环境治理，为构建全球绿色发展新格局贡献力量。据介绍，中国进出口银行是绿色金融的践行者，始终将绿色发展理念根植于心，为绿色"一带一路"建设提供金融支持。截至2018年末，中国进出口银行绿色信贷余额逾2500亿元。未来，中国进出口银行将继续发挥自身职能作用，加大"一带一路"绿色金融支持，深化与同业、智库等各方绿色合作，推动"一带一路"建设走深走实、行稳致远，促进全球绿色、可持续发展。

（资料来源：央广网 2019年4月24日。）

7.2 保险公司

保险公司是以取得保险费，建立保险基金，对发生保险事故进行经济补偿的金融机构。保险公司同时也是契约储蓄和金融投资机构。商业保险是一种特殊的投资制度，保险公司在其发展中不仅以收取的保险费进行补偿，还要进行自身的经营。投保者享受的利益包括缴纳的保险费用和部分投资收益。

保险公司一般分为财产保险公司和人身保险公司。因为从整体上看，保险的标的无非是两种：一是经济生活的主体，即人身；另一是经济生活的客体，即财产。所以保险业务通常被区分为财产保险与人身保险，这种传统的保险业务分类模式持续了几个世纪。随着社会关系的不断变化和保险经营技术的不断改进，责任保险与再保险日益受到重视，并逐渐从传统保险业务中分离出来，成为独立的保险业务种类。现代保险业务的框架由财产保险、人身保险、责任保险、再保险四部分构成。在此主要介绍财产保险和人身保险。

7.2.1 财产保险

财产保险是以财产与有关的利益作为保险标的的一种保险。财产保险开办的业务险种一般有以下几个。

1. **火灾保险**

火灾保险简称火险，其主要保险风险是火灾，还包括雷击、爆炸、飞行物体及其他空中运行物体坠落等，承保的对象是固定财产，也就是处于静止状态的财产。所以，像汽车、船舶、飞机、运输中的货物等流动财产，一般均有相应名称的保险，不列入火险范围。

目前，我国开展的企业财产保险、家庭财产保险、涉外财产保险以及各种附加保险和特约财产保险等，均属火险范畴。

2．海上保险

海上保险也称水险或海上运输保险。即保险人承保各种财产在海上运输过程中由于自然灾害和意外事故所引起的财产损失、费用损失及有关的责任。海上保险包括海上货物运输保险、船舶保险、运费保险、造船保险和海上石油开发保险等险种。海上保险被认为是一门神秘的学科，因为它是保险种类中历史最悠久的险种，远在古希腊和古罗马时代就产生了海上保险的萌芽。

3．工程保险

工程保险是一种财产保险和责任保险的综合保险。它承保工程期间意外物质损失和第三者人身伤害与财产损失引起的赔偿责任。其中，有以各类民用、工业用和公共事业用建筑工程为保险标的的建筑工程一切险；有以各类工业、矿山的机器设备的安装工程为保险标的的安装工程一切险。

4．锅炉及机器保险

锅炉及机器保险是以锅炉、机器为保险标的，保险人对爆炸、破裂等灾害损失负赔偿责任的保险。这种保险对损失预防极为重要，保险人要经常派技术人员免费对锅炉、机器进行检查，以预防危险事故发生，减少损失。

5．货物运输保险

货物运输保险简称货运险，它是以运输过程中的各种货物作为保险标的的保险。从广义上看，货物运输保险应包括陆上货运险、海上货运险、航空货运险。由于后两者都单独命名，所以货物运输保险仅指陆上货物运输保险。在我国的陆上货物运输保险条款中，一般只考虑火车、汽车，对大车、牲口驮运等不承保。

6．汽车保险

汽车保险是承保各种汽车的物质损失及其第三者所造成的损失，分为车身险和第三者责任险。车身险是对汽车本身由于碰撞、自然灾害、外来原因所造成的损失提供经济补偿。第三者责任险是被保险汽车因发生保险事故而产生的被保险人对第三者的人身伤害及其财产损失依法应负的赔偿责任。

7．航空保险

航空保险属财产保险范围，国际上一般将其单独命名，正如汽车保险、海上保险一样。航空保险是一个统称，其保险范围包括一切与航空有关的风险。它包括飞机保险、空运货物保险、旅客责任险、飞机第三者责任险和机场责任险等。

8．盗窃保险

盗窃保险是保险人对财产因被偷窃或抢劫等所受的损失承担赔偿责任的一种保险。主要有住宅盗窃保险、营业处所盗窃保险及银行盗窃保险、现金运送保险等。

9．利润损失保险

利润损失保险是保险人承保企业财产因遭受保险事故而受损，导致生产经营中断引起的正常的利润收入的损失。一般的财产保险只对保险责任范围内的财产的直接损失提供保障，因财产损失而引起的间接损失则不予承保。而利润损失险是对一般的财产保险中不予承保的间接损失提供保障,即承保由于自然灾害和意外事故,使被保险人在一个时期内停产、停业或营业受影响而损失的预期利润以及必需开支的费用。利润损失保险常作为财产险的附加险来投保。

10．农业保险

农业保险是以种植业和养殖业为保险标的,对其在生长、哺育、成长过程中遭受自然灾害和意外事故所造成的经济损失提供经济补偿的保险。在种植业保险中主要有生长期农作物保险、收获期农作物保险、森林保险、经济林保险、园林苗圃保险等。养殖业保险主要有牲畜保险、家禽保险、水产养殖保险和其他养殖保险等。

7.2.2 人身保险

人身保险,是以人的生命为保险标的,保险人对被保险人在保险期间因意外事故、疾病等导致死亡、伤残或者在保险期满后,根据保险条款的规定给付保险金的保险。人身保险可划分为人寿保险、人身意外伤害保险、健康保险。

1．人寿保险

人寿保险是以人的生命(生或死)作为保险标的,以死亡或生存为保险事故,在保险事故发生导致被保险人损失时,保险人向被保险人或其受益人给付保险金的一种保险。人寿保险中最基本的险种有三个:死亡保险、生存保险和两全保险。

(1) 死亡保险

死亡保险是以被保险人在保险有效期内的死亡作为保险责任的一种人寿保险。死亡保险又可分为定期死亡保险和终身死亡保险。

定期死亡保险又称定期寿险,提供确定时期的保障。当被保险人在约定的保险期内死亡时,保险人给付受益人保险金;如果被保险人在保险期满时仍然生存,保险人不承担给付责任。定期寿险的特点是保险期限短,保险费率较低,适合于低收入者或暂时需要保险的人进行投保。

终身死亡保险又称终身寿险,提供终身保障的恒久性保险,一般到100岁为止。如果被保险人到100岁时仍生存,保险人仍给付保险金。终身寿险有两种缴费方式:一为限期缴费,如规定缴费期为10年、20年等;二是终身缴费,即只要投保人活着,就要按时缴费。终身寿险的特点是保险费率较高,保障比较充分。

(2) 生存保险

生存保险是被保险人生存到保单指定日期后,由保险人给付被保险人保险金的一种保险。如果被保险人在保险期内死亡,保险人不给付任何保险金,保险单失效。如某人投保定期10年的生存保险,如被保险人生存到第10年末,保险人给付保险金;如被保险人在第9年死亡,则保险人不给付任何保险金,保险单失效。

(3) 两全保险

两全保险又称储蓄保险、养老保险。如果被保险人在保险期内死亡,保险人给付受益人保险金。如果被保险人在保险期满后仍生存,保险人给付被保险人保险金。两全保险是死亡保险和生存保险的综合。两全保险的特点是:保障最全面、保险费率高,并且具有储蓄性质。

2. 人身意外伤害保险

意外伤害保险是一种以被保险人因意外伤害所致死亡或残废为给付保险金条件的人身保险险种，常见的有团体人身意外伤害保险、学生团体平安保险、旅客意外伤害保险。

（1）团体人身意外伤害保险

团体人身意外伤害保险是一种集体投保，以各类企事业单位、机关、团体的成员为被保险人，对因意外伤害事故致死、致残，保险人按约定给付保险金的意外伤害保险。

（2）学生团体平安保险

学生团体平安保险是一种集体投保，以在校大、中、小学学生为被保险人，在保险期内因疾病或意外伤害事故致死、致伤、致残，以所需用的医疗费用由保险人按约定给付保险金。这是一种意外伤害保险附加健康保险的混合性险种。

（3）旅客意外伤害保险

旅客意外伤害保险是一种以乘坐火车、飞机、轮船、长途汽车等的旅客为被保险人，在指定的旅程内因意外伤害事故致死、致伤、致残，由保险人按约定给付保险金的意外伤害保险。

3. 健康保险

健康保险是指当被保险人因疾病而不能从事工作或因病致残丧失工作能力时，由保险人给付保险金的保险。它一般包括疾病保险、医疗保险和生育保险。

（1）疾病保险。疾病保险是一种当被保险人在保险期间被确诊为患有特定的疾病，如肿瘤、白血病等，或因特定疾病死亡、残废时，由保险人给付保险金的健康保险。

（2）医疗保险。医疗保险是一种由保险人承担被保险人因疾病或意外伤害所需治疗时支出的医疗费用，包括门诊医疗费、住院医疗费和手术医疗费的健康保险。

（3）生育保险。生育保险是一种被保险人因分娩、节育而致死、致残，由保险人给付保险金的健康保险。

7.3 证券公司

证券公司是当今发达国家金融体系和国际金融体系最重要的组成部分之一，在美国和欧洲国家一般称其为投资银行。由于投资银行自诞生之日起，其业务活动范围就在不断演变、扩张，而且不同国家、不同金融中心，其金融业务的领域、机构名称都有较大差异，因此，投资银行并没有一个严格的定义。在这里，我们依据投资银行的主要业务特征和功能，将证券公司概括为：以证券承销和证券经纪为本源业务，充当中介人，通过金融创新促进资金合理分配和流动，优化社会资源配置的金融机构。

7.3.1 证券公司的特征

证券公司的特征可以从证券公司的总体特征、证券公司与商业银行的区别进行考察。

1．证券公司的总体特征

证券公司的总体特征有适应性、多样性、专业性、集中性、创新性和国际性等。证券公司具有很强的获利传统和生存能力。它的组织结构灵活，经营决策迅速，决策实施敏捷，因此，市场灵活性很高。同时，投资银行的业务种类很多，而且都有高度的专业性，能够做到"量体裁衣""特形服务"。这股力量驱动着证券公司在业务上不断创新。证券公司在将其业务拓展到全球的同时，实力也越来越集中于某些大型证券公司或投资银行。

2．证券公司与商业银行的区别

证券公司和商业银行在各自地位、职能、本源业务、融资方式、资金利润来源、经营管理方针等许多方面都有很大不同。前面介绍过，商业银行在一国金融体系中占有举足轻重的地位，而证券公司只能居于次要和补充的地位，不是中央银行调控的主要对象，其主要职能就是充当证券承销商和证券经纪商，为证券的发行、买卖及与此有关的活动提供协助和服务。此外，证券公司的本源业务是证券发行市场上的证券承销业务和证券流通市场上的证券经纪业务，不存在明显的资产负债管理特征；其主要资金来源是发行股票、债券以及从其他银行取得贷款；利润也主要来自证券包销业务中证券买卖差价以及各种佣金收入。证券公司经营的业务风险性高，投资性强，业务的开展都需要专门的金融知识、熟练的交易技能和金融创新能力，专业性要求很高。

◇ 阅读资料 7-2

2020 年前三季度证券公司债券承销业务专项统计

2020 年前三季度，45 家证券公司作为绿色公司债券主承销商或绿色资产证券化产品管理人（沪深交易所市场）共承销发行 62 只产品，合计金额 717.74 亿元，其中资产证券化产品 11 只 125.54 亿元。15 家证券公司承销发行 15 只创新创业公司债，合计金额 96.90 亿元。69 家证券公司参与地方政府债券合计中标金额 3950.61 亿元，合计中标地区 28 个。具体情况如表 7-1 所示。

表 7-1　2020 年前三季度证券公司债券承销业务专项统计表

序号	公司名称	发行金额（亿元）
1	中信建投	100.96
2	中信证券	63.09
3	浙商证券	52.60
4	华泰联合	48.71
5	申港证券	37.00
6	平安证券	34.02
7	东兴证券	26.80
8	海通证券	23.23
9	国泰君安资管	21.80
10	安信证券	19.85
11	财通证券	18.70
12	兴业证券	17.48

续表

序号	公司名称	发行金额（亿元）
13	中山证券	17.20
14	江海证券	15.00
15	财信证券	14.13
16	长城证券	14.00
17	中航证券	14.00
18	中金公司	12.52
19	华泰资管	12.13
20	天风证券	11.57
21	万联证券	10.50
22	长江证券	10.00
23	国信证券	9.22
24	国开证券	8.80
25	开源证券	8.80
26	光大证券	8.74
27	太平洋证券	8.00
28	中德证券	8.00
29	国金证券	7.00
30	东莞证券	6.20
31	财达证券	6.00
32	首创证券	5.50
33	中泰证券	5.50
34	东吴证券	5.00
35	华安证券	5.00
36	华金证券	5.00
37	华西证券	5.00
38	申万宏源	5.00
39	长江资管	4.40
40	华龙证券	4.07
41	国泰君安	3.00
42	五矿证券	2.50
43	兴证资管	1.19
44	华融证券	0.53
45	方正承销保荐	0.01

（资料来源：中国证券业协会 2020 年 10 月 22 日。）

7.3.2 证券公司的业务

证券公司经营的基本业务主要包括证券承销、证券经纪、证券自营,为了满足现代金融市场需求,证券公司也从事收购与兼并、风险资本投资、咨询服务等业务。

1. 证券承销

证券承销是证券公司最基本的传统业务。在证券承销过程中,证券公司起了极为关键的媒介作用。证券公司承销的证券范围很广,它不仅承销本国中央政府及地方政府、政府部门所发行的债券,各种企业所发行的债券和股票,外国政府与外国公司发行的证券,甚至还承销国际金融机构如世界银行、亚洲发展银行等发行的证券。

标准的承销过程由三个步骤构成:第一步,证券公司就证券发行的种类、时间、条件等对发行公司提出建议。证券公司凭借自己的丰富经验,并经过调查研究,向证券发行者提出最佳的发行条件。同时,投资银行应向发行者揭示该发行条件的利弊、风险状况和市场预测等信息。证券公司还向证券发行者提供其所需的相关资料,以供其参考。第二步,从发行人处购买新证券。当证券发行者确定证券的种类和发行条件并报请证券管理机关(如美国证券交易委员会、中国证券监督管理委员会等)批准之后,与证券公司签订协议,由证券公司帮助其销售证券。第三步,向公众分销。当证券公司与证券发行人签订销售证券的协议之后,便要进行证券分销工作。证券公司通过承销获得报酬的主要方式是证券差价,该差价是支付给发行人的价格与向公众销售证券的价格差额,这一差额被称为毛利差或承销折扣。

标准的证券承销包括了以上三方面的工作,证券公司可以只做其中一项,亦可做其中两项或三项。

2. 证券经纪

证券经纪业务具体是指证券公司通过其设立的营业场所(即证券营业部)和在证券交易所的席位,接受客户委托,按照客户的要求,代理客户买卖证券的业务。在证券经纪业务中,证券公司不向客户垫付资金,不分享客户买卖证券的差价,不承担客户的价格风险,只收取一定比例的佣金作为业务收入。目前,中国的证券经纪业务主要表现为在证券交易所代理买卖证券。零售经纪是证券公司转型的开始,它改变了金融市场的投资者结构和投资银行自身的业务模式。金融市场投资者逐渐平民化、普及化,金融业从有钱人的专属转型成为全社会的基础设施。证券公司产生证券自营业务的需求,开始开拓资产管理业务,创新各种增值服务,增加投资者便利。在我国证券经纪业务的收入来源于佣金。根据中国证监会相关数据统计,2017 年我国沪深股市总成交额 113 万亿元,总佣金 430 亿元,其中 352 亿元是券商。

3. 证券自营

证券自营业务是指证券公司以自主支配的资金或证券,在证券的一级市场和二级市场上从事以营利为目的并承担相应风险的证券买卖的行为。在我国,只有中国证监会批准经营证券自营业务的证券公司才能从事证券自营业务,从事证券自营业务的公司其注册资本最低限额应达到人民币 1 亿元,净资本不得低于人民币 5000 万元。在不违反法律法规的条件下,从事自营的证券公司在交易行为、交易方式、交易价格上具有自主性。自主性是从投资决策到整个操作的完全的自主性,不受外来的限制,公司有权决定投资方向。证券公司的自营部门是一个专业部门,集中一大批经验丰富的专业操作人员和专业研究人员,通过专业人员的研究和规范操作,识别并防范市场、政策、法律等风险,并取得相对稳定收益。

4. 收购与兼并

收购与兼并是证券公司一项极为重要的业务。在企业兼并、收购过程中,证券公司扮演了极为重要的角色。证券公司可以以几种方式参与企业的并购活动。

(1) 寻找兼并与收购的对象;

(2) 向猎手公司和猎物公司提供有关买卖价格或非价格条款的咨询,或者帮助猎物公司采取行动,抵御恶意吞并企图;

(3) 帮助猎手公司筹集必要的资金,以实现购买计划。

兼并收购包括协议收购和恶意收购两类,前者发生在双方情投意合的情况下,而后者发生在购买方未经目标公司允许的情况下。为了应对恶意收购,企业可以根据所处的不同法律环境选择使用"毒丸计划"或"白衣骑士"等具体策略。"毒丸计划"是指被敌意收购的目标公司通过发行证券以降低公司在收购方眼中的价值的措施,其他所有的股东都有机会以低价买进新股,从而稀释了收购方的股权,继而使收购变得代价高昂,从而达到抵制收购的目的。"毒丸计划"是美国著名的并购律师马丁·利普顿(Martin Lipton)1982年发明的,最初的形式很简单,就是目标公司向普通股股东发行优先股,一旦公司被收购,股东持有的优先股就可以转换为一定数额的收购方股票。"白衣骑士"策略指的是企业在碰到恶意收购的时候去找一个跟自己企业有协作关系,但是不想控制企业的企业来控股自己,驱逐不受欢迎的恶意收购者。例如,2015年宝能恶意收购万科的案例中,因为"毒丸计划"只能在实行授权资本制的国家成功,而中国实行的是法定资本制,后来万科采取"白衣骑士"策略应对了宝能的恶意收购,即万科邀请深圳地铁企业,深圳地铁成为万科第一大股东,终破"万宝之争"僵局。

◇ 阅读资料 7-3

在1965年,科尔伯格遇见了一个卖假牙填充物的小公司,这个公司规模不大,但是利润特别好。老板已经年过花甲,这时他想给家人留一笔钱,但还想继续经营公司。科尔伯格就给他估算了这个公司的市场价格大概是950万美金,他想做一个杠杆收购。具体地说,科尔伯格自己掏了150万美金,然后利用自己的人脉和资金实力,从各个渠道集资借了另外800万美金,等于就是用85%的杠杆率将这个公司买了下来。买下来以后,他说自己不要控制权,让原来的这个老板继续经营。那800万的债务就用公司赚的钱还本付息。4年之后,这家企业经营得非常稳健,负债率也慢慢地降了下来。科尔伯格再次运用自己很高超的包装和销售能力,把这个公司打了包,重新上了市,赚了8倍的利润。

(资料来源:唐涯. 香帅金融学讲义[M]. 北京:中信出版社,2020.)

5. 风险资本投资

风险资本又称创业资本,是指新兴公司在创业期和拓展期所融通的资金。一般来说,新兴公司尤其是运用高新技术研制开发新产品、新材料的公司具有很大的市场潜力,只要研制开发的新产品符合市场需要,往往可以获得远高于平均利润的利润。但是,新产品研究、开发和推向市场的过程中充满着风险,新技术或新发明是否科学适用、是否被市场认可和接受都还是未知数,因此,这类公司在高额潜在收益的实现过程中存在着很大的不确定性,其破产、倒闭的风险非常大。新兴公司在发展过程中最需要资金支持,在企业家自有资金有限、需要外部资金的情况下,在其规模小、资信未得到认可的艰难状况下,投资银行的风险资本业务便如雪中送炭。

若经过了解与评估,投资银行确认该新兴公司的新技术或新产品有可行性,则同意以私募发行的方式为其募集资金。在私募发行过程中,投资银行不仅向其征收一定的发行报酬,同时,如果投资银行觉得该新兴公司潜力巨大、管理科学、财务稳健,还往往投资于该公司,成为其股东。有些投资银行还专门设有创业基金或风险基金,作为专门向新兴公司提供创业资本的基金。

6. 咨询服务

如前所述,由于投资银行拥有高水平的金融投资专家、理财专家,又拥有迅捷的信息渠道和先进的风险控制技术和工具,因此,投资银行能为客户提供有关财务管理、风险管理、流动性管理、招标、投标、策划、投资组合设计等许多方面的咨询服务。

咨询服务的收费有多种方式,有时按咨询内容所涉及的资金额的一定比例收取;有时根据该项目所花费的人工决定;对个人客户提供的咨询服务,则较多按小时计算酬金。

7.4 证券投资基金管理公司

7.4.1 证券投资基金管理公司概述

证券投资基金管理公司是专门为中小投资者服务的投资机构,它通过发售基金份额,将众多投资者的资金集中起来,形成独立财产,通过专家理财,按照科学的投资组合原理进行投资,与投资者利益共享、风险共担。投资基金的运作主要是通过发行基金单位的受益证券(基金份额),集中投资者的资金,由基金托管人托管(通常是银行、信托公司等金融机构),并由基金管理人负责基金的操作,即下达买卖指令,管理和运用资金,从事股票、债券、外汇、货币等金融工具投资,以获得投资收益和资本增值。

相比于个人投资,基金具有分散化和专业化两大优势。单个人(机构)资金有限,很难有效进行分散投资,而基金资金规模大,可以覆盖更多投资标的,将风险分散。基金投资受到的限制比个人投资更少;且基金经理操作更加专业,能够更快地对市场变化做出反应。

◇ 阅读资料 7-4

证券投资基金的起源

证券投资基金是证券市场发展的必然产物,在发达国家已有上百年的历史。证券投资基金作为社会化的理财工具，起源于英国的投资信托公司。

产业革命极大地推动了英国生产力的发展，国民收入大幅增加，社会财富迅速增长。由于国内资金充裕，那些需要大量产业资本的国家在英国发行各种有价证券。另外，为谋求资本的最大增值，人们希望能够投资海外，却苦于资金量小和缺乏国际投资经验，因此萌发了集合众多投资者的资金、委托专人经营和管理的想法。证券投资基金由此萌芽。

1868年，英国成立"海外及殖民地政府信托基金"，在英国《泰晤士报》刊登招募说明书，公开向社会公众发售认股凭证，投资于美国、俄国、埃及等国的17种政府债券。该基金与股票类似，不能退股，亦不能将基金份额兑现，认购者的权益仅限于分红和派息两项。因其在许多方面为现代基金的产生奠定了基础，金融史学家将之视为证券投资基金的雏形。

早期的基金管理没有引进专业的管理人，而是由投资者通过签订契约，推举代表来管理和运用基金资产。1873年，苏格兰人罗伯特，富莱明创立"苏格兰美国投资信托"，专门办理新大陆的铁路投资，聘请专职的管理人进行管理，这时投资信托才成为一种专门的赢利业务。

初创阶段的基金多为契约型投资信托，投资对象多为债券。1879年，英国《股份有限公司法》公布，投资基金脱离原来的契约形态，发展成为股份有限公司式的组织形式。公司型投资基金的经营方式与一般的企业股份有限公司相同，即发行股票或公司债券集资，或向银行借款。不同的是，公司型投资基金既没有工厂，也不从事一般工商业的营运活动，其唯一经营对象就是投资有价证券。

到1890年，运作中的英国投资信托基金超过100家，以公债为主要投资对象，在类型上主要是封闭型基金。

（资料来源：中国证券业协会. 证券投资基金. 北京：中国财政经济出版社，2012.）

7.4.2 证券投资基金管理公司的业务

1. 证券投资基金业务

证券投资基金业务是基金管理公司最核心的一项业务，主要包括基金的募集与销售、基金的投资管理和基金的营运服务。

（1）基金的募集与销售

能否将基金成功推向市场并不断扩大基金的财产规模，对基金公司的经营有着重要意义。为成功地进行基金的募集与销售，基金公司必须在市场调研的基础上进行基金产品的开发，设计出能够满足不同投资者需要的基金产品。

（2）基金的投资管理

基金的投资管理是基金公司最核心的项业务，基金公司之间的竞争在很大程度上取决于投资管理能力的高低。因此，努力为投资者提供与市场上同类产品相比具有竞争力的投资回报，就成为基金公司工作的重中之重。

（3）基金的营运服务

基金的营运服务是基金投资管理与市场营销工作的后台保障，通常包括基金注册登记、核算与估值、基金清算和信息披露等业务。基金营运在很大程度上反映了基金公司对投资者服务的质量，对基金公司整个业务的发展起着重要的支持作用。

2．特定客户资产管理业务

特定客户资产管理业务又称专户理财业务，是指基金公司向特定客户募集资金或者接受特定客户财产委托担任资产管理人，由商业银行担任资产托管人，为资产委托人的利益最大化，运用委托财产进行证券投资的活动。2008年1月1日开始施行的《基金公司特定客户资产管理业务试点办法》规定，符合条件的基金公司既可以为单一客户办理特定客业务，也可以为特定的多个客户办理特定客户资产管理业务。2009年6月1日起施行的《关于基金公司开展特定多个客户资产管理业务有关问题的规定》进一步为基金公司开展特定多个客户的资产管理业务提供了指引。

特定客户资产管理业务的开放，使我国基金公司向综合资产金公司扩大业务发展跨出一大步。允许基金公司开展特定客户资产管理业务，不但有助于基金公司扩大业务发展范围，增强基金公司的实力，而且有助于为机构投资者等资金规模较大的投资者提供个性化的服务，促进证券市场的稳定。

3．投资咨询服务

2006年2月，中国证监会基金部发布的《关于基金公司向特定客户对象提供投资咨询服务有关问题的通知》规定，基金公司不需要报经中国证监会审批，可以直接向合格的境外机构投资者、境内保险公司及其他依法设立运作的机构等特定对象提供投资咨询服务。基金公司向特定对象提供的投资咨询服务不得有下列行为：(1)侵害基金份额持有人和其他客户的合法权益；(2)承诺投资收益；(3)与投资咨询客户约定分享投资收益或者分担投资损失；(4)通过广告等公开方式招揽投资咨询客户；(5)代理投资咨询客户从事证券投资。

◇ 阅读资料 7-5

2020年二季度基金管理机构非货币公募基金月均规模前10名如表7-2所示。

表7-2 基金管理机构非货币公募基金月均规模前10名（2020年二季度）

排名	公司名称	非货币公募基金月均规模（亿元）
1	易方达基金管理有限公司	5159.44
2	华夏基金管理有限公司	4009.66
3	广发基金管理有限公司	3944.9
4	博时基金管理有限公司	3832.73
5	南方基金管理股份有限公司	3443.28
6	汇添富基金管理股份有限公司	3364.88
7	富国基金管理有限公司	2910.43
8	中银基金管理有限公司	2765.4
9	嘉实基金管理有限公司	2655.36
10	招商基金管理有限公司	2581.98

2020年二季度基金管理公司私募资产管理月均规模前10名如表7-3所示。

表7-3　基金管理公司私募资产管理月均规模前10名（2020年二季度）

排名	公司名称	月均规模（亿元）
1	建信基金管理有限责任公司	5034.89
2	创金合信基金管理有限公司	3992.42
3	博时基金管理有限公司	2496.83
4	华夏基金管理有限公司	2321.91
5	嘉实基金管理有限公司	1923.17
6	易方达基金管理有限公司	1805
7	交银施罗德基金管理有限公司	1483.33
8	汇添富基金管理股份有限公司	1297.63

（数据来源：中国证券投资基金业协会。）

7.5　信托投资公司

信托投资公司也称投资托拉斯、投资公司，或信托公司、信托投资公司，它主要经营信托业务。

7.5.1　信托的基本含义与基本要素

信托是指委托人基于对受托人的信任，将其财产权委托给受托人，由受托人按委托人的意愿，为受益人的利益或者特定目的，进行管理或者处分的行为。

一个典型的信托行为要涉及三方关系人，即委托人、受托人和受益人。委托人是主动提出设立信托关系的一方关系人，其条件是必须拥有作为信托标的物的财产所有权或具有委托代办经济事务的合法权利。委托人的权利除了设立信托时的授予权外，在信托关系存续期间，还有权对受托者管理不当或违反信托目的的行为提出异议，并要求弥补损失；有权查阅有关处理信托事务的文件和询问信托事务；有权准许受托者辞职或要求法院免去其职权；当信托关系结束而又找不到信托财产的归属者时，有权得到信托财产，等等。

受托人是接受委托人的授权，并按约定的信托条件对信托财产进行管理或处理的信托关系人。受托人必须具有受托行为能力，即必须有执管产权，并管理、运用和处理财产的能力。受托人由个人和法人承担。当受托人为法人时，必须拥有一定的资本金，并需经政府主管部门审核批准后取得信托经营权。受托人的权利主要有两项：一是根据信托契约具有合法地对信托财产进行独立管理和处理的权利；二是具有收取报酬、获得收益的权利和收取费用要求补偿（非自己主观过失造成的）损失的权利。受托人的基本义务主要有：忠于职守，妥善管理和处理受托财产；在因管理不善或处理不当，或逾越信托权限致使信托财产遭受损失时，有弥补损失的义务；受托人必须将自有财产和信托财产分别管理，对不同委托人的财产也要分别管理。

受益人是指享受信托利益的人。各国法律对担任受益人一般没有特别的条件限制，除根据法律规定为禁止享有财产权者外，其他人均可成为信托受益人。受益人最首要的权利是索取按信托合同规定的信托财产及其所产生利益，此外受益人还拥有许多与委托人相同的权利，如具有在一定条件下要求受托人弥补损失或取消处理的权利，有权查阅、过问信托事务处理的有关资料和情况等。当然，一般来讲，受益人在信托期间对信托财产只享有利益之权，而无财产的物权，即无权处理、转移、抵押、分割信托财产或发生其他损害信托财产的行为。

从上述三方关系人的权利义务来看，信托最突出的特征是对信托财产所有权的分割。在信托关系成立后，受托人以所有人身份管理、处理信托财产。以自己的名义对外与第三人进行有关信托财产的交易并承担相应的民事责任，但必须是为了受益人的利益管理、处理信托财产，信托财产在法律上不能看作是受托人的自有财产。因此，信托的实质是将责任和利益分开，承担财产管理责任的人即受托人并不享受利益，而享受财产利益的人却不承担管理责任。信托的这一特征使它特别适合于因时间、精力和能力等因素限制而不能亲自管理财产的人进行理财安排，信托因此也成为现代社会中一种广受欢迎的财产管理制度。

7.5.2 信托投资公司的业务

在研究信托投资公司的业务时，一般都从委托人的角度出发，将信托投资业务划分为个人信托业务、法人信托业务和通用信托业务。

1．个人信托投资业务

个人信托投资业务是指以个人作为委托人，以信托投资机构作为受托人而办理的各种业务。个人信托投资业务可因信托生效时期分为生前信托和身后信托。

（1）生前信托

生前信托是指委托人与信托机构签订信托契约，委托信托机构在委托人在世时开始办理有关的事项。

（2）身后信托

身后信托是指信托机构受托办理委托人去世后的各项事务，主要包括执行遗嘱信托、管理遗产信托、未成年人监护信托。

2．法人信托业务

法人信托业务是指以具有法人资格的企业、公司、社团等作为委托人而设立的信托。在市场经济发达的国家，这类业务是信托公司的支柱业务，往往与法人自身的经营活动有着密切关系。从当前主要市场经济国家信托业务发展的情况看，信托品种主要有以下几种。

（1）公司债信托

公司债信托又称抵押公司债信托，即信托公司为协助企业发行债券，提供发行便利和担保事务而设立的一种信托形式。如果企业要向社会募集资金时，必须以等额价值的物品为抵押，信托机构为了保障债权人即债券购买者的利益，将债务人即发行公司的特定财产，作为债务偿还的抵押。但作为担保的财产不能分割由各持券人分别保管，这种对债券担保品的保管未定就会产生发行债券的困难,因此,委托信托机构作为公司债担保品的保管,即形成公司债信托,如果举债企业将来无力还本付息,信托机构可处理担保品以作抵偿。

(2) 动产信托

动产信托又称作设备信托,是指以动产的管理、处理为目的的信托。动产的含义极为广泛,在财产中除了土地及固定物以外的都叫动产。动产信托中的信托标的物,一般是价格昂贵的产品,如飞机、轮船、海上运输用的集装箱等,单个企业很难筹措到整笔资金购买此类动产,信托机构可通过发行"信托证券"或信托"受益权证书",向社会发行取得资金。

(3) 雇员受益信托

雇员受益信托是指雇主为雇员提供各种利益的信托,近年来这种信托业务发展很快。雇员受益信托的业务主要有养老金信托、形成财产信托和职工持股信托等形式。

①养老金信托是信托机构受托对委托人定期缴纳的养老金进行管理和运用,并在雇员退休后以年金形式支付的一种信托。

②形成财产信托是把职工的财产积累储蓄,委托给信托机构管理运用,以便将来形成一项财产(如住房)的一种指定金钱信托业务。

③职工持股信托是指将职工买入的本公司股票,委托给信托机构管理和运用,退休后享受信托收益的信托安排。

(4) 商务管理信托

商务管理信托又称表决权信托,是由公司股东与信托机构缔结表决权信托契约,各股东将股票过户给受托人,注明表决权字样,受托人签发"表决权信托证书"给股东。在这种情况下,受托人成为公司名义上的股东,行使契约中规定的表决权,表决权信托证书与股票相似,持有人享受股东可以享受的除了表决权外的一切权利,可以流通转让。

3. 通用信托业务

通用信托业务是指那些既可以由个人作委托人,也可以由法人作委托人的信托业务。通用信托自产生以来发展较快,逐渐超过信托机构的其他业务。目前主要有以下几种。

(1) 信托投资基金

信托投资基金又称契约型投资基金,即集合众多不特定的投资者,将资金集中起来设立投资基金,委托具有专门知识和经验的投资专家经营操作,共同分享投资收益的一种信托形式。随着投资信托的变迁及各国法律制度的演变,出现以公司形式的投资基金等多种形式。

(2) 不动产信托

不动产信托是指以不动产作为信托财产的信托业务。委托人与信托机构签订不动产信托契约,委托管理和处理的业务,是信托机构重要的传统业务,任何个人和法人组织,凡是涉及房地产的建设和开发,买卖租赁或其他有关房地产的业务,都可以借用不动产信托进行管理。

(3) 公益信托

公益信托业务是以公共利益为目的,为将来不特定的多数受益人而设立的信托业务。下列信托均属于公益信托:救济贫困;救助灾民;扶助残疾人;发展教育、科技、文化、艺术、体育事业;发展医疗卫生事业;发展环境保护事业,维护生态环境;发展其他社会公益事业等。

本章小结

政策性金融机构是指那些多由政府创立、参股或保证，不以营利为目的，专门为贯彻、配合政府的社会经济政策或意图，在特定的业务领域内，直接或间接地从事政策性融资活动的机构。政策性金融机构的基本职能与一般金融中介机构相同，但是，又具有商业金融机构所不具备的特殊职能：倡导性、补充性、选择性和服务性职能。政策性金融机构的主要业务活动有财政拨款、借款、发行债券、吸收存款等资金来源类业务，资金运用的方式主要有贷款、投资和担保三种形式。

保险公司是以取得保险费，建立保险基金，对发生保险事故进行经济补偿的金融机构。保险公司同时也是契约储蓄和金融投资机构。保险公司一般分为财产保险公司和人身保险公司。现代保险业务主要由财产保险、人身保险、责任保险、再保险四大部分构成。

证券公司是以证券承销和证券经纪为本源业务，充当中介人，通过不断的金融创新，促进资金合理分配和流动，优化社会资源配置的金融机构。投资银行经营的业务主要包括证券承销、证券交易、证券私募、资产证券化、收购与兼并、基金管理、风险资本投资、衍生金融工具的创造与交易、咨询服务等。

信托投资公司也称投资托拉斯、投资公司，或信托公司、信托投资公司，它主要经营信托业务。信托投资业务分为个人信托业务、法人信托业务和通用信托业务。

【案例讨论】

公募基金探索"线上化"营销，超 20 家基金借势"双 11"

随着线上直播的风口逐渐火热，在万物皆可直播的当下，公募基金公司借势 2020 年的"双 11"购物节，正式开启了以直播为重要切口的线上营销之路。

据《证券日报》记者在查阅逾 60 家公募基金公司在各大电商渠道的官方号后发现，2020 年至少已有 20 家基金公司借势"双 11"开展了引流活动，与前几年相比，增加了不少新形式和新面孔。除了分享"双 11"投资观点、推广消费主题基金外，还有不少基金公司尝试"双 11"直播活动，让明星基金经理等专业投资人士与投资者进行线上"面对面"交流。"双 11"购物节已成为公募探索线上销售的重要节点和大胆尝试。

《证券日报》记者在调查过程中发现，2020 年"双 11"公募线上营销形式花样繁多、别具特色。除了首次尝鲜的"双 11"理财直播间外，还包括一折费率购买热点基金、限时抢购红包雨、投教知识积分兑换好礼等各项营销活动。

从基金费率优惠情况看，大多数产品的申购费出现了一折优惠活动。例如，博时基金举办的"双 11"精选好基会场中，至少三只产品显示目前的费率降至一折，南方基金、汇添富基金、中欧基金、诺安基金等部分产品的费率也降至一折。

基金公司还加大了对科技、医药主题基金的重视和推广。据一位券商理财经理介绍，历年"双 11"期间，由于消费股的提振，消费主题基金赚钱概率较高，推荐消费主题基金和绩优基金是"双11"营销的常规操作。今年基金市场火爆，A股市场震荡不断，基金公司则加大了对科技主题基金和医药主题基金等产品的推广。

除了传统销售方式外，基金公司还举办了"双11宠粉节"，通过答题抢红包的方式，对投资者进行实打实的回馈。汇添富和华宝基金等多家基金公司进行了答题送红包的活动，帮助投资者熟悉了解基金的基本知识、投资优势和风险，引导投资者理性、长期参与基金投资。

基金公司参与"双11"购物节营销是一次大胆尝试。有基金运营相关人员表示，花钱与赚钱同源，在"双11"这个时间点，基金公司帮助广大消费者学习"赚钱"的投资理财思路非常适宜。

一位基金公司互联网金融部人士表示，在人工智能和大数据等技术驱动下，金融科技对基金的营销、运营等各方面重新赋能，尽管基金在线上大跨步式地发展，但基金用户数量还有较大的增长空间，在内容和方式上仍需注重用户下沉以及用户需求画像分析，通过全流程陪伴的方式，降低金融投资知识的专业门槛，把合适的产品提供给合适的投资者。

（资料来源：http://www.zqrb.cn/fund/jijindongtai/2020-11-10/A1605022640689.html）

【课堂讨论题】
谈谈对基金线上营销的看法？

复习思考题

1. 试述政策性金融机构的特征和类型。
2. 证券公司与商业银行在哪些方面存在不同？
3. 证券公司的业务有哪些？
4. 试述财产保险的种类。
5. 试述人身保险的种类。
6. 信托业务有哪些种类？

本章练习题

第 8 章　中央银行与货币政策

【学习目标】

通过本章的学习，使学生了解中央银行产生的必要性及其产生、发展过程，理解中央银行的性质、地位与职能，能够结合我国实际，明确掌握中央银行货币政策的目标与政策工具，并在此基础上对我国中央银行的货币政策实践加以分析。

【本章引例】

2020 年 10 月 29 日，中国人民银行以利率招标方式开展了 1400 亿元的 7 天期逆回购操作。当日有 500 亿元逆回购到期，央行实现净投放 900 亿元。

央行发布公告称，当日开展 1400 亿元逆回购操作，期限为 7 天，中标利率为 2.2%，与前次持平。

当日银行间市场隔夜、7 天期利率有所下行，14 天期利率持平，其他期限利率有所上行。29 日发布的上海银行间同业拆放利率（Shibor）显示，隔夜、7 天期利率分别为 2.125%、2.353%，分别较上一个交易日下行 25.4 个和 3.2 个基点；14 天期利率为 2.852%，与上一个交易日持平；一年期利率为 3.167%，上行 1 个基点。

问题：央行为什么要采取这样的措施呢？

（资料来源：新华社 2020 年 10 月 30 日。）

8.1　中央银行的产生及类型

思政目标

8.1.1 中央银行的产生

1. 中央银行的初创时期

英格兰银行成立于 1694 年，是现代中央银行的鼻祖，它在中央银行的发展史上是一个重要的里程碑。英格兰银行成立之初，具有一般商业银行的性质，如存款、贷款和贴现等。所不同的是，英格兰银行享有一般银行不能享有的特权，它接受政府存款并向政府提供贷款，获准以政府债券作为抵押，并发行等值银行券。

1825 年，英国爆发了资本主义世界的第一次经济危机。这场由生产过剩而引发的危机很快涉及货币信用领域，出现货币匮乏、信用中断。在一年多的时间里，有 100 多家银行相继倒闭，银行以及银行券的信誉大减，公众对银行及银行券失去了信心。危机过后，英国政府认为必须从货币信用方面寻求避免危机的措施,并开展了关于银行券发行保证的争论。1844年英国通过了《英格兰银行条例》(也称之为《比尔条例》),条例明确规定英格兰银行发行银行券必须有充足的黄金储备,以政府债券充作准备的信用发行额不得超过1400万英镑。以后又规定新设的银行和改组的银行没有银行券的发行权,英格兰银行可以增发相当于这些银行券减少额的2/3的银行券。

英格兰银行基本垄断银行券发行是1844年,即英格兰银行成立的150年以后。但1844年,英国还有280家银行可以发行银行券,但其他银行发行数量已大大下降。到1910年,除英格兰银行外,英国还有60家银行可以发行银行券,但这60家银行只能发行100万英镑,而英格兰银行发行的银行券已经达到3000万英镑了。到1928年,随着银行业的发展,英格兰银行完全垄断了英国银行券的发行,成为英国唯一的发行银行。

1854年,英格兰银行成为英国银行业的票据交换中心;1872年,英格兰银行对其他银行在运转困难时提供资金支持,而成为其他银行的"最后贷款者"。

◇ 阅读资料 8-1

中央银行的形成

早期的中央银行是在大商业银行的基础上逐步演化而来的。中央银行自商业银行的演化,可以追溯到17世纪中后期的欧洲。1656年由私人创办的瑞典国家银行以及1694年成立的股份制的英格兰银行,被认为是历史上最早的中央银行的原型。在其后的数百年间,中央银行制度经历了一个形成、普及和完善的漫长过程。从1656年瑞典国家银行成立到1913年美国建立联邦储备系统,前后257年,为中央银行的创始时期。据不完全统计,这一时期成立的中央银行有29家。

第一次世界大战爆发到第二次世界大战结束,为中央银行的发展时期。1920年在比利时首都布鲁塞尔召开的国际金融会议,要求凡未设中央银行的国家应尽快建立中央银行,这为中央银行的迅速推广起到了重要的促动作用。据统计,在1921—1942年期间,世界各国改组或设立的中央银行有43家。

第二次世界大战结束以后,中央银行制度进入到普及和加强的时期。一方面,各社会主义国家和新独立国家纷纷建立了中央银行,从1945年起至1971年止,改组、重建和新建的中央银行共计50余家;另一方面,各国政府加强了对中央银行的控制与利用,如法国和英国先后于1945年和1946年将中央银行收归国有,中央银行的职能作用备受重视,在国内和国际经济领域的地位日趋提高。

(资料来源:陈风. 金融法[M]. 北京:中国政法大学出版社,2007.)

2. 中央银行制度的普遍推行时期

从20世纪初至20世纪中叶,也就是第二次世界大战结束是中央银行制度的普遍推行时期。第一次世界大战爆发后,各主要资本主义国家先后放弃了金本位,普遍发生了恶性通货膨胀,金融领域发生了剧烈的波动,各国中央银行纷纷宣布停止或限制兑现、提高贴现率以及禁止黄金输出等措施,从而造成外汇行市下跌,各金融中心的交易所也相继停市,货币制度极端混乱。由此,各国政府当局和金融界人士深切感到必须加强中央银行的地位和对货币信用的管制。于是，1920年在比利时布鲁塞尔召开国际金融会议，会议要求，凡未设中央银行的国家应尽快建立中央银行，中央银行应摆脱各国政府政治上的控制，实行稳定的金融政策。布鲁塞尔会议大大推进了各国中央银行的普遍建立。

从第一次世界大战后的1921年起到第二次世界大战期间的1942年止，世界各国改组或设立的中央银行有43家，其中欧洲16家，美洲15家，亚洲8家，非洲2家，大洋洲2家。

3．中央银行制度的强化时期

这一时期从20世纪中叶到现在。第二次世界大战后，世界政府形势发生了重大变化，世界范围内的民族解放运动风起云涌，并取得了斗争的胜利。继苏联以后，在东欧出现了10多个社会主义国家，在亚洲、非洲和美洲也陆续出现了一些新独立的国家。各国为了稳定货币、筹集资金，都以货币信用政策作为干预再生产过程和调节国民经济生活的主要杠杆。在此背景下，负有制定和执行货币政策重要职责的中央银行也随之发生了巨大的变化。

（1）由一般货币发行向国家垄断发行转化

为解决银行券分散发行给信用控制和组织货币流通带来的困难，一般都是由国家出面帮助私人以股份公司的形式创立中央银行，少数国家的中央银行也收归国有，银行券也逐渐由分散发行过渡到代理政府集中发行。第二次世界大战后，各国对中央银行的认识有所深化，从而强化了对它的控制。这大大加快了中央银行的国有化进程，由此，中央银行实现了由一般的发行银行向国家垄断即真正的发行银行的转化。

（2）由代理政府国库款项收支向政府的银行转化

当中央银行成为真正的发行银行后，一方面，随着银行券与金属货币停止兑换，中央银行所发行的纸币，从本质上说是政府通过法律强制通行的；另一方面，发行银行一般也独占国库收支代理业务。这种将货币发行和国库收支捆在一起的做法，使中央银行的活动顺应和体现政府的施政方针和政策意向，从而使其不仅代理政府国库款项，而且也在实质上具备了政府代理人的资格，实现了中央银行向政府银行的转化。

（3）由集中保管准备金向银行的银行转化

在19世纪30年代的经济大危机中，由于金融机构的倒闭和破产对社会经济造成震荡，使人们认识到集中储备制度和严格准备金制度的重要性，这也成了中央银行管理金融的重要手段。进入20世纪中叶，中央银行在整个金融体系中的地位日趋提高，它逐步放弃了对企业家的信用关系，改变了商业银行及国家政府发生的信用关系。因为商业银行都在中央银行有存款，所以各商业银行之间的清算业务也通过中央银行来办理。同时，各商业银行在资金短缺时，可以在中央银行取得信用支持，使中央银行成为最终的信用支持者。中央银行不与普通商业银行争利益，行使管理一般银行的职能并成为金融体系的中心机构，这标志着它向银行的银行转化。

（4）由货币政策的一般运用向综合配套运用转化

制定货币政策和运用货币政策工具保证货币政策得以实施，是各国中央银行适应经济和社会发展的重要职责。这一时期货币政策的三大工具已经法令化、制度化，并且随着国家干预的加强和信用制度的变化，货币政策又出现了一些选择性工具，货币政策的最终目标也发展到四大目标。总之，中央银行的货币政策已离不开一个国家经济发展的总目标，在具体运用中需大大加强并注重其综合功能的发挥，即由过去的一般性运用向综合配套运用转化。

◇阅读资料 8-2

中国人民银行历史沿革

人民银行的历史渊源，可以追溯到第二次国内革命战争时期。1931年11月，在江西瑞金召开的"全国苏维埃第一次代表大会"上，通过决议成立"中华苏维埃共和国国家银行"（简称苏维埃国家银行），并发行货币。从土地革命到抗日战争时期一直到中华人民共和国诞生前夕，人民政权被分割成彼此不能连接的区域。各根据地建立了相对独立、分散管理的根据地银行，并各自发行在本根据地内流通的货币。1948年12月1日，以华北银行为基础，合并北海银行、西北农民银行，在河北省石家庄市组建了中国人民银行，并发行人民币，成为中华人民共和国成立后的中央银行和法定本位币。

中国人民银行成立至今的70多年，特别是改革开放以来，在体制、职能、地位、作用等方面，都发生了巨大而深刻的变革。

一、中国人民银行的创建与国家银行体系的建立（1948—1952年）

1948年12月1日，中国人民银行在河北省石家庄市宣布成立。华北人民政府当天发出布告，由中国人民银行发行的人民币在华北、华东、西北三区的统一流通，所有公私款项收付及一切交易，均以人民币为本位货币。1949年2月，中国人民银行由石家庄市迁入北平。1949年9月，中国人民政治协商会议通过《中华人民共和国中央人民政府组织法》，把中国人民银行纳入政务院的直属单位系列，接受财政经济委员会指导，与财政部保持密切联系，赋予其国家银行职能，承担发行国家货币、经理国家金库、管理国家金融、稳定金融市场、支持经济恢复和国家重建的任务。

在国民经济恢复时期，中国人民银行在中央人民政府的统一领导下，着手建立统一的国家银行体系：一是建立独立统一的货币体系，使人民币成为境内流通的本位币，与各经济部门协同治理通货膨胀；二是迅速普建分支机构，形成国家银行体系，接管官僚资本银行，整顿私营金融业；三是实行金融管理，疏导游资，打击金银外币黑市，取消在华外商银行的特权，禁止外国货币流通，统一管理外汇；四是开展存款、放款、汇兑和外汇业务，促进城乡物资交流，为迎接经济建设做准备。到1952年国民经济恢复时期终结时，中国人民银行作为人民共和国的国家银行，建立了全国垂直领导的组织机构体系；统一了人民币发行，逐步收兑了解放区发行的货币，全部清除并限期兑换了国民党政府发行的货币，很快使人民币成为全国统一的货币；对各类金融机构实行了统一管理。中国人民银行充分运用货币发行和货币政策，实行现金管理，开展"收存款、建金库、灵活调拨"，运用折实储蓄和存放款利率等手段调控市场货币供求，扭转了新中国成立初期金融市场混乱的状况，终于制止了国民党政府遗留下来的长达二十年之久的恶性通货膨胀。同时，按照"公私兼顾、劳资两利、城乡互助、内外交流"的政策，配合工商业的调整，灵活调度资金，支持了国营经济的快速成长，适度地增加了对私营经济和个体经济的贷款；便利了城乡物资交流，为人民币币值的稳定和国民经济的恢复与发展做出了重大贡献。

二、计划经济体制时期的国家银行（1953—1978年）

在统一的计划体制中，自上而下的人民银行体制，成为国家吸收、动员、集中和分配信贷资金的基本手段。随着社会主义改造的加快，私营金融业纳入了公私合营银行轨道，形成了集中统一的金融体制，中国人民银行作为国家金融管理和货币发行的机构，既是管理金融的国家机关又是全面经营银行业务的国家银行。

与高度集中的银行体制相适应，从1953年开始建立了集中统一的综合信贷计划管理体制，即全国的信贷资金，不论是资金来源还是资金运用，都由中国人民银行总行统一掌握，实行"统存统贷"的管理办法银行信贷计划纳入国家经济计划，成为国家管理经济的重要手段。高度集中的国家银行体制，为大规模的经济建设进行全面的金融监督和服务。

中国人民银行担负着组织和调节货币流通的职能，统一经营各项信贷业务，在国家计划实施中具有综合反映和货币监督功能。银行对国有企业提供超定额流动资金贷款、季节性贷款和少量的大修理贷款，对城乡集体经济、个体经济和私营经济提供部分生产流动资金贷款，对农村中的贫困农民提供生产贷款、口粮贷款和其他生活贷款。这种长期资金归财政、短期资金归银行，无偿资金归财政、有偿资金归银行，定额资金归财政、超定额资金归银行的体制，一直延续到1978年，期间虽有几次变动，基本格局变化不大。

三、从国家银行过渡到中央银行体制（1979—1992年）

1979年1月，为了加强对农村经济的扶植，恢复了中国农业银行。同年3月，适应对外开放和国际金融业务发展的新形势，改革了中国银行的体制，中国银行成为国家指定的外汇专业银行，同时设立了国家外汇管理局。以后，又恢复了国内保险业务，重新建立中国人民保险公司，各地还相继组建了信托投资公司和城市信用合作社，出现了金融机构多元化和金融业务多样化的局面。

日益发展的经济和金融机构的增加，迫切需要加强金融业的统一管理和综合协调，由中国人民银行来专门承担中央银行职责，成为完善金融体制、更好发展金融业的紧迫议题。1982年7月，国务院批转中国人民银行的报告，进一步强调"中国人民银行是我国的中央银行，是国务院领导下统一管理全国金融的国家机关"，以此为起点开始了组建专门的中央银行体制的准备工作。

1983年9月17日，国务院作出决定，由中国人民银行专门行使中央银行的职能，并具体规定了人民银行的10项职责。从1984年1月1日起，中国人民银行开始专门行使中央银行的职能，集中力量研究和实施全国金融的宏观决策，加强信贷总量的控制和金融机构的资金调节，以保持币值稳定；同时新设中国工商银行，人民银行过去承担的工商信贷和储蓄业务由中国工商银行专业经营；人民银行分支行的业务实行垂直领导；设立中国人民银行理事会，作为协调决策机构；建立存款准备金制度和中央银行对专业银行的贷款制度，初步确定了中央银行制度的基本框架。

人民银行在专门行使中央银行职能的初期，随着全国经济体制改革深化和经济高速发展，为适应多种金融机构，多种融资渠道和多种信用工具不断涌现的需要，中国人民银行不断改革机制，搞活金融，发展金融市场，促进金融制度创新。中国人民银行努力探索和改进宏观调控的手段和方式，在改进计划调控手段的基础上，逐步运用利率、存款准备金率、中央银行贷款等手段来控制信贷和货币的供给，以求达到"宏观管住、微观搞活、稳中求活"的效果，在制止"信贷膨胀""经济过热"、促进经济结构调整的过程中，初步培育了运用货币政策调节经济的能力。

四、逐步强化和完善现代中央银行制度（1993年至今）

1993年，按照国务院《关于金融体制改革的决定》，中国人民银行进一步强化金融调控、金融监管和金融服务职责，划转政策性业务和商业银行业务。

1995年3月18日，全国人民代表大会通过《中华人民共和国中国人民银行法》，首次以国家立法形式确立了中国人民银行作为中央银行的地位，标志着中央银行体制走向了法制化、规范化的轨道，是中央银行制度建设的重要里程碑。

1998年，按照中央金融工作会议的部署，改革人民银行管理体制，撤销省级分行，设立跨省区分行，同时，成立人民银行系统党委，对党的关系实行垂直领导，干部垂直管理。

2003年，按照党的十六届二中全会审议通过的《关于深化行政管理体制和机构改革的意见》和十届人大一次会议批准的国务院机构改革方案，将中国人民银行对银行、金融资产管理公司、信托投资公司及其他存款类金融机构的监管职能分离出来，并和中央金融工委的相关职能进行整合，成立中国银行业监督管理委员会。同年9月，中央机构编制委员会正式批准人民银行的"三定"调整意见。12月27日，十届全国人民代表大会常务委员会第六次会议审议通过了《中华人民共和国中国人民银行法（修正案）》。

有关金融监管职责调整后，人民银行新的职能正式表述为"制定和执行货币政策、维护金融稳定、提供金融服务"。明确界定："中国人民银行为国务院组成部门，是中华人民共和国的中央银行，是在国务院领导下制定和执行货币政策、维护金融稳定、提供金融服务的宏观调控部门。"这种职能的变化集中表现为"一个强化、一个转换和两个增加"。

"一个强化"，即强化与制定和执行货币政策有关的职能。人民银行要大力提高制定和执行货币政策的水平，灵活运用利率、汇率等各种货币政策工具实施宏观调控；加强对货币市场规则的研究和制定，加强对货币市场、外汇市场、黄金市场等金融市场的监督与监测，密切关注货币市场与房地产市场、证券市场、保险市场之间的关联渠道、有关政策和风险控制措施，疏通货币政策传导机制。

"一个转换"，即转换实施对金融业宏观调控和防范与化解系统性金融风险的方式。由过去主要是通过对金融机构的设立审批、业务审批、高级管理人员任职资格审查和监管指导等直接调控方式，转变为对金融业的整体风险、金融控股公司以及交叉性金融工具的风险进行监测和评估，防范和化解系统性金融风险，维护国家经济金融安全；转变为综合研究制定金融业的有关改革发展规划和对外开放战略，按照我国加入WTO的承诺，促进银行、证券、保险三大行业的协调发展和开放，提高我国金融业的国际竞争力，维护国家利益；转变为加强与外汇管理相配套的政策的研究与制定工作，防范国际资本流动的冲击。

"两个增加"，即增加反洗钱和管理信贷征信业两项职能。今后将由人民银行组织协调全国的反洗钱工作，指导、部署金融业反洗钱工作，承担反洗钱的资金监测职责，并参与有关的国际反洗钱合作。由人民银行管理信贷征信业，推动社会信用体系建设。

这些新的变化，进一步强化了人民银行作为我国的中央银行在实施金融宏观调控、保持币值稳定、促进经济可持续增长和防范化解系统性金融风险中的重要作用。随着社会主义市场经济体制的不断完善，中国人民银行作为中央银行在宏观调控体系中的作用将更加突出。

面对更加艰巨的任务和更加重大的责任,中央银行在履行新的职责过程中,视野要更广,思路要更宽,立足点要更高。特别是要大力强化与制定和执行货币政策有关的职能,不仅要加强对货币市场、外汇市场、黄金市场等金融市场的规范、监督与监测,还要从金融市场体系有机关联的角度,密切关注其他各类金融市场的运行情况和风险状况,综合、灵活运用利率、汇率等各种货币政策工具实施金融宏观调控。要从维护国家经济金融安全,实现和维护国家利益的高度,研究、规划关系到我国整个金融业改革、发展、稳定方面的重大战略问题。目前,我国经济市场化程度越来越高、货币政策决策面临的环境日趋复杂,金融业长期积累的金融风险仍然较重、改革与重组任务十分艰巨。在此情况下,中央银行要更善于准确把握影响经济金融发展全局的因素,注意研究新情况、开发新工具、探索新方法、解决新问题,并创造性地开展工作,努力做到识大局、讲宏观、懂技术、胆识兼备,充分发挥中央银行在宏观调控中的突出作用。

(资料来源:中国人民银行 http://www.pbc.gov.cn/)

综上所述,中央银行是一国金融体制中居于核心地位的机构,是依法制定和执行国家货币政策,实施金融调控与管理的特殊的国家机关。

8.1.2 中央银行的类型

就各国的中央银行制度来看,大致可归纳为四种类型:单一型、复合型、跨国型及准中央银行型。

1. 单一型

单一的中央银行制度是指国家单独建立中央银行机构,使之全面、纯粹行使中央银行的制度。单一的中央银行制度中又有如下两种具体情形。

(1) 一元式体制是在一个国家内只建立一家统一的中央银行,机构设置一般采取总分行制。目前世界上绝大部分国家的中央银行都实行这种体制,我国也是如此。

(2) 二元式体制是在一国内建立中央和地方两级中央银行机构,中央级机构是最高权力机构,地方级机构也有其独立的权力。根据规定,中央和地方两级中央银行分别行使职权。它是一种带有联邦式特点的中央银行制度。属于这种类型的国家有美国、德国等。如美国的联邦储备体系就是将全国划分为12个联邦储备区,每个区设立一家联邦储备银行为该地区的中央银行。它们在各自辖区内的一些重要城市设立分行。这些联邦储备银行均不受州政府和地方政府的管辖,它们各有自己的理事会,有权发行联邦储备券和根据本地区实际情况执行中央银行的特殊信用业务。在各联邦储备银行之上设联邦储备委员会,进行领导和管理,制定全国的货币信用政策。同时,在联邦储备体系内还设有联邦公开市场委员会和联邦顾问委员会等平行管理机构。联邦储备委员会是整个体系的最高决策机构,是实际上的美国中央银行总行,直接对国会负责。

2. 复合型

复合的中央银行制度是指一个国家没有设置专司中央银行职能的银行,而是由一家大银行集中中央银行职能和一般存款货币银行的经营职能于一身的银行体制。这种复合制度主要存在于过去的苏联和东欧等国。我国在 1983 年以前也一直实行这一银行制度。

3．跨国型

跨国的中央银行制度是由参加某一货币联盟的所有成员国联合组成的中央银行制度。第二次世界大战后，许多地域相邻的一些欠发达国家建立了货币联盟，并在联盟内成立参加国共同拥有的统一的中央银行。这种跨国的中央银行发行共同的货币和为成员国制定金融政策，成立的宗旨则在于推进联盟各国经济的发展及避免通货膨胀。

4．准中央银行型

准中央银行制度是指有些国家或地区只设置类似中央银行的机构，或由政府授权某个或几个商业银行，行使部分中央银行职能的体制。新加坡、中国香港属于这种体制。

8.2　中央银行的性质及职能

8.2.1　中央银行基本特征

中央银行具有如下基本特征。
（1）不以营利为目的，通过制定实施货币政策以确保货币政策目标的实现。
（2）不经营普通银行业务，只与政府和各类金融机构往来。
（3）具有服务机构和管理机构双重性质，有执行金融监管、扶持金融发展的双重任务。
（4）处于超脱地位，在各类金融机构之上，控制信用，调节金融。

8.2.2　中央银行的性质

中央银行的基本特征表明，中央银行是一国制定实施金融政策，调控监管经济金融的专门机构。

1．中央银行是一国信用活动的组织者、调节者，是一国信用制度的枢纽

银行信用是一国信用制度的基础，而中央银行处于整个银行体系的核心，它可以根据经济发展的客观需要，运用货币政策工具来影响商业银行的信用活动，控制社会信用规模，调节信用结构；另外，中央银行还通过对金融市场参与管理，同时作为商业银行的最后贷款人，引导信用活动按中央银行的政策意向来进行。

2．中央银行是国家管理金融的机关，是一国政府的组成部分

中央银行是一国金融业的最高管理机构，是政府在金融领域的代理人，代表国家制定和执行各种金融法规及政策，代表国家管理金融市场，代表国家参与国际金融活动，因此，中央银行应被视为政府的一个部门，或政府控制下的一个金融管理机构。中央银行作为国家管理金融的机关，主要表现在：中央银行代表国家制定和执行统一的货币政策；中央银行代表国家运用货币政策对经济生活进行直接或间接的干预；中央银行代表国家参加国际金融组织和国际金融活动。

3．中央银行是特殊的金融机构

中央银行作为金融机构，是不同于商业银行、投资银行、保险公司、信托公司、租赁公司等金融企业的特殊金融机构。中央银行的特殊性主要表现在以下四个方面。

（1）中央银行是国家宏观金融和经济调控的主体，而商业银行等一般金融企业则是宏观金融调控的对象。中央银行可以根据国家经济发展的情况，相应地制定和执行货币政策，控制货币供应总量，并调节信贷的投向和流量，把国家宏观经济决策和宏观经济调节的信息，向各银行和金融机构以及国民经济的各部门、各单位传递。

（2）与商业银行等一般金融企业不同，中央银行不以营利为目的。中央银行以金融调控为己任，以稳定货币、促进经济发展为宗旨。中央银行在业务活动中也会取得利润，但盈利不是目的。

（3）中央银行作为特殊的金融机构，一般不经营商业银行和其他金融机构的普通金融业务。商业银行和其他金融机构的业务经营对象是工、农、商企业及其他单位、城乡居民个人等，而中央银行在一般情况下不与这些对象发生直接的业务关系。中央银行通常只与政府和商业银行等金融机构发生资金往来关系。

（4）中央银行享有货币发行的特权，商业银行和其他金融机构则没有这种特权。中央银行虽然也吸收存款，但其吸收存款的目的不同于商业银行等金融机构，不是为了扩大信贷业务规模，而是为了在全国范围内有效地调控信贷规模，调节货币供应量。

8.2.3 中央银行的地位

1．发行的银行

在纸币本位制下，中央银行是唯一由国家授权发行货币的银行。所谓"发行的银行"，一是指中央银行占有本国货币发行的独享垄断权；二是指中央银行必须以维护本国货币的正常流通与币值稳定为宗旨。

货币由中央银行集中发行，能从根本上杜绝因分散发行而引起的通货膨胀和货币制度混乱，同时，也为控制与调节市场货币流通量制造了有利条件。中央银行通过发行货币的特权并灵活运用货币政策工具，能将货币量和信贷规模控制在适当的水平，使经济和金融能在稳定的环境中发展。

2．银行的银行

所谓"银行的银行"，一是指中央银行从事"存、放、汇"银行业务的对象是商业银行和其他金融机构；二是中央银行通过"存、放、汇"业务对商业银行和其他金融机构的业务经营活动施以有效影响，以充分发挥金融管理职能。具体表现在以下几方面。

（1）集中存款准备金

法律规定，商业银行和其他金融机构所吸收的存款必须按法定比例提交存款准备金，存款准备金集中于中央银行的"法定存款准备金"账户，成为中央银行的资金来源，并由中央银行集中统一管理。中央银行集中存款准备金,一方面,能保证存款机构的清偿能力,进而保障存款人的资金安全以及商业银行等存款机构本身的安全;另一方面,更为重要的是,中央银行有权根据宏观调控的需要,调节存款准备金的上缴比率,从而有利于调节信用规模和控制货币供应量。

(2)最终的贷款人

当商业银行和其他金融机构出现资金短缺而通过其他渠道又难以融通资金时,可以通过再贴现或再贷款的方式向中央银行融通资金,中央银行则成为整个社会信用的"最终贷款人"。最终贷款人的角色确立了中央银行在整个金融体系中的主导地位。

(3)组织全国清算

由于商业银行等金融机构都依法在中央银行开设有存款准备金账户和超额准备金账户,各银行之间发生的资金往来或应收、应付款项,都要通过中央银行划拨转账,中央银行遂成为全国的清算中心。同城或同地区银行间的资金清算主要在票据交换所进行,最后都由中央银行集中清算交换的差额;而异地银行间的远距离划拨则完全由中央银行统一办理。

3. 国家的银行

中央银行作为国家的银行,除了代表国家制定并执行有关金融法规,代表国家监督管理和干预各项有关经济和金融活动外,还为国家提供多种金融服务,其主要内容如下。

(1)代理国库

各国政府的收入和支出,一般都通过财政部在中央银行开立的各种账户进行,具体包括协助财政税收部门收缴各项库款,收受国库存款,并根据财政支付命令向经费单位划拨资金,代理国库办理各种收付和清算业务。

(2)代理发行政府债券

各国政府为了筹措资金,经常需要发行债券,但国债的发行、推销以及发行后的还本付息等事宜,一般都由中央银行代理。

(3)给国家以信贷支持

这种信贷支持应当严格限制在解决财政因先支后收而产生的暂时性资金短缺范围内。中央银行一般不承担向财政提供长期贷款的责任,也不宜在一级市场上承购政府债券。

(4)保管外汇、黄金储备

世界各国的外汇、黄金储备一般都由中央银行集中保管。中央银行可以根据国际、国内的实际情况,适时、适量地购进或抛售某种外汇或黄金,可以起到稳定币值和汇率、调节国际收支、实现国际收支平衡的作用。

(5)充当政府金融政策的顾问

中央银行是一国最高的金融管理机构,它掌握货币供应情况,参与国民经济的调节。当政府制定金融政策时,中央银行就当然地成为政府金融政策的顾问和参谋,为政府制定金融政策提供信息资料和可供选择的方案及建议。

8.2.4 我国中央银行的职能

我国的中央银行是中国人民银行,我国的中央银行的主要职责如下。

1. 发布与履行其职责有关的命令和规章

这是中国人民银行的一项主要职责。中国人民银行宏观调控职能的履行和货币政策的实施，必须有健全的法制作为前提和保障。中国人民银行作为国务院的职能部门，它有权根据法律、国务院的行政法规、决定、命令在本部门的权限范围内制定和发布命令和规章。

2. 依法制定和执行货币政策

货币政策是各国中央银行对宏观经济进行调节的重要手段，也是中国人民银行的重要职责之一。

中国人民银行履行制定和执行货币政策的职能，是指中国人民银行在国务院领导下，制定和实施货币政策；中国人民银行就年度货币供应量、利率、汇率和国务院规定的其他重要事项做出的决定，报国务院批准后执行；就其他有关货币政策事项做出的决定，即予以执行，并报国务院备案。

3. 发行人民币，管理人民币流通

由于人民币具有无限法偿性质，在我国境内的一切公私交易中可以无限制地使用，任何单位和个人都无权拒绝收受人民币。因此，我国发行人民币按照经济发行和计划发行的原则发行。

4. 监督管理银行间同业拆借市场和银行间债券市场

银行间同业拆借市场，是我国货币市场的重要组成部分，指银行、非银行金融机构之间相互融通短期资金的交易场所，主要解决市场参与者短期资金流动性的需要。1996 年 1 月，我国建立起全国统一的银行间同业拆借市场。目前拆借利率已经实现市场化，有 1 天、7 天、20 天、30 天、60 天、90 天和 4 个月七个交易品种。市场主体由最初较为单一的银行逐步扩展到包括银行、信用社、证券投资基金管理公司、证券公司、财务公司等金融机构。

银行间债券市场是我国货币市场的重要组成部分，指银行、非银行金融机构作为机构投资者进行债券交易的场所，主要解决市场参与者短期资金流动性需要。该市场的交易工具有政府债券、金融债券和中信集团公司债券，交易方式包括现券买卖、债券回购和远期合约。

5. 实施外汇管理，监督管理银行间外汇市场

外汇管理是政府对外汇收、支、存、兑所进行的一种管理。伴随着经济市场化，我国的外汇管理体制已经进行了较大改革，基本线索可以概括为：微观上逐步放开、搞活，宏观上改善调控，最终目的是实现人民币可自由兑换。中国人民银行的一个重要职责是对外汇实施宏观管理。

银行间外汇市场是指经国家外汇管理局批准可以经营外汇业务的境内金融机构（包括银行、非银行金融机构和外资金融机构）之间通过中国外汇交易中心进行人民币与外币之间交易的场所。该市场的职能是为各外汇指定银行相互调剂余缺和提供清算服务，由中国人民银行授权国家外汇管理局监督管理。

6. 监督管理黄金市场

黄金市场是买卖双方集中进行黄金买卖的交易中心，其提供即期和远期交易，允许交易商

进行实物交易或者期权期货交易,以投机或者套期保值,是我国金融市场体系的重要组成部分。2002年10月底上海黄金交易所开业。它的诞生打破了原来我国计划经济体制下的黄金统售统购制,宣告了我国黄金市场的正式开放,标志着国内黄金市场将逐步走向规范化、国际化。

黄金市场的开放需要中国人民银行的职能定位。中国人民银行是持有、管理和经营国家外汇储备和黄金储备的唯一机关,所以,在人民银行与银监会职责划分中,继续保留了中国人民银行对黄金市场的监管职责。

7. 持有、管理、经营国家外汇储备、黄金储备

外汇储备和黄金储备是一国国际储备的主要组成部分。外汇储备是一国中央银行能控制的国外存款和其他短期金融资产,通常包括在国际上可广泛使用的自由兑换货币,政府在国外的短期存款、外国有价证券、外国银行的票据等。黄金储备是一国中央银行持有的储备黄金,是指一国货币当局为应付其国际收支上的需要所持有的黄金总额。属于工业用黄金和民间持有的黄金均不计算在内。

中国人民银行是持有、管理和经营国家外汇储备和黄金储备的唯一机关,其主要是对黄金储备、外汇储备的存量、构成、买卖收付等运行情况进行管理。

8. 经理国库

我国采取"委托国库制",经理国库是中国人民银行的重要职能。中国人民银行作为政府的银行,代理政府的财政收入和支出。中国人民银行专设机构为政府开立各种账户,经办政府的财政预算收支划拨与清算业务,执行国库出纳职能,为政府代办国债的发行、还本付息事宜。

9. 维护支付、清算系统的正常运行

维护支付、清算系统的正常运行是一国中央银行的基本职责之一。企业之间的经济往来、发生的债权债务关系,通过商业银行办理支付结算,而银行之间的债权债务关系又需要通过一个中枢机构办理清算结算,这种中枢机构就是中央银行。中央银行正是通过制定企业、商业银行、中央银行之间的支付、清算制度并组织实施,从而形成全国的资金支付、清算体系,并保证这个体系的正常运行。中央银行在办理银行间的清算结算工作中,必然要求商业银行开设存款账户,以便及时办理转账结算。

中国人民银行通过办理全国银行的清算,一方面为各家银行提供服务,提高清算效率,加速资金周转;另一方面有利于中国人民银行对全国金融情况及各商业银行等金融机构的资金情况加强了解。

10. 指导、部署金融业反洗钱工作,负责反洗钱的资金监测

"洗钱"是指将毒品犯罪、黑社会性质的有组织犯罪、恐怖活动犯罪、走私犯罪或者其他犯罪的违法所得及其产生的收益,通过各种手段掩饰、隐瞒其来源和性质,使其在形式上合法化的行为。

反洗钱工作是金融机构应承担的社会责任之一,也是维护金融体系健康运行的一个重要环节,人民银行建立了大额人民币、外汇大额和可疑交易监测系统,便于追查可疑交易。所以,在人民银行与银监会职责划分时,将此职责划给人民银行,并成立了专门机构——反洗钱局。

11. 负责金融业的统计、调查、分析和预测

金融业的统计、调查、分析和预测，是中央银行正确制定和执行货币政策和维护金融宏观稳定的重要基础。中国人民银行通过对金融业的统计、调查、分析与预测，可以建立高效的货币政策和宏观金融监管预警系统，为国家的金融和宏观决策奠定科学的基础。

12. 作为国家的中央银行，从事有关的国际金融活动

中国人民银行作为国家中央银行从事的国际金融活动，主要包括代表政府参与世界银行、国际货币基金组织、亚洲开发银行等国际金融组织的活动，参与国际清算银行活动，参与国际金融监管活动，发展与各国中央银行的对外金融关系等。

13. 国务院规定的其他职责

这是一项弹性条款，即中国人民银行作为国务院的组成部门，有义务履行国务院规定的其他职责。

8.2.5 中央银行的独立性

1. 中央银行独立性的含义

中央银行的独立性是指中央银行履行自身职责时法律赋予或实际拥有的权力、决策与行动的自主程度。中央银行的独立性比较集中地反映在中央银行与政府的关系上。

总体说来，当各国经济社会处于平稳发展的时候，政府与中央银行的关系是比较协调的，中央银行能够比较自主地履行自己的职责；而在经济、金融出现困难甚至危机的时候，政府与中央银行往往出现不协调的情况，政府较多地考虑就业、保障等社会问题，中央银行较多地考虑货币金融稳定等经济问题。因此，中央银行独立性问题，既是一个理论问题，又是一个现实选择问题。

2. 中央银行独立性的辩证关系

（1）中央银行应对政府保持一定的独立性。理由在于：一是中央银行的业务活动必须符合金融运行的客观规律和自身业务的特点，这是由经济与金融的关系和金融行业的特殊性质决定的；二是中央银行的运作具有很强的专业性和技术性；三是中央银行与政府两者所处地位、行为目标、利益需求及制约因素有所不同；四是可以与政府其他部门之间的政策形成一个互补和制约关系，增加政策的综合效力和稳定性，避免因某项决策或政策失误而造成经济与社会发展全局性的损失；五是可以使中央银行和分支机构全面、准确、及时地贯彻总行的方针政策，避免各级政府的干预，保证货币政策决策与实施的统一。

（2）中央银行对政府的独立性是相对的。在现代经济体系中，中央银行作为国家的金融管理当局，是政府实施宏观调控的重要部门。中央银行要接受政府的管理和监督，在国家总体经济社会发展目标和政策指导之下履行自己的职责。中央银行的货币政策目标和宏观调控目标要与国家经济社会发展的总体目标相一致。目标的实现也需要其他政策特别是财政政策的协调与配合。与其他部门的关系也需要由政府来协调。尤其在特殊情况下（如遇到战争、特大灾害等），中央银行必须完全服从政府的领导和指挥。因此，中央银行对政府的独立性只能是相对的，不能完全独立于政府，不受政府的任何制约，更不能凌驾于政府之上。

3．中央银行独立性的类型

由于各国的政治制度、经济运行模式、经济发达程度、传统习惯存在一些差异，因而中央银行与政府之间关系的模式也有较大的差异。根据中央银行制定货币政策的独立自主权的大小，中央银行与政府的关系大致可分为三种类型。

（1）独立性较大的中央银行

独立性较大的中央银行一般直接对国会负责，独立制定和执行货币政策，政府无权对中央银行发号施令，也不得干预其行使法律授予的职能。美国和德国的中央银行是这类模式的典型代表。美国联邦储备体系是一个独立于政府之外的机构。根据《美国联邦储备法案》，美联储经国会授权独立行使职能，并对国会负责。美联储享有制定和执行货币政策的自主权，总统不得干预其行使法律授予的各项职能，也无权对其发号施令，除非得到国会授权。总统征得参议院同意后任命美联储理事及正副主席，理事任期与总统任期错开，所以每届总统最多只能任命两名理事。理事一旦上任，总统无权撤换，这从体制上保证了理事会免受总统的直接操纵。美联储业务经费独立，无须财政拨款。美联储与财政部在组织上相互独立。在政策制定和执行上互不干涉，美联储也没有义务向财政提供长期资金支持，财政融资只能通过公开市场筹集。只有在财政部筹款发生困难的情况下，美联储才可以向财政提供短期贷款，但要用特别债券做担保，且有金额限制。但是，美联储的独立性是相对的。首先，美联储的货币政策不能违背政府制定的总体经济发展目标，美联储还受到来自总统和财政部的"压力"，必须与政府有关部门保持协调；其次，由于中央银行公开市场业务的重要性日益增强，没有财政部的密切配合，美联储将无法完成其调控国民经济的任务。

（2）独立性一般的中央银行

这类型的中央银行名义上隶属于政府，独立性较差，但实际上却保持着较大的独立性。如某些国家法律规定中央银行隶属于财政部，财政部可以直接向中央银行发布行政命令，但事实上财政部并没有行使过这种权力，中央银行可以独立制定和执行货币政策。属于这种模式的典型国家有英国、日本等。从法律上讲，英格兰银行的独立性十分有限，但实际上却享有较大的独立自主权。从1694年成立到1946年国有化期间，英格兰银行一直是私人股份制银行，完全独立于政府以外发挥着中央银行的职能。1946年，英国政府将英格兰银行收归国有，在行政上隶属财政部，其最高决策机构成员的人选也由政府决定。财政部有权对英格兰银行发布行政命令，但事实上财政部从未使用过这一权力。政府充分尊重英格兰银行的意见，以及它在管理金融事务方面的特殊地位和作用，不干预其货币政策的制定，也不参加最高决策机构的会议与表决。在与政府的资金关系方面，英格兰银行同样拥有较大的独立性，不为政府提供长期资金支持，而只是提供少量的隔夜拆借资金，政府的资金需求主要靠在公开市场发行公债加以解决。

（3）独立性较小的中央银行

独立性较小的中央银行直接接受政府的行政命令，其货币政策的制定及采取的政策措施须经政府批准。政府有权推迟，甚至停止中央银行决议的实施。意大利中央银行是这种模式的典型例子。意大利中央银行为意大利银行，其隶属于财政部，其货币政策的实施须报有关部门批准后可执行。财政部派代表参加意大利银行的最高权力机构。意大利银行的决议如果被认为与国家法律、法令或中央银行的地位不符,而且通过协商仍得不到解决,则财政部有权中止决议的执行,并指示意大利银行实施政府既定的政策,同时向议会报告有关情况。

8.3 中央银行的业务

中央银行职能的充分发挥有赖于中央银行业务活动的开展,资产负债表是中央银行全部业务活动的综合会计记录。由于各国信用制度的不同和信用方式的差异,各国中央银行的资产负债表并不统一,其中的项目多少及包括的内容相差很大。根据国际货币基金组织编制的《货币与金融统计手册》中货币当局资产负债表的主要项目简化成表 8-1。

表 8-1 简化的中央银行资产负债表

资产	负债
国外净资产	储备货币
对非居民债权	流通中的货币
减:对非居民负债	对金融机构负债
国内资产	发行债券
对政府的债权	对外负债
对存款性机构的债权	政府存款
对非货币金融机构的债权	资本项目
对非金融企业的债权	其他项目
对其他部门的债权	
总资产	总负债

8.3.1 中央银行的负债业务

中央银行的负债业务,即其资金来源业务,包括货币发行业务、存款业务和其他负债业务。

1. 货币发行业务

货币发行是指中央银行向社会投放现金的业务。中央银行一般享有垄断货币发行的特权,这既是中央银行的基本职能,也成为中央银行的主要资金来源。中央银行通过再贴现、再贷款、购买有价证券及收购黄金外汇等途径发行货币,形成流通中的货币,也成为中央银行对社会公众的负债。当从中央银行流出的货币数量大于从流通中回笼的数量,形成净投放;反之,则为净回笼。

中国人民银行对人民币发行的管理,在技术上主要是通过货币发行基金和业务库的管理来实现的。发行基金是人民银行为国家保管的待发行的货币,保管发行基金的金库则称为发行库。业务库是商业银行为办理日常现金收付业务而建立的金库。当商业银行基层业务库的现金不足以支付时,可到当地中国人民银行分支机构在其存款账户余额内提取现金,于是人民币从发行库转移到业务库，意味着这部分人民币进入流通领域；而当业务库的现金收入大于其库存限额时，超出部分则由业务库送交发行库，这意味着该部分人民币退出流通。具体过程如图8-1所示。

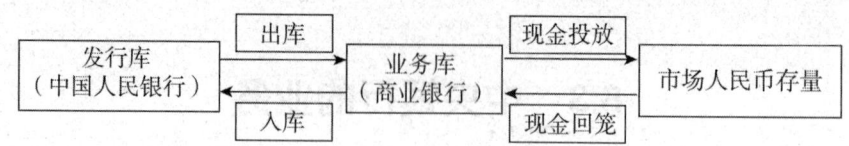

图 8-1　人民币发行流程

2. 存款业务

存款是中央银行的主要负债业务之一。

（1）商业银行缴存的存款准备金

这是最大的存款项目，包括法定存款准备金和超额准备金。法定存款准备金率是按照存款的类别、银行规模、经营环境等规定，而且根据经济发展的实际情况给予调整。大多数国家的中央银行都以商业银行月平均存款余额作为法定存款准备金的计提基础。而超额准备金直接反映了社会流动资金的多少。

（2）政府存款

中央银行是政府的银行，具有代理国库的职能，经办政府的预算收支，执行国库的出纳职能，形成财政性存款，即财政部门和使用财政资金的单位，坚持先收入后支出、先拨入后使用的原则，在银行账户上所保留的一定余额形成的存款。随着国民经济的发展，财政性存款将会逐年增加。财政性存款来源于国家集中起来待使用的国民收入，主要是暂时待用款项，形成中央银行短期资金来源。

（3）外国存款

外国中央银行或外国政府的存款。他们持有这些债权构成本国的外汇，随时可以用于贸易结算和清算业务。

（4）其他存款

它的构成内容因各国情况不同差异较大，如美国联邦储备银行的非会员银行，为使用联邦储备系统的清算而存入的存款；我国的邮政储蓄存款、非银行金融机构的存款等。

3. 其他负债业务

（1）发行中央银行债券与票据

中央银行发行央行债券或票据是一种向市场出售证券、回笼基础货币的行为。因此，央行债券和票据具有重要的作用。当市场货币流动性过于充足，发行央行债券或票据可以调节商业银行流动性水平，防止信贷过快增长；同时有助于形成市场基准利率，央行票据因其灵活性和主动性而成为货币市场的"风向标"，引导银行间市场、交易所市场和相关债券市场形成相应期限的市场利率和收益率曲线，其一级市场收益率逐渐成为利率的定价基准。相反，当市场流动性不足，则通过回购债券或票据向社会增加货币供给。

（2）对国际金融机构的借款

中央银行可以向国际金融机构和外国政府借款，主要是为了平衡国际收支、维持本币汇率的稳定以及应对货币危机。

8.3.2 中央银行的负债业务

中央银行的资产业务是指其资金运用业务，即提供特殊金融服务，实现宏观调控目的。

1．再贴现业务

再贴现是指商业银行将其对工商企业已经贴现的票据向中央银行再办理贴现的资金融通行为。再贴现率是中央银行购进票据的"价格"，当中央银行提高再贴现率时，商业银行必然提高贴现率，客户在金融市场上筹资成本增加。因此，中央银行运用再贴现率政策，控制和调节信贷规模，从而影响社会货币量的流动。再贴现率是一种短期利率，其影响主要是在货币市场，但经过一段时间就波及资本市场，导致长期利率的相应变动。

2．再贷款业务

再贷款是指中央银行直接为商业银行提供贷款。

（1）对商业银行的放款

这是中央银行放款最主要的种类。一般借款是短期的，采取的形式多是以政府证券或商业票据为担保的抵押放款。中央银行审查商业银行借款申请，批准具体数量、期限和利率，有的规定用途。

（2）对财政部的放款

一是财政部的正常借款，其放款方法与商业银行放款大体相同；二是财政部透支；三是证券投资性放款，中央银行在公开市场购买政府发行的国库券和公债，即间接向财政部发放贷款。

（3）其他放款

中央银行对外国银行和国际金融机构的贷款等。

3．证券买卖业务

在证券市场比较发达的国家，证券买卖业务是中央银行重要的资产业务之一。中央银行一般通过公开市场进行证券买卖。买卖的证券主要是政府公债、国库券及其他市场性很高的有价证券。

中央银行通过在公开市场买卖证券有着重要的作用。首先，调节和控制货币供应量。尽管中央银行在证券的买卖过程中会获得一些证券买进或卖出的价差收益，但就中央银行的行为而言，其目的在于通过对货币量的控制和调节，以影响到整个宏观经济，而不是为了盈利。即当中央银行买进有价证券时，银行体系的货币发行或准备金将增加，这将促使银行增加贷款，扩大社会货币供给量；反之，中央银行卖出有价证券时，则会紧缩货币供给量。其次，配合准备金政策和再贴现政策。运用准备金政策和再贴现政策时容易对整个经济和金融带来振动性影响，因此，一般通过中央银行的证券买卖业务，以抵消或避免这种影响。最后，变动利率水平。中央银行购买有价证券会直接促使市场上对有价证券需求的增加，从而引起有价证券价格的上升和利率的下降；反之，中央银行卖出有价证券则会引起有价证券价格的下降和利率水平的上升。二是变动利率结构。中央银行可以通过买卖不同期限的有价证券来影响利率结构,进而影响对不同利率有不同敏感性的贷款与投资,以同时实现多重货币政策目标。

4. 黄金和外汇储备

自不兑现信用货币制度建立以来,黄金和外汇始终是稳定币值的重要手段,也是用于国际支付的重要储备。其中外汇储备过多,说明该国有大量的外汇资金没有得到很好的利用,造成了储备资产的闲置浪费;储备太少,说明一国的对外清偿能力不足,不仅不能应付随时发生的国际支出,而且由于资信下降,不利于利用外国商业银行资金。因此,适度的外汇储备量是中央银行资金管理的重要内容。

8.3.3 中央银行的支付清算业务

中央银行的支付清算业务是指中央银行作为一国支付清算体系的参与者和管理者,通过一定的方式和途径,使金融机构之间的债权债务清偿及资金转移能够顺利完成,并维护支付系统的平稳运行,从而保证经济活动和社会生活的正常进行。

1. 集中票据交换

票据交换是同城(或同地区)银行之间资金清算的最基本的手段。各商业银行收到客户提交的票据后,通过票据交换的方式,将代收的票据交给付款行,并取回其他银行代收的以己为付款行的票据,彼此间进行债权债务清偿和资金清算。一般是由中央银行组织票据交换,也有些国家的票据交换由商业银行联合组织,但形成的差额最终还是要通过中央银行转账。

2. 办理异地跨行清算

异地银行之间远距离的资金划拨都由中央银行统一办理。一般有两种做法:一是先由各商业银行等金融机构通过内部联行系统划转,最后由他们的总行通过中央银行办理转账清算;二是将异地票据集中送到中央银行总行办理轧差转账。

3. 为私营清算机构提供差额清算服务

在有些国家,存在着多种形式的私营清算组织,他们拥有支付网络系统,为经济交易和消费活动提供不同形式的支付结算服务。中央银行通过对相关清算各方的账户进行资金划拨而完成最终清算。

4. 提供证券和衍生金融工具交易清算服务

由于证券和衍生金融工具交易不同于一般经济活动的债权债务清算,为其提供结算服务的支付系统是专门设立的,尤其是涉及中央银行公开市场操作效果的政府证券,更是备受中央银行的关注。

5. 提供跨国支付服务

随着经济全球化和金融全球化进程的加快,国际间的资金转移和债权债务清偿问题日益突出。中央银行在国家的对外支付结算和跨国支付系统的网络建设中发挥着十分重要的作用。

◇ 阅读资料 8-3

2019 年 1 月—2020 年 9 月中国人民银行资产负债表变化如表 8-2 所示。

表 8-2　中国人民银行资产负债表　　　　　　　　　单位：亿元人民币

项目　Item	2019.01	2019.12	2020.09
国外资产　Foreign Assets	217763.22	218638.72	218213.05
外汇　Foreign Exchange	212544.54	212317.26	211625.40
货币黄金　Monetary Gold	2603.83	2855.63	2855.63
其他国外资产　Other Foreign Assets	2614.85	3465.84	3732.02
对政府债权　Claims on Government	15250.24	15250.24	15250.24
其中：中央政府　Of which: Central Government	15250.24	15250.24	15250.24
对其他存款性公司债权　Claims on Other Depository Corporations	107056.45	117748.86	123619.62
对其他金融性公司债权　Claims on Other Financial Corporations	4646.28	4623.39	4741.61
对非金融性部门债权　Claims on Non-financial Sector	27.92		
其他资产　Other Assets	18527.7	14869.26	12903.17
总资产　Total Assets	363271.82	371130.48	374727.69
储备货币　Reserve Money	313236.23	324174.95	315643.28
货币发行　Currency Issue	95776.81	82859.05	88063.47
金融性公司存款　Deposits of Financial Corporations	203473.79	226023.86	209650.34
非金融机构存款　Deposits of Non-financial Institutions	13985.62	15292.04	17929.48
不计入储备货币的金融性公司存款 Deposits of financial corporations excluded from Reserve Money	4762.67	4574.4	5292.63
发行债券　Bond Issue	200	1020	950.00
国外负债　Foreign Liabilities	2050.67	841.77	1080.69
政府存款　Deposits of Government	35110.81	32415.13	39774.34
自有资金　Own Capital	219.75	219.75	219.75
其他负债　Other Liabilities	7691.69	7884.49	11767.00
总负债　Total Liabilities	363271.82	371130.48	374727.69

（资料来源：中国人民银行。）

8.4　中央银行货币政策

8.4.1　货币政策的内容

从广义上讲，货币政策是指政府、中央银行以及其他有关部门全部的关于货币方面的规定和所采取的影响货币数量的一切措施。从这一定义理解，货币政策包括以下内容：建立货币制度的规定；促进金融体系发展、提高运作效率的措施；政府借款、国债管理以及政府税收和财政支出等影响货币供给的政策。

从狭义讲，货币政策是指中央银行为实现宏观经济目标而用来影响货币供求的措施。本书中所指中央银行的货币政策即为狭义的货币政策。从这一定义理解，货币政策包括三方面的内容：一是政策目标；二是实现目标所运用的政策工具；三是具体执行所达到的政策效果。

8.4.2 中央银行的货币政策的最终目标

1. 稳定币值

稳定币值，就是维持本国货币价值的稳定。在现代信用货币和纸币流通条件下，币值就是指货币在一定价格水平下，购买商品和劳务的能力，即货币购买力。因此，币值的稳定与否是用单位货币购买力稳定与否来衡量的，而单位货币的购买力与物价水平呈负相关，即物价水平上升，货币购买力相应下降，也就意味着货币贬值，所以稳定币值与稳定物价含义是一样的，一些国家货币政策往往用稳定物价代替稳定币值的表述。

所谓"稳定物价的货币政策目标"，一般是指通过实行适当的货币政策，保持一般物价水平的相对稳定，以避免出现通货膨胀或通货紧缩。所以，在货币政策的实践中，中央银行将在通货膨胀时期实行相对紧缩的货币政策，以减少货币流通量，从而遏制通货膨胀。反之，中央银行将采取相对宽松的货币政策。

2. 充分就业

严格意义上的充分就业是指一国所有的资源都可以达到充分合理的利用，但通常人们所说的充分就业仅指劳动力而言，指任何愿意工作并有能力工作的人都能在比较合理的条件下随时找到合适的工作。对充分就业的衡量是通过失业率来反映的。所谓失业，应把摩擦性失业和自愿失业排除在外，其真正含义是指非自愿失业，即劳动者愿意接受现行的工资水平和工作条件但仍然找不到工作，这种因对劳动力需求的不足所造成的失业才是真正的失业。而摩擦性失业是由于短期内劳动力供求调整而造成的失业，这种失业属于生产技术等一切技术上的问题，与其制度无关；自愿失业是工人不愿接受现行的工资水平或工作条件所造成的失业，这种失业是劳动者自愿的，而非社会经济所造成的。正因如此，两者皆不是真正失业，充分就业就是要减少或消除经济中存在的非自愿失业，而并不意味着将失业率降为零。

3. 经济增长

在西方经济学中经济增长有两种观点。一种观点认为，经济增长是指国内生产总值的增加，即一国在一定时期内所生产的商品与劳务的总量增加；另一种观点认为，经济增长是指一国在一定时期内所生产的商品与劳务的能力的增长。两种观点各有优缺点，因此，对于如何准确地衡量一国的经济增长状况，特别是以何种指标来衡量一国经济的增长速度，仍是一个较有争议的问题。但是，目前世界上大多数国家都以人均实际国民生产总值或人均实际国民收入的增长率作为衡量经济增长速度的指标。

4. 国际收支平衡

国际收支是指一定时期内一国居民与非居民之间所发生的全部经济交易的货币价值。作为货币政策的一个目标，国际收支平衡是指一个国家对其他国家的全部货币收入与全部货币支出保持基本平衡。所以，略有顺差或逆差都可看作是实现了国际收支平衡。

保持国际收支平衡是保证国民经济持续稳定增长和国家安全稳定的重要条件。巨额的国际收支逆差可能导致外汇市场波动，资本大量外流，外汇储备急剧下降，本币大幅贬值，并导致严重的货币金融危机。而长期巨额国际收支顺差，往往使大量外汇储备闲置，不得不购买大量外汇而增发本国货币，可能导致或加剧国内通货膨胀。运用货币政策调节国际收支，主要目标是通过利率和汇率等因素的变动来实现本外币政策协调和国际收支平衡。

5．最终目标之间的关系

货币政策诸目标之间的关系是比较复杂的，有的在一定程度上具有正相关性，例如充分就业与经济增长，二者呈正相关关系，有的则相对独立，如充分就业与国际收支平衡之间的关系更多地表现为冲突性。货币政策诸目标的矛盾主要表现如下。

（1）稳定物价与充分就业的矛盾

英国经济学家菲利普斯1958年通过实证发现，在失业水平和工资变化率之间存在一种稳定的负相关关系：高失业水平伴随着工资下跌；低失业水平伴随着工资上升。据此，政府可以采用较高的通货膨胀率来实现低失业率的目标或是相反。

二者之间这种此高彼低的交替关系意味着两个目标之间的矛盾性：货币政策要实现充分就业的目标，只能通过扩张信用和增加货币供给量来刺激投资和消费，促进就业增加，但伴随而来的将是一般物价水平的上涨，中央银行只能以牺牲稳定币值的政策目标为代价。因此，物价稳定与充分就业之间是相互矛盾的，很难做到同时实现，中央银行只能根据当时的社会经济条件，寻求物价上涨率和失业率之间某一适当的组合点。

◇ 阅读资料8-4

菲利普斯曲线

菲利普斯曲线是一条表明失业与通货膨胀存在一种交替关系的曲线，当通货膨胀率高时，失业率低；通货膨胀率低时，失业率高。

1958年，新西兰经济学家菲利普斯根据英国1867—1957年间失业率和货币工资变动率的经验统计资料，提出了一条用以表示失业率和货币工资变动率之间交替关系的曲线。这条曲线表明：当失业率较低时，货币工资增长率较高；反之，当失业率较高时，货币工资增长率较低，甚至是负数。根据成本推动的通货膨胀理论，货币工资可以表示通货膨胀率。因此，这条曲线就可以表示失业率与通货膨胀率之间的交替关系。即失业率高表明经济处于萧条阶段，这时工资与物价水平都较低，从而通货膨胀率也就低；反之失业率低，表明经济处于繁荣阶段，这时工资与物价水平都较高，从而通货膨胀率也就高。失业率和通货膨胀率之间存在着反方向变动的关系。菲利普斯曲线又成为当代经济学家用以表示失业率和通货膨胀之间此消彼长、相互交替关系的曲线。

菲利普斯曲线提出了如下几个重要的观点。

第一，通货膨胀是由工资成本推动所引起的，这就是成本推动通货膨胀理论。正是根据这一理论，把货币工资增长率同通货膨胀率联系了起来。

第二，失业率和通货膨胀存在着交替的关系，它们是可能并存的，这是对凯恩斯观点的否定。

第三，当失业率为自然失业率（u）时通货膨胀率为0。因此，可以把自然失业率定义为通货膨胀为0时的失业率。

第四，由于失业率和通货膨胀率之间存在着交替关系，因此可以运用扩张性的宏观经济政策，用较高的通货膨胀率来换取较低的失业率，也可以运用紧缩性的宏观经济政策，以较高的失业率来换取较低的通货膨胀率。这就为宏观经济政策的选择提供了理论依据。

[资料来源：高鸿业. 西方经济学（宏观部分）[M]. 北京：中国人民大学出版社，2011.]

(2) 物价稳定与经济增长的矛盾

物价稳定与经济增长之间的矛盾性较为突出，因为要刺激经济增长，中央银行需扩张信贷和货币供给，通货的膨胀必然带来价格的上涨；而为了防止通货膨胀和价格上涨，中央银行则需要采取紧缩货币的措施，但这会抑制经济增长，使中央银行经常陷入两难选择。

对这两个目标的矛盾性，理论界存在不同的看法。有学者认为，价格稳定是经济增长的前提，经济增长则是价格稳定的物质基础，从这个角度看二者存在统一性。也有学者认为，适度的价格上涨能够刺激投资和产出的增加，从而促进经济增长。

(3) 物价稳定与国际收支平衡的矛盾

一般来说，只有各国都维持基本相同的物价水平，并且在贸易形态和商品结构不变的条件下，物价稳定才能与国际收支平衡同时存在，但事实上难以实现。若其他国家发生通货膨胀，本国物价稳定，则会造成本国出口增加，进口减少，国际收支发生顺差；如果本国发生通货膨胀，其他国家的物价稳定，表明本国货币对内贬值，在一定时期内购买外国商品便宜，则会导致本国出口减少，进口增加，使国际收支恶化。

(4) 经济增长与国际收支平衡的矛盾

经济增长与国际收支平衡间之所以会出现矛盾，是因为随着经济增加，就业人数增加，收入水平提高，对进口商品的需求通常也会相应增加，从而使进口贸易增长更快，其结果出现贸易逆差，导致国际收支情况恶化。消除贸易逆差，中央银行需要减少货币供给，以抑制国内的有效需求，但是生产规模也会相应缩减，从而导致经济增长速度放慢。因此，经济增长与国际收支平衡二者之间也相互矛盾，难以兼顾。

从长期来看，这四个宏观经济目标之间是相互促进的。经济增长是充分就业、物价稳定和国际收支平衡的物质基础；物价稳定又是经济持续稳定增长的前提；国际收支平衡有利于国内物价的稳定，有利于利用国际资源扩大本国的生产能力，加速本国经济的增长；充分就业本身就意味着资源的充分利用，这当然会促进本国经济的增长。

处理上述目标之间的冲突，要做到统筹兼顾，尽可能做到彼此之间的协调。在不同的阶段和不同的经济环境下，又要权衡选择，在一定时间内选择一个或两个目标为货币政策的主要目标。

8.4.3 货币政策的中介目标

货币政策并不直接作用于最终目标，它必须借助于货币政策工具，货币政策工具只能直接作用于金融变量，通过金融变量来影响最终目标的实现。货币政策的中介目标就是作为短期目标的具有确定数值的金融变量，它们是中央银行货币政策最终目标得以实现的不可或缺的中介、桥梁。可用作中介目标的金融变量主要有：货币供应量、长期利率、银行信贷规模。

1. 货币供应量

以货币供应量作为货币政策的中介目标，其优势在于以下几点。

（1）货币供应量有明确的内涵和外延的规定，其增减变动能够为中央银行所直接控制。货币供应量是基础货币和货币乘数的乘积。基础货币基本上可以由中央银行控制，货币乘数虽不能完全由中央银行控制，但中央银行可以对它发挥重要的影响。

（2）货币供应量与最终目标的相关性是直接明确的，它不论是作为经济变量，还是作为政策变量，其变动与经济周期均是顺循环的。货币供应量作为内生的经济变量，在经济增长较快时，银行体系会自动减少超额准备金，增加贷款规模，从而使货币供应量增加；反之，在经济不景气时，银行体系为了资金的安全，会增加超额准备金，缩减贷款规模，使货币供应量减少。货币供应量作为政策变量，它与社会总需求呈正相关。

（3）货币供应量的变动与货币政策有着紧密的联系，能直接反映货币政策的导向。货币供应量增加时，表示货币政策宽松；反之，则表示货币政策紧缩。

2. 长期利率

以长期利率作为货币政策的中介目标，其优点如下。

（1）关于利率的资料易于获得并能够经常汇集，中央银行在任何时候都可以观察到资本市场上的利率水平和结构，并及时进行分析。

（2）中央银行对利率有着直接的或间接的调控权。中央银行只要借助公开市场业务的作用来影响商业银行准备金数量及商业银行的信用创造，便可自动地影响短期利率，并引起长期利率的追随性变动，以达到对长期利率的控制。

（3）利率不但能够反映货币与信用的供给状况，而且能够反映供给与需求的相对变化。利率的变化与经济周期变化有密切关系，当经济处于萧条阶段，利率呈下降趋势；当经济转向复苏以致高涨时，利率则趋于上升。因此，利率可作为观测经济波动状况的一个尺度。但由于利率自身既是一个经济变量，也是一个政策变量，以利率作为中介目标常使政策性效果与非政策性效果混杂在一起，难以分辨，从而使中央银行无法确定政策是否奏效，并容易造成错误的判断，因此，利率也不是一个完全理想的中介目标。

3. 银行信贷规模

银行信贷规模是指银行体系对社会大众及各经济单位的存贷款总额。就可测性而言，通过对各个存款机构的资产负债进行核算就可以得到该指标。可控性方面，控制这一指标可采取两种方式：一种是直接的信贷管制；另一种是中央银行通过改变准备金率、贴现率及公开市场业务来间接地控制信贷规模。相关性方面，银行信贷规模与物价、就业、国际收支、经济增长有着密切的关系。而且银行信贷规模与整个宏观经济的关系与货币供应量与整个宏观经济的关系相类似。

8.4.4 货币政策的操作目标

货币政策的操作目标是中央银行运用货币政策工具能够直接影响或控制的目标变量。操作目标介于政策工具和中介目标之间,是货币政策工具影响中介目标的传送点。之所以需要选择操作目标,一方面,由于中央银行有时不能够通过政策工具直接影响中介目标,为了及时掌握政策工具对调节中介目标的效果,有必要在政策工具和中介目标之间设置一些中间变量,通过这些中间变量来判断中介目标的未来变化;另一方面,由于货币政策最终目标不仅受货币政策措施的影响,同时还会受到一些非货币政策措施的影响,为了将这些影响与货币政策的影响区分开来,需要在政策工具与中介目标之间设置一些能够及时、准确反映货币政策操作力度和方向的中间变量。

选择操作目标要符合三个条件:操作目标和中介目标的相关性要强,中央银行运用货币政策工具对其进行控制,而且控制性要强于中介目标。各国中央银行通常采用的操作目标主要有基础货币、短期利率、存款准备金等。

1. 基础货币

由银行体系的准备金和流通中的现金构成的基础货币是货币供给量倍数扩张或收缩的基础。基础货币可以作为货币政策中间操作目标,首先,中央银行是基础货币的提供者,又是银行体系上缴准备金的保管者,所以,基础货币和银行体系准备金的变动都是容易测量和能够控制的,特别是对于基础货币的变动,中央银行完全可以通过公开市场操作和贴现贷款进行直接的控制。其次,基础货币的变动会引起货币供给总量的变动,进而影响到货币政策最终目标的实现,当然,由此产生的连锁变化的数量关系不是确定的。

2. 短期利率

短期利率通常指市场利率,即能够反映市场资金状况、变动灵活的利率。它是影响社会的货币需求与货币供给、银行信贷总量的一个重要指标,也是中央银行用以控制货币供应量、调节市场货币供求、实现货币政策目标的一个重要政策性指标,如西方国家中央银行的贴现率、伦敦同业拆放利率等。作为操作目标,中央银行通常只能选择其中一种利率。过去美联储主要采用国库券利率,近年来转为采用联邦基金利率。日本采用的是银行同业拆借利率。英国的情况比较特殊,英格兰银行的长、短期利率增设以一组利率为标准,其用作操作目标的短期利率有隔夜拆借利率、三个月期的银行拆借利率、三个月期的国库券利率,用作中介目标的长期利率有五年公债利率、十年公债利率、二十年公债利率。

3. 存款准备金

由银行体系的库存现金与其在中央银行的准备金存款组成的存款准备金,也可以用作货币政策操作目标,因为存款准备金的变动一般较易为中央银行测度、控制,并对货币政策最终目标的实现产生影响。可以说,变动准备金是货币政策传导的必经之路,由于商业银行准备金越多,银行贷款与投资的能力就越大,从而派生存款和货币供应量也就越多。因此,银行准备金增加被认为是货币市场银根放松,准备金减少则意味着市场银根紧缩。但准备金在准确性方面有如利率。作为内生变量,准备金与需求负相关。借贷需求上升,银行体系便减少准备金以扩张信贷;反之,则增加准备金而缩减信贷。作为政策变量,准备金与需求正相关。中央银行要抑制需求,一定会设法减少商业银行的准备金。因此,准备金作为金融指标也有误导中央银行的缺点。

8.4.5 中央银行的货币政策工具

1. 一般性货币政策工具

一般性的货币政策工具是指各国中央银行普遍运用或经常运用的货币政策工具。一般性的货币政策工具包括以下三种：一是存款准备金政策；二是再贴现政策；三是公开市场业务。

（1）存款准备金政策

各类金融机构按所接受存款的一定比率，提存一定数额的存款准备金，这种提存的比率由中央银行确定，并以法律形式固定下来，称为法定存款准备率。根据法定存款准备率计算出来的金额为法定存款准备。

法定存款准备金制度最初是为防止商业银行盲目发放贷款，保证其清偿能力，保护存款者利益和银行本身安全而设立的。1935年美国联邦储备法规定了会员银行的最低存款准备限额，由此，调整法定存款准备率就逐渐成为各国中央银行控制信用与货币供应量的一项重要工具。

存款准备金政策对货币供应量的调控机制是：如果中央银行降低法定存款准备率，一方面会减少商业银行向中央银行缴存的法定准备金，商业银行超额准备金同时增加，从而加强了商业银行信用扩张的基础；另一方面法定存款准备金下降，会使货币乘数扩大，从而增加商业银行信用扩张的倍数。有这两方面的作用下，会对货币供应量的收缩产生强有力的影响。

调整准备率不仅会影响商业银行的超额准备金，并且会影响货币乘数，所以准备率的微小变动都会使货币供应发生重大改变，政策效果十分明显，收效极其迅速，而且由于中央银行对其运用有绝对的控制权，所以存款准备金政策成为中央银行货币政策的有力工具。

但是，存款准备金政策也有明显的局限性。一是容易导致商业银行资金严重周转不灵，陷于经营困境。因为，银行一般只保留少量的超额准备金，只要法定准备金率略有提高，就会使原有的超额准备金一笔勾销，银行为了迅速调整准备金以符合法定要求及流动性需要，就不得不大幅度缩减贷款，或者大量抛售有价证券。这就使银行的盈利能力大大下降，甚至有可能导致资金周转上的困难。二是冲击力太大。法定准备率稍有变动，就会导致货币供给量的剧烈变动，甚至成为经济波动的诱因。三是存款准备金对各类银行和不同种类存款的影响不一致，货币政策实现的效果可能因这些复杂情况的存在而不易把握。因此，总的来说，存款准备金政策是一种威力强大但不宜作为日常调节货币供应量的工具。

（2）再贴现政策

如前所述，中央银行是银行的银行。当商业银行发生资金短缺，或因扩大信贷规模而需要补充资金时，商业银行可凭借其贴现业务中取得的未到期的商业票据向中央银行再贴现，其再贴现率由中央银行根据当时的经济形势和货币政策的最终目标决定。

再贴现政策就是中央银行通过提高或降低再贴现率来影响商业银行的信贷规模和市场利率，以实现货币政策目标的一种手段。这种货币政策工具的运用对一国的信贷规模、货币供给和市场利率都将产生一定的影响。当中央银行提高再贴现率，使再贴现率高于市场利率时，商业银行向中央银行借款或贴现的资金成本上升，就会减少向中央银行借款或贴现，商业银行的超额准备金相应缩减，如果商业银行不能从其他渠道取得资金，就只有收回贷款和投资，从而使市场货币供给量缩减。随着市场供给量的缩减，市场利率相应上升，整个社会的投资需求相应减少，从而使经济收缩。当中央银行降低再贴现率，使再贴现率低于市场利率时，商业银行向中央银行借款或贴现的成本下降，商业银行就会增加向中央银行的借款和贴现，并扩大对客户的贷款和投资规模，从而导致市场货币供给量的增加。随着市场货币供应量的增加，市场利率相应降低，整个社会的投资需求也会相应增加，从而使经济扩张。另外，再贴现率的制定或调整，在一定程度上反映了中央银行的政策意向，会产生"告示效应"，如再贴现率升高，意味着国家判断市场过热，有紧缩的意向；反之，则意味着有扩张意向。这种"告示效应"会影响商业银行及社会公众的预期，并按中央银行意向调整自己的经济行为，从而使中央银行货币政策目标顺利实现。

作为一种一般性的货币政策工具，再贴现政策对一国经济的影响是比较缓和的，它有利于一国经济的相对稳定。但是在利用这一工具时，中央银行处于被动地位。也就是说，中央银行虽然能够自主地、灵活地做出提高或降低再贴现率的决策，但是中央银行做出这种决策后能否取得预期的效果，将取决于商业银行或其他金融机构对该决策的反应。

（3）公开市场业务

公开市场业务是指中央银行在金融市场上公开买卖有价证券，利用投放或回笼基础货币，以控制货币供应量，并影响市场利率的一种行为。中央银行买卖的有价证券主要是政府公债、国库券和银行承兑汇票等。

中央银行要在公开市场上买进证券，一般可向商业银行或社会公众买进。这两种买进都将引起基础货币的投放，从而扩大商业银行的信贷规模，并通过货币乘数作用使货币供给量成倍扩张。例如，中央银行向商业银行买进政府短期证券，其总额为5000万元，则在其他情况一定时，中央银行和商业银行的资产负债可分别发生如表8-3和表8-4所示的变化。

表8-3　中央银行的资产负债

资产		负债	
政府证券	+5000万元	商业银行存款	+5000万元

表8-4　商业银行的资产负债

资产		负债
政府证券	-5000万元	
在中央银行存款	+5000万元	

从表8-1和表8-2可看出，中央银行向商业银行买进5000万元政府证券，使商业银行的资产结构发生了调整。这种调整表现为其原来持有的政府证券减少了5000万元，与此同时，其在中央银行的存款增加了5000万元。这种资产结构的调整使商业银行增加了5000万元的准备金，因为在一般情况下，商业银行持有的政府证券不能作为准备金，但它在中央银行的存款却可作为准备金。如果该商业银行原来持有的准备金已经足以支持其持有的存款总额，则它通过出售政府证券所得的5000万元准备金就全部是超额准备金。如果商业银行不留超额准备金，则在它增加5000万元准备金后，即可贷款5000万元。通过整个银行体系的连锁反应，货币供给量将会成倍地增加。所以中央银行买进有价证券，将使其基础货币（在此例中是商业银行准备金）等额增加，从而使整个货币供给量成倍扩张。

当中央银行在公开市场上卖出有价证券后,基础货币将收缩,货币供给量成倍紧缩。

作为一般性的货币政策工具,公开市场业务具有以下优点:首先,公开市场业务是按照中央银行的主观意愿进行的,它不像再贴现政策那样,中央银行只能用贷款条件的调整去影响商业银行的再贴现需求,从而间接影响货币供给;其次,公开市场业务的规模可大可小,交易方法和步骤随意安排,中央银行可根据市场情况随时进行操作,不至于对经济产生过于猛烈的冲击;最后,公开市场业务每天都可以进行,不会导致人们的预期心理,货币政策可以易于达到理想的效应。

虽然公开市场业务具备许多优点,但并不是所有国家的中央银行都可以采用这一货币政策工具。开展公开市场业务必须具备以下条件:首先,中央银行必须是强大的,具有调控整个金融市场的力量;其次,金融市场发达,证券种类特别是债券种类齐全并达到一定的规模;最后,必须有其他政策工具配合。

2. 选择性货币政策工具

选择性货币政策工具也称特殊的政策工具,它是有选择地为某些特殊领域的信用而采取的调控措施。选择性政策工具大都是20世纪30年代以后逐步发展起来的,多数有浓厚的行政色彩,它们的运行机制主要是依靠国家授予中央银行的权力来推动的。选择性货币政策工具有以下几种。

(1) 消费信用控制

消费信用控制,是指中央银行对不动产以外的各种耐用消费品的销售融资予以控制。主要内容包括:一是规定分期付款购买耐用消费品时第一次付款的最低比例;二是规定消费信贷的最长期限;三是规定可用消费信贷购买的耐用消费品的种类,不同种类消费品取得消费信贷的条件。

(2) 不动产信用控制

不动产信用控制,是指中央银行对金融机构在房地产方面放款的限制性措施,以抑制或刺激房地产生产和消费。主要内容包括:一是规定金融机构房地产贷款的最高限额;二是规定房地产贷款的最长期限;三是规定用不动产信用购买房地产的第一次付款的最低比例,及分摊还款期限。

(3) 证券市场信用控制

证券市场信用控制,是指中央银行对有价证券交易的各种贷款进行限制,目的是抑制证券交易中的过度投机。主要内容包括:一是规定以贷款方式购买证券时必须以现金支付的最低限额;二是规定用于购买有价证券的最高贷款限额等。

(4) 优惠利率

优惠利率是指中央银行对国家重点扶植的产业和部门贷款,采取低于一般利率的优惠措施,借以优化资源配置,调整产业结构。

(5) 预缴进口保证金

预缴进口保证金,是指中央银行要求进口商预缴相当于进口商品总值一定比例的存款,以抑制进口的过快增长。预缴进口保证金多为国际收支经常出现赤字的国家所采用。

(6) 其他货币政策工具

①直接信用工具。直接信用工具是指中央银行从质和量两个方面以行政命令或其他方式对

商业银行等金融机构的信用活动进行直接控制。如规定利率最高限额、信用配额、流动性比率和直接干预等。

②间接信用管制。间接信用管制包括道义劝告、窗口指导及金融检查等。道义劝告是指中央银行凭借自己在金融体系中的特殊地位和威望，通过对商业银行和其他金融机构发布通告或与这些金融机构的负责人进行面谈等方式，来影响其放款的数量和投资的方向，从而达到控制信用的目的。窗口指导是指中央银行根据产业行情、物价趋势和金融市场动向，规定商业银行贷款重点投向和贷款变动数量等。金融检查是指政府赋予中央银行的监督职能，对商业银行等金融机构的业务活动进行合法、合规性的多方面检查，并针对检查情况采取必要的措施。

8.4.6 货币政策传导机制

1. 货币政策传导机制的理论

货币政策的传导机制就是货币政策工具的运用引起操作目标和中介目标的变动，从而实现中央银行货币政策的最终目标的过程。具体地说，传导揭示的是一国货币政策工具对货币政策最终目标发生的影响。传导机制揭示的是发生影响的渠道、方式、手段及其内在机理。货币政策传导机制理论是分析和说明货币政策实施之后，货币供应量的变动如何诱发和影响微观经济主体的消费和投资行为，从而导致宏观经济总量发生变化的一整套有关机制的理论。

（1）金融价格传导机制理论

这类理论认为货币政策的传导主要通过金融资产的价格进行，具体有以下几种观点。

①凯恩斯的货币政策传导机制理论。约翰·梅纳德·凯恩斯（John Maynard Keynes）认为货币供给的增减首先影响货币的价格利率，利率的变化引起资本边际效率作用于投资，进而影响就业和总供求。凯恩斯货币政策传导过程可体现为：货币供给（M_s）增加后，人们手持货币超过了灵活偏好程度而欲替换成债券资产，债券需求随之增加，其价格相应上涨，债券价格上涨促使利率（r）下降，当利率下降到小于资本边际效率时，就会刺激投资（I）增加，在消费倾向一定的条件下，投资增加通过乘数作用，就可促成总需求和产出（Y）的增长。

这一传导过程为：$M_s \uparrow \to r \downarrow \to I \uparrow \to Y \uparrow$。

但上述传导机制，凯恩斯认为很可能因两个因素而被堵塞：一是"流动性陷阱"的出现，即利率降低到无可再降低的地步时，任何货币量的增加，都被经济单位所吸收，因而对总体需求及物价均不产生任何影响；二是投资的利率弹性非常低时，利率的下降就不会对投资量有明显的刺激作用，如果投资量增加不大，则投资乘数也不会大，从而货币政策的传导机制就会中断。

②托宾的q值理论。詹姆斯·托宾（James Tobin）认为，货币政策通过对普通股票价格的影响来影响投资，发展了关于股票价格与投资支出相关联的q值理论。按照托宾的定义，q为公司资本市场的市场价值与其真实资本的重置价值之比。当货币供应量（M_s）增加时，公众用于购买股票的支出增加，从而股票价格（P_s）上升，此时，q值上升（大于1），表明厂商可以通过发行较少的股票得到较多新的投资品，故投资支出（I）会增加，拉动经济增长。

其货币政策传导机制为：$M_s \uparrow \to P_s \uparrow \to q \uparrow \to I \uparrow \to Y \uparrow$。

③财富效应。佛朗哥·莫迪利亚尼（Franco Modigliani）在论述消费生命周期假说中认为，在消费者一生可利用的资源中，以股票为主的金融财富是其重要部分。当货币供应量（M_s）

增加时,债券的实际利率下降,股票相对于债券更具有吸引力,股票需求增加,消费者倾向于增加金融资产的持有,从而股票价格(P_s)上升,消费者的金融财富价值(V)增加,因此消费者一生中可以利用的资源增加,消费(C_a)随之增加,这里消费主要指非耐用品和服务的支出,拉动总需求(Y)上升。

其货币政策的传导过程为:$M_s\uparrow \to P_s\uparrow \to V\uparrow \to C_a\uparrow \to Y\uparrow$。

(2) 货币学派的货币政策传导机制理论

以米尔顿·弗里德曼(Milton Friedman)为代表的货币学派认为,货币政策传导过程较为直接和迅速,不像凯恩斯学派认为的那样间接和迂回。该理论研究认为,若货币供给增加到供过于求的状态,则货币资产的持有者即个人或企业等经济单位会发现他们所实际持有的货币资产比他们希望持有的数额要多,于是其将多余的货币用于购买各种资产,如汽车、消费品、股票、债券等,这种支出会影响金融资产的价格(A)、消费(C)、投资(I),也会影响商品的价格(P)。价格的变动会影响货币库存余额的实际价值,从而通过货币需求函数再次发生反应。货币学派把货币需求函数看成是稳定的东西。

其货币政策传导机制为:$M_s\uparrow \to A\uparrow \to C\uparrow \to I\uparrow \to P\uparrow \to \cdots\cdots \to Y\uparrow$。

(3) 信贷传导机制

货币通过信贷市场的传导有两条基本渠道:银行信用渠道和资产负债表渠道。银行信用渠道的传导方式是指中央银行采取特定的调控措施,影响金融中介机构的贷款行为(总量规模和结构等),货币政策通过在一定程度上改变信贷的总量和结构,相应地影响到投资活动和总需求的波动。显然,货币政策的这个传导过程并不依靠利率机制,而是通过影响信贷市场上的信贷可获得性发挥作用。从贷款的传导渠道看,即使存在凯恩斯的流动性陷阱,以至于传统的利率传导机制完全失去有效性,货币政策同样能够通过信贷的变动继续影响经济运行,这就揭示了货币政策影响现实经济运行的另外一个重要的渠道和方式。

信贷渠道的传导效应表示为:$M_s\uparrow \to 贷款\uparrow \to I\uparrow \to Y\uparrow$。

货币政策通过资产负债表渠道进行传导,就是指货币政策能够通过特定的方式,影响到借款人的资产负债表状况,从而影响到银行对其授信,并影响到借款人的投资活动。以中央银行进行货币扩张时的传导过程来说明:当中央银行通过各调控工具进行货币扩张时,首先,会由于利率的降低而减少借款人的利息成本和利息支出,减少现金流出;其次,利率的下降一般会导致金融资产价格(P_s)上涨,相应增加了借款人的抵押品价格;再次,中央银行进行货币扩张时,会引发消费者支出的增加,企业的收益会相应增长,现金流入增加。因此,从资产负债表看,中央银行的货币扩张政策通过上述几个渠道直接影响到企业的投资活动,进而影响到宏观经济运行。

其过程可以表示为:$M_s\uparrow \to P_s \to 逆向选择和道德风险\downarrow \to 贷款\uparrow \to I\uparrow \to Y\uparrow$。

2. 货币政策传导机制的主要环节

货币政策传导途径一般有三个基本环节,其顺序如下。

(1) 从中央银行到商业银行等金融机构和金融市场。中央银行的货币政策工具操作,首先影响的是商业银行等金融机构的准备金、融资成本、信用能力和行为,其次还影响金融市场上货币供给与需求的状况。

(2)从商业银行等金融机构和金融市场到企业、居民等非金融部门的各类经济行为主体。商业银行等金融机构根据中央银行的政策操作调整自己的行为,从而对各类经济行为主体的消费、储蓄、投资等经济活动产生影响。

(3)从非金融部门经济行为主体到社会各经济变量,包括总支出量、总产出量、物价、就业等。

我国的货币政策作用过程也包含三个环节:中央银行至金融机构;金融机构至企业、居民;企业、居民至国民经济各变量。随着我国进一步深化改革开放,利率市场化改制,经济主体对金融资产的选择越来越多,导致我国货币政策的传导机制变得复杂起来。

3. 货币政策传导的时滞效应

任何政策从制定到取得主要的或全部的成效,必然要经过一段时间,这段时间称为时滞。货币政策时滞是指货币政策从制定到最终影响各经济变量,实现政策目标所经过的时间,也就是货币政策传导过程所需要的时间。货币政策时滞可分为内部时滞和外部时滞。

(1)内部时滞是指中央银行从认识到制定实施货币政策的必要性,到研究政策措施和采取实际行动所经过的时间,也就是中央银行内部认识、讨论、决策的时间。理论上,内部时滞又可以分为两个阶段:一是从客观需要中央银行采取行动到中央银行认识到这种必要性所经过的时间,称为认识时滞。二是从中央银行认识到这种必要性到实际采取行动所经过的时间,称为行动时滞。内部时滞的长短取决于货币当局对经济形势发展变化的预见能力、反应灵敏度、制定政策的效率和行动的决心与速度等。

(2)外部时滞是指从中央银行采取行动到对政策目标产生影响所经过的时间,也就是货币对经济起作用的时间。外部时滞的长短主要是由客观的经济和金融条件所决定的。由此可见,内部时滞和外部时滞的划分是以中央银行为界线的。内部时滞可以通过中央银行的效率提高而缩短;对于外部时滞,中央银行则很难控制,所以研究货币政策的外部时滞更加重要。一般货币政策时滞更多的是指外部时滞。在我国由于金融体制和传导机制的特点,货币政策的外部时滞较短,大约在2~3个月后作用较为显著。

货币政策时滞是影响货币政策效应的重要因素。在考察货币政策效应时,必须考虑货币流通速度和经济形势的变化。此外,非金融部门微观主体的预期对货币政策效应也有一定的影响,中央银行在政策制定和操作过程中应着重考虑。

8.5 货币政策与财政政策

8.5.1 货币政策与财政政策的概述

货币政策与财政政策的配合,各国普遍都很重视。这两种政策的共同点在于通过影响总需求并进而影响产出。货币政策是通过利率、货币供给量等工具调节总需求的;财政政策是政府对其支出和税收进行控制并进而影响总需求的。

8.5.2 货币政策与财政政策的区别

一般来说，货币政策与财政政策之间有很明显的区别。

1．调控方式不同

财政政策调控主要是政府，其收支活动以政权为依托，因此，必然在许多方面受政府体制的影响，具有较强的行政性，它往往是通过行政权力等级，自下而上或自上而下调节资源的纵向流动。同时，财政政策调控对象范围较窄，主要是针对经济增量部分进行分配性调节，其目标更强调社会效益。货币政策调控主体一般是独立于政府的中央银行，这一调控主要依靠货币供给和信贷进行，它所引起的资源流动以横向的市场配置为主，影响比较广泛，而信贷资金所具有的有偿性，要求货币政策调控必须关注市场供求状况并与市场机制紧密联系起来，讲求效率，因此，更加具有偿还性、交易性和盈利性。

2．政策时滞不同

中央银行在制定货币政策方面具有独立性，一旦对经济形势有了正确的认识，很快就可以作出决策，所以货币政策的内部时滞短。而财政政策不仅是政府行为，还是立法行为，要改变税收和支出政策，必须经过立法机构讨论批准，而增税和减少福利支出这类问题，往往很难在立法机构通过，所以财政政策的内部时滞相对较长。但是财政政策一旦通过，实施起来作用直接、见效快，所以外部时滞短。而货币政策实施后有一个相当长的政策传导过程，见效慢，所以外部时滞长。

3．对社会总需求调节的功能效应不同

首先，财政政策需求扩张功能强，为实现扩张的目标，财政政策可以主动出击扩大政府支出，或是运用减税等鼓励投资，见效快，政策效果明显；但是，财政政策需求收缩功能弱。为实现收缩的目标，财政政策主要是依靠增税、压缩投资和社会福利支出等手段，所遇到的阻力一般较大。相反，货币政策需求扩张功能较弱，因为中央银行扩张货币供给量，要受到商业银行、企业和个人行为的制约；而在实行收缩政策时，则有多种政策工具可以运用。其次，在需求总量的调节方面，货币政策较之财政政策更为适宜，因为货币政策调控的是货币供给量，它直接决定了社会总需求。最后，在结构调节方面，财政政策比货币政策具有更明显的优势。这是因为财政作为代表国家进行财力分配的职能机构，可以按照政府意志和发展经济的需要，通过自身的收支活动，改变其所掌握的资金流向，从而迅速对经济结构调整产生影响，这一优势是货币政策不能比拟的。正因为财政政策与货币政策调控宏观经济的着力点是共同的，而它们的调控方式、调控重点、调控的功能效应又各有特点，所以两者必须密切配合、相互补充、相辅相成，才能顺利实现调控目标。

8.5.3 货币政策与财政政策的相互配合

货币政策和财政政策的组合搭配通常有两种模式，即双松双紧和松紧搭配。

1. 双松双紧

双松双紧都是指货币政策和财政政策沿同一方向组合运动。双松,即松的财政政策和松的货币政策并行。松的财政政策要实行减税、扩大支出、增加投资、增加补贴等财政政策工具;松的货币政策要实行降低准备率、降低再贴现率、中央银行大量买进有价证券等货币政策工具以放松银根、增加货币供应量。双松政策可能出现一方面刺激投资、促使经济增长,但另一方面出现财政赤字、信用膨胀的结果。双紧,即紧的财政政策和紧的货币政策并行。紧的财政政策要实行增税、削减开支、发行政府债券、减少补贴等财政政策工具;紧的货币政策要实行提高准备率和再贴现率,以及大量卖出有价证券等货币政策工具以抽紧银根、减少货币供应量;双紧政策可能出现一方面有力地控制总需求,使通货稳定,但另一方面降低经济的增长速度的结果。

2. 松紧搭配

政策工具组合的第二种模式是松紧搭配,即或实行松的财政政策、紧的货币政策,或实行松的货币政策、紧的财政政策。如果财政政策松,实行减收增支出现赤字,则银行抽紧银根,实行紧缩的货币政策;如果财政政策紧,实行增收节支有了节余,则银行可放松银根,实行扩张的货币政策。反过来,如果货币政策松,出现贷大于存、货币发行过多,则财政应实行紧缩政策,增收减支;如果货币政策紧,出现存大于贷,货币供应量少,则财政可实行放松政策,适当扩大支出、刺激需求。

8.6 中国人民银行的货币政策实践

8.6.1 中国人民银行的货币政策目标

根据我国的具体情况,1995 年 3 月 18 日,《中国人民银行法》明确规定,中国人民银行的货币政策目标是"保持货币币值稳定,并以此促进经济增长"。很显然,银行法把保持币值稳定作为货币政策的首要目标,强调了只有保持货币币值的稳定,才能使国民经济持续、稳定、快速、健康地发展。同时,它也规定了中国人民银行稳定货币的目的是促进经济的增长。

2003 年 12 月 27 日重新修订的《中国人民银行法》再次确认了这一目标,并提出稳定币值是主要和优先的目标,中央银行应该保持币值稳定来促进经济增长;即使在短期内兼顾经济增长的要求,仍必须坚持稳定币值的基本立足点。

8.6.2 中国人民银行的货币政策工具

在建立社会主义市场经济体制的过程中,中国人民银行的货币政策工具发生了很大的变化,市场经济发达国家中央银行运用成熟的三大货币政策工具已经被我国中央银行采用,并取得了一定的进展。

1. 存款准备金政策

我国于1984年建立并实行法定存款准备金制度，标志着存款准备金政策成为中国人民银行的货币政策工具之一。1998年，我国对存款准备金制度进行了重大改革，使之更加完善。改革的目标是将法定存款准备金的主要目的从集中资金转向控制货币供应量，其主要内容有：一是将法定准备金和备付金两个账户合二为一；二是法定准备金率由13%降至8%，准备金存款利率也随之大幅下调；三是法定存款准备金按法人机构统一缴纳；四是计算方式仍按期末余额为基数计提。

2. 再贴现政策

1994年，中国人民银行重新开始了商业票据再贴现业务，用于解决专业银行因办理票据贴现业务引起的资金不足。通过几年的实践，我国已初步具备了发展再贴现的票据市场的基础，商业汇票已成为企业和商业银行普遍采用的结算方式和融资手段。票据承兑、贴现和再贴现业务在一定程度上缓解了商品交易中的货款拖欠现象，加速了社会资金周转，节约了资金占用，也有利于商业银行调整信贷结构和中央银行引导信贷资金流向。

2013年以来，中国人民银行推出了新型的货币政策工具——借贷便利。根据期限分为常备借贷便利（SLF）和中期借贷便利（MLF）。这类新型政策工具与传统再贴现相同点在于金融机构主动向央行提出再融资需求，从而调节金融机构的流动性，不同点在于此类融资方式需金融机构向央行提供高信用评级的债券、优质信贷资产等抵押品。

3. 公开市场业务政策

中国人民银行的公开市场业务起步于1994年的外汇体制改革。1994年，中国人民银行总行成立了公开市场业务操作室，从4月起正式进入全国联网的银行间外汇市场运作，改变了历年来基础货币单一地由信贷计划分配的格局，为中央银行公开市场业务积累了经验。1996年，中央银行又启动了国债券公开市场业务，1998年以来，由中央银行公开市场操作投放的基础货币占全年基础货币投放的比例不断上升，公开市场业务在基础货币的投放乃至社会货币供应量调控中的作用不断加强。当然，要使公开市场业务成为中国占主导地位的货币政策工具，还需要进一步完善市场经济体制，加速短期货币市场和证券市场的发展，改革利率和汇率制度，实现利率市场化，增加市场工具的种类和数量，为公开市场业务操作创造更好的市场环境和活动空间。

◇ 阅读资料 8-5

公开市场业务在宏观调控中的重要作用

中国公开市场操作包括人民币操作和外汇操作两部分。外汇公开市场操作1994年3月启动。人民币公开市场操作始于1996年，但是当年仅做了几笔交易，交易量仅20多亿元，1997年实际停止了公开市场业务操作。亚洲金融危机爆发后，中国经济发展遇到外需不足的困难。根据中央统一部署，中国人民银行先后四次降息、两次下调存款准备金率，并于1998年5月26日正式恢复公开市场操作。1999年以来，公开市场操作发展较快，目前已成为中国人民银行货币政策日常操作的主要工具之一，对于调节银行体系流动性水平、引导货币市场利率走势、促进货币供应量合理增长发挥了积极作用。

1998年开始,中国人民银行建立了公开市场业务一级交易商制度,选择了一批能够承担大额债券交易的商业银行作为公开市场业务的交易对象。近年来,公开市场业务一级交易商制度不断完善,先后建立了一级交易商考评调整机制、信息报告制度等相关管理制度,一级交易商的机构类别也从商业银行扩展至证券公司等其他金融机构。

从交易方式看,中国人民银行公开市场业务债券交易主要包括回购交易、现券交易和发行中央银行票据。

根据货币调控需要,近年来中国人民银行不断创新公开市场业务工具。2013年1月,立足现有货币政策操作框架并借鉴国际经验,人民银行创设了"短期流动性调节工具",作为公开市场常规操作的必要补充,在银行体系流动性出现临时性波动时相机使用。这一工具的及时创设,既有利于中央银行有效调节市场短期资金供给,熨平突发性、临时性因素导致的市场资金供求大幅波动,促进金融市场平稳运行,也有助于稳定市场预期和有效防范金融风险。

(资料来源:盛松成,翟春. 中央银行与货币供给[M]. 北京:中国金融出版社,2015.)

本章小结

1. 中央银行形成于19世纪初叶,其产生源于商品经济的发展。中央银行的性质集中表现在作为代表国家管理金融的特殊机关,处于一国金融业的首脑和领导地位,是一国制定实施金融政策,调控监管经济金融的专门机构。

2. 作为发行的银行、银行的银行、国家的银行,中央银行制定和执行货币金融政策,进行金融监管。中央银行的货币政策目标为稳定币值、充分就业、经济增长、国际收支平衡;中央银行的一般性货币政策工具包括存款准备金政策、再贴现政策、公开市场业务。选择性货币政策工具包括消费信用控制、不动产信用控制、证券市场信用控制、优惠利率以及预缴进口保证金等。中央银行的货币政策的中介目标包括货币供应量、长期利率、基础货币、存款准备金等。

3. 货币政策与财政政策的配合,各国普遍都很重视。这两种政策的共同点在于通过影响总需求进而影响产出。货币政策是通过利率、货币供给量等工具调节总需求;财政政策是政府对其支出和税收进行控制并进而影响总需求。

4. 我国中国人民银行的货币政策经过改革现已形成独立体系。尽管目前还存在一些不足,但正在逐渐走向规范化的轨道。

【案例讨论】

央行货币政策工具持续发力:精准滴灌实体经济

2020年6月30日,央行官微发布消息,决定自7月1日起下调再贷款、再贴现利率。具体包括:下调支农、支小再贷款利率0.25个百分点。调整后,3个月、6个月和1年期支农再贷款、支小再贷款利率分别为1.95%、2.15%和2.25%。再贴现利率下调0.25个百分点至2%。此外，央行还下调金融稳定再贷款利率0.5个百分点，调整后，金融稳定再贷款利率为1.75%，其中，延期期间利率为3.77%。

此次操作已是央行今年以来第二次下调再贷款利率。今年2月26日，央行召开电视电话会议，部署金融支持中小微企业复工复产工作。会议提出，下调支农、支小再贷款利率0.25个百分点至2.5%。

对于此次央行下调再贷款、再贴现利率，有关专家表示，再贷款、再贴现是直达实体经济的货币政策工具箱的重要组成部分，下调支农、支小再贷款利率及再贴现利率，有利于降低银行从央行获取资金的成本，进而带动"三农"、小微企业等群体的融资成本下行，提升货币政策的精准度和有效性。

近期举行的中国人民银行货币政策委员会2020年第二季度（总第89次）例会提出，货币政策要兼顾可持续发展，并指出有效发挥结构性货币政策工具的精准滴灌作用，提高政策的"直达性"，继续用好1万亿元普惠性再贷款再贴现额度，落实好新创设的直达实体工具，支持符合条件的地方法人银行对普惠小微企业贷款实施延期还本付息和发放信用贷款。

"当前，再贷款再贴现工具已是央行结构性货币政策的核心和主要发力点。此次下调相关利率，将进一步增大这一政策工具对商业银行的吸引力，有助于迅速提升再贷款再贴现余额，从而引导银行金融资源重点向民营、小微企业等实体经济领域精准投放。这在提升货币政策逆周期调控效果的同时，也有助于避免大水漫灌'后遗症'。"有关专家分析指出，预计后期央行货币政策工具创新还会围绕再贷款再贴现设计，年内再贷款再贴现额度也有可能进一步加大。

回顾今年上半年的货币政策，信贷支持实体经济的针对性和有效性明显增强，充分发挥了结构性货币政策工具的精准滴灌作用。在下调再贷款再贴现利率外，今年以来，央行提供了再贷款再贴现支持1.8万亿元。除设立3000亿元专项再贷款支持防疫保供外，还增加5000亿元再贷款再贴现额度，支持地方法人银行向中小微企业复工复产发放优惠利率贷款。另外，还面向中小银行增加1万亿元再贷款再贴现额度，以优惠利率向量大面广的中小微企业提供贷款。

此外，央行还支持政策性银行增加3500亿元民营小微企业专项信贷额度，以及引导金融机构增加3000亿元低息贷款，定向支持受疫情影响较大的个体工商户。并且，央行还新创设了普惠小微企业延期支持工具和普惠小微企业信用贷款支持计划这两项新的直达实体经济的货币政策工具，进一步完善结构性货币政策工具体系，持续增强服务中小微企业政策的针对性和含金量。

有关专家认为，此次下调再贷款再贴现利率是货币政策宽松周期内的政策操作之一，表明了"适时退出"的货币政策并非转向，仍然处于偏宽松的阶段。货币政策更加偏向于信贷政策和结构性政策直达实体经济的宽信用效果。

（资料来源：《证券日报》2020年7月2日。）

【课堂讨论题】

试论我国实施货币政策过程中可能面临的问题及对策建议。

复习思考题

1. 试述中央银行产生的客观必要性。
2. 简述中央银行的性质和地位。
3. 中央银行有何职能？试分析中央银行在现代经济中的作用。
4. 什么是货币政策？货币政策的目标是什么？
5. 试述货币政策工具包括的内容。
6. 货币政策与财政政策为什么要配合？如何配合？

本章练习题

第9章 货币供求

【学习目标】

通过对本章的学习,要求学生了解货币需求与供给的含义,掌握货币需求量和货币供给量的确定方法,理解货币均衡与社会总供求的关系,并结合我国实际,认识通货膨胀和通货紧缩的问题。

【本章引例】

2020年9月,各地积极落实好"六稳""六保"政策和常态化疫情防控措施,市场供需状况总体稳定。从环比看,CPI上涨0.2%,涨幅比上月回落0.2个百分点。其中,食品价格上涨0.4%,涨幅比上月回落1.0个百分点,影响CPI上涨约0.09个百分点。食品中,受季节和节日等因素叠加影响,鲜果价格由上月下降0.4%转为上涨7.3%;受季节因素及部分地区降雨影响,鲜菜价格继续上涨2.4%,涨幅比上月回落4.0个百分点;随着生猪生产持续恢复,存栏不断改善,储备猪肉投放增多,猪肉供给有所增加,价格由上月上涨1.2%转为下降1.6%。非食品价格上涨0.2%,涨幅比上月扩大0.1个百分点,影响CPI上涨约0.14个百分点。非食品中,随着文娱消费逐步恢复,观影人数增加,电影票价格上涨4.1%;新学期开学,课外教育及部分民办学校收费有所上涨,教育服务价格上涨1.6%;夏秋换季上新,服装价格上涨0.9%。

从同比看,CPI上涨1.7%,涨幅比上月回落0.7个百分点。其中,食品价格上涨7.9%,涨幅比上月回落3.3个百分点,影响CPI上涨约1.69个百分点。食品中,猪肉价格上涨25.5%,涨幅比上月大幅回落27.1个百分点;鲜菜价格上涨17.2%,涨幅扩大5.5个百分点;牛肉和羊肉价格分别上涨9.0%和5.4%,涨幅分别回落5.4和4.3个百分点;鲜果价格下降6.9%,降幅收窄12.9个百分点;鸡蛋、鸡肉和鸭肉价格分别下降17.7%、9.1%和4.7%,降幅分别扩大5.3、7.5和3.8个百分点。非食品价格由上月上涨0.1%转为持平。非食品中,医疗保健价格上涨1.5%,教育文化和娱乐价格上涨0.7%,交通和通信价格下降3.6%,其中汽油和柴油价格分别下降15.0%和16.6%。扣除食品和能源价格的核心CPI同比上涨0.5%,涨幅与上月相同。

问题:根据CPI指数判断我国是否出现通货膨胀?

(资料来源:国家统计局,2020年10月15日。)

9.1 货币需求

思政目标

9.1.1 货币需求的含义

货币需求是指在一定时期内,社会各阶层(个人、企业单位、政府)愿以货币形式持有资产的需要，或社会各阶层对执行流通手段、支付手段和价值储藏手段的货币需求。对于货币需求含义的理解，我们需要把握以下几个要点。

1. 货币需求是一个存量的概念

它考察的是在某个时点和空间内（如2019年底，中国），社会各部门在其拥有的全部资产中愿意以货币形式持有的数量或份额。而不是在某一段时间内各部门所持有的货币数额的变化量。因此，货币需求是个存量概念，而非流量概念。

2. 货币需求量是经济学意义上的需求，是有条件限制的，是一种能力与愿望的统一

货币需求不是心理学意义上的需求，它必须是在具备获得或持有货币的能力范围之内愿意持有的货币量。因此，构成货币需求需要同时具备两个条件：一是必须有能力获得或持有货币；二是必须愿意以货币形式保有其财产。二者缺一不可，有能力而不愿意持有货币不会形成对货币的需求；有愿望却无能力获得货币也只是一种不现实的幻想。

3. 现实中的货币需求不仅包括对现金的需求，而且包括对存款货币的需求

因为货币需求是所有商品、劳务的流通以及有关一切货币支付所提出的需求。现代社会中这种需求不仅现金可以满足，存款货币也同样可以满足。如果把货币需求仅仅局限于现金，显然是片面的。

4. 人们对货币的需求，要求货币发挥不同的只能作用

人们对货币的需求既包括对执行流通手段和支付手段职能的货币的需求，也包括对执行价值储藏手段等其他职能的货币需求。人们持有货币的动机不同，要求货币发挥职能作用不同，但都在货币需求的范畴之内。

9.1.2 货币需求的种类

1. 主观的货币需求与客观的货币需求

主观的货币需求是指一个人、一个家庭或一个企业单位，在主观上"希望"自己拥有多少货币。这是一种占有的欲望。客观的货币需求是指个人、单位或国家在一定时期内能满足其经济发展客观需要的货币需求。

在现实生活中，这两种类型的货币需求都是存在的，但理论研究的对象是客观的货币需求，而不是主观的货币需求，因为主观货币需求在量上无限制，是一种无约束性的无效货币需求，这显然不是我们研究的对象。

2. 微观货币需求与宏观货币需求

微观货币需求是指个人、家庭或企业，在既定的收入水平、利率水平和其他经济条件下，保持多少货币在手边最合适。宏观货币需求是指一个国家在一定时期内，经济发展和商品流通所必需的货币量，这种货币量既能满足货币需要，又不会引发通货膨胀。

由于货币需求首先是客观的货币需求，从这点出发，宏观货币需求应该是我们主要的研究对象。当然，宏观货币需求是微观货币需求的集合，因此，对微观货币需求的研究也是完全必要的。

3. 名义货币需求与真实货币需求

名义货币需求是指个人、家庭或企业等经济单位或整个国家在不考虑价格变动时的货币需要量。真实货币需求是指各经济单位所持有的扣除物价因素之后的货币数量。

它们之间的区别在于是否剔除了物价变动的影响。由于包含物价因素在内的名义货币需求不能直接反映经济主体对货币的实际需求，所以人们一般更注重考察实际货币需求。

9.1.3 货币需求的影响因素分析

从实际情况来看，货币需求量的影响因素很多。一般的理论分析中，主要强调以下几个方面。

1. 收入水平

在经济生活中，微观经济主体的收入大多以货币的形式获得，支出也是以货币支付。收入越多，对商品、劳务交易媒介的货币需求越大。因此，货币需求量与收入水平呈正比例关系。

2. 价格水平

在商品和劳务量既定的情况下，价格越高，社会商品流转额越大，用于交易和周转的货币需求量增加。因此，价格与货币需求量之间呈正比例关系。

3. 利率水平

在市场经济中，利率作为一种资金价格，正常情况下是与货币需求呈反比例的，即市场利率越高，货币需求越少；利率下降，货币需求增加，因为利率高低影响到人们持有货币的机会成本。当利率上升，持有货币的机会成本会增加，人们会减少对货币的持有，反之，对货币的需求就会增加。

4. 货币流通速度

在商品与交易额一定的前提下，货币流通速度越快，对货币需求量越少，反之，对货币需求量越大。因此，货币流通速度与货币需求呈反比例关系。

5. 信用的发达程度

一般来说，信用制度健全，信用比较发达集中，货币需求量较少；如果没有发达的信用制度，没有完善的金融市场，人们将保持更多货币在手中，所以信用的发达程度与货币的需求量呈负相关关系。

6. 人们的预期

人们的心理活动对货币需求的影响较为复杂。首先，当预期市场利率上升，货币需求增加，反之货币需求减少；其次，预测物价水平上升，货币需求减少，反之，货币需求增加；最后，预测投资收益上升时，货币需求减少，反之，货币需求增加。

9.1.4 货币需求函数

1. 货币需求函数的含义

在现代经济学中，经济学家通常用函数方式或方程式来表达一定的经济理论。为了分析货币需求量的决定因素及其变动规律，许多经济学家建立了货币需求函数。所谓货币需求函数，就是将决定或影响货币需求的各种因素作为自变量，而将货币需求本身作为因变量而建立起来的数量变化关系。

2. 货币需求函数的作用

货币需求函数的作用主要有以下三个。

（1）分析各种因素对货币需求的不同影响

各种因素对货币需求的影响既包括影响的方向，也包括影响的程度。其具体方法是：通过货币需求函数求出货币需求对某一决定因素的一阶导数，根据此导数的符号来判断该决定因素对货币需求究竟有正的影响还是有负的影响。同时，以上述导数为基础，计算出货币需求的各种弹性，如货币需求的收入弹性、货币需求的利率弹性等，以此弹性系数的大小来反映各个因素对货币需求的影响程度。

（2）通过计量研究来验证货币需求理论的某一结论

为了进行计量研究，人们首先必须建立相应的货币需求函数，然后利用历史数据加以实证研究。如果实证研究的结果与理论分析的结论是一致的，则说明该理论是正确的；反之，则说明该理论是不正确的。

（3）测算货币需求量

在取得相关资料的基础上，利用货币需求函数来测算一定时期内全社会的货币需求量，以作为制定货币政策、控制货币供给的根据。

9.1.5 货币需求理论

1. 马克思的货币需求理论

在马克思之前，许多经济学家就注意到了货币流通数量的问题，并做了多方面的理论分析。马克思对这个问题的分析在理论上和表述上达到了当时完美的境界。

为了分析方便，马克思以完全的金币流通为假设条件。以这个假设条件为背景，他的论证过程是：①商品价格取决于商品的价值和黄金的价值，而价值取决于生产过程，所以商品是带着价格进入流通的；②商品价格有多大，就需要有多少金币来实现它；③商品与货币交换后，商品退出流通，黄金却留在流通之中使另外的商品得以出售，从而一定数量的黄金流通几次，就可使相应倍数价格的商品出售。用公式表示为

$$执行流通手段职能的货币量 = 商品价格总额 / 同名货币的流通次数$$

公式表明，货币量取决于价格水平、进入流通渠道商品数量和货币的流通速度这三个因素。这三个因素按不同的方向和不同的比例变化，流通手段量则可能有多种多样的组合。

第一，在商品价格不变时，由于流通商品量增加或货币流通速度下降，或者这两种情况同时发生，流通货币量就会增加，在相反情况发生时则减少。

第二，在商品价格普遍提高时，如果流通商品量的减少同商品价格的上涨保持相同的比例，或流通的商品量不变而货币流通速度的加快同商品价格的上涨一样迅速，流通货币量不变。如果商品量的减少或货币流通速度的加快比价格的上涨更迅速，流通中的货币量还会减少。

第三，在商品价格普遍下降时，如果商品量的增加同商品价格的跌落保持相同的比例，或

货币流通速度的降低同商品价格跌落保持相同比例,流通手段量就会依然不变。如果商品量的或货币流通速度的降低比商品价格的跌落更迅速,流通手段量就会增加。

马克思在分析这个问题时还有一个极其重要的假设,即在该经济中存在着一个数量足够大的黄金储藏;流通中需要较多的黄金,黄金从储藏中流出;流通中有一些黄金不需要了,多余的黄金退出流通,转化为储藏。也正是由于假设存在有这样一个调节器,所以流通需要多少货币,就有多少货币存在于流通之中。但在实际经济生活中,并不一定必然存在这样的假设条件。

马克思进而分析了纸币流通条件下货币量与价格之间的关系。他指出,纸币是由金属货币衍化来的。纸币所以能流通,是由于国家的强力支持。同时,纸币本身没有价值,只有流通才能作为金币的代表。因此,纸币一旦进入流通,就不可能再退出流通。如果说,流通中可以吸收的金量是客观决定的,那么流通中无论多少纸币也只能代表客观所要求的金量。如果纸币发行量超过了其所代表的同名的商品流通所需要的金属货币量,就会出现物价上涨,单位纸币所代表的价值量就会降低。马克思的纸币流通规律可以用公式表示为:

单位纸币的价值=流通中所需的金属货币量/流通中的纸币总量

2. 古典学派的货币需求理论

早期的西方古典学派经济学家倾向于从宏观角度研究一个国家一定时期内经济发展和商品流通中需要的货币量,并进而分析货币数量与物价水平之间的关系。这就是传统的货币数量论。20世纪初,美国耶鲁大学教授费雪在前人研究成果的基础上,提出了"现金交易数量说"。几乎与此同时,英国剑桥大学的马歇尔和庇古开始将微观主体的持币动机分析包括进来,提出了"现金余额数量说"。

(1) 现金交易数量说——费雪方程式

美国经济学家欧文·费雪在其1911年出版的《货币购买力》一书中,对古典货币数量论观点做了最清晰的表述。费雪十分注重货币的交易媒介功能,认为人们需要货币并不是需要货币本身,而是因为货币可以用来交换商品和劳务,以满足人们的欲望。人们手中的货币,最终都将用于购买。因此,在一定时期内,社会的货币支出量与商品、劳务的交易的货币总值一定相等。据此,费雪提出了著名的交易方程式:

$$MV=PT$$

式中,M表示货币的数量;V表示货币流通速度;P表示物价水平;T表示交易总量。

这个方程式首先旨在表示交易双方的恒等关系,以及以纸币单位所表示的价格水平P。依据恒等式,P的值取决于M、V、T三个变量。费雪分析,V是由制度因素决定的,而制度因素变化缓慢,因而可视它为常数。T与产出水平保持一定的比例,大体上也是相对稳定的。因此,只有P和M的关系最重要,所以P的值主要取决于M的变化。

费雪方程式虽然说明主要是M决定P,但当把P视为给定的价格水平时,这个方程式就成为货币需求的函数:

$$M=1/V \cdot PT$$

这一公式表明,在给定的价格水平下,总交易量与所需要的名义货币量具有一定的比例关系,这个比例就是$1/V$。换言之,要使价格保持给定水平,就必须使货币量与总交易量保持一定比例关系。

(2) 现金余额学说——剑桥方程式

费雪方程式没有考虑微观主体动机对货币需求的影响,许多经济学家认为这是一个缺陷。在费雪发展他的货币数量论观点的同时,英国剑桥大学的一些经济学家,如马歇尔、庇古等人也在研究同样的课题,这些剑桥学派经济学家在研究货币需求问题时,重视微观主体的行为。他们认为,处于经济体系中的个人对货币的需求,实质是选择以怎样的方式保有自己的资产问题。当然,他们也考虑经济整体的需求,但在他们看来,这个整体需求是个人需求的总和。剑桥学派的货币需求方程是:

$$M_d = kPY$$

式中,M_d 表示货币需求量;P 表示物价水平;Y 表示总收入;PY 表示名义总收入;k 表示 M_d 与 PY 的比,也就是一年中人们愿意以现金余额方式持有的货币量占商品交易量的比率。因此,剑桥方程式也称为现金余额方程式。

比较费雪方程式与剑桥方程式,前者为 $M=1/V \cdot PY$,后者为 $M=kPY$,如果把 k 是与 $1/V$ 相互替代,很容易认为费雪方程式与剑桥方程式是两个意义大体相同的模型。由于两个方程均旨在剖析货币需求,因而自有许多相通之处。但必须看到,相对于费雪方程式,剑桥方程式反映的思路更广,它们之间的区别具体如下。

①对货币需求分析的侧重点不同。费雪方程式强调的是货币的交易手段功能,把货币需求与支出流量联系在一起,重视货币支出的数量和速度;而剑桥方程式则重视货币作为一种资产的功能,是从货币形式保有资产存量的角度考虑作需求,重视这个存量占收入的比例。所以费雪方程式又称为现金交易说,而剑桥方程式则称现金余额说。

②费雪方程式重视影响交易的金融制度支付过程,忽视人的作用;剑桥方程式则重视保有货币的成本与保有货币的满足程度的比较,重视人的意识及其对经济形势的判断力。

③两个方程式所强调的货币需求决定因素不同。费雪方程式用货币数量的变动来解释价格,反过来,在交易商品量给定和价格水平给定时,也能在既定的货币流通速度下得到一定的货币需求结论。费雪方程式没有区分真实货币需求与名义货币需求,因此,交易次数、交易数量及价格水准的变动都能影响货币需求量。而剑桥方程式则是从微观角度进行分析的产物,认为微观主体要在保有货币的利弊因素权衡中决定货币需求。剑桥方程式中的货币需求是真实货币需求,不受价格水平变动的影响,价格水准的变动只影响名义货币需求量。

④费雪方程式没有对货币供给和货币需求所起的作用作明显的区分;剑桥方程式则对货币供给和货币需求同样重视,并以之作为决定价格水平的分析基础,使货币价值的决定与商品供求决定规律相吻合。

3. 凯恩斯的货币需求理论

凯恩斯是英国著名的经济学家,宏观经济学的创始人。凯恩斯逐步摆脱了传统货币数量论的束缚,提出了"流动性偏好学说"。他的货币需求理论就是其著名的流动性偏好理论。所谓"流动性偏好"是指人们宁可持有没有收益但可灵活周转的货币的心理倾向。因此,流动性偏好实质上就是人们对货币的需求。

凯恩斯分析了人们持有货币的三大动机:交易动机、预防动机和投机动机。其中,交易动机和预防动机在传统的货币数量说理论中有所体现,而投机动机的分析则完全是凯恩斯独创的。同时,凯恩斯还将利率变量引入货币需求函数之中,强调了利率对货币需求的影响。

(1) 交易动机的货币需求

交易动机的货币需求是指人们为进行日常交易而产生的货币需求。根据凯恩斯的分析,交易动机可分为个人的收入动机和企业的营业动机。凯恩斯认为,在个人收入的取得与支出的发生之间,或者企业销售收入的实现与各项费用的支出之间,总是有一定的时间间隔的。在些时间间隔中,为了应付日常交易的需要,个人和企业都必须保持一定数量的货币。这就是所谓的"交易动机的货币需求"。这一货币需求的数量主要取决于收入的多少,收入多,这种货币需求也多;收入少,这种货币需求也少。简而言之,交易动机的货币需求是收入的递增函数。

(2) 预防动机的货币需求

预防动机的货币需求与交易动机的货币需求既有相同之处,也有不同之处。相同的是预防动机的货币需求也是人们作为流通手段和支付手段的货币的需求;不同的是预防动机的货币需求不是为应付经常的、可预测的交易需要而产生的货币需求,而是为了应付那些意料之外的支出而产生的货币需求。凯恩斯认为,未来是不确定的。因此,为了应付那些突然发生的意外支出,或者为了不失去意料之外的有利的购买机会,人们除了保持日常交易所必需的那部分货币外,还必须经常地保持一定数量的用于应付不时之需的货币。这就是所谓的"预防动机的货币需求"。在凯恩斯看来,预防动机的货币需求也主要取决于收入的数量,而且也是收入的递增函数。

(3) 投机动机的货币需求

投机动机的货币需求是凯恩斯货币需求理论中最有特色的内容。所谓"投机动机的货币需求",实际上是指人们对闲置货币余额的需求。也就是说,投机动机的货币需求是将货币作为一种资产而持有,而不是作为一种交易媒介而持有。人们之所以持有闲置货币余额,是为了在利率变动中进行投机,以获得利润。

凯恩斯将可用来储藏财富的资产分为两类,即货币与债券。货币是不能产生利息收入的资产;债券是能产生利息收入的资产。人们持有货币,货币在持有期间不能为其持有者带来收益,即收益为零。人们持有债券,则有两种可能:如果利率上升,债券价格就要下跌;利率下跌,债券价格就要上升。在后一种情况发生时,当然持有者有收益,而在前一种情况发生时,假若债券价格下跌幅度很大,使人们在债券价格方面的损失超出了他们从债券获得的利息收入,则收益为负。如果持有债券的收益为负,持有非生利资产就优于持有生利资产,人们就会增大对货币的需求;在相反情况下,人们的货币需求自然会减少,而债券的持有量则会增加。这里,关键在于微观主体对现存利率水平的估价。根据凯恩斯分析,每个人心目中都有一个正常利率。若市场利率高于这个正常利率,人们将预期利率下降,从而债券价格将会上升。在这种情况下,人们必然倾向于多持有债券。如有相反预期,则会倾向于多持有货币。因此,投机性货币需求同利率存在着负相关关系。

由以上分析可知,人们对货币的总需求就是由这三大动机所共同促成的。其中,交易动机的货币需求和预防动机的货币需求都是收入的递增函数,而投机动机的货币需求则是利率的递减函数。因此,凯恩斯的货币需求函数如下:

$$M = M_1 + M_2 = L_1(Y) + L2(r)$$

式中，M 表示货币总需求；M_1 表示交易动机的货币需求和预防动机的货币需求（通常被合称为"交易性的货币需求"，M_2 表示投机动机的货币需求（也称"投机性的货币需求"），Y 表示收入；r 表示利率；L_1 表示 M_1 与 Y 的函数关系；L_2 表示 M_2 与 r 的函数关系。

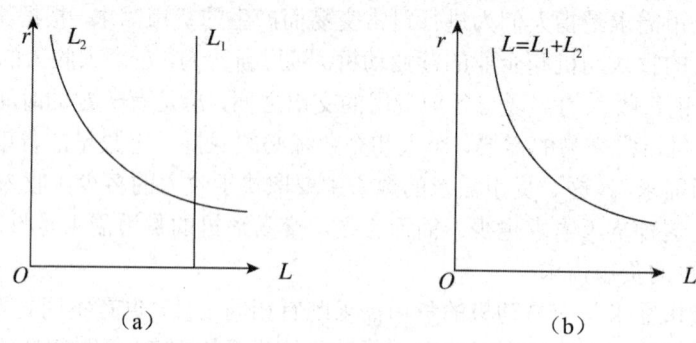

图 9-1　凯恩斯的货币需求函数

如图 9-1（a）所示，曲线 L_1 与利率无关，所以是一条与货币需求横轴垂直或与利率纵轴平行的直线。但 L_2 则与利率有关，利率越高，货币需求越少；反之，利率越低，货币需求越多，所以是一条向右向下倾斜的曲线。图 9-1（b）图为 L_1 与 L_2 相加，表现为货币总需求曲线 L。利率越高，货币需求越少；反之，利率越低，货币需求越多，所以是一条向右向下倾斜的曲线。

凯恩斯进一步提出，当利率降低到某一低点后，货币需求就会变得无限大。这是因为当利率降到极低水平时，由于利率太低，人们预测将来的利率只可能会上升而债券价格将会下降。此时人们不再愿意持有债券，而宁愿以持有货币的形式来持有全部财富，货币需求就变成无限大。这时就好像存在着一个大的陷阱，不论中央银行增加多少货币供应量都将落入其中，完全被货币需求所吸收，而不会影响利率水平。此时货币政策将失效，中央银行试图通过增加货币供应量来降低利率的想法就会落空，这就是凯恩斯提出的著名的"流动性陷阱"。在图 9-2 中，当利率降至 r_0 时，货币需求曲线变成与横轴平行的直线，货币需求的利率弹性变得无限大。

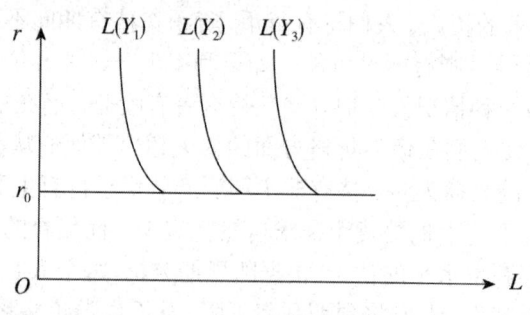

图 9-2　流动性陷阱

凯恩斯的后继者们对凯恩斯的货币需求理论进行修正、补充和发展。他们认为，凯恩斯论证投资者将依据其对利率变动的预期而在货币和债券之间进行选择，但在现实生活中，通常并不会简单地进行非此即彼的选择，而是全面权衡得失，调整两者持有的比例，而且可供选择的对象也并不限于货币、债券两者。这样就发展了多样化资产组合选择理论，使凯恩斯学派的货币需求理论更加细微，而对于利率的分析则更增强了这个变量在货币需求函数中的分量。

4. 弗里德曼的货币需求函数

凯恩斯的理论风行整个西方世界时，现代货币主义正悄然兴起，到20世纪60年代，现代货币主义的理论政策主张已发展为一个完整的体系。现代货币主义也叫货币学派，它是以对抗凯恩斯的革命面目出现的，其代表人物是美国芝加哥大学教授弗里德曼。

货币主义同样以微观主体行为作为始点对货币需求进行分析，并吸收了包括凯恩斯在内的经济学家货币需求理论新的成果，在对货币需求量的各种因素进行深入分析的基础上，建立独具特色的货币需求函数：

$$M/P = f(Y, W; r_m, r_b, r_e, \frac{1}{P} \cdot \frac{dp}{dt} U)$$

式中，M为个人财富持有者的货币量，即名义货币需求量；P为一般物价水平；M/P为实际际的货币需要量；Y为按不变价格计算的实际收入；W为物质财富占总财富的比率；r_m为预期的货币名义收益率；r_b为固定收益的债券收益率，r_e为非固定收益债券的收益率；$\frac{1}{P} \cdot \frac{dp}{dt}$为预期的物价变动率，即实物资产的名义报酬率；$U$为货币的效用以及影响此效用的因素。

下面具体分析弗里德曼货币需求函数中的各个变量，以及它们对货币需求的意义。

（1）Y作为收入，在这里不是指当期收入，而是按不变价格计算的实际收入，也可理解为预期的平均长期收入，是相对稳定的恒久性收入。弗里德曼从自己的实证研究得出的结论是：恒久性收入对货币需求具有重要作用。由此进一步得出，由于恒久性收入较之当期收入波动幅度小得多，所以货币存量与恒久性收入的比值是相对稳定的，所以货币需求也是稳定的。弗里德曼将恒久性收入看作是一个重要的决定因素，其意义在于货币需求不会随着产业周期的波动有较大的变动。

（2）W代表非人力财富占个人总财富的比率，它与货币需求呈负相关。这是货币主义列出的独特变量，但并未得到进一步论证。

（3）r_m表示货币名义收益率。这一概念在凯恩斯那里是没有的，因为凯恩斯那里的货币指的是M_1，即现钞和业务经营上的活期支票存款，而当时在英国，业务经营上的活期支票存款是无息的，所以M_1的货币收益率可视为零。而弗里德曼所讲的货币已扩展到M_2，M_2中很多形态的存款货币则是有息的。将r_m变量纳入其函数式，说明货币主义考察货币的口径已大于过去各学派对货币考察的口径。

（4）r_b和r_e分别为固定收益的债券收益率和非固定收益证券的收益率。弗里德曼认为，一个人可以持有几种形式的财富，不仅是货币，还有债券、股票和实物等。持有货币的机会成本就由相对于货币的各种资产的预期报酬率和由分别相对于货币的债券和股权的预期报酬率来表示。当它们增大时，持有货币的机会成本增大，对货币的需求就会减少。

（5）$\frac{1}{P} \cdot \frac{dp}{dt}$是预期的物价变动率。它属于机会成本变量，与货币需求呈负相关。将它明确列入函数式，与强调通货膨胀的发生有关。

（6）U为货币的效用以及影响此效用的因素。

5. 对货币需求理论的综合评析

上述各种理论对于各种因素对货币需求有多大程度的影响,得出了不同的结论。经济学家都同意收入是影响货币需求的最重要的因素,对货币需求起决定作用;但对于利率变化对货币需求到底行多大影响,货币需求函数是否应该是稳定的,货币流通速度是否稳定等问题,则存在着激烈的争论。

(1) 货币需求和利率

货币需求对利率变化的敏感性是大还是小,是凯恩斯学派和货币学派争论的一个焦点问题。凯恩斯学派认为货币需求对利率是敏感的;货币学派则认为货币需求对利率不敏感,而认为持久收入、非人力财富是影响货币需求的更重要的因素。

(2) 货币需求的稳定性

凯恩斯货币理论分析认为,由于货币需求受利率影响较大,利率经常变动导致货币需求是不稳定的。弗里德曼的现代货币数量论则认为,货币需求函数是极为稳定的。因此,弗里德曼认为,货币供应量的不规则变动是经济波动的根本原因,例如通货膨胀就是货币供应过多的结果。凯恩斯主义与货币主义的货币需求理论先后对货币政策产生了重大影响,形成所谓"相机抉择"与"单一规则"的货币政策。

(3) 货币流通速度的稳定性

大致有这样一个规律,在经济繁荣时,货币流通速度加快;经济萧条时,货币流通速度则放慢,也就是说货币流通速度是顺周期波动的。在一个较长的时期内,货币流通速度并不是稳定的。

9.2 货币供给

货币供给指的是一国经济中货币的投入、创造和扩张(或收缩)货币的全过程。货币供给分为名义货币供给与实际货币供给。名义货币供给是指一定时点上不考虑物价因素影响的货币存量,记作 M_s。实际货币供给是指剔除了物价影响之后的一定时点上的货币存量,记作 M_s/P。

9.2.1 货币供给层次的划分

在现代经济社会中,除了现金和金融机构的各种存款外,还有不少金融工具或信用工具都有相当程度的流动性或货币性,如国库券、承兑票据等。它们在金融市场上贴现和变现的机会很多,都具有相当程度的流动性,与现金和存款相比,无本质上的区别,也应纳入更广义的货币供给中。

因此,货币供给有广义和狭义之分。狭义的货币供给由一般流通中的现金和商业银行的活期存款构成;广义的货币供给包括狭义货币供给和准货币构成。准货币包括银行的定期存款、储蓄存款、外币存款,以及各种金融工具。货币供给的衡量存在多个口径。划分货币供给量层次的主要标准是金融资产的流动性。流动性是指金融资产在多大程度上能够在短时间内以全部或接近市场的价值出售,从而转化成现金。

目前，世界各国银行业务的名称不尽相同，同一名称的业务内容也不一定相同，因此，各国都是根据自身的特点和需要划分了货币层次。

1. 美国现行货币供给层次

（1）M_1 包括：①处于国库、联邦储备系统和存款机构以外的现金；②非银行发行的旅行支票；③商业银行的活期存款（支票存款），其中不包括存款机构、美国政府、外国银行和官方机构在商业银行的存款；④其他各种与商业银行活期存款性质相近的存款，如 NOW、ATS 等。

（2）M_2 等于 M_1 加以下各项：①存款机构发行的隔夜回购协议和美国银行在世界上的分支机构向美国居民发行的隔夜欧洲美元；②货币市场存款账户（MMDA）；③储蓄和小额定期存款；④货币市场互助基金（MMMF）等。

（3）M_3 等于 M_2 加以下各项：①大额定期存款；②长于隔夜的限期回购协议和欧洲美元等。

（4）L 等于 M_3 加非银行公众持有的储蓄券、短期国库券等。

2. 日本现行货币供给层次

（1）M_1=现金+活期存款。现金指银行券发行额和辅币之和减去金融机构库存现金后的余额；活期存款包括企业支票活期存款、活期储蓄存款、通知即付存款、特别存款和纳税准备金存款。

（2）$M_2 + CD = M_1 +$ 准货币+ 可转让存单。其中，"准货币"指活期存款以外的一切公私存款；CD 是指转让存单。

（3）$M_3 + CD = M_2 + CD +$ 邮政、农协、渔协、信用合作和劳动金库的存款以及货币信托和贷放信托存款。

（4）此外还有"广义流动性"，等于 $M_3 + CD$ 加回购协议债券、金融债券、国家债券、投资信托和外国债券。

3. 我国的货币层次

（1）M_0 现金流通量。
（2）$M_1 = M_0 +$企业活期存款+机关团体存款+农村存款+个人持有的信用卡类存款。
（3）$M_2 = M_1 +$城乡居民储蓄存款+企业存款中具有定期存款性质的存款+外币存款+信托类存款+证券公司客户保证金存款。

M_1 被称作狭义货币，是现实购买力；M_2 被称作广义货币；M_2 与 M_1 之差被称为准货币，即潜在购买力。把货币划分为若干不同层次，是为了中央银行在对货币流通的调控中控制重点。在我国改革开放初期，以 M_0 与 M_1 为重点控制货币供给量，后期转向 M_2 为控制重点。根据中国人民银行的数据整理，我国近二十年的货币层次结构如图 9-3 所示。

9.2.2 商业银行与货币供给

商业银行的活期存款是现代信用货币经济中最主要的货币形式。存款货币的创造过程在很大程度上反映了现代经济中货币供给量的决定过程。在本节中，我们将通过对几个重要概念的解释入手,推导出一个经过简化的存款乘数模型,以说明存款货币多倍扩张与多倍收缩的基本原理和基本过程。

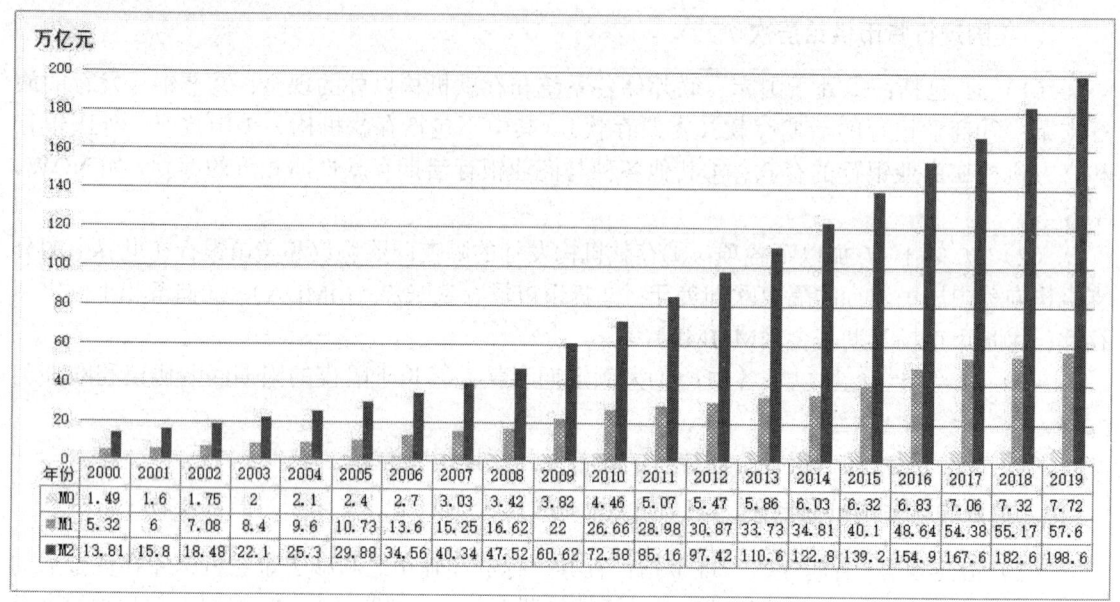

图 9-3　我国的货币层次结构

1. 几个重要的概念

（1）原始存款与派生存款

原始存款是指银行的客户以现金形式存入银行的直接存款。派生存款是由银行的贷款、贴现和投资等行为而引起的存款。所谓存款货币的多倍扩张或多倍收缩,实际上就是指派生存款的多倍创造或多倍消失。

（2）存款准备金与存款准备金比率

存款准备金原是商业银行在吸收存款后,以库存现金或在中央银行存款的形式保留的、用于应付存款人随时提现的那部分流动资产储备,它是银行所吸收的存款总量的一部分。存款准备金比率就是存款准备金占银行吸收存款总量的比例。需要指出的是,对于商业银行来说,根据中央银行规定的存款准备金比率保留的那部分存款准备金,是必须保留的法定准备金。当商业银行根据中央银行规定的比率缴足了法定准备金之后,它是否保留超额准备金,或者保留多少超额准备金,则完全可由商业银行自主决定。

2. 存款货币的多倍扩张

（1）几个简化的假设

存款货币的多倍扩张和多倍收缩,将受到多种因素的复杂的影响。我们将在对存款货币的多倍扩张和多倍收缩的基本原理和基本过程进行分析之后,再对这些复杂的因素加以比较周密的考虑。所以,为了简化分析起见,我们首先作出以下几个假设。

①假设整个银行体系由一个中央银行和至少两家商业银行所构成。

②假设中央银行规定的法定存款准备金比率为 20%。

③假设商业银行只有活期存款,而没有定期存款。
④假设商业银行并不保留超额准备金。
⑤假设银行的客户并不持有现金,从而在他们取得银行的贷款,或从其他客户那里收到任何款项以后,他们将把全部货币收入都存入银行。

在以上这五个假设中,后面三个假设并不符合实际。我们作出这些假设的唯一目的,是为了简化本节的分析。

(2)存款货币多倍扩张的基本过程

存款货币多倍扩张的过程,实际上就是商业银行通过贷款、贴现和投资等行为,引起成倍的派生存款的过程。就整个银行体系而言,一家银行发放贷款,将使另一家银行获得存款,而另一家银行也因此而可以发放贷款,从而使第三家银行也获得存款。这些因其他银行发放贷款而引起的存款,就是派生存款。于是,通过整个银行体系的连锁反应,一笔原始存款(或因其他途径获得的剩余准备金)将创造出成倍的派生存款。

例如,甲银行接受了其客户存入的 10 000 元现金(原始存款)。在甲银行原来持有的准备金正好满足中央银行规定的法定存款准备金比率的条件下,根据以上假设,该银行应再提取准备金 2 000 元,并将剩余准备金 8 000 元全部用于发放贷款。这样,甲银行的资产负债情况就发生了如表 9-1 所示的变化。

表 9-1 甲银行的资产负债情况 单位:元

资产		负债	
准备金	+2 000	存款	+10 000
贷款	+8 000		
总额	+10 000	总额	+10 000

当甲银行贷出 8 000 元后,其取得贷款的客户必将把这笔款项用于支付,而收款人又将把这笔款项全部存入其开户的另一家银行——乙银行。乙银行既然已经取得了存款,并且在不留超额准备金的假设下,它也必将根据中央银行规定的法定存款准备金比率,提取准备金 1 600 元,然后,将剩下的 6 400 元用于贷放。于是,乙银行的资产负债情况就发生了如表 9-2 所示的变化。

表 9-2 乙银行的资产负债情况 单位:元

资产		负债	
准备金	+1 600	存款	+8 000
贷款	+6 400		
总额	+8 000	总额	+8 000

同样,乙银行提供的 6 400 元贷款,也将被借款人用于支付给其他银行(如丙银行)的客户,从而使丙银行也取得存款 6 400 元。丙银行也同样按照中央银行规定的法定存款准备金比率——20%,提取准备金 1 280 元,并将余下的 5 120 元用于贷放。这样,丙银行的资产负债情况就发生了如表 9-3 所示的变化。

表 9-3　丙银行的资产负债情况　　　　　　　　　　　　　　　单位：元

资产		负债	
准备金	+1 280	存款	+6 400
贷款	+5 120		
总额	+6 400	总额	+6 400

至此，银行存款已由 10 000 元增加到 24 400 元。其中，甲银行的 10 000 元存款是原始存款，而乙银行的 8 000 元存款和丙银行的 6 400 元存款都是派生存款。乙银行的 8 000 元存款是由甲银行的贷款所引起的，而丙银行的 6 400 元存款又是由乙银行的贷款所引起的。存款货币的多倍扩张正是通过一家银行的贷款引起另一家银行获得存款所实现的。问题是，我们的分析尚未完成，因为存款货币的扩张还将继续进行。从理论上说，这种扩张将一直进行到全部原始存款都已成为整个银行体系的存款准备金，从而任何一家银行都已没有任何剩余准备金可用于贷款为止。

如以 D 表示存款总额，R 表示商业银行的存款准备金（在本例中，这一准备金来源于原始存款），r 表示中央银行所规定的法定存款准备金比率，则存款货币的多倍扩张可用下面的公式来表示：

$$D = R / r = R \cdot (1/r)$$

在上述例子中，R=10 000 元，r=20%，所以：

$$D = R / r = 10\ 000 / 20\% = 50\ 000（元）$$

可见，存款总额由 10 000 元扩张到 50 000 元，其中，10 000 元是原始存款，40 000 元是派生存款。这就说明，这种多倍扩张将使存款总额增加到原始存款的 5 倍，这一倍数就是我们通常所说的货币乘数，即上式中的 $1/r$。

3. 存款货币的多倍收缩

存款货币多倍收缩的过程与多倍扩张的过程正好相反。如果说存款货币的多倍扩张是由商业银行的准备金增加所引起的，那么，存款货币的多倍收缩是由商业银行的准备金减少所引起的。商业银行准备金的减少大致有以下两个原因：一是存款人从银行提走他们的存款；二是中央银行向商业银行出售有价证券。下面，我们仍以上述假设条件为基础，对存款货币多倍收缩的基本过程做一简述。

假设某存款人从甲银行以现金形式提取其存款 10 000 元，这就使甲银行的库存现金（即准备金）减少了 10 000 元。这就说明，在甲银行减少存款 10 000 元的同时，其准备金也减少了 10 000 元。但是，根据中央银行规定的法定存款准备金比率，甲银行因减少存款 10 000 元，只能减少准备金 2 000 元（即其存款总额的 20%）。同时，由于我们已假定商业银行并不持有任何超额准备金，所以，在这种情况下，甲银行发生了准备金的短缺，其短缺的金额为 8 000 元。为此，它必须通过收回贷款或出售其持有的债券来加以弥补。现假设甲银行通过收回贷款来弥补其短缺的准备金，则其资产负债情况的变化如表 9-4 所示。

表 9-4 甲银行的资产负债情况　　　　　　　　　　　　　　　　　　　单位：元

资产		负债	
准备金	-2 000	存款	-10 000
贷款	-8 000		
总额	-10 000	总额	-10 000

然而，甲银行收回贷款必然使其他银行因此而减少存款，从而引起其他银行的准备金也发生短缺，并同样通过收回贷款或出售债券来加以弥补。现假设因甲银行收回贷款而使乙银行减少了 8 000 元存款，并相应地减少了 8 000 元准备金。而根据中央银行规定的法定准备金比率，乙银行因减少 8 000 元存款，只能减少 1 600 元准备金。于是，乙银行还短缺准备金 6 400 元，必须加以补足。如果乙银行也通过收回贷款来补足其所短缺的准备金，则其资产负债情况的变化如表 9-5 所示。

表 9-5 乙银行的资产负债情况　　　　　　　　　　　　　　　　　　　单位：元

资产		负债	
准备金	-1 600	存款	-8 000
贷款	-6 400		
总额	-8 000	总额	-8 000

显然，乙银行为补足准备金而收回贷款，必然引起其他银行减少存款。在部分准备金制度下，这种存款的减少又必然引起准备金的不足，从而也必须收回贷款或出售证券。于是，经过整个银行体系的连锁反应，存款总额将成倍缩减，其缩减的倍数与存款扩张的倍数是一致的。所以，存款货币的多倍收缩实际上是多倍扩张的反向过程。

9.2.3 中央银行与货币供给

现代信用制度下，货币供给是通过中央银行提供基础货币，在货币乘数的作用下，经过银行的信用创造完成的。货币供给的基本公式：

$$M_s（货币供给量）= m \cdot B$$

由公式可知，货币供给取决于基础货币 B 和货币乘数 m 这两个因素，并且是这两个因素的乘积。

1. 基础货币

（1）基础货币的概念

基础货币又称"高能货币""强力货币"，是指具有使货币总量倍数扩张或收缩能力的货币，基础货币由流通中的现金（包括公众和商业银行持有的现金）和商业银行在中央银行的存款准备金（包括法定准备金和超额准备金）构成，实质上表现为中央银行的负债。基础货币流入商业银行体系，就会增强银行信用创造能力。

(2) 基础货币的形成基础

货币是整个货币供给量中最基本的部分,是银行系统向社会供给货币的基础。基础货币是中央银行直接控制的。目前各国一般把各商业银行在中央银行的准备金和社会公众手持现金之和视为基础货币。中央银行增加基础货币的途径主要有:①中央银行向商业银行提供贷款;②中央银行收兑黄金;③中央银行收兑外汇;④中央银行对财政透支;⑤中央银行买进有价证券;⑥中央银行对票据再贴现;⑦中央银行支付利息。

(3) 基础货币的决定因素

①外汇、黄金储备对基础货币决定的影响。中央银行通过收购金银外汇,增加外汇储备,形成中央银行的资产。如果是向居民、企业直接收购,则要么是通货投放增加,要么是居民或企业在商业银行的存款增加,从而使商业银行在中央银行的存款准备金增多;如果直接向商业银行收购外汇黄金,则会直接引起商业银行的存款准备金增加,以上各种情况都意味着基础货币的增加。相反,如果中央银行出售黄金、外汇使此项资产减少,则会引起基础货币相应减少。

②政府债券和财政借款对基础货币决定的影响。无论是中央银行直接对财政贷款或直接贴现国债,也无论是通过公开市场业务使持有的国债资产增加,都是中央银行扩大了对财政的资产业务,并同时使财政存款相应增加。财政存款是要支用的,其支付方式不外是向应取得款项者签发支票或类似的支付命令;取得财政付款凭证的单位或个人则委托自己的开户行收款。于是在中央银行的财政存款减少,商业银行的准备存款相应增加最终使基础货币增加。也就是说,中央银行对财政的资产业务成为商业银行存款准备金增加的来源,并最终影响着基础货币的增减变化。

③贴现及放款对基础货币决定的影响。中央银行对基础货币的影响,其主要形式是票据再贴现和放款。在再贴现业务中,中央银行增加了其资产负债表中以票据形式持有的资产,同时相应增加了其负债—商业银行在中央银行的准备存款,从而使基础货币等额增加。若中央银行收回贷款或减少对商业银行的票据再贴现,则会导致基础货币相应缩减。

2. 货币乘数

(1) 货币乘数的概念

货币乘数是货币供给量相对于基础货币的倍数。货币供给之所以数倍于基础货币,是由于商业银行信用扩张或派生存款的缘故。

(2) 货币乘数的决定因素

前面,我们已经讨论了商业银行存款创造的过程,并给出了存款创造的倍数,即 $1/r$,但是,商业银行存款创造的过程,除了要受法定准备率高低的制约,还要受到其他因素的影响。

①法定存款准备率。现代银行体系普遍实行部分准备制,即各家商业银行均需按一定比率将其存款的一部分转存于中央银行,目的就在于限制商业银行创造存款的能力。存款准备率越高,商业银行创造存款的能力越小;存款准备率越低,商业银行创造存款的能力越大。如前所述,如果舍掉其他影响存款创造倍数的因素,设 m 为银行体系存款派生倍数,则 $m=1/r$。可见,整个商业银行创造存款货币的数量会受法定存款准备率的限制,其倍数同存款准备率呈现一种倒数关系。

②现金漏损率(c)。在存款扩大过程中,有些得到支票的人很可能不把这些款项存入银行,而是通过提现将之存放于银行体系之外,出现所谓的现金漏损。现金漏损的出现使银行可用于

放款的资金减少,因而削弱了银行创造存款的能力。由于社会经济中现金的数量同存款的数量之间在一定时期大致存在某种比率关系,我们可用这种比率来表示现金在存款派生过程中的漏损率,这种现金漏损对于银行扩张信用的限制与法定存款准备率具有同等的影响,因而把现金漏损问题考虑进去后,银行体系创造存款的派生倍数公式应修正为:

$$m=1/(r+c)$$

③超额准备率(e)。为了安全和应付存款的变现和机动放款的需要,银行实际保留的准备金总是大于法定准备金,超出的部分称为超额准备金。银行的超额准备金同存款总额的比称为超额准备率(e)。

在银行体系中,超额准备率的变化对于信用的伸缩影响,同法定准备率及现金漏损率具有同等作用。如果超额准备率高,则银行信用扩张的能力缩小;如超额准备率低,则银行信用扩张倍数提高。因此,当我们再把超额准备金的因素考虑进去后,银行体系创造存款的派生倍数应为:

$$m=1/(r+c+e)$$

④定期存款准备金。银行吸收的存款按其与银行的契约关系可分为活期存款和定期存款。以上的分析都未作此划分,而当对活期存款和定期存款规定不同的准备率时,会对存款派生倍数产生影响。定期存款(D_t)同活期存款总额(D)之间也会保有一定的比例关系,记作t,活期存款、定期存款的法定准备率分别记作r_d和r_t,由于按$r_t \cdot t$所提存的准备金是用于支持定期存款所需要的,尽管它仍保留在银行手中,包括在实有准备金之中,但它却不能用去支持活期存款(D)的进一步创造,故这部分$r_t \cdot t$对存款的派生倍数m的影响,便可视同法定准备率的进一步提高,即:

$$m=1/(r+c+e+r_t \cdot t)$$

9.3 货币供求均衡

9.3.1 货币供求均衡的含义

货币供求均衡简称货币均衡,它是指货币供给与货币需求的一种对比关系,是从供求的总体上研究货币运行状态变动的规律。货币供求均衡的含义包括以下几点。

1. 货币供求均衡是货币供给与货币需求的大体一致

货币供求均衡是货币供需作用的一种状态,是货币供给与货币需求的大体一致,而非数量上的完全相等;货币供需完全相等只是一种偶然的现象。若以M_d表示货币需求,以M_s表示货币供给,则货币供求均衡可以表示为:

$$M_d = M_s$$

2. 货币供求均衡是一种动态过程

它并不要求在某一具体时间上货币供给与货币需求的完全相等,它允许短期内货币供需间的可接受的不一致状态，但在长期内是大体一致的。

3．在现代经济运行中，货币供求均衡在一定程度上反映了国民经济的总体均衡状况

货币不仅仅是现代经济中商品交易的媒介，而且其本身还是国民经济发展的内在要求；货币供需的相互作用制约并反映了国民经济运行的全过程，并且将国民经济运行与货币供需的相互作用有机地联系在一起。在所分析的时期内，国民经济的运行状况势必要通过货币供求均衡与否的状况反映出来。

9.3.2 货币供求均衡与社会总供求均衡

1．社会总供求的含义

社会总供求是社会总供给和社会总需求的合称。社会总需求是指一定时期内，一国的社会各方面实际占用或使用的全部产品之和。由于在商品经济条件下，一切需求都表现为有货币支付能力的购买需求，所以社会总需求也就是一定时期社会的全部购买支出。社会总供给是指在一定时期内，一国生产部门按一定价格提供给市场的全部产品和劳务的价值之和，以及在市场上出售的其他金融资产总量。由于这些商品都是在市场上实现其价值的，因此，社会总供给也就是一定时期内社会的全部收入或总收入。

2．货币供给量与社会总需求

在现代商品经济条件下，任何需求都表现为有货币支付的需求。如果没有货币的支付，没有实际的购买，社会基本的消费需求和投资需求就不能实现。因此，在一定时期内，社会的货币收支流量就构成了当期的社会总需求。货币供给量形成有支付能力的购买总额，从而影响社会总需求；调节货币供给量的规模就能影响社会总需求的扩张水平。因此，货币供给量是否合理决定着社会总需求是否合理，从而决定着社会总供求能否达到均衡。

3．社会总供给决定货币需求

因为任何商品（包括劳务）都需要用货币来度量其价值并通过与货币的交换实现其价值，商品市场上的商品供给由此决定了一定时期货币市场上的货币需求，有多大规模的商品供给，便有多大规模与此相对应的货币需求。

9.3.3 货币供求失衡及其调节措施

1．货币供求失衡

在现实经济生活中，绝对货币供求均衡是不常见的，货币供求失衡反而是一种常见的经济现象，当货币供给量与客观经济对货币的需求不一致时，就出现了货币失衡现象。货币失衡有三种情况：货币过多、货币供给不足以及结构性货币失衡。

（1）货币供给过多

即货币供给量大于货币需求量的经济状态，一般表现为物价上涨和强迫储蓄。假设货币市场原本处于均衡状态，若货币供给量超出了经济运行对货币的客观需要，则均衡会被打破。

（2）货币不足

即货币供给不足以满足客观经济运行对货币的需求，其表现是在生产过程中出现过多的存货或其他的资源闲置。

（3）货币供求的结构性失衡

以上两种货币失衡状况是货币供求总量上的失衡，这里的货币供求结构性失衡是指在货币供给与需求总量大体一致的条件下，货币供给结构和与之相对应的货币需求结构不相适应。这种结构性货币失衡往往变形为短缺与滞胀同时存在，经济运行中的部分商品和生产要素供过于求，另一部分商品和生产要素又求大于供。

2．货币供求失衡的调节措施

（1）供应型调节

供应型调节是指在货币供求失衡时，从压缩货币供给量入手，使之适应货币需要量。这包括以下几个层次的措施。

①从中央银行方面来看，一是在金融市场上卖出有价证券，直接回笼货币；二是提高法定存款准备率收缩商业银行的贷款扩张能力；三是减少基础货币供给量，包括减少给商业银行的贷款指标，收回已贷出的款项等措施。

②从商业银行方面来看，一是停止对客户发放新贷款；二是到期的贷款不再展期，坚决收回；三是提前收回部分贷款。

③从财政方面来看，一是减少对有关部门的拨款；二是增发政府债券，直接减少社会各单位和个人手中持有的货币量。

④从税收方面来看，一是增设税种；二是降低征税基数；三是提高税率；四是加强纳税管理。

（2）需求型调节

需求型调节是指在货币供求失衡时，从增加货币需要量入手，使之适应既定的货币供给量。由于货币需要量主要还是一个独立于银行之外的内生变量，因此，对货币需要量的调节措施更多地在银行之外推行。主要包括以下几条措施。

①财政部门拿资金，国家物资部门动用物资后备，商业部门动用商品储备，以此增加商品供应量（这是增加货币需要量的同义语）。

②银行运用黄金储备和外汇储备，外贸部门组织国内急需的生产资料的进口，以此扩大国内市场上的商品供应量。

③国家物价管理部门（受命于国务院）提高商品价格，通过增加货币需要量来吸收过度的货币供给量。例如，零售商品价格的提高就可以很快地收到这种效应，因为商业部门的商品零售额吸收了居民可支配收入的极大部分。因此，任何时候提高商品零售价格都是增加货币需要量，吸收过剩购买力的强有力的手段。

（3）混合型调节

混合型调节，是指面对货币供给量大于货币需要量的失衡局面，不是单纯地压缩货币供给量，也不是单纯地增大货币需要量，而是双管齐下，既搞供应型调节，也搞需求型调节，以求达到尽快收到货币均衡而又不会给经济带来太大波动之效。反之，在货币供给量小于货币需求量的货币供需失衡状态时，中央银行在增加货币供给量的同时，压缩相应的货币需求量，以尽快而有效地实现货币供需的均衡。

（4）逆向型调节

逆向型调整是当出现货币供给量大于货币需求量的货币供需失衡状态时，中央银行并不是通过压缩货币供给量，而是通过增加货币供给量的途径来促进货币供需全面均衡。其具体内容是：若货币供给量大于货币需求量，同时现实经济运行中又存在着尚未充分利用的生产要素，而且也存在着某些供不应求的短缺产品时，社会经济运行对此需求量很大，而可供能力又相对有限，那么可以通过对这类产业追加投资和发放贷款，以促进供给的增加，并以此来消化过多的货币供给，达到货币供需由失衡到均衡的调节。

9.4 通货膨胀与通货紧缩

9.4.1 通货膨胀的定义、衡量及成因

1. 通货膨胀的定义

通货膨胀这一经济现象虽然存在的历史比较长，但迄今为止，国际国内经济学界对于通货膨胀的定义并没有取得一致的看法。通过对当前经济学家对通货膨胀的定义的比较中，我们得出，尽管大家在表述通货膨胀的定义时侧重点各自不同，但在给出的通货膨胀的定义中都包括以下几方面的内容。

（1）货币的发行量超过了商品流通中的实际需要量。这一般存在于纸币制度中。

（2）货币的超发必然会导致货币的贬值，或货币购买力下降。在自由市场经济中货币的超发表现为物价上涨。

（3）这里的"物价上涨"是指一般物价水平普遍、持续地上升。少数商品价格上涨及物价水平起伏波动或间歇性上涨，一般不视为通货膨胀。

由此，我们把通货膨胀定义为：在纸币流通的条件下，纸币发行量超过流通中的实际需要量所引起的物价持续上涨和货币贬值的经济现象。

2. 通货膨胀的衡量

衡量通货膨胀的常用指标是物价指数。物价指数是表明某些商品的价格从一个时期到下一时期变动程度的指数。

（1）消费价格指数（Consumer Price Index，CPI）

消费价格指数是一种用来测量一定时期城乡居民所购买的生活消费品和服务项目价格变化程度的指标。其优点在于消费品的价格变化能及时反映消费品供给与需求的对比关系，与普通家庭的日常生活有直接联系，因而在许多国家备受关注，在分析通货膨胀效应方面有其他指标难以比拟的优点。但是，该指标所统计的社会产品和劳务的范围不够全面，不能全面说明物价的上涨情况。

（2）生产价格指数（Producer Price Index，PPI）

生产价格指数是衡量生产原材料和中间投入品等价格平均水平的价格指数。由于 PPI 被设

计用来反映生产过程早期阶段的价格变动情况,使得 PPI 成为表示一般价格水平变化或 CPI 变化的一个信号,受政策制定者的密切关注。

(3)批发物价指数(Wholesale Price Index,WPI)

批发物价指数是反映批发市场上多种商品价格平均变化程度的经济指标。它包括生产资料和消费品在内的全部商品批发价格,但劳务价格一般不包括在内。其优点在于该指数对商业周期反应敏感,能灵敏反映生产资料价格变动和企业生产成本的变动,缺点是不反映劳务价格的变动,而且它只计算生产环节和批发环节上的价格变动,不包括商品最终销售的价格变动,所以其波动幅度常常小于零售商品价格的波动幅度。

(4)GDP 平减指数(GDP deflator)

GDP 平减指数是衡量一国经济在不同时期内所生产和提供的最终产品与劳务的价格总水平变化程度的经济指标,是按当年价格计算的国内生产总值与按基期价格计算的国内生产总值的比率。该指标的优点在于覆盖范围全面,能度量各种商品价格变动对价格总水平的影响。缺点是资料的收集比较困难,公布次数少,不能迅速地反映通货膨胀的程度和趋势。

3.通货膨胀的成因

通货膨胀的直接原因是货币供应量超过了客观的需要量,但对于货币供应量超过客观需要量的原因,一直存在着不同的见解。在这里,向大家介绍一些有关通货膨胀成因的主要观点。

(1)需求拉动学说

这种学说是解释通货膨胀成因的早期的学说,认为由于流通中的货币都是有支付能力的有效需求,在经济发展过程中社会总需求大于总供给,就意味着较多的货币追逐相对较少的商品,需求过多拉动一般物价水平持续上升,诱发通货膨胀。至于社会总需求大于商品和劳务总供给的部分(即膨胀性缺口),并不是任何货币量的增加都能够引起的,而是由于经济达到充分就业和生产能力已被充分利用时,货币数量的增加才会引发通货膨胀。在经济尚未达到充分就业和生产能力尚未被充分利用时,由货币数量增加而导致的总需求增加,只会促使就业增加和产量增加,当生产资源和要素已接近充分就业,或达到充分就业时,商品供给和劳务供给的增加受到了限制,或没有能随有效需求的增长而相应地增长。也就是说,社会总需求超出了由劳动力、资本及资源所构成的生产能力界限时,总供给无法增加,这就形成了总需求大于总供给的膨胀性缺口。只要存在这一缺口,物价就必然上涨,导致通货膨胀的发生。

(2)成本推进学说

这种学说是从供给方面寻找通货膨胀的成因,认为通货膨胀的根源在于产品成本的提高,因而推动着物价上涨。成本提高的主要原因是存在着强大的、对市场价格具有操纵力量的压力团体(如工会、垄断大公司等)。根据成本各组成部分在刺激物价上涨过程中的作用,具体分类如下:

①工资成本推动。它是指由于工人工资的增加超过了劳动生产率的提高而引起产品成本增加,雇主通过提高产品价格的方法以保持利润水平,导致物价普遍上涨。而在物价上涨后,工人的实际工资下降,就会又要求提高工资,再度引起物价上涨,形成工资-物价的"螺旋上升"。

②间接成本推进。企业为加强竞争,占领市场,必须增加技术改进、广告费等间接成本支出,这种增加的间接成本费用会转嫁到商品价格上,从而引起物价上涨。

③垄断价格推动。垄断企业为了获得垄断利润，人为地提高商品价格，从而带动其他商品价格的提高，引起物价普遍上涨。

④进口成本推动。在开放经济条件下，一国由于进口产品价格上升，会使以进口产品为原料的企业产品成本增加，从而导致国内商品价格的提高。

（3）供求混合推动学说

供求混合推进通货膨胀的论点是将供求两个方面的因素综合起来，认为通货膨胀是由需求拉上和成本推进共同起作用而引发的。这种观点认为，在现实经济社会中，通货膨胀的原因究竟是需求拉上还是成本推进很难分清，既有来自需求方面的因素，又有来自供给方面的因素，即所谓"拉中有推、推中有拉"。例如，通货膨胀可能从过度需求开始，但由于需求过度所引起的物价上涨会促使工会要求提高工资，因而转化为成本（工资）推进的因素。另一方面，通货膨胀也可能从成本方面开始，如迫于工会的压力而提高工资等。但如果不存在需求和货币收入的增加，这种通货膨胀过程是不可能持续下去的。因为工资上升会使失业增加或产量减少，结果将会使成本推进的通货膨胀过程终止。可见，成本推进只有加上需求拉上才有可能产生一个持续性的通货膨胀。现实经济中，这样的论点也得到论证：当非充分就业均衡严重存在时，则往往会引出政府的需求扩张政策，以期缓解矛盾。这样，成本推进与需求拉上并存的供求混合推进型的通货膨胀就会成为经济生活的现实。

（4）结构学说

需求拉上学说和成本推进学说是从需求和供给方面不平衡着眼的。然而，即使在整个经济中总需求和总供给处于平衡状态，由于经济结构方面因素的变化，一般物价水平的上涨也会发生。针对这种情况，结构学说应运而生。结构学说认为，当社会总供求处于均衡状态时，由于结构失衡的因素导致一般物价水平的持续上涨。当一国需求结构发生较大变化，供给结构不能相应改变（供给缺乏弹性）时，由于"价格刚性""攀比效应"的存在，这样就会出现在总需求没有过度膨胀的情况下，物价水平仍然上涨的现象。此外，一国国民经济部门发展得不平衡也会引发通货膨胀。

9.4.2 通货膨胀对经济的影响

1．通货膨胀破坏生产发展

表面上看，通货膨胀可以刺激生产的暂时扩大，带来虚假的繁荣，但从根本上说，通货膨胀对生产起破坏作用。首先，通货膨胀使企业的各项专用基金贬值，从而使企业的设备更新和技术改造难以进行。其次，在通货膨胀下，由于原材料等初级产品的价格上涨往往快于产成品，从而会增加生产性投资的风险和经营成本，使投资不如投机、生产不如囤积的现象普遍出现。最后，通货膨胀解除了企业价格竞争和非价格竞争的压力，使企业既不必用降低成本的方式来赢得市场，也不必用提高产品质量和效用的各种措施来增强竞争力，显然极不利于企业的技术进步及生产效率和产品质量的提高。

2．通货膨胀扰乱流通秩序

首先，通货膨胀使市场价格信号失真，导致商品价格升降并不能真正反映商品供求关系的变化。失真的价格导向会使社会资源盲目流动和组合，从而引起社会资源的巨大浪费。其次，通货膨胀使商品需求发生变态。在通货膨胀时期，货币烫手，为了保值和防止物价进一步上升，人们都要尽快把手中的货币换成商品，而较少考虑这种商品对自己是否必需。这种需求变态和抢购行为使货币流通加快，商品供应更加短缺，进而又会进一步加剧通货膨胀。

3. 通货膨胀对分配具有破坏作用

通货膨胀使实际工资水平下降，使收入不公正地从买者手中向卖者手中转移，从而冲击着按劳分配原则。在物价持续上涨时期，为了防止广大工薪阶层的实际收入水平过于下降，进行阶段性的工资调整，但是，只要工资调整滞后于物价上涨，企业利润就会相应增加，那些从利润中分取收入的人能额外增加收益，从而加剧了社会分配不公。持续的物价上涨还将使广大退休阶层的毕生储蓄不断贬值，这不但破坏社会公正，还会诱发社会道德危机。

4. 通货膨胀会引起货币信用危机

首先，通货膨胀会降低借款成本，从而诱发过度的资金需求，迫使金融机构不得不加强信贷配额管理，进而削弱了金融机构的运营效率。其次，正因为通货膨胀有利于债务人，有损于债权人，从而使正常的信用活动遭到破坏，使各种债券发行受阻，影响集资活动。最后，更严重的是，通货膨胀使货币符号的价值储藏职能丧失，价值尺度和价格标准混乱，一旦人们的货币幻觉消亡，必将使挤兑风盛行，有可能引起银行的破产和倒闭，甚至引发更大的政治经济危机。

◇ 阅读资料 9-1

钱不如纸的津巴布韦重启本国货币，十年来靠美元流通

1983 年，津巴布韦币与英镑的汇率为 1:1，当时只需要 0.678 津元就能兑换 1 美元。

然而 21 世纪起，津巴布韦遭遇恶性通货膨胀。2008 年，津巴布韦发行了全球迄今为止面值最大的纸钞，一张钞票面额高达 100 万亿。而这 100 万亿元的货币，甚至都买不到一块面包。当地百姓瞬间都成了"兆亿富翁"，去集市买菜需要携带一拖车的货币。

按国际惯例，国家年度通胀率超过 6%，意味着该国物价不稳定。2008 年，津巴布韦的通胀率达到了每天 98%。简而言之，百姓睡一觉的工夫，生活用品的价格就要翻一倍。全年津巴布韦物价上涨了约 50 亿倍。几年时间内，津巴布韦的货币贬值到几乎为 0，一张纸币的价值还不如一张纸。

津巴布韦在 2009 年经历恶性通货膨胀后弃用了本国货币津元，转为流通美元等外币。由于经济低迷和贸易收支恶化，外币在津巴布韦长期面临供应短缺。

为此，津巴布韦央行于 2016 年 11 月开始发行与美元等值的债券货币，以保持市场流动性。2018 年下半年以来，美元和债券货币的官方汇率与黑市汇率开始出现较大差距，导致物价大幅上涨。2019 年 2 月，津巴布韦央行开始通过市场手段调节美元与债券货币间的汇率，不再将两者官方汇率锁定在 1 比 1。

2019 年 6 月 24 日，津巴布韦政府签署法令，宣布不再允许美元等外币流通，规定法定货币为尚未发行的新津元，表示人们须前往银行兑换货币。这份由津巴布韦财政部长签署的法令显示，所有外国货币从 24 日起不再是合法流通货币，津巴布韦法定货币为尚未发行的新津元。在新津元发行前，债券货币是唯一的流通货币，且与新津元等值。法令显示，目前在津境内银

行开设的美元等外汇账户不受影响,可以继续取款、转账或向外国汇款。此外,向航空公司购买国际机票也可使用美元等外币支付。

(资料来源:http://txw.eastday.com/a/190626153959140-2.html 2019 年 6 月 26 日。)

9.4.3 通货膨胀的治理

1. 宏观紧缩政策

通货膨胀的一个重要成因在于总需求超过了总供给。因此,抑制社会总需求是治理通货膨胀的主要措施之一。抑制需求需要实行紧缩型政策,其主要内容包括紧缩型财政政策、紧缩型货币政策。

(1)紧缩性货币政策

主要是中央银行通过减少流通中货币量、提高市场利率水平等办法。减缓货币供应量的具体措施主要包括以下几个方面。

①减少中央银行基础货币的投放,包括通过公开市场业务出售政府债券,回笼货币,减少对商业银行的贴现贷款和其他贷款数量,减少对政府的透支,减少经济体系中的存量。

②降低货币乘数,包括提高法定存款准备金率等手段。

③控制实际利率,提高中央银行对商业银行的再贴现率,提高对商业银行的抵押贷款和信用贷款利率。

(2)紧缩性财政政策。主要是通过削减财政支出和增加税收的办法来治理。其措施主要有:减少国家基本建设和投资支出,限制公共事业投资,削减政府各部门的经费支出,减少社会福利支出等。

2. 收入紧缩政策

(1)工资管制

政府以法令或政策形式对社会各部门和企业工资的上涨采取强制性的限制措施,常用的办法有道义规劝和指导、协商解决、冻结工资、开征工资税等。

(2)利润管制

政府以强制手段对可获得暴利的企业利润率或利润额实行限制措施,常用的办法有管制利润率、对超额利润征收较高的所得税等。

3. 收入指数化政策

对货币性契约订立物价指数条款,使工资、利息、各种债券收益以及其他货币收入按照物价水平的变动进行调整。

4. 增加供给

造成通货膨胀的原因是社会的总需求大于总供给,治理通货膨胀,一方面要通过紧缩型政策减少总需求,另一方面要增加生产和总供给。而增加供给比较有效的方法是降低税率,提高生产者和劳动者的工作意愿和劳动生产率,增加企业投资,提高资金的运用效率,刺激经济增长和降低失业率,走出经济滞胀的困境。

5．对经济进行结构调整

对于机构性因素引起的通货膨胀，政府应注意合理调整经济结构，避免因某些产品、行业出现供求失衡而引起整个经济的物价上涨。特别要注意某些关键行业，如食品、能源、原材料等。

6．货币改革

对于恶性通货膨胀，根据实际情况必须进行货币改革。例如，政府发布命令，废除旧币，使用新币。

9.4.4 通货紧缩及其影响

1．通货紧缩的定义及特征

通货紧缩是与通货膨胀相对的一个经济范畴，是指一般物价水平的持续下跌，并且这种物价下跌是经济运行中出现的一种趋势和走向。

通货紧缩一般具有如下特征。

（1）商品和劳务价格持续下跌

这是通货紧缩最基本的特征。理解该特征需注意以下几个方面：一是强调以商品和劳务价格作为考察对象，以区别于股票、债券等金融商品的价格，即通货紧缩的研究范围限于实体经济；二是强调"一般价格水平下降"，不同于局部性的物价下跌和结构性的物价调整；三是强调"持续下跌"，即通货紧缩是一个持续的、长期的物价下跌过程，而不是物价偶然地、短暂地下跌，至于持续时间长短的界定，多数意见认为是持续半年以上时间。

（2）货币供应量相对下降

通常，货币供给量总是逐步增加的。通货紧缩的一个特征是货币供应量增幅呈下降趋势，即货币供应量的增长落后于经济增长。"相对下降"就是指货币供应量增长率低于经济增长率。

（3）货币流通速度趋缓

货币流通速度，从短期看，它是一个较稳定的量；但从长期看，它的变化又比较明显。当经济中出现通货紧缩时，货币流通速度就会趋缓，导致货币供应量的增加部分被一定程度地抵消，从而加剧通货紧缩。

（4）经济增长乏力

通货紧缩的存在会直接影响经济增长，使一国的 GDP 增幅下降。其具体症状有：消费需求疲软、投资意愿低迷、企业产品产销率下降、社会失业率上升等。总之，经济增长乏力。

2．通货紧缩对经济的影响

虽然绝非所有的通货紧缩都有可能诱发经济衰退，但是物价的普遍、持续下降对经济增长的威胁作用还是十分明显的，具体表现在以下几个方面。

（1）购买力减弱

一方面价格总水平的持续下降意味着货币购买力不断提高，消费者会推迟购买，以等待将来更低价格的出现，从而在储蓄增加的同时，个人消费相应减少，使社会总需求受到抑制。另一方面，由于需求抑制导致商业活动相应萎缩，进而影响就业增长，形成工资下降的压力等，经济会因此而陷入通货紧缩的螺旋之中，最终可能导致衰退或萧条。

(2) 通货紧缩使投资项目的吸引力下降

因为持续的物价下降意味着实际利率的上升，使投资成本变得昂贵；加之通货紧缩下社会总供给大于总需求的环境也使投资前景变得黯淡，企业、个人和国家投资的减少必将导致经济增长的下降，有可能形成经济衰退。

(3) 通货紧缩还可能引发银行业的危机

首先，通货紧缩使实际利率上升，从而增加了债务人的负担，债务人因经营困难不能按时还贷，导致银行不良资产的比率上升。其次，通货紧缩会降低资产抵押和担保的价值，银行被迫要求客户尽快偿还贷款，将会导致资产价格的进一步下跌、贷款者净资产的进一步减少，使破产的财富效应趋强。最后，如果预期通货紧缩还将持续，在任何名义利率下，借款者都会愿意借款；而如果预期资产和商品价格下降，则银行在任何名义利率下都会惜贷。这两方面的共同结果，将导致信贷供给和需求的萎缩。

(4) 通货紧缩对政策的影响

从政策制定者的角度看，与温和的通货膨胀相比，通货紧缩会给政策带来更大的潜在风险，因为通货紧缩严重地制约了货币政策的实施，货币政策会失去其灵活性。

9.4.5 通货紧缩的治理

1. 通过宽松的货币政策增加货币供给

货币供应过程及货币供给与货币需要的相互关系是通货紧缩形成的最直接原因之一，解决通货紧缩问题必须首先调整货币政策，实施积极的货币政策。积极的货币政策可以考虑：增加货币供应量，扩大中央银行基础货币投放，如财政部发放长期国债、增加对商业银行及其他金融机构的再贷款；下调法定存款准备金率，会有助于增加金融机构可运用的资金数量，以支持经济增长；下调利率水平，调整利率结构，同时应加快利率体制的改革；加速货币信贷主体的货币投放积极性和消除货币投放中的障碍。

由于货币政策对经济的变化具有一定的时滞性，因此，在治理通货紧缩时，应和财政政策配合使用，其治理效果会更加明显。

2. 实施积极的财政政策

增加政府支出。例如，政府通过增加基础设施的投资和技术改造投资，增加社会的总投资。也可以通过减少税收促进企业增加投资。此外，还可以增加政府的转移支付，通过增加居民的收入增加消费需求。在扩大财政支出的同时，还要优化财政支出结构，以增大财政支出的"乘数效应"。扩大财政支出，可以发挥财政支出在社会总支出中的作用，弥补个人消费需求不足造成的需求减缓，起到"稳定器"的作用。优化财政支出结构，使财政支出能最大化地带动企业或私人部分的投资，以增加社会总需求。

3. 实行积极的收入政策

增加低收入人群的补贴和救助，减少收入差距，从而启动消费。

4. 深化经济体制改革，优化供给结构

由于多年来在低水平重复建设下形成的过剩生产能力、无效供给形成的供给刚性，限制了供给本身创造需求的空间，因而优化供给要以市场为导向，敏锐地把握世界科技进步和加快国际经济结构重组加速的新趋势，淘汰落后产能。妥善处理解决技术进步、优化供给同劳动就业的矛盾，大力发展高新技术产业，同时，加快发展那些能够吸纳更多劳动力就业的第三产业、民间中小企业、劳动密集型技术以及以工代赈的城乡公共工程等。

5. 改进汇率机制

在固定汇率制度下，汇率是有一国政府根据其政策目标，综合考虑许多和其发展有关的因素后制定的，因此，固定汇率制度下的汇率并不能准确反映外汇市场的供求状况。而在浮动汇率制度下，汇率由外汇市场的供求关系决定。当本币汇率高估时，将会阻碍本国经济的发展并引起通货紧缩。因此，为了治理通货紧缩，一国应该实行真正以外汇市场供求为基础的浮动汇率制度，由外汇市场的供求关系确定汇率，真正确定本币的汇率，防止本币汇率高估而引起的通货紧缩。

◇ 阅读资料 9-2

日本的通货紧缩对其经济的影响

20 世纪 90 年代初，日本出现过度投资现象，致使生产能力过剩，同时股市开始下跌。1998 年，日本股市出现暴跌之后，大量资金不可避免地流向亚洲其他国家，包括韩国、印度尼西亚等国家。

1997 年上半年，日本政府采取提高税率等措施，增加财政收入，可是税赋达到 GDP 的 2.5%，致使日本经济衰退的迹象日益明显。后来，日本政府想采用财政支出一揽子计划来刺激经济增长。其结果是，日本的财政状况趋于恶化，总债务占 GDP 的比率达到 90%，赤字率（赤字占 GDP 的比率）达到 7%，可是经济状况并没有出现转机。至 1998 年，日本开始出现明显的通货紧缩迹象，日本银行的货币政策陷入"流动性陷阱"，利率达到历史最低水平，但物价指数仍然为负数，降低利率对于刺激物价上升的空间已经很小。与此同时，日本银行业不良贷款问题日益突出，银行资本金不足，流动性缺乏，因而出现银行不愿发放贷款的倾向，导致信贷紧缩。随着银行信贷标准的提高，社会总需求趋于降低，经济陷入严重衰退。在通货紧缩日趋严重的情况下，企业债务的实际负担有所加重，影响到企业的盈利水平。

直到 2002 年，日本的通货紧缩依然严重。统计数字显示，仅在 2002 年 1 月，日本全国的消费价格指数比上年同期下降 1.4%，2 月东京的物价水平下跌 1.7%，这是持续 30 个月出现下跌。近一段时期以来，日本公司的破产数量大增，使得失业率更高，其消费水平却在不断下降之中。另据统计，日本于 2002 年第二季度达到 2.6% 的经济增长率，然而，从该国零售额萎缩 4.8% 和平均薪资减少 5.6% 的数字来看，日本经济仍然没有摆脱通货紧缩的迹象。

2014 年，为了刺激经济增长，提振不断下滑的物价，日本推出了最激进的货币政策之一：每年购买价值 80 万亿日元的资产。

然而，人们对于"日本央行是否能够在全球需求疲软以及能源价格不断下滑之际促进通货膨胀率增长"仍抱怀疑态度。

（资料来源：根据相关资料整理。）

本章小结

1. 货币需求是指在一定时期内,社会各阶层(个人、企业单位、政府)愿以货币形式持有资产的需要,或社会各阶层对执行流通手段、支付手段和价值储藏手段的货币的需求。货币需求有主观的货币需求与客观的货币需求、微观货币需求与宏观货币需求、名义货币需求与真实货币需求。

2. 对于货币需求的数量,马克思、费雪、剑桥学派、凯恩斯、弗里德曼等经济学家从不同的角度出发给出了不同的货币需求函数。

3. 现代经济条件下的货币供给是由两个层次构成的货币供给形成系统:第一个层次是商业银行创造存款货币;另一层次是享有"特权"的中央银行提供基础货币和对货币供给的宏观调控。

4. 货币供求均衡简称货币均衡,是指货币供给与货币需求的一种对比关系,是从供求的总体上研究货币运行状态变动的规律。在一定时期内,社会的货币收支流量就构成了当期的社会总需求。而有多大规模的商品供给便有多大规模与此相对应的货币需求。通货膨胀可以刺激生产的暂时扩大,带来虚假的繁荣,但从根本上说,通货膨胀对生产起破坏作用。而虽然绝非所有的通货紧缩都有可能诱发经济衰退,但是,物价的普遍、持续下降对经济增长有明显的威胁作用。

【案例讨论】

1978—2013年中国的通货膨胀

1978—2013年,我国经济快速发展,同时也经历了七次较大的经济波动。其中有五次是通货膨胀,这五次分别发生在1980年、1985年、1987—1989年、1993—1995年、2007—2008年。通货膨胀对我国的经济和社会产生了不同程度的负面影响。

1. 1980年的通货膨胀

我国改革开放初期,党的工作重心刚转移到社会主义现代化建设上,宏观上经济增长速度快、投资规模大、财政支出增加导致出现了较严重的财政赤字,盲目扩大进口导致外贸赤字。为了弥补赤字,央行大量增发货币。1980年全国物价水平上涨。后来我国实施了压缩基本建设投资、收缩银根、控制物价等一系列措施,通货膨胀得到抑制。

2. 1985年的通货膨胀

在1985年发生的通货膨胀体现为固定资产投资规模过大引起社会总需求过旺,工资性收入增长超过劳动生产率提高引起成本上升导致成本推动,伴随着我国基建规模、社会消费总需求和货币信贷投放规模的急剧扩张,我国经济出现过热现象,经济秩序混乱,结构失衡,通货膨胀加剧。为了抑制高通胀,国家出台了一系列宏观调控措施,控制固定资产投资规模,加强物价管理,严格信贷投放。这些措施对经济调控起到了一定的效果。

3. 1987—1989年的通货膨胀

1987—1988年,我国经济快速扩张,这一时期的物价指数也在前一期经济增长的带动下开始不断上升,1988年的物价指数创造了新中国成立40年以来上涨的最高纪录。物价的上涨引发了商品的抢购风潮,银行也开始发生挤兑储蓄存款的现象,我国整体经济形势严峻。在冲击面前,政府决定进行全面整顿,严格控制社会固定资产投资规模。随着我国宏观经济的紧缩,市场上的产品销量下降,治理通货膨胀虽然取得了一定的效果,但市场疲软,经济的增长受到严重的阻碍,国民经济发生了"硬着陆"。

4. 1993—1995 年的通货膨胀

1993 年,我国经济发展开始冲向新一轮的高峰。基础建设投资快速增长,社会总需求大幅度扩张,货币大量增发,信用扩张更加严重。有人形象地把当时的经济现象总结为"四热"(房地产热、开发区热、集资热、股票热)、"四高"(高投资膨胀、高工业增长、高货币发行和信贷投放、高物价上涨)、"四紧"(交通运输紧张、能源紧张、重要原材料紧张、资金紧张)和"一乱"(经济秩序特别是金融秩序混乱)。我国对此次通货膨胀的治理取得了较好的效果,1996 年实现了经济的"软着陆",既控制了物价水平的继续上涨,大幅度压缩了通货膨胀,又保证了国民经济的快速增长。

5. 2007—2008 年的通货膨胀

自 2007 年下半年开始,我国的居民消费价格指数(CPI)就一直居高不下,通货膨胀压力逐步增长,经济开始进入"高增长、高通胀"的时期。2007 年底,中央经济工作会议提出宏观调控的重点是"双防",即防止经济增长由偏快转为过热,防止物价结构性上涨转变为明显的通货膨胀。高物价仍然给经济正常运行带来较大压力,中国人民银行频繁提高利息和存款准备金率。在各方面因素的作用下,CPI 开始下滑,该次通货膨胀形成了一个先上升达到高峰,然后再连续下降的过程。

[资料来源:高鸿业. 西方经济学(宏观部分)[M]. 北京:中国人民大学出版社,2018.]

【课堂讨论题】

中国人民银行应把哪个层次的货币供给量作为调控的重点,我国都采取了哪些治理通货膨胀的措施?

复习思考题

1. 什么是货币需求和货币需求函数?
2. 试述马克思的货币需求理论。
3. 试述费雪方程式与剑桥方程式的不同。
4. 试述凯恩斯的货币需求理论。
5. 试述弗里德曼的货币需求函数。
6. 试述存款货币的创造过程。
7. 试述中央银行对货币供给的影响。
8. 货币供求与社会总供求之间有什么联系?
9. 如何从货币失衡到货币均衡?
10. 什么是通货膨胀?通货膨胀包括哪几个要素?
11. 试述通货膨胀与通货紧缩分别对经济的影响。

本章练习题

第 10 章　金融监管与金融创新

【学习目标】

通过本章的学习，了解金融业监管的概念和特征、金融监管模式的比较与选择，熟悉我国银行业监管、保险业监管、证券业监管的主要内容，弄清中国银保监会与中国证监会的监管职能，在此基础上充分认识金融业监管对于经济发展和金融业稳健经营所起到的重要作用。了解金融创新的概念，明确金融创新的原因和金融创新内容，掌握金融创新对金融业和金融体系的影响，在此基础上，掌握我国金融创新的内容以及今后继续创新与改革的必要性和方向性。

【本章引例】

守住风险前提下加速金融机构改革

目前，我国有银行业金融机构 4000 多家，其中 99% 是中小银行。它们扎根基层，天生具有普惠性质。但个别中小银行盲目扩张、偏离主业、股东结构复杂等问题突出，如何化解风险引发普遍关注。

2020 年 5 月，国务院金融委办公室宣布 11 条金融改革措施，出台了《中小银行深化改革和补充资本工作方案》。通过一系列政策举措，越来越多的中小银行已找准定位，回归"支农支小"本源，依据自身优势深耕地方，迎来发展新天地。

推进中小银行深化改革是我国金融机构改革的重要一步。据中国人民银行相关人士介绍，"十三五"期间，国有大型商业银行加快战略转型，开发性、政策性金融机构深化改革方案得到积极落实，中小银行稳健经营能力进一步提升，民营银行实现常态化设立和稳妥有序发展……多层次、广覆盖、有差异的银行体系已初步形成。

近年来，在金融改革举措的引导下，金融业普遍注重创新发展，不断丰富金融产品和市场层次，这也要求建立健全与各项创新相匹配的风险管控能力。

"金融创新"和"金融监管"双轮驱动，正共同推动着我国金融体制改革加速前进。"十三五"期间，金融部门不断优化金融监管体系，构建现代金融监管新框架，完善问题金融机构市场化处置和退出机制，守住不发生系统性金融风险的底线。

在"十三五"规划收官之际，防范化解重大金融风险攻坚战取得阶段性成果：宏观杠杆率过快上升势头得到遏制，影子银行无序发展得到有效治理，高风险中小金融机构处置取得阶段性成果，互联网金融和非法集资等涉众金融风险得到了全面治理。

问题：金融创新与金融监管是什么关系？

（资料来源：http://www.xinhuanet.com/2020-10/06/c_1126578253.htm 2020 年 10 月 6 日。）

10.1 金融监管概述

思政目标

10.1.1 金融监管的概念及特征

1. 金融监管的概念

所谓金融监管,是指一个国家(地区)的中央银行或者其他金融监督管理当局依据国家法律法规的授权对金融业实施的监督管理。

在我国,金融业主要包括银行业、证券业、保险业,其中银行业占据着最主要的地位。在中国证券监督管理委员会(以下简称中国证监会)和中国保险监督管理委员会(以下简称中国保监会)成立之前,由中国人民银行对金融业实施统一监督管理。为适应分业经营、分业管理体制的需要,1992年、1998年,国务院相继成立了中国证监会和中国保监会,分别对证券业和保险业实施监督管理。至此,由中国人民银行行使对除证券业和保险业以外的金融业的监督管理,当然主要是对银行业的监管。

适应货币职能与银行监管职能的发展趋势,完善我国金融监管体系,建立更有效的监管机制,以进一步加强金融监管,确保金融机构安全、稳健、高效运行,提高防范和化解金融风险的能力,根据十届全国人大一次会议审议通过的《关于国务院机构改革方案的决定》国务院决定设立中国银行业监督管理委员会,由它统一监管银行、金融资产管理公司、信托投资公司及其他存款类金融机构。中国人民银行不再履行对上述这些金融机构的监管职责,其职能主要是制定和执行货币政策,不断完善有关金融机构的运行规则,更好地发挥其作为中央银行宏观调控和防范与化解金融风险的作用。

国务院于2004年2月1日施行了《中华人民共和国银行业监督管理法》。《中华人民共和国银行业监督管理法》的颁布与施行,明确了中国银监会对银行业金融机构的监管职责,强化了监管手段。为了深化金融监管体制改革,解决现行体制存在的监管职责不清晰、交叉监管和监管空白等问题,2018年3月,中国银行业监督管理委员会和中国保险监督管理委员会进行职责整合,组建了中国银行保险监督管理委员会,作为国务院直属事业单位。

2. 金融监管的特征

(1) 实施金融监管的机关是一国政府体制的重要组成部分

金融监管权的行使是国家行政权在金融领域的运用与实施,具有强制性质,其监管权的取得需经国家依法授权,如全国人大常委会授权银保监会对银行业金融机构的监管职责。

(2) 金融监管的实施对象是金融机构和金融活动

我国现有的金融机构可分为银行和非银行金融机构两大类,前者包括政策性银行、商业银行(含外资商业银行、中外合资商业银行、外国商业银行分行、城市合作银行等)、城乡信用社等;后者包括信托投资公司、证券公司、企业财务公司、投资银行、投资基金管理公司、金融租赁公司、投资顾问公司、证券交易所和交易中心、保险公司等。

（3）金融监管的基本方法是制定、执行相应的法规条例

金融监管的基本方法是针对金融机构的具体行为制定相应的法规条例，并据以对金融机构实行常规的检查监督、定期或不定期的现场检查，以及对出现问题的金融机构进行稽核处罚。

（4）金融监管的目的是控制金融业风险，维护金融体系的安全、稳健、高效运行

金融监管的目的是控制金融业的整体风险，限制金融业的过度竞争，维护公平竞争，保护存款人、投资者和社会公众的利益，维护金融业安全、稳健、高效运行，促进国民经济可持续发展。

10.1.2 金融监管的目标

金融监管所要达到的目标不应是单一的，而应是多层次的、有机组成的体系。该体系由下列要素目标所组成。

1．维护金融体系的安全与稳定

现代金融业作为国民经济的神经中枢客观上需要金融体系相对稳定，一旦有一家金融机构因经营管理不善或因竞争失败而倒闭，必然引起不良的连锁反应，导致整个金融业的恐慌，进而危及整个国民经济的健康发展。20世纪30年代的金融恐慌即为例证。因此，金融监管者必须采取有效措施，促使金融机构依法稳健经营，降低和防范风险，防止金融机构的倒闭。可见，维护金融体系的安全与稳定，是金融业健康发展的重要标志，也是金融监管的重要目标。

2．保护存款人和其他社会公众的利益

银行存款人和保险单持有人是金融业的服务对象，相对于金融机构而言，它们在信息取得、资金规模、经济地位等各方面居于弱者地位，金融监管机关对这些社会弱者的利益提供保护。对金融业社会弱者利益的特殊保护，已日益成为世界各国金融立法关注的重点。

3．促进金融体系公平、有效竞争，提高金融体系的效率

金融监管并非是压制和阻碍金融业的发展，而是要在确保安全与稳定的基础上促进金融体系的公平、有效竞争。金融监管机关一方面要依法为金融机构提供公平竞争的环境，确保其平等的法律地位和均等的市场机会；另一方面也要采取一些提高效率的管制措施，提高金融体系的效率。这意味着金融监管措施的选择要更多地发挥市场机制的作用，降低金融交易成本；也意味着金融监管机关要提高自己的监管水平，完善监管体制，实施有效的和最低成本的监管。

10.1.3 金融监管体制

1．金融监管体制的概念

金融业监管体制是指为实现特定的社会经济目标而对金融活动施加影响的一整套机制和组织机构的总和。

金融监管体制的构成要素：一是体制参与者，即由谁监管和对谁监管，核心是金融监管机

关的设置、职责职权的依法定位；二是如何监管，即为实现金融监管目标而采用的各种方式、方法和手段，体制的各种参与者按照一定方式有规律地相互作用，以完成特定的目的。

2. 金融监管体制的模式

由于各国各地区金融制度形成的历史、政治、法律、民族文化传统及经济金融发展水平不同，以及金融监管理论和方法上的差异，因而监管体制也各具特色。目前世界上存在着以下几种金融业监管模式。

（1）双线多头金融业监管模式

双线多头金融业监管模式又称多元制金融监管模式，是指由众多的金融管理机构共同代表政府对金融业进行多层次管理的一种模式。在西方发达国家中，金融监管大多采用多元制模式，以美国最为典型。在美国，主要金融监管机构有联邦储备系统、货币监理局、联邦存款保险公司、证券交易委员会、联邦住房放款银行委员会、联邦储备贷款保险公司、国民信贷监管局及各州的金融管理机构。

（2）一元金融业监管模式

一元金融业监管模式又称单一制，指由中央银行一家为主来监管的体制。实行高度集中单一型管理体制的国家都采用一元金融业监管模式，主要有英国、荷兰、瑞士以及大多数发展中的社会主义国家。

◇ **阅读资料 10-1**

英国金融监管概况

英格兰银行（Bank of England）为历史最悠久的中央银行。根据英格兰银行法，其经营目标为：维护金融体系健全发展，提升金融服务有效性，维持币值稳定。就首要目标而言，最终为强化保障存款户与投资者权益，这与金融机构业务经营良莠密切相关。依据1987年银行法规定，金融监管业务系由英格兰银行辖下的银行监管局掌管。随金融市场的进步与发展，银行与金融中介机构的传统分界线日趋模糊。因此，前英国首相布莱尔于1997年5月20日宣布，英国金融监管体系改制，将资金供需与支付清算系统中居枢纽地位的银行体系，及隶属证券投资委员会的各类金融机构，业务整合成立单一监管机构，即金融服务总署（Financial Services Authority，简称FSA）。

FSA有下列九个业务监管机构：建筑融资互助社委员会、互助社委员会、贸易与工业部保险业委员会、投资管理监管组织、个人投资局（主管零售投资业务）、互助社设立登记局（主管信用机构监管）、证券期货管理局（主管证券及衍生性信用商品业务）、证券投资委员会（主管投资业务，包括票据清算与交换），以及英格兰银行监管局（主管银行监管，包括批发货币市场）等。法律赋予FSA权力如下：对银行、建筑互助社、投资公司、保险公司与互助社的授权与审慎监管；对金融市场与清算支付系统的监管；解决对影响公司企业、市场及清算支付系统的问题，在某些特殊状况下，如英格兰银行未能贯彻其利率政策，且影响危及经济体系稳定性时，FSA将与英格兰银行协商合作。

FSA掌管所有金融组织，目的在于提升监管效率，保障消费者权益，并改善受监管单位的金融服务。受FSA监管的金融产业，对英国经济的的发展具有重要作用，金融服务占国内生产总额的70%，约占FTSE 100总值的30%，近100万人服务于金融产业，相当于5%的英国劳动人口。大部分成年人均为金融产业的消费者，80%拥有银行或建筑互助社的账户，约70%购买人寿保险或养老金，超过1/4的成年人投资股票或单位信托。

（资料来源：根据相关资料整理所得。）

10.2 银行业监管

10.2.1 银行业监管的主要内容

银行业监管的内容主要包括市场准入监管、市场运营监管和市场退出监管。

1. 市场准入监管

市场准入监管是指银行监管机构根据法律法规，对银行机构市场准入，银行业务范围和银行从业人员素质实施管制的一种行为。银行监管机构对要求设立的新银行机构，主要是对其存在的必要性及其生存能力两个方面进行审查。具体要求：银行必须有符合法律规定的章程，有符合规定的最低额注册资本，有具备任职专业知识和业务工作经验的高级管理人员，有健全的组织机构和管理制度，有符合要求的营业场所、安全防范措施和与业务有关的其他设施等。市场准入监管应当全面涵盖以下几个环节。

（1）审批注册机构

进入银行业的机构或组织必须按照金融法律法规的要求，在具备相应条件的情况下，向银行监管机构提出申请。经银行监管机构许可后，领取营业执照才能进行经营活动。审批机构，一方面表明银行监管当局允许经营金融产品的机构进入市场，并将依法对其进行监督；另一方面也表明进入市场的银行机构将接受银行监管机构的监管，并合法开展业务。

（2）审批注册资本

审批注册资本是指银行监管机构必须对进入市场的机构进行最低资本限制，并对资本是否及时入账，股东资格，股东条件和股本构成等进行监督审核。在市场经济条件下，金融机构必须以其资本来承担全部的风险和亏损。因此设立银行机构的首要条件之一，是必须保证要有一定数量的注册资本来承担可能的风险和亏损。

（3）审批高级管理人员的任职资格

审批高级管理人员的任职资格是指在市场准入过程中，银行监管机构应当对银行机构的法定代表人及其他高级管理人员的任职资格进行审查。未经审查同意，其董事会不得进行聘任。人力资源是银行机构设立的绝对必要的因素。一定数量的合格专业人才是保证银行机构合法经营、稳健经营和健康发展的基本条件。对银行机构高级管理人员任职资格的审批，可以保证银行机构掌握在合适人员的手中。确定任职资格的标准主要有两个方面，一是必要的学识水平，二是对金融业务的熟悉程度。一般有严重劣迹的人员不得担任银行机构的高级管理人员。

（4）审批业务范围

审批业务范围是指银行监管机构对进入市场的机构必须进行业务范围的管制。不论是实行分业经营、分业监管体制的国家还是实行混业经营、集中监管的国家，银行机构经营的业务范围都有一定程度的限制，只是限制的范围、程度和方式有所不同。相比较而言，实行分业经营、分业监管的国家限制程度较强。审批业务范围是保证银行机构合法经营的需要。银行监管机构审批银行机构业务范围的主要依据是市场需求，以及机构的实力管理层的经验和能力，总的要求是银行必须对它所从事的所有业务活动有充分的控制能力。同时，也必须考虑到银行监管机构的监管能力及监管从业人员的素质等，银行监管机构要确信自己有能力对这些业务活动进行有效的监管。

在我国，根据《中华人民共和国商业银行法》，设立商业银行必须具备以下条件：一是有符合规定的银行章程；二是有符合规定的注册资本额最低限额（目前，商业银行的注册资本最低限额是 10 亿元人民币，城市商业银行的注册资本最低限额为 1 亿元人民币，农村商业银行的注册资本最低限额为 5000 万元人民币）；三是有具备任职专业知识和业务工作经验的董事，高级管理人员；四是有健全的组织机构和管理制度；五是有符合要求的营业场所安全防范措施和与业务有关的其他设施；六是符合其他审慎性条件。

2. 市场运营监管

市场运营监管是指对银行机构日常经营进行监督管理的活动。虽然市场准入监管在准入控制环节进行了严格的审核，但并不能保证银行机构在日常经营中稳健运行，银行机构的风险是在日常经营中逐步累积的，因此，市场运营监管任务更重，责任更大。概括起来讲，市场运营监管的主要内容包括以下几个方面。

（1）资本充足性

银行资本是指可以自主取得以抵补任何未来损失的资本，主要包括核心资本和附属资本。资本充足性的最普遍定义是指资本对风险资产的比例，是衡量银行机构资本安全的尺度，一般具有行业的最低规范标准。衡量资本充足性还有其他许多标准，如资本存款比率、资本对负债总量的比率、资本对总资产的比率等。

根据 2013 年 1 月 1 日起施行的《商业银行资本管理办法（试行）》，商业银行各级资本充足率不得低于如下最低要求：核心一级资本充足率不得低于 5%，一级资本充足率不得低于 6%、资本充足率不得低于 8%。商业银行应当在最低资本要求的基础上计提储备资本，储备资本要求为风险加权资产的 2.5%，由核心一级资本来满足。特定情况下，商业银行应当在最低资本要求和储备资本要求之上计提逆经济周期资本。逆周期资本要求为风险加权资产的 0～25%，由核心一级资本来满足。此外，系统重要性银行还应当计提附加资本，国内系统重要性银行附加资本要求为风险加权资产的 1%，由核心一级资本满足。如果国内银行被认定为全球系统重要性银行，所适用的附加资本要求不得低于巴赛尔委员会的统一规定。此外，中国银行业监督管理机构有权在第二支柱框架下提出更审慎的资本要求，确保资本充分覆盖风险。

为有效控制商业银行杠杆化程度，维护商业银行安全稳健运行，2015 年颁布的《商业银行杠杆率管理办法（修订）》规定，商业银行并表和未并表的杠杆率均不得低于 4%。该杠杆率是指商业银行持有的符合有关规定的一级资本净额与商业银行调整后的表内外资产余额的比率。

（2）资产安全性

衡量银行资产好坏程度的方法较多，以传统的业务贷款来讲，采取风险分类方法划分信贷资产，即根据贷款风险发生的可能性，将贷款划分成不同的类别。国际通行的做法是分为五类，即正常贷款、关注贷款、次级贷款、可疑贷款、损失贷款，通常认为后三类贷款为不良贷款。风险迁徙类指标是衡量商业银行资产风险变化的程度，表示为资产质量从前期到本期变化的比率，属于动态指标。风险迁徙类指标包括正常贷款迁徙率和不良贷款迁徙率。正常贷款迁徙率为正常贷款中变为不良贷款的金额与正常贷款之比，正常贷款包括正常类和关注类贷款。该项指标为一般指标，包括正常类贷款迁徙率和关注类贷款迁徙率两个二级指标。正常类贷款迁徙率为正常类贷款中变为后四类贷款的金额与正常类贷款之比，关注类贷款迁徙率为关注类贷款中变为不良贷款的金额与关注类贷款之比。不良贷款迁徙率包括次级类贷款迁徙率和可疑类贷款迁徙率。次级类贷款迁徙率为次级类贷款中变为可疑类贷款和损失类贷款的金额与次级类贷款之比，可疑类贷款迁徙率为可疑类贷款中变为损失类贷款的金额与可疑类贷款之比。

资产安全性监管的重点是银行机构风险的分布、资产集中程度和关系人贷款。根据2005年12月发布的《商业银行风险监管核心指标（试行）》，在我国衡量资产安全性的指标为信用风险的相关指标，具体包括：一是不良资产率，即不良资产与资产总额之比，不得高于4%。二是不良贷款率，即不良贷款与贷款总额之比，不得高于5%。三是单一集团客户授信集中度，即对最大一家集团客户授信总额与资本净额之比，不得高于15%。四是单一客户贷款集中度，即最大一家客户贷款总额与资本净额之比，不得高于10%。五是全部关联度，即全部关联授信总额与资本净额之比，不得高于50%。根据原中国银监会2011年7月发布的《商业银行贷款损失准备管理办法》及2018年2月发布的《关于调整商业银行贷款损失准备监管要求的通知》，我国银行业监管机构设置贷款拨备率和拨备覆盖率指标考核商业银行贷款损失准备的充足性。贷款拨备率为贷款损失准备与各项贷款余额之比，拨备覆盖率为贷款损失准备与不良贷款余额之比。贷款拨备率基本标准为1.5%~2.5%，拨备覆盖率基本标准为120%~150%。这两项标准中的较高者为商业银行贷款损失准备的监管标准。

（3）流动适度性

银行机构的流动能力分为两部分：一方面是可用于立即支付的现金头寸，包括库存现金和在中央银行的超额存款准备金，用于随时兑付存款和债权，或临时增加投资；另一方面是在短期内可以兑现或出售的高质量可变现资产，包括国库券公债和其他流动性有保证的低风险的金融证券，主要应对市场不测时的资金需要。

对银行机构的流动性监管主要有以下内容：

①监测银行机构的流动性是否保持在适度水平。流动性风险指标包括流动性覆盖率、净稳定资金比例、流动性匹配率、优质流动性资产充足率和流动性比例。根据中国银行保险监督管理委员会2018年9月23日修订发布的《商业银行流动性风险管理办法》，商业银行流动性覆盖率、净稳定资金比例、流动性匹配率、优质流动性资产充足率应当不低于100%，流动性比例应当不低于25%。

②监测银行资产负债的期限匹配。监管当局须对银行的流动性资产、流动性负债、长期资产和长期负债以及资产负债的总体结构情况进行监督，使之保持在规范标准的水平。

③监测银行机构的资产变化，包括监管银行的长期投资、不良资产和盈亏变化等。

根据《商业银行风险监管核心指标（试行）》，我国衡量银行机构流动性的指标主要有：一是流动性比例，即流动性资产余额与流动性负债余额之比，衡量商业银行流动性的总体水平，不应低于25%。二是核心负债比例，即核心负债与负债总额之比，不应低于60%。三是流动性缺口率，即90天内表内外流动性缺口与90天内到期表内外流动性资产之比，不应低于-10%。

（4）收益合理性

银行机构一切业务经营活动和经营管理过程的最终目的，在于以最小的资金获得最大的财务成果，银行对自身资产质量和贷款风险的管理，也在于确保其资产的盈利性，收益是银行机构业务经营成果的综合反映。盈利是其生存和发展的关键，只有盈利，银行机构才能有积累，才能增强抵御风险的实力，才能谋划未来的业务扩展。亏损的积累将导致银行机构财务状况恶化，削弱清偿能力，出现支付危机。

对银行机构的财务监管主要有以下内容。

①对收入的来源和结构进行分析。收入是通过资产获得的，通过对收入来源和结构的分析，可以了解收入的主要来源，以及生息资产、非生息资产的结构，从而判断银行的资产构成是否合理以及资产质量的优劣。

②对支出的去向和结构进行分析。支出主要包括经营成本和利息支出。通过对支出去向和结构的分析，可以了解经营成本的高低、银行利息支出，判断银行负债结构是否合理。

③对收益的真实状况进行分析。分析的内容主要包括应收利息、应收未收利息、应付利息、应付未付利息、呆账准备金和坏账准备金的提取等。监管当局必须注意应收未收利息的实际情况，因为按照权责发生制的原则，在一定期限内的应收未收利息记入当年损益。比例过高会存在收益风险；注意应付未付利息的提取情况，应付未付利息提取不足，潜在支出会影响银行未来收益；注意呆账、坏账准备金的提取状况，其提取比例过低，会使财务状况失真，虚增银行利润。

根据《商业银行风险监管核心指标（试行）》，我国关于盈利能力的监管指标包括：一是成本收入比，营业费用加折旧与营业收入之比不应高于45%；二是资产利润率，即税后净利润与平均资产余额之比，不应低于0.6%；三是资本利润率，即净利润与平均净资产之比，不应低于11%。

（5）内控有效性

内部控制体系是商业银行为实现经营管理目标，通过制定并实施系统化的政策、程序和方案，对风险进行有效识别、评估、控制、监测和改进的动态过程和机制。

2014年9月12日印发的《商业银行内部控制指引》（修订）指出，商业银行内部控制的目标有：一是保证国家有关法律法规及规章的贯彻执行；二是保证商业银行发展战略和经营目标的实现；三是保证商业银行风险管理的有效性；四是保证商业银行业务记录、会计信息、财务信息和其他管理信息的真实、准确、完整和及时。

3．处置有问题银行及市场退出监管

从微观上讲，单个银行机构经营得好坏并不重要，但从整体上讲，银行机构经营状况的恶化会导致连锁反应。一个或多个银行机构出现问题甚至倒闭，容易引起存款人挤提存款，产生银行恐慌，其后果将直接威胁银行业乃至金融业的稳定，个别的、局部的金融风险演变为系统的、区域性的金融危机,因此,处置有问题银行及市场退出监管是银行监管的重要内容。

(1) 处置有问题银行

有问题银行是指因经营管理状况的恶化或突发事件的影响,有发生支付危机、倒闭或破产危险的银行机构。其主要特征是:内部控制制度失效,资产急剧扩张和质量低下,资产过于集中,财务状况严重恶化,流动性不足,涉嫌犯罪和从事内部安易。银行监管机构处置有问题银行的主要措施有:一是督促有问题银行采取有效措施,制订详细的整改计划,以改善内部控制,提高资本比例,增强支付能力;二是采取必要的管制措施;三是协调银行同业对有问题银行进行救助;四是中央银行进行救助;五是对有问题银行进行重组;六是接管有问题的银行。

(2) 处置倒闭银行

银行倒闭是指银行无力偿还所欠债务并停止经营的情形。广义的银行倒闭有两种情况:一是因银行的全部资产不足以抵偿其全部债务,即资不抵债而停业;二是银行的总资产虽然超过其总负债,但银行手头的流动资金不够偿还目前已到期债务,经债权人要求,由法院宣告银行破产。

处置倒闭银行的措施主要包括两种方式。一是收购或兼并。即其他健康的银行收购或兼并倒闭银行,包括收购倒闭银行的全部存款和股份,承接全部债务或部分质量较好的债务。利用这种方法,不存在存款人损失的情况,因为所有存款都已经转到倒闭银行的收购或兼并方。二是依法清算。清算是终结解散银行法律关系,消灭解散银行法人资格的程序。通过清算,终结解散银行现存的法律关系,收取债权,偿付债务,处理解散剩余财产。在依法清算当中,虽然一般情况下存款清偿是第一位的,但存款并不是全额清偿,存款人可能会面临存款本金和利息的损失。

10.2.2 银行业监管的基本方法

银行业监管的基本方法有两种,即非现场监管和现场检查。如果从银行的整体风险考虑,还应包括并表监管。在进行现场检查后,监管当局一般要对银行进行评级。

1. 非现场监管

非现场监管是银行监管机构针对单个银行,在并表的基础上收集、分析其经营稳健性和安全性的一种方式。非现场监管审查和分析各种报告和统计报表,包括银行机构的管理报告、资产负债表、损益表、现金流量表及各种业务报告和统计报表等。非现场监管有以下三个主要目的。

(1) 评估银行机构的总体状况。通过一系列指标和情况的分析,判断银行经营状况的好坏,对银行风险进行预警,以便及时采取措施防范和化解银行风险。

(2) 对有问题的银行机构进行密切跟踪,以使银行监管机构在不同情况下采取有效监管措施,防止出现系统的和区域的金融危机。

(3) 通过对同组银行机构的比较,关注整个银行业的经营状况,促进银行业安全稳健运行。

2. 现场检查

现场检查是指通过银行监管机构的实地作业来评估银行机构经营稳健性和安全性的一种方式。具体说,现场检查是由银行监管机构中具备相应专业知识和水平的检查人员组成检查组,按统一规范的程序，带着明确的检查目标和任务，对某一银行进入现场进行的实地审核察看、取证、谈话等活动的检查形式。现场检查与非现场监管是密切关联的两种银行监管方法。非现场监管体现了风险监测和预警的监管原则，而现场检查则是验证银行的治理结构是否完善，银行提供的信息是否可靠，是从实证的角度来发现和预防风险。除银行监管机构自身行使现场检查手段外，还可以委托外部审计师事务所、会计师事务所等外部力量来实施现场检查。现场检查内容一般包括合规性检查和风险性检查两个方面。

①合规性是指商业银行在业务经营和管理活动中执行中央银行、银行监管机构和国家制定的政策、法律的情况。合规性检查永远都是现场检查的基础，任何银行都必须在合规范围和轨道上经营。任何违规行为在任何国家都是不被允许的，合规性检查在银行存在大量违规经营，甚至存在恶意经营的情况下，显得尤为重要和不可缺少。

②风险性检查一般包括其资本的真实状况和充足程度、资产质量，负债的来源、结构和质量，资产负债的期限匹配和流动性，管理层的能力和管理水平，银行的盈利水平和质量，风险集中的控制情况，各种交易风险的控制情况，表外风险的控制水平和能力，内部控制的质量和充分性等。

3. 并表监管

银行监管的一个关键因素，是银行监管机构要有能力在并表的基础上对银行进行监管。并表监管又称合并监管，是指在所有情况下，银行监管机构应具备了解银行和集团的整体结构，以及与其他监管银行集团所属公司的银行监管机构进行协调的能力。并表监管包括的业务有境内外业务、表内外业务和本外币业务。

4. 监管评级

银行机构评级是用统一的标准来识别和度量风险，是为了实现银行监管目标，进行有效监管的基础。目前，国际上通行的是银行统一评级制度，即"骆驼评级制度"（CAMELS）。CAMELS代表六个因素，即 Capital Adequey（资本充足性）、Aset Quality（资产质量）、Management Qualiy（经营管理能力）、Eanming（盈利水平）、Liquidity（流动性）、Sensitivitity（市场敏感性）。这一制度是美国金融监管当局为了统一对商业银行的评级标准而制定和使用的对商业银行的全面状况进行检查、评价的一种管理制度。目前，世界上有很多国家的银行监管机构采用了该制度，围绕资本充足性、资产质量、经营管理能力、盈利水平、流动性及市场敏感性来对银行的经营状况进行检查和评价。

资本充足性包括资本充足率是否达到最低要求，资本构成和变化等。资产质量包括风险资产程度、资产质量及呆账准备情况等。经营管理能力包括银行的业绩、业务策略、管理机构、高层人员变化、对银行法规的遵守、报表的质量、内部检查报告、外部检查报告以及信贷、流动资金利率外汇等风险的内部控制情况。盈利水平包括盈利的增长及走势、财务的实现与预算的比较、平均股东资金的回报率股息政策及派发率等。流动性包括库存现金、超额储备、资产流动比例、存贷款比例等。市场敏感性即银行资产、负债对于各项市场变化因素的敏感程度，包括利率、汇率市场价格等。市场敏感性是测试银行业务对市场变化的反映程度，有效的敏感性管理有助于银行充分认识内在风险，准确判断资产价值，并及时对市场风险做出有效反应。

在对银行经营情况进行检查后，要进行综合评级。为在我国建立规范统一的商业银行监管评级体系，2005年原中国银行业监督管理委员会发布了《商业银行监管评级内部指引（试行）》。它是在借鉴国际通行的骆驼评级制度的基础上结合我国商业银行和银行监管队伍的实际情况而设计的。它确定了具有中国特色的"CAMELS+"的监管评级体系，即对商业银行的资本充足性、资产质量、经营管理能力、盈利水平流动性和市场风险状况六个单项要素进行评级，加权汇总得出综合评级，而后再依据其他要素的性质和对银行风险的影响程度，对综合评级结果做出更加细微的正向或负向调整。综合评级结果共分为6级，其结果将作为监管机构实施分类监管和依法采取监管措施的基本依据。对于评级结果为5级和6级的高风险商业银行，中国银行业监督管理机构将给予持续的监管关注，限制其高风险的经营行为，要求其改善经营状况，必要时可采取更换高级管理人员、安排重组或实施接管，甚至予以关闭等监管措施。2014年6月19日《商业银行监管评级内部指引》发布并施行，《商业银行监管评级内部指引（试行）》同时废止，使评级结果更为充分科学地反映非现场和现场监管信息，并用于指导市场准入和监管资源配置，使市场准入现场和非现场三种监管手段成为银行业金融机构防范单体风险的持续过程和统一整体。

◇ 阅读资料10-2

中国银行保险监督管理委员会主要职责

中国银行保险监督管理委员会贯彻落实党中央关于银行业和保险业监管工作的方针政策和决策部署，在履行职责过程中坚持和加强党对银行业和保险业监管工作的集中统一领导。主要职责是：

（一）依法依规对全国银行业和保险业实行统一监督管理，维护银行业和保险业合法、稳健运行，对派出机构实行垂直领导。

（二）对银行业和保险业改革开放和监管有效性开展系统性研究。参与拟定金融业改革发展战略规划，参与起草银行业和保险业重要法律法规草案以及审慎监管和金融消费者保护基本制度。起草银行业和保险业其他法律法规草案，提出制定和修改建议。

（三）依据审慎监管和金融消费者保护基本制度，制定银行业和保险业审慎监管与行为监管规则。制定小额贷款公司、融资性担保公司、典当行、融资租赁公司、商业保理公司、地方资产管理公司等其他类型机构的经营规则和监管规则。制定网络借贷信息中介机构业务活动的监管制度。

（四）依法依规对银行业和保险业机构及其业务范围实行准入管理，审查高级管理人员任职资格。制定银行业和保险业从业人员行为管理规范。

（五）对银行业和保险业机构的公司治理、风险管理、内部控制、资本充足状况、偿付能力、经营行为和信息披露等实施监管。

（六）对银行业和保险业机构实行现场检查与非现场监管，开展风险与合规评估，保护金融消费者合法权益，依法查处违法违规行为。

（七）负责统一编制全国银行业和保险业监管数据报表，按照国家有关规定予以发布，履行金融业综合统计相关工作职责。

（八）建立银行业和保险业风险监控、评价和预警体系，跟踪分析、监测、预测银行业和保险业运行状况。

（九）会同有关部门提出存款类金融机构和保险业机构紧急风险处置的意见和建议并组织实施。

（十）依法依规打击非法金融活动，负责非法集资的认定、查处和取缔以及相关组织协调工作。

（十一）根据职责分工，负责指导和监督地方金融监管部门相关业务工作。

（十二）参加银行业和保险业国际组织与国际监管规则制定，开展银行业和保险业的对外交流与国际合作事务。

（十三）负责国有重点银行业金融机构监事会的日常管理工作。

（十四）完成党中央、国务院交办的其他任务。

（十五）职能转变。围绕国家金融工作的指导方针和任务，进一步明确职能定位，强化监管职责，加强微观审慎监管、行为监管与金融消费者保护，守住不发生系统性金融风险的底线。按照简政放权要求，逐步减少并依法规范事前审批，加强事中事后监管，优化金融服务，向派出机构适当转移监管和服务职能，推动银行业和保险业机构业务和服务下沉，更好地发挥金融服务实体经济功能。

（资料来源：中国银行保险监督管理委员会官网。）

10.3　保险业监管

10.3.1　保险业监管的法律法规体系

保险法律体系是由各种规范保险活动的单行法律、法规、条例、决定、办法等法律文件组成的一个内容相互补充、完整统一的有机整体。其所规范的对象主要包括保险监管机关、保险公司、保险中介机构、投保人、被保险人、受益人等。他们之间形成保险关系时，会形成不同性质的法律关系，并分别适用不同性质的保险法律法规。这样，又可将上述各方面的保险法律法规，根据其规范的法律关系而分为保险民事法律规范、保险行政法律规范和保险刑事法律规范三大类。其中，保险公司与投保人、被保险人及受益人通过保险合同建立的主体间的权利义务法律关系，保险公司与保险代理人之间以保险代理合同建立起来的平等主体间的保险代理权利义务关系等，属于保险民事法律关系，适用保险民事法律规范；保险监管机构与保险人之间的法律规范关系属于保险行政法律规范；为打击保险活动中的各种刑事犯罪活动，保护保险活动当事人及关系人的合法权益，保证保险业的经营秩序和管理秩序，保险法律体系中的法律法规还包括保险刑事方面的法律规定。我国关于保险业监管的法律法规包括《中华人民共和国保险法》《保险资金运用管理办法》《关于加强保险资金风险管理的意见》等，通过这些不同层次的法律、法规、规章及规范性文件，不断完善以偿付能力、公司治理和市场行为监管为支柱的现代保险监管制度。

10.3.2 保险监管的内容

保险监管所涉及的内容非常广泛，一般来说，可以分为组织监管、业务监管和财务监管。

1. 保险业组织方面的监管

（1）申请设立的许可

创设一家保险公司必须得到主管机关的批准，这是当今世界各国的普遍做法。申请人申请设立时必须向主管机关递交有关文件，以证明申请人具备从事保险经营的资格。

设立监管包括申请设立至营业开始，需要经过下列四道程序。

①申请核准。保险企业的成立必须事先申请主管机关的核准。中国保险业的主管机关为中国银保监会，因此，保险公司包括国有独资保险公司和股份有限责任公司，均需在设立之初经银保监会核准。

②营业登记。保险公司在开始营业之前，必须依法进行营业登记，并申请发放营业执照。保险企业申请营业登记发放营业执照，除依照保险法的规定外，还需符合公司法的有关规定。

③缴存保证金。保险公司设立时，应按照资本或基本实收总额的一定比例缴存保证金，以确保保险人的担保能力。

④领取营业执照。保险公司的营业登记经主管机关核准后，即发放营业执照。申请设立者只有在领到营业执照后，才能开始营业。

（2）从业人员的资格认定

保险从业人员一方面是指保险企业的高层管理领导人员，另一方面是指保险专业部门的经营人员。各国保险法大都规定保险企业具有经营决策权的领导成员必须具备一定的条件，不符合国家规定条件者，不能担任保险企业领导职务；没有达到法定数量的合格领导人数者，不允许开业。

（3）保险中介人员的监管

保险中介人员的监管内容包括资格监管、业务监管和报表账簿的监管。

①资格监管。根据多数国家保险立法规定，保险中介机构和个人开展业务经营必须取得营业执照，在取得执照之前要通过有关资格考试；在从事保险中介工作期间，还应接受培训方可维持其营业执照。我国保险法对保险中介人的资格要求也有严格的规定。

②业务监管。根据各国保险法的规定，保险中介人在开展保险业务时不得采用不良手段从事非法经营。不良手段包括越权和超范围代理业务、误导陈述、恶意招揽和保费回扣等行为。

③报表账簿监管。由于保险中介人的业务直接关系到保险合同成立时间的确定，关系到保险业务数量及其核算，所以必须对其财务实行监督管理。我国保险法规定，保险代理人和保险经纪人应当设立专门的账簿，记载保险代理业务或者保险经纪业务的收支情况，并接受保险监管部门的监督管理。

（4）停业解散的监管

政府对保险企业进行监督管理的基本目的，是为了避免保险企业破产，以保障被保险人的合法权益。对经营不当、财务发生危机的保险企业，政府一般采取扶助政策，利用各种措施帮助其渡过难关，继续正常营业。但是，保险企业若违法经营或有重大失误，以致不得不破产时，政府便以监督者身份,令其停业或发布解散令,选派清算人员,直接介入清算程序。其具体监管措施包括整顿、接管、解散与清算等。

(5) 外资保险企业的监管

外资保险企业是指外国保险公司在本国设立的分公司或合资设立的保险公司。对外资保险企业的监管,是以本国保险市场对外开放为前提的,然而本国保险市场是否对外开放,又取决于各国社会制度、经济发展水平和民族保险业等因素。一般发达国家对此事限制较少,而发展中国家为维护本国利益,对外资保险企业的开放条件、经营业务范围、投资方向及纳税等都有严格的要求。对外资保险企业的监管一般体现在保险人的设立方面,以确保其经营基础的巩固和人员的合格,而对经营内容和条件则不应多加干预,按国民待遇准则应与本国保险企业相同。

2. 保险公司经营业务的监管

(1) 经营范围的监管

经营范围的监管,是指政府通过法律或行政命令,规定保险企业所能经营的业务种类和范围。其内容包括两个方面:一是兼业问题,即保险人可否兼营保险以外的其他业务,保险人可否兼营保险和类似保险的业务;二是兼营问题,即同一保险企业可否经营性质不同的数种保险业务。

我国保险法明确规定,经营商业保险业务,必须是依法设立的保险公司,其他单位和个人不得经营商业保险业务。同一保险人不得同时兼营财产保险业务和人身保险业务。保险公司的业务范围由保险监督管理机构依法核定,保险公司只能在被核定的业务范围内从事保险经营活动。

(2) 保险条款的监管

保险合同是一种专业性强的技术合同,投保人不可能对合同中的每一条款进行充分了解,从而与保险人处于平等地位。这就在客观上要求保险主管机关对保险合同及其条款进行审定。保单条款审定的内容,除了要求保单内容与形式统一、理论与实务并重、简单易行外,更重要的是要对保险合同当事人双方相互的权利和义务作出明确的规定。保险合同法的制定,不应该只为个别被保险人的利益,还应该为全体被保险人的利益;不应单独考虑被保险人一方的利益,而应该同时考虑保险人的利益。如果因为保护少数人的利益而妨碍多数人的利益,考虑被保险人的利益而忽视保险人的利益,不仅与保险的技术基础相抵触,而且与保险的经济目标相背离。保险立法只有兼顾当事人双方利益,公正持平,保险制度才能得以正常地发展。

(3) 保险费率的监管

保险费率的监管方式因保险业务的性质不同而不同,但保险费率的监管原则是基本相同的。

①足够性。保险费等于合理的预期损失加附加费用之和。从保险人的角度看,保险费收入应能足以支付其各项赔款和费用支出,并且以合理的利润与安全系数避免保险公司偿付能力不足的情况发生。

②合理性。费率足够性原则的存在及其作用,可能成为保险人提高保险费率的借口,发生保险费率偏高的现象。这对被保险人和保险人都是不利的。为了保障被保险人的权益,维持保险人的竞争能力,必须建立起保险费与其所提供的保障之间的合理关系。

③公平性。保险费率的公平性主要体现在对保险费率进行合理分类,消除歧视性。从投保人的角度看,保险费率应与保险人所承担的危险性相称。在保险经营技术上,费率差别的存在是一种正常现象。

保险费率厘定的三原则,旨在说明保险费率的厘定应在最低不得对被保险人的资产构成侵蚀,最高不得对投保人群体构成勒索之间做出选择,足够性的保费应该小于赔款,合理性的保费应该大于赔款,公平性的保费应该等于赔款。

3. 保险公司财务方面的监管

(1) 偿付能力的监管

偿付能力的监管是国家对保险业监管的首要目标,也是其监管的核心内容。一家保险公司偿付能力的强弱,归根到底取决于它的资产负债情况,即保险公司的自有资产和保险准备金的提留能否满足其承担的责任。各国保险法之所以对保险公司偿付能力标准的要求作出严格规定,其目的在于确保被保险人的权益不受损害,当保险公司的偿付能力发生困难时,有比较足够的缓冲时间来调整经营方向,并且为评估机构提供评估与检查保险公司偿付能力的标准。造成保险公司偿付能力不足的原因是核保不当,承保的危险范围扩大,超过了预期损失以及存在管理过失,未能做到内部控制与稽核;费用支出不合理;再保险安排失当,资金质量不佳;准备金提存不足;资金运用失误等。

2015年2月,中国保险监督管理委员会发布中国风险导向的偿付能力体系("偿二代"),并于2016年1月1日起施行《保险公司偿付能力监管规则(第1号~第17号)》,保险业"偿二代"正式实施。"偿二代"监管主要侧重在三方面:定量要求、定性要求以及市场约束机制。相对于以规模为导向的"偿一代","偿二代"则是以风险为导向,这使得不同风险的业务对资本的要求出现了显著的变化,从而显著影响保险公司的资产和负债策略。

(2) 资本金的监管

保险公司开业之前对其最低资本加以规定(全国性公司为5亿元人民币,区域性公司为2亿元人民币),这是偿付能力监管的基石。在公司成立后,必须将其注册资本的20%作为法定保证金存入中国银行保险监督管理机构指定银行,专用于公司清算时清偿债务,同时规定财产保险、人身意外伤害险、短期健康保险、再保险业务按当年自留保费收入的1%提取保险保障基金,直至达到总资产的6%。保证金和保险保障基金是最基本的风险缓冲基金。

(3) 准备金的监管

①准备金监管的目的。保险准备金是指保险人根据有关法律规定或业务的特定需要,从保险费收入或盈余中提成一定数量的资金。其目的是充实保险公司营运资金,增加投资能力,促进保险业的健康发展;维护保险公司适当的清偿能力,保障被保险人的权益;确立适当的准备金提存标准及评估制度,稳定保险公司财务;加强保险业社会责任感,促进社会生活的安定。

②准备金监管的内容。一般来说,财产保险业提存的准备金主要有未满期责任准备金、赔款准备金和特别准备金;人身保险业提存的准备金主要有责任准备金、未满期保费准备金和特别准备金等。

③保险准备金的监管。我国保险法和《保险公司管理暂行规定》明确规定,经营非人寿保险业务应当从当年的自留保费50%中提取未到期责任准备金;经营人寿保险业务的保险公司

应当按照有效的人寿保险单的全部净值提取未到期责任准备金,同时保险公司应当按照已经提出的保险赔偿或者给付金额,以及已经发生保险事故但尚未提出的保险赔偿或者给付金额,提取未决赔款准备金。此外,为了保证保险企业的财务稳定性,保险公司应按有关法律、行政法规会计制度准则提取公积金和保险保障基金,保险公司从税后利润中提取法定公积金,用以弥补公司的亏损,扩大公司业务规模经营或者转为增加公司资本金;保险公司按当年的保险费收入的1%提取保险保障基金,专户存储于中国人民银行或者指定的商业银行。

（4）资金运用的监管

资金运用是保险经营的主要业务范畴,是保险企业收入的一项重要来源,也是扩大保险社会影响的重要手段。保险资金来源于自有资金和外来资金两个方面。前者包括资本金、公积金、公益金和未分配盈余,后者包括未满期保费准备金、责任准备金、赔款准备金和特别准备金。

国家对保险资金运用进行监管的目的在于:确保资金运用的安全,维护保险公司的偿付能力;提高资金运用的收益,增强保险公司的经营实力;提高资金运用的流动性,维护保险公司的变现能力;防止投机性或不正当投资行为的发生,促进保险业履行社会责任。2018年1月24日发布的《保险资金运用管理办法》规定,保险资金运用的方式限于在银行存款、买卖政府债券、金融债券和国务院规定的其他资金运用形式。保险公司的资金不得用于设立证券经营机构和向企业投资。保险公司运用的资金和具体项目的资金占其资金总额的具体比例,由保险监督管理机构规定。

（5）财务核算的监管

国家为了有效地监管保险公司的经营,必须随时了解和掌握保险公司的营业状况。各国立法和行政规章一般都要求保险公司在年终时向主管部门递交年终报告,反映其财务核算情况。报告的内容由主管部门统一制定,以便国家监督和检查,法律还赋予保险行政监督机构以相当的权力直接定期和抽样检查保险公司的财务报表。我国保险法规定,保险公司应当于每一会计年度终了后3个月内,将上一年度的营业报告、财务会计报告及有关报告报送保险监管部门,并依法公布。另外,保险公司应当于每月月底前将上一月的营业统计报表报送保险监管部门。

◇ 阅读资料 10-3

保监会警示：跌停险涉嫌违法

某投资社交平台宣布推出"跌停险",单只股票最低投保金额100元,投保期内投保人的股票如发生跌停,最高可获得1万元的赔付。该网站称:我们选择在4月1日把跌停险的产品形态推给公众来看,是为了测一测市场的反应,大家接受度如何,有半开玩笑的成分。当天并没有真的要推出一款叫"跌停险"的保险产品。

接着,原中国保监会官网发布了关于"跌停险"的风险提示,称只有保险公司才是开发保险产品的合法机构,且产品需向保监会报备,目前并未接到有险企开发此类保险的报告。此外保险的核心功能是保障功能,而"跌停险"类似对赌游戏,有博彩嫌疑。消费者利用其对股价波动进行保障,反而可能放大金融风险。

专家表示,保险创新要在法律框架内进行,保险本身还是强调它是给你带来一种经济上的安全保障,应该是像生老病死、自然灾害等内容为最主要核心。

（资料来源：http://news.163.com/1/0411/09AMTKILA00014JB5.html 2015年4月。）

10.4 证券业监管

10.4.1 证券业监管的法律法规体系

各国政府及监管当局对证券市场都制定、颁布并实施了一系列法律法规,对证券市场主体行为予以约束和控制,以达到规范交易行为,控制交易风险,保护投资人利益的目标。中国证监会对于证券业的监管,已经初步形成了以证券法律为核心,以部门规章为主体的证券业监管法律法规体系。其中第一层次的依据是《中华人民共和国公司法》《中华人民共和国证券法》《中华人民共和国证券投资基金法》等法律;第二层次是部门规章,包括《证券登记结算管理办法》《证券发行与承销管理办法》等;第三层次是关于机构、业务、人员、内部控制方面的监管规则,包括证券公司审批规则、证券公司分支机构审批规则等。通过这些不同层次的法律、法规、规章及规范性文件,中国证监会对证券业实施了全方位、立体式的监管。

10.4.2 证券业监管的主要内容

1. 证券发行监管

为了使证券发行既有利于经济的发展,又能保障投资者和发行人的利益,对证券发行的监管成为证券业监管的重要内容。证券的发行监管主要体现在证券的发行审核制度方面。证券发行的审核制度分为两种:一种是注册制,即所谓的公开原则,证券发行者在公开发行债券或股票前,需按照法定程序向证券监管部门申请注册登记,同时提交相关资料,并对其所提供的资料的真实性和可靠性承担法律责任;另一种是核准制,即所谓的实质管理原则,证券监管部门需要对发行人及发行证券的实质内容加以审查,符合既定标准才能批准发行。

境外成熟市场证券发行普遍实行注册制,美国是采用注册制最为典型的国家。我国自2001年3月开始对证券的发行正式实行核准制,依证券法、公司法等有关法律法规的规定,首次公开发行股票、公开发行公司债券、上市公司发行新股和可转换公司债需获得中国证监会的核准,国债、金融债、企业债的发行由其他政府主管部门负责核准;未经依法核准或者审批,任何单位和个人不得向社会公开发行证券。进入21世纪,中国的证券发行制度一直处于渐进式的市场化改革之中。为建立和完善与证券发行相关的制度,中国证监会于2006年发布了《首次公开发行股票并上市管理办法》(2018年修正)、《上市公司证券发行管理办法》(2020年修正);于2007年发布了《上市公司非公开发行股票实施细则》(2020年修正);于2009年发布了《首次公开发行股票并在创业板上市管理暂行办法》《证券发行上市保荐业务管理办法》(2017年修正);于2010年发布了《关于进一步做好创业板推荐工作的指引》(已失效),就证券首次公开发行、上市公司配股及公开与非公开增发再融资行为和证券上市保荐业务管理等都提出了明确且具体的规定;于2012年发布了《关于进一步深化新股发行体制改革的指导意见》,改革的主要内容是:在过去两年减少行政干预的基础上,健全股份有限公司发行股票和上市交易的基础性制度,推动各市场主体进一步归位尽责,促使新股价格真实反映公司价值,实现一级市场和二级市场均衡协调健康发展，切实保护投资者的合法权益。2013年11月30日发布的《中国证监会关于进一步推进新股发行体制改革的意见》，进一步突出了以信息披露为中心的监管理念，加大信息公开力度和审核力度，切实保护中小投资者的知情权、参与权、监督权和求偿权。可以预见，随着我国证券市场的不断发展和成熟，证券发行制度将更加市场化。

2. 证券交易监管

证券交易活动全过程的监管是证券业监管的主要内容，证券交易监管的主要目标包括以下内容。

（1）提供低成本的、安全迅速和适度流动性的交易及清算场所。

（2）消除垄断、操纵、内幕交易及各种欺诈行为，保证投资者的信心和利益。

（3）增强市场透明度，提高交易市场的信息完全性和信息效率。

（4）抑制过度投机，防止市场瓦解，并减少证券市场不稳定所导致的负面外部效应。

（5）构建富有效率的证券市场组织结构，提高证券市场营运效率。

（6）提供有效的价格发现机制。

（7）促进各类交易市场主体间的公平竞争。

美国专门为证券交易的监管订立了《证券交易法》。在该法中，美国金融监管当局对证券交易主体行为从各方面作出了基本的规范，主要包括：市场垄断与操纵监管，内幕交易、投机交易及关联交易的监管，欺诈客户、虚假陈述及信息披露监管等。中国证监会及其派出机构、证券交易所按照分工协作的原则共同负责证券交易的监管，重点打击内幕交易和市场操纵等违法违规行为。

3. 上市公司监管

上市公司监管主要包括上市公司信息披露、上市公司治理和并购重组三个方面。

（1）上市公司信息披露

信息披露制度是上市公司及其信息披露义务人按照法律规定必须将其自身的财务变化、经营状况等信息和资料向社会公开或公告，以便使投资者充分了解情况的制度。它既包括发行前的披露，也包括上市后的持续信息公开。我国证券市场已基本建立了以证券法、公司法和上市公司信息披露管理办法为主体，相关规范性文件为补充的全方位，多层次的上市公司信息披露制度。上市公司披露的信息按照其内容可以分为证券募集说明书（发行信息）、定期报告和临时报告三大类。

（2）上市公司治理

中国证监会对上市公司治理结构的监管要求主要体现在《上市公司治理准则》中。它阐明了中国上市公司治理的基本原则，投资者保护的实现方式，以及上市公司董事、监事、经理等高级管理人员应当遵循的基本行为准则和职业道德。上市公司通过建立独立董事制度、内部控制制度和股权激励机制提高其规范化运作水平。

（3）上市公司并购重组

中国证监会监管上市公司收购的主要规章是《上市公司收购管理办法》和配套的细则。中国证监会于2008年4月发布了《上市公司重大资产重组管理办法》（2020年修正）。以上两个办法共同构成了我国上市公司并购重组活动的基本制度框架。2008年中国证监会发布了《上市公司并购重组财务顾问业务管理办法》，规定了证券公司、证券咨询机构以及其他财务顾问机构从事上市公司并购重组财务顾问业务的资格许可条件，财务顾问及财务顾问主办人的职责及工作程序对财务顾问及财务顾问主办人的不当执业或违法违规行为的监管措施和处罚等内容。

4. 证券公司监管

我国对于证券公司的监管框架主要包括证券公司市场准入、经营风险防范、退出、从业人员监管等机制。其主要依据为2008年6月1日起施行、2014年修订的《证券公司监督管理条例》。该条例就证券公司的设立与变更、组织机构、业务规则和风险控制、客户资产的保护监督管理措施以及法律责任等做了详细规定。

（1）市场准入监管

《证券公司监督管理条例》对证券公司市场准入条件做了以下四个方面的规定。第一，为了防止股东将不良资产带入证券公司，保证所设证券公司的资产质量，该条例对证券公司股东的出资方式做了规定；证券公司的股东应当用货币或者证券公司经营必需的非货币财产出资，证券公司股东的非货币财产出资总额不得超过证券公司注册资本的30%。第二，为了防止不良单位或者个人入股证券公司并滥用其股东权利，损害证券公司及其客户的利益，该条例规定，有因故意犯罪被判处刑罚，刑罚执行完毕未逾3年以及不能清偿到期债务等情形之一的单位或者个人，不得成为证券公司持股5%以上的股东或者实际控制人。证券公司的其他股东，应当符合国务院证券监督管理机构的相关要求。第三，为了防止不良单位或者个人幕后操控、规避审批和监管，该条例规定，未经中国证监会批准，任何单位或者个人不得委托他人或接受他人委托，持有或者管理证券公司的股权。证券公司的股东不得违反国家规定，约定不按照出资比例行使表决权。第四，为了促进新设证券公司人力资源保持良好状况，该条例规定，证券公司应当有3名以上在证券业担任高级管理人员满2年的高级管理人员。

（2）证券公司的分类监管

中国证监会于2009年5月发布《证券公司分类监管规定》，并于2017年进行了修订。以证券公司风险管理能力为基础，根据公司市场竞争力和持续合规状况，中国证监会对证券公司进行综合评价，根据证券公司评价计分的高低，将证券公司分为A（AAA、AA、A）、B（BBB、BB、B）、C（CCC、CC、C）、D、E 5大类11个级别。针对不同类别的证券公司，中国证监会实施了长优限劣、区别对待的监管政策。

（3）证券公司业务许可的监管

依据相关规定，经国务院证券监督管理机构批准，证券公司可以经营下列部分或者全部业务：证券经纪；证券投资咨询；与证券交易、证券投资活动有关的财务顾问；证券承销与保荐；证券融资融券；证券做市交易；证券自营；其他证券业务。拟从事上述业务的证券公司需按照《证券法》《证券公司监督管理条例》《证券公司业务范围审批暂行规定》，报中国证监会批准后方可从事相关业务。

（4）证券公司风险控制的监管

《证券公司监督管理条例》以保护投资者利益和防范证券公司风险为出发点，重点规定了证券经纪业务、证券自营业务、证券资产管理业务和融资融券等主要业务的规则和风险控制措施。从账户实名持股分散、规模控制等方面，对证券公司自营业务进行了规定；从账户报备、风险揭示、信息披露、禁止保本保底、对有关账户的交易行为实行实时监控等方面，对证券资产管理业务做了规定；从账户开立、融资融券比例、担保品的收取、逐日盯市制度等方面，对融资融券业务做了规定。

(5) 对证券公司高管人员的监管

在证券公司董事、监事、高管人员任职资格方面，《证券公司监督管理条例》规定：第一，证券公司不得聘任、选任未取得任职资格的人员担任证券公司的董事、监事、高级管理人员、境内分支机构负责人；已经聘任、选任的，有关聘任、选任的决议、决定无效。第二，任何人未取得任职资格，实际行使证券公司董事、监事、高级管理人员或者境内分支机构负责人职权的，国务院证券监督管理机构应当责令其停止行使职权，予以公告，并可以按照规定对其实施证券市场禁入。第三，证券公司董事、监事、高级管理人员或者境内分支机构负责人不再具备任职资格条件的，证券公司应当解除其职务并向国务院证券监督管理机构报告；证券公司未解除的，国务院证券监督管理机构应当责令证券公司解除。在高管人员的持续监管方面，该条例规定，当证券公司出现经营管理混乱违法违规等情形时，国务院证券监督管理机构可以对其高级管理人员、境内分支机构负责人予以谴责，责令证券公司更换高级管理人员或者限制其权利。证券公司高级管理人员离任的，公司应当对其进行审计，并自其离任之日起 2 个月内将审计报告报送国务院证券监督管理机构，未报送审计报告的，离任的高级管理人员不得在其他证券公司任职。

(6) 证券公司市场退出的监管

《证券公司监督管理条例》规定，证券公司停业解散或者破产的，应当经国务院证券监督管理机构批准，并按照有关规定安置客户、处理未了结的业务。证券公司停止全部证券业务解散破产或者撤销境内分支机构的，应当在国务院证券监督管理机构指定的报刊上公告，并按照规定将经营证券业务许可证交国务院证券监督管理机构注销。

(7) 证券公司的股权管理

为加强证券公司股权管理，保护证券公司股东、客户及其他利益相关者的合法权益，促进证券公司持续健康发展，2019 年 7 月 5 日，中国证券监督管理委员会发布《证券公司股权管理规定》(以下简称《规定》)。《规定》明确，证券公司应当遵循分类管理资质优良、权责明确、结构清晰变更有序、公开透明的原则加强股权管理；根据持股比例和对证券公司经营管理的影响，证券公司股东分为控股股东、主要股东、持有证券公司 5%以上股权的股东和持有证券公司 5%以下股权的股东四类。其中，控股股东是指持有证券公司 50%以上股权的股东或者虽然持股比例不足 50%，但其所享有的表决权足以对证券公司股东会的决议产生重大影响的股东；主要股东是指持有证券公司 25%以上股权的股东或者持有 5%以上股权的第一大股东；证券公司增加注册资本且股权结构发生重大调整、减少注册资本，变更持有 5%以上股权的股东实际控制人，应当依法报中国证监会批准；投资者通过证券交易所购买证券公司股份达到 5%的，应当依法举牌并报中国证监会批准，获批前，投资者不得继续增持该公司股份。《规定》强调，证券公司股东以及股东的控股股东、实际控制人参股证券公司的数量不得超过 2 家，其中控制证券公司的数量不得超过 1 家；证券公司股东在股权锁定期内不得质押所持证券公司股；股权锁定期满后，证券公司股东质押所持证券公司的股权比例不得超过所持该证券公司股权比例的 50%。《规定》要求，证券公司董事会办公室是证券公司股权管理事务的办事机构，组织实施股权管理事务相关工作；证券公司董事长是证券公司股权管理事务的第一责任人；证券公司董事会秘书协助董事长工作，是证券公司股权管理事务的直接责任人；中国证监会及其派出机构遵循审慎监管原则，依法对证券公司股权实施穿透式监管和分类监管。

◇ **阅读资料 10-4**

新《证券法》全文及修订要点

2019年12月28日，第十三届全国人大常委会第十五次会议审议通过了修订后的《中华人民共和国证券法》（以下简称新证券法），已于2020年3月1日起施行。本次证券法修订，按照顶层制度设计要求，进一步完善了证券市场基础制度，体现了市场化、法治化、国际化方向，为证券市场全面深化改革落实落地，有效防控市场风险，提高上市公司质量，切实维护投资者合法权益，促进证券市场服务实体经济功能发挥，打造一个规范、透明、开放、有活力、有韧性的资本市场，提供了坚强的法治保障，具有非常重要而深远的意义。

本次证券法修订，系统总结了多年来我国证券市场改革发展、监管执法、风险防控的实践经验，在深入分析证券市场运行规律和发展阶段性特点的基础上，作出了一系列新的制度改革完善。

一是全面推行证券发行注册制度。在总结上海证券交易所设立科创板并试点注册制的经验基础上，新证券法贯彻落实十八届三中全会关于注册制改革的有关要求和十九届四中全会完善资本市场基础制度要求，按照全面推行注册制的基本定位，对证券发行制度做了系统的修改完善，充分体现了注册制改革的决心与方向。同时，考虑到注册制改革是一个渐进的过程，新证券法也授权国务院对证券发行注册制的具体范围、实施步骤进行规定，为有关板块和证券品种分步实施注册制留出了必要的法律空间。

二是显著提高证券违法违规成本。新证券法大幅提高对证券违法行为的处罚力度。如对于欺诈发行行为，从原来最高可处募集资金百分之五的罚款，提高至募集资金的一倍；对于上市公司信息披露违法行为，从原来最高可处以六十万元罚款，提高至一千万元；对于发行人的控股股东、实际控制人组织、指使从事虚假陈述行为，或者隐瞒相关事项导致虚假陈述的，规定最高可处以一千万元罚款等。同时，新证券法对证券违法民事赔偿责任也做了完善。如规定了发行人等不履行公开承诺的民事赔偿责任，明确了发行人的控股股东、实际控制人在欺诈发行、信息披露违法中的过错推定、连带赔偿责任等。

三是完善投资者保护制度。新证券法设专章规定投资者保护制度，作出了许多颇有亮点的安排。包括区分普通投资者和专业投资者，有针对性地做出投资者权益保护安排；建立上市公司股东权利代为行使征集制度；规定债券持有人会议和债券受托管理人制度；建立普通投资者与证券公司纠纷的强制调解制度；完善上市公司现金分红制度。尤其值得关注的是，为适应证券发行注册制改革的需要，新证券法探索了适应我国国情的证券民事诉讼制度，规定投资者保护机构可以作为诉讼代表人，按照"明示退出""默示加入"的诉讼原则，依法为受害投资者提起民事损害赔偿诉讼。

四是进一步强化信息披露要求。新证券法设专章规定信息披露制度，系统完善了信息披露制度。包括扩大信息披露义务人的范围；完善信息披露的内容；强调应当充分披露投资者作出价值判断和投资决策所必需的信息；规范信息披露义务人的自愿披露行为；明确上市公司收购人应当披露增持股份的资金来源；确立发行人及其控股股东、实际控制人、董事、监事、高级管理人员公开承诺的信息披露制度等。

五是完善证券交易制度。优化有关上市条件和退市情形的规定；完善有关内幕交易、操纵市场、利用未公开信息的法律禁止性规定；强化证券交易实名制要求，任何单位和个人不得违反规定，出借证券账户或者借用他人证券账户从事证券交易；完善上市公司股东减持制度；规定证券交易停复牌制度和程序化交易制度；完善证券交易所防控市场风险、维护交易秩序的手段措施等。

六是落实"放管服"要求取消相关行政许可。包括取消证券公司董事、监事、高级管理人员任职资格核准；调整会计师事务所等证券服务机构从事证券业务的监管方式，将资格审批改为备案；将协议收购下的要约收购义务豁免由经证监会免除，调整为按照证监会的规定免除发出要约等。

七是压实中介机构市场"看门人"法律职责。规定证券公司不得允许他人以其名义直接参与证券的集中交易；明确保荐人、承销的证券公司及其直接责任人员未履行职责时对受害投资者所应承担的过错推定、连带赔偿责任；提高证券服务机构未履行勤勉尽责义务的违法处罚幅度，由原来最高可处以业务收入五倍的罚款，提高到十倍，情节严重的，并处暂停或者禁止从事证券服务业务等。

八是建立健全多层次资本市场体系。将证券交易场所划分为证券交易所、国务院批准的其他全国性证券交易场所、按照国务院规定设立的区域性股权市场等三个层次；规定证券交易所、国务院批准的其他全国性证券交易场所可以依法设立不同的市场层次；明确非公开发行的证券，可以在上述证券交易场所转让；授权国务院制定有关全国性证券交易场所、区域性股权市场的管理办法等。

九是强化监管执法和风险防控。明确了证监会依法监测并防范、处置证券市场风险的职责；延长了证监会在执法中对违法资金、证券的冻结、查封期限；规定了证监会为防范市场风险、维护市场秩序采取监管措施的制度；增加了行政和解制度，证券市场诚信档案制度；完善了证券市场禁入制度，规定被市场禁入的主体，在一定期限内不得从事证券交易等。

十是扩大证券法的适用范围。将存托凭证明确规定为法定证券；将资产支持证券和资产管理产品写入证券法，授权国务院按照证券法的原则规定资产支持证券、资产管理产品发行、交易的管理办法。同时，考虑到证券领域跨境监管的现实需要，明确在我国境外的证券发行和交易活动，扰乱我国境内市场秩序，损害境内投资者合法权益的，依照证券法追究法律责任等。

此外，此次证券法修订还对上市公司收购制度、证券公司业务管理制度、证券登记结算制度、跨境监管协作制度等作了完善。

（资料来源：中国证券监督管理委员会网站。）

10.5　金融创新概述

10.5.1　金融创新的概念

所谓金融创新，是指金融领域内各种金融要素实行新的组合。具体而言，是指金融机构为生存、发展和迎合客户的需要而创造的新的金融产品、新的金融交易方式，以及新的金融市场和新的金融机构的出现。这个概念包括四方面的内容：金融创新的主体是金融机构；金融创新的目的是盈利和效率；金融创新的本质是金融要素的重要组合，即流动性、收益性、风险性的重新组合；金融创新的表现形式是金融机构的创新、金融业务的创新、金融工具的创新和金融制度的创新。

10.5.2 金融创新的内容

当代的金融创新，种类繁多，内容丰富。大致包括三方面的内容，即金融业务的创新、金融市场的创新和金融制度的创新。

1. 金融业务的创新

金融业务的创新主要表现在负债业务、资产业务、中间业务等方面。

（1）负债业务的创新。商业银行负债业务的创新主要发生在20世纪60年代以后。在通货膨胀率大幅上涨，各金融机构争夺资金来源日益激烈的情况下，各商业银行通过创新负债工具，重点解决利率最高限制，活期账户不能开支票、不能付利息等问题，扩大了资金来源，改善了负债业务。负债业务的创新内容主要有：大额可转让定期存单，可转让支付命令账户，自动转账服务，货币市场存款账户，协定账户，清扫账户等。

（2）资产业务的创新。资产业务创新使商业银行实现了资产形式的多样化，有利于分散风险，同时增加了盈利渠道。创新内容主要包括：消费信用，分为一次偿还的消费信用和分期偿还的消费信用，目前已成为某些国家商业银行的主要资产项目；住宅放款，有固定利率抵押放款、浮动利率抵押放款和可调整的抵押放款，已成为银行的重要资产形式；银团贷款，目前已成为国际间贷款的主要形式。此外，还有平行贷款、分享股权贷款、组合性融资等。

（3）中间业务的创新。银行中间业务的创新改变了商业银行传统的业务结构，增强了业务竞争能力。业务创新的内容主要有：信托业务，包括证券投资信托、动产和不动产信托、公益信托等；租赁业务，包括融资性租赁、经营性租赁、杠杆租赁、双重租赁等。

（4）清算系统的创新。商业银行在清算支付方面的创新成果包括信用卡及各种智能卡的开发与使用，电子计算机转账系统的应用等。

2. 金融市场的创新

金融市场的创新主要表现在欧洲货币市场的金融工具创新、衍生金融市场的创新，以及金融市场交易系统和交易机构的创新等方面。

（1）欧洲货币市场的金融工具创新

第二次世界大战后形成的欧洲货币市场，本身就是金融创新的重大成果，它实现了金融市场的真正国际化；同时，欧洲货币市场上的金融工具创新也是内容丰富的，包括多种货币贷款、平行贷款、背对背贷款、浮动利率债券、票据发行便利、远期利率协议等。

（2）衍生金融市场的创新

在20世纪70年代世界范围的金融风险普遍增大的背景下，为满足客户避险、牟利的需求，以美国为首的经济发达国家相继推出期货、期权等新型的金融交易方式，创造了标准合约式的金融工具,形成了以交易期货合约、期权合约为主要内容的衍生金融市场。衍生金融工具和衍生金融市场的出现,是现代金融市场发展的重要创新成果。在衍生市场上,除了合约形式的金融工具外,还存在其他类型的工具,如商品派生债券、指数货币期权凭证等。

(3) 金融市场交易系统和交易机构的创新

1971年,美国率先建立了证券交易自动报价系统,其后又使证券交易自动报价与市场间交易系统联网,实现了证券市场的网络化。此外,一些国家相继建立了金融期货交易所,以满足对现代金融商品交易的需要。

3. 金融制度的创新

金融制度的创新主要表现在以下几方面。

(1) 非银行金融机构种类和规模迅速增加

包括保险公司、养老基金、住宅金融机构、金融公司、信用合作社、投资基金等在内的金融机构大量出现,它们提供各类专门金融服务,形成了与各类银行互补的新型金融体系。

(2) 跨国银行的发展

战后跨国公司的出现,带动了跨国银行的发展。各国的大银行追随跨国公司开拓国际业务的脚步,并瞄准具有新兴市场的国家,到处建立分支机构及业务网点,并与其他银行及金融机构建立业务联盟,形成了规模巨大、实力雄厚、无所不在的跨国银行。

(3) 金融机构之间出现同质化趋势

由于各类金融机构在业务形式和组织机构上的不断创新,使得银行与保险、信托、证券等非银行金融机构之间的职能分工界限逐渐模糊,各类金融机构正在由传统的分业经营向混业经营的综合化方向发展。

(4) 金融监管的自由化和国际化

面对全球性的金融创新浪潮,各国的金融监管也顺应潮流出现了自由化倾向,同时,为防范金融风险,各国的金融监管也更加注重国际间的协调与合作。

10.5.3 金融创新的效应

随着金融创新的不断发展,金融创新对金融业务乃至金融体系的各个领域都产生了巨大的影响。

1. 对金融效率的促进与提高

金融业务日趋多样化、集中化,利率厘定自由化、银行业务综合化、金融工具系统化以及全球市场一体化,使得金融机构之间的竞争加剧,金融机构自身的变革、金融监管手段的变化,均有效地降低了金融交易的交易费用,提高了金融效率。

2. 满足了客户对金融服务的需求

金融创新将使金融工具更加多样化与灵活化,不断满足人们日益提高的对金融资产的不同需要,顾客可以在多种投资方式和金融资产形式中进行比较选择;融通资金的渠道增多,顾客可以利用众多的金融机构、金融市场及融资方式筹措资金;为顾客提供了更多的金融服务便利。这无疑将大大促进金融业与金融市场的蓬勃发展。

3. 金融创新进一步促进了真实经济的发展

金融创新加强了金融部门与传统真实经济部门之间的纽带关系。新的支付方式和支付手段（如电子货币或网络货币）的出现，使真实经济领域内的交换关系更易于实现；灵活的信贷方式（信用卡透支、备用信贷便利）使消费和生产模式更富于效率；风险投资、融资租赁等方式更是直接对实质部门的竞争力和可持续发展能力的提高起到了促进作用；养老基金、退休基金以及各类保险计划的出现改善了社会保障制度，使经济发展免除了后顾之忧。

4. 对一国货币政策实施效果的影响

金融创新有助于提高金融市场的效率，同时也会加剧金融市场的脆弱性，并使货币政策面临挑战。

(1) 金融创新使货币需求的稳定性被破坏

用以往的货币数量变化关系来对货币供求进行预测的经济计量方程式会产生较大偏倚，这使货币政策中介目标的内容发生变化，货币供应量、利率之间的关系不复存在，货币政策的有效性受到挑战。

(2) 金融创新改变了有关货币政策目标的内容

金融衍生工具出现之后，原有的货币供应量内涵发生变化，需要修正货币总量的定义以反映金融衍生交易所产生的影响。

(3) 金融创新改变了货币政策操作目标与中介目标之间的相关关系

信息收集、储存和传递的技术进步推进了金融创新的过程，现金管理日益重视，这使得中央银行控制货币和信贷增长的效率有所降低。

(4) 金融创新使中央银行在保证支付时会遇到新的问题

因为金融创新会对货币需求产生影响，在金融衍生交易过程中，不仅交易及其清算过程需要资金，而且交易结果也会对资金需求产生影响。

(5) 金融创新增加了货币信贷总量和结构的不稳定性

随着金融创新的发展，银行信贷下降的同时，非银行金融机构的信用扩张会有所加强，从而增加整个金融系统的货币信贷总量和结构的不稳定性。

(6) 金融创新影响了一国货币政策的实施效果

原来中央银行只要加强对商业银行资产负债比例管理及其他措施就可有效贯彻执行货币政策，现在由于金融创新业务（尤其是表外业务）的迅速发展，以及其他较少管制的非银行金融机构业务的发展，中央银行原有的调控措施失灵。此外，由于金融创新工具的高度灵活性，一国货币政策的执行较多地受到国际经济的影响。

5. 对全球金融风险的影响

关于金融创新与金融风险的关系，到目前为止还是一个值得争论的问题。一方面，金融创新过程中出现的大量衍生产品为防范和分散金融风险提供了有效的技术手段；但从另一方面看，金融创新并不能消除导致金融风险的最根本原因——实质经济运行状况的不可预测性。因此，金融创新不但不能减少全社会风险总量，而且因为在原来的金融体系中加入了新的变数，还会增加一部分风险；另外，以金融衍生工具为代表的金融创新产品本身所具有的高杠杆、高风险特性,给具体企业的运作也带来了巨大风险。

10.5.4 金融创新的动因

1. 为了避免或分散风险,引发了大量的金融创新

20世纪70年代以来,西方国家通货膨胀加剧,市场利率波动频繁,投资风险加大。为了满足客户要求金融工具必须保值及获利的需要,金融机构相继推出与市场利率挂钩的各种浮动利率的票据、债券与存款单等新的金融工具。由于第二次世界大战后固定汇率制度的崩溃与浮动汇率制度的建立,汇率波动频繁,投资或借贷风险加大。为了减少因汇率波动而带来的风险,各种金融期货、金融期权交易以及各种货币调换等新的金融工具相继应运而生。在各种创新的金融工具中,为减少利率与汇率风险而创新的金融工具占有相当大的比重。

2. 对金融管制的逃避,推动了金融创新的发展

产生于20世纪30年代的严格的金融管制,一方面约束了金融机构的盲目性和放任行为,维护了金融领域的稳定,防范了金融风险;另一方面也限制了金融机构的自身发展,制约了金融机构竞争能力及获利能力的提高。因此,金融机构被迫发掘管理法规的漏洞,创造新的金融工具、服务品种及业务方式,以金融创新来规避政府管制,增强自身的竞争能力。美国经济学家凯恩斯把金融创新视为金融业逃避严厉管制的一种手段,在管制和创新之间存在一个"管制—创新—再管制—再创新……"循环往复的过程。

3. 为了缓解金融竞争压力,需要金融创新

金融业是服务行业,在本质上它们的产品和服务很容易相互模仿,最终导致产品和服务趋同。为了满足人们对金融服务更多更高的要求,就决定了金融业进行改革创新的必然性和持久性。一是继续提供传统服务,确保传统业务领域不被对手占据;二是创新金融产品,满足客户多样性个性化的要求。

4. 科学技术的迅速发展,拓展了金融创新

电子技术在银行领域的运用从根本上改变了金融业的传统观念和传统业务,开创了新的金融业务、新的金融市场以及新的金融管理领域。

新的电子技术的应用使得融资技术出现创新,产生了一批新型账户,如现金管理账户、摆动账户、超级可转让支付命令账户等一批新的可转让存单和其他有价证券账户。转移风险的保值类工具,如指数化货币选择权票据、货币互换、利率互换、金融期货多种期权融资便利等。还有零息债券、股权债券、货架登记、窗口贷款、孪生贷款、杠杆收购、本息分销公债等,这形形色色的新融资技术和工具大都是新科技革命中或由于电脑技术的广泛运用直接或间接引发而产生的。

新的电子技术应用还开拓了金融市场,这主要表现为欧洲货币市场和资本市场在电子新技术的引导下跨入了一个崭新的发展阶段。从过去传统的由某国单独管制的市场转变为国际性的有利于资本流动的放松金融管制的市场;从过去范围狭窄、相互分割、局部的金融中心转变为广泛而联系密切的国际离岸中心系统;从过去单纯的投资者和被投资者的关系转变为错综复杂的投资者、中介人、被投资者以及众多保值者之间的借贷关系。同时，市场高度发达的结果使票据化的趋势不断发展，从根本上推动了金融市场融资方式的革命。

新电子技术应用也使得国际金融业的支付与信息系统出现新的革命。各种传统的支付系统相继革新，各种信用卡、记账卡、邮政转账卡不断涌现，特别是自动清算所、环球银行间金融电信协会、自动出纳机、电子资金转账系统、电子财务管理系统等的应用，使支付与清算的效率几十倍、上百倍地提高，从根本上改变了传统的支付与清算系统，大大节约了费用，降低了资金营运的成本。

新电子技术应用使得金融管理方法也不断创新，出现了新的跨国银团管理系统、新的负债管理系统、新的资产管理系统和失衡管理系统。同时也诞生了大批新型金融机构，如银行持股公司、货币市场互惠基金、风险互惠基金、金融复合企业等。

总之，新的科技革命直接拓展了金融业务的创新，也使金融体系发生了根本的变革。

10.5.5 金融创新与金融监管的关系

1. 金融监管对金融创新的诱发作用

第二次世界大战后，西方国家为维持金融稳定而对金融机构的业务范围、利率、信贷规模区域分布等方面采取了一系列的监管办法，成为诱发金融创新的重要原因。由于监管实际上是对金融机构的一种成本追加，或称隐含的税收，追求利润最大化的金融机构必然会想方设法来规避政府监管，于是金融创新应运而生。当然，金融创新是有成本的，当创新所带来的利润大于成本时，金融创新才会成为现实。而当金融创新危及金融稳定和货币政策时，政府会更加严厉地监管。其结果是监管－创新－监管，两者互为因果。由于金融创新与金融监管之间存在着高度的相关性，因此，金融监管越严格，金融创新越活跃。

2. 金融创新对完善金融监管的作用

金融创新使早期的金融监管失去了效率，并推动了 20 世纪 80 年代的金融自由化，但金融自由化和金融创新又增大了金融风险，使金融体系出现新的不稳定因素，金融创新对金融体系的稳定性产生前所未有的冲击，这体现在以下几个方面。

（1）金融创新改变了商业银行的经营策略，也给银行体系注入了不稳定因素

银行业曾被认为是四平八稳的行业，而金融创新使得一切都改变了，银行传统业务的营利性下降，商业银行被迫寻找新的有潜在风险的业务来保持其盈利水平，于是追求利润、逃避监管的巨大动力激励着银行将其业务重点逐渐从传统的信贷市场转向了另一类业务——表外业务。表外业务是不反映在资产负债表上的业务，至少包括两类：一类是与传统信贷活动相结合的业务，如承诺、担保、承兑等；另一类是与有价证券衍生工具买卖相关的业务，如买卖金融期货合约、安排掉期和互换等。这些业务的开展往往会增大商业银行的经营管理风险。

（2）金融创新改变了金融体系的结构，加大了金融体系的风险因素

非银行金融机构的大量出现及迅速发展是近年来金融体系的一大特征，它改变了金融体系的原有结构，使商业银行的地位下降而非银行金融机构的地位上升。这一变化也改变了金融体系的稳定性状况。

（3）金融创新加大了金融市场的易变性，从根本上增加了金融动荡的可能性

近年来，人们只看到了金融创新所带来的提高金融市场流动性和金融资源配置效率的正面效应，而很少知道金融创新带来的金融创新产品究竟有多大的破坏力。例如，自2013年互联网金融井喷式发展，众筹、P2P网贷、数字货币等领域变成了金融诈骗的重灾区，引发了诸多的社会问题。

本章小结

1. 金融业监管是金融监管机关依法对金融机构和金融活动实施规制约束，促使其依法稳健运行的一系列行为。它是金融危机的产物，各国从20世纪30年代以来根据本国国情都建立了符合自己国情的金融业监管模式，以保护存款人、投资者和社会公众的利益。金融业可以分为银行业、保险业、证券业等，各国相应地制定不同的法律分别对它们予以调整。在中国，金融业从20世纪90年代以来，已通过立法实行分业经营、分业管理。对银行业的监管主体主要是中国人民银行。为适应货币职能与银行监管职能的发展趋势，完善我国金融监管体系，建立更有效的监管机制，国务院决定设立中国银行保险业监督管理委员会，即中国银保监会，由它统一监管银行、金融资产管理公司、信托投资公司及其他存款类金融机构，以及对保险公司的保险条款、费率等监管。我国证券业监管体制从20世纪80年代以来一直在不断地变化，在借鉴他国经验的基础上，最终通过立法确立为集中统一的监管体制。由中国证监会负责对证券发行、上市标准进行监管，同时对证券市场的各参与主体活动进行监管，对违反证券法律的行为进行查处。

2. 金融创新是指金融领域内各种金融要素实行新的组合。具体而言，是指金融机构为生存、发展和迎合客户的需要而创造的新的金融产品、新的金融交易方式、新的金融市场和新的金融机构的出现。当代的金融创新大致包括三方面的内容，即金融业务的创新、金融市场的创新和金融制度的创新。为了避免或分散风险，引发了大量的金融创新；对金融管制的逃避，推动了金融创新的发展；为了缓解金融竞争压力，需要金融创新；科学技术的迅速发展，拓展了金融创新。

【案例讨论】

存款保险制度的落地

从1993年开始着手研究，我国存款保险制度酝酿22年后终于落地。

2015年3月31日，国务院公布《存款保险条例(中华人民共和国国务院令第660号)》(下称《条例》)，并于2015年5月1日起正式施行。该《条例》经2014年10月29日国务院第67次常务会议通过，2015年2月17日由国务院总理李克强签署。自此，我国成为全球第114个建立存款保险制度的国家或地区。

按照《条例》，我国存款保险制度将设立专门的存款保险基金管理机构，由存款机构向这一机构缴纳一定的保险费用，存款人无须直接承担相关费用。一旦银行发生兑付问题，存款账

户的存款将由存款保险基金管理机构向存款人"限额偿付",最高偿付限额为人民币 50 万元。

同一存款人在同一家存款机构所有被保险存款账户的存款本金和利息合并计算的资金数额在 50 万元以内的,实行全额偿付;超出 50 万元的部分,依法从投保机构清算财产中受偿。

根据中国人民银行披露的信息,我国存款账户中,存款在 50 万以下的账户数量占全部存款账户的 99.70%,存款在 50 万以下的账户存款总金额占全部存款金额的 46.08%。

剔除同一存款人在同一家存款机构开立多个存款账户影响,也就是说,一旦银行发生危机,从数量上来看,99.7%的存款人可以享受存款保险基金管理机构的"全额赔付",绝大部分存款人的资金安全可以直接通过存款保险得到全额保障。

从国际对比来看,美国、印度、巴西、比利时、阿根廷、西班牙、加拿大、英国全额被保险存款账户占全部存款账户的比例分别为 99.00%、98.00%、98.00%、96.00%、95.00%、94.00%、87.50%和 70%。我国 99.70%的全额保障账户比例,处于较高水平。

(资料来源:http://finance.eastmoney.com/news/1350,20150401492172886.html)

【课堂讨论题】
试分析存款保险制度的利弊?

复习思考题

1. 试述金融监管的意义所在。
2. 银行监管的主要内容包括什么?
3. 证券监管的主要内容包括什么?
4. 保险监管的主要内容包括什么?
5. 银行业务的创新有哪些方面?
6. 金融市场的创新有哪些方面?
7. 金融制度的创新有哪些方面?
8. 试述金融创新的效应。

本章练习题

参考文献

[1] 黄达. 金融学. 4版. 北京：中国人民大学出版社，2017.

[2] 曹龙骐. 金融学. 5版. 北京：高等教育出版社，2016.

[3] 曹龙骐. 金融学案例与分析. 4版. 北京：高等教育出版社，2015.

[4] 李健. 金融学. 北京：高等教育出版社，2016.

[5] 廖霄梅. 金融学. 成都：四川大学出版社，2017.

[6] 胡豹. 金融学. 北京：北京科学技术出版社，2019.

[7] 高鸿业. 西方经济学. 7版. 北京：中国人民大学出版社，2018.

[8] 杨胜刚，姚小义. 国际金融. 4版. 北京：高等教育出版社，2016.

[9] 唐涯. 香帅金融学讲义. 北京：中信出版社，2020.

[10] 人力资源和社会保障部人事考试中心. 金融专业知识与实务. 北京：中国人事出版社，2020.

[11] 王广谦. 中央银行学. 4版. 北京：高等教育出版社，2017.

[12] 戴国强. 商业银行经营学. 5版. 北京：高等教育出版社，2016.

[13] 贺显南. 投资学原理与应用. 4版. 北京：机械工业出版社，2020.

[14] 李心丹. 金融市场与金融机构. 北京：中国人民大学出版社，2013.

[15] 弗雷德里克·S. 米什金. 货币金融学. 11版. 北京：中国人民大学出版社，2016.

[16] 奥利维尔·布兰查德，大卫·约翰逊. 宏观经济学. 6版. 北京：清华大学出版社，2014.

[17] 托马斯·E. 科普兰等. 金融理论与公司政策. 4版. 北京：中国人民大学出版社，2012.

[18] 滋维·博迪等. 投资学. 10版. 北京：机械工业出版社，2020.

[19] 滋维·博迪等. 金融学. 2版. 北京：中国人民大学出版社，2018.

[20] 鲁迪格·多恩布什等. 宏观经济学. 12版. 北京：中国人民大学出版社，2017.

[21] N. 格里高利·曼昆. 宏观经济学. 10版. 北京：中国人民大学出版社，2020.